Oberitalienische Seen

Christine Hamel

Inhalt

Eine alte Kulturlandschaft

Reisen an den Oberitalienischen Seen

Lago Maggiore, Lago d'Orta, Lago di Varese

Lago di Lugano, Lago di Como

Bergamo, Lago d'Iseo, Brescia

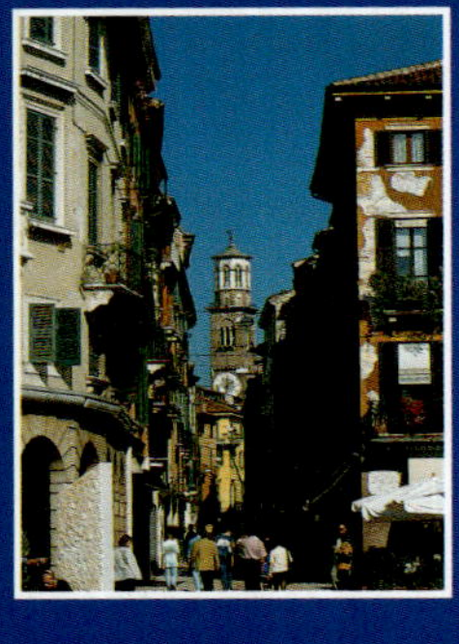

Lago di Garda, Lago d'Idro, Verona

Serviceteil

Verzeichnis der Karten und Pläne

Eine alte Kulturlandschaft

Plötzlicher Süden

Jeder kennt die Passage. Die Straßen steigen steil an, bieten berauschende Ein- und Ausblicke auf Gebirgsprospekte, Schneeriesen, Wasserfälle, saftige Bergweiden und spitztürmige Kirchen, die auf Felsklötzen thronen. Nach dem höchsten Gipfel dann der plötzliche Wechsel: anderes Licht, südliche Luft, neue Baukünste, anstelle von Kiefern und Flechten Kastanien und bald die ersten Palmen. Die Namen der Täler und Orte werden melodiös und schmeicheln den Ohren: Valle Leventina, Valle di Blenio, Val Mesolcina, Chiavenna, Rovereto. Kein empfindsamer Reisender, dem diese Nord-Süd-Passage nicht die entzückendsten Töne entlockt hätte; selbst anarchische Geister wie Bakunin oder Erich Mühsam fielen in den schwärmerischen Lobgesang auf den plötzlichen Süden ein, der an den Oberitalienischen Seen beginnt.

Gleich hinter den Alpen erfüllen sie die alte, immerwährende Sehnsucht der Nordländer nach dem Süden. Azurblau windet sich der Gardasee gleich einem Fjord zwischen felsigen Ufern, umstanden von schlanken Zypressen und Olivenbäumen. Noblesse umfängt den Comer See, der stolz ist auf seine Villen und prächtigen Gärten, der Lago di Lugano bietet bizarre Formen zwischen Bergen, Hängen und Felsblöcken und der Lago Maggiore, an dem einst Zar und Durchlaucht residierten, stellt gern seine subtropische Flora zur Schau, die zwischen Belle-Epoque-Villen und alten Gemäuern gedeiht.

Wer es nicht so groß mag, kann sich an die kleinen Seen halten, an den Lago d'Orta im Piemont, den das geheimnisvollste Licht umfängt, oder an den Lago di Biandronno, den Lago di Monate, den Lago di Comabbio, den Lago di Varese, den Lago d'Iseo zwischen Bergamo und Brescia, wo man sich so gut auf die hohe Kunst des Essens versteht; oder man fährt zum kühlblauen Lago d'Idro, an den Lago di Valvestino, schön auch der kleine alpine Lago di Ampola und der benachbarte Lago di Ledro. Eigentlich fehlt nur das Meer. Aber man vermisst es nicht eine Minute. Zu schön all das, was man vor Augen hat. Und viel zu voll die Tage, die man mit Wandern, Sonnen, Surfen, Bummeln, Flanieren, mit Kunstgenuss, Fischessen oder mit all den anderen Annehmlichkeiten des Lebens verbringen kann.

Und wo hat das Meer schon so viel Stil wie am Lago Maggiore und wo gibt es schon so viel Sinn für Vornehmes wie am Comer See, an dem das Licht alle klassische Schönheit herausstellt? Wo gibt es Wasser in reinsten Blautönen, vom Wassergott persönlich einbestellt, wie am Gardasee? Und auf welchem Meer fährt ein Blumenschiff wie die Isola Bella? Goethe und Stendhal, Balzac und Schopenhauer, Catull und Kafka haben sich an den Oberitalienischen Seen jedenfalls diesseits von Eden gefühlt. Das kann man auch heute noch, mit ein wenig Fingerspitzengefühl für die richtige Jahreszeit, zu der nicht der August gehört, eher schon der November, dem dort nicht Nebel und Regen anhängen wie bei uns.

Die Oberitalienischen Seen, allen voran der Gardasee, sind alles andere als ein Geheimtipp. Längst hat sich die vielgestaltige Schönheit der Laghi herumgesprochen, die eine der touristisch höchst entwickelten Regionen Italiens

Der Comer See mit Blick auf Tremezzo und Cadenabbia

bilden – mit allen Segnungen und Plagen. Schatten im Paradies werfen wilde Formen der Zersiedlung, zubetonierte Hänge, Plus-Märkte anstelle von Alimentari, Schilderwälder an den Straßen, Eisdielen sowie *panini* und Pizza in aufdringlicher Konzentration, Plastik-Cafés, *menu turistico* anstelle von italienischer Kochkunst, Gartencenter anstelle von Landschaft. Besonders hart von der Zeichen des boomenden Tourismus ist der Gardasee getroffen, obgleich man auch hier – gemessen an Kurorten etwa an der Adria – mit Restrespekt vor der Landschaft handelte. Zu groß war die Verpflichtung vor den Jahrhunderten zuvor, in denen Städte, Kirchen und Paläste errichtet wurden, die mit der Schönheit der umgebenden Natur wetteiferten.

Bis ins 20. Jh. kam kein Wildwuchs auf, alles wurde vorsorglich bedacht – Planung und Poesie – sonst Antipoden, finden vielerorts an den Oberitalienischen Seen zu einer glücklichen Synthese. Die Dörfer der Fischer hingegen scheinen aus der Landschaft herausgewachsen zu sein, ziehen sich mit Bruchsteinhäusern an steil abfallenden Felsen empor. Eckpfeiler des Lebens sind hier noch Taufe, Hochzeit und Tod und die Bewohner halten sich auf der Piazza über alles auf dem Laufenden. Mehr als 50 Jahre liegen zwischen Careno und Como und mindestens 100 Jahre ist man etwa in der Valsolda vom mondänen Lugano entfernt.

Auf gegensätzliche Temperamente wird man an den Oberitalienischen Seen oft stoßen, das gibt schon die Komposition der Landschaft vor – mit ihren firnbekränzten Gebirgsprospekten und den glitzernden Flächen der Seen. Das ist nur einer von vielen Vorzügen in diesem reichen Stück Erde. Noble Palazzi in Eiscremefarben, üppige Blütenmeere, himmelragende Bergketten – die Oberitalienischen Seen haben von allem etwas mehr.

Landschaft und Natur

Seen und Berge

Der Gardasee ist mit einer Fläche von 370 km² der größte unter den Oberitalienischen Seen, gefolgt vom Lago Maggiore, der es auf eine Fläche von 212 km² bringt. Der Comer See hat eine Oberfläche von 146 km², der Luganer See misst 48,9 km². Zwischen den vier großen Seen liegen zahlreiche kleine Berg- oder Endmoränen-Seen wie im Varesotto oder in der Brianza. Mit einem Superlativ glänzt der Lago d'Iseo, der nur 25 km lang ist und maximal bis zu 5 km breit: Er umspült die größte See-Insel ganz Europas, die Monte Isola. Der höchstgelegene See ist der Lago d'Idro mit 370 m über dem Meeresspiegel. Einige der Oberitalienischen Seen sind heute ausgetrocknet oder stehen als Sumpfland kurz davor wie beispielsweise der Lago di Biandronno, ein Nachbar des Lago di Varese.

Den Lago Maggiore fasst im Westen der Monte Zeda mit 2156 m ein, im Osten dominieren der Monte Tamaro mit 1967 m und der Monte Lema mit 1620 m. Zwischen den Lago Maggiore und den Ortasee schiebt sich der 1491 m hohe Monte Mattarone. Der Lago di Lugano wird vom Monte Generoso mit 1701 m im Südosten überragt sowie vom Monte Piambello mit 1129 m im Südwesten. Auf der Montagnola-Halbinsel erreicht der Monte San Salvatore immerhin noch eine Höhe von 912 m. Den Comer See bestimmen im Südosten die Grigna Settentrionale mit 2409 m sowie die Grigna Meridionale mit 2184 m und der Resegone mit 1875 m, im Nordosten überragt der immer Eis tragende Monte Legnone mit 2609 m den See; im Nordwesten erhebt sich der Monte Bregnano (2107 m) und im Dreieck zwischen Lecco, Bellagio und Como erreicht der Monte San Primo eine Höhe von 1685 m. Im Nordwesten erreicht der Monte Cardinello 2521 m und im Südwesten ragt der Monte Generoso mit 1701 m auf. Die höchsten Berge des Gardasees sind der Monte Baldo mit 1790 m und der Monte Caplone mit 1977 m.

Länder und Regionen

Den Lago Maggiore teilen sich Italien und die Schweiz – der Norden gehört zum Tessin, das Ostufer zur Lombardei und das Westufer zum Piemont. Auf piemontesischem Gebiet liegt auch der Lago d'Orta. Der Lago di Lugano gehört mit zwei Dritteln zur Schweiz, ein Drittel ist italienisches Staatsgebiet. Seiner Herkunft und kulturellen Prägung nach ist der Lago di Lugano allerdings der Reihe der lombardischen Seen zuzurechnen. Der Lago d'Iseo liegt ganz auf lombardischem Gebiet, wohingegen sich den Lago di Garda drei Regionen teilen: Das Westufer gehört zur Lombardei, das Ostufer zu Venetien und der Norden zum Trentino. Die größten Städte an und zwischen den Oberitalienischen Seen sind Varese, Como, Bergamo, Brescia und Verona.

Klima und Reisezeit

Die Oberitalienischen Seen liegen in der insubrischen Klimazone, benannt nach keltischen Insubrern, die zu den ersten

Seen im Blick – Reale Postkartenidylle

Einer der schönsten Ausblicke am Lago Maggiore: Bella Vista auf die Isola Bella

Schon Goethe notierte auf seiner Italienischen Reise in sein Tagebuch, als er den Gardasee erreicht hatte: »Wie sehr wünschte ich meine Freunde einen Augenblick neben mich, dass sie sich der Aussicht freuen könnten, die vor mir liegt«. Jeder, der einmal um die berühmte Aussichtskurve auf der Strecke von Arco nach Torbole gefahren ist, in der sich plötzlich der zwischen Bergen eingebettete Gardasee ins Blickfeld schiebt, kennt diesen Wunsch. Das Sehen des grandiosen Zusammenspiels von Wasser und Bergen will geteilt sein. Eigentlich wünscht man sich nach jeder Windung der Seen seine Freunde herbei, denn die Landschaften gleichen einem Kaleidoskop mit ständig wechselnden Bildern. Freizügig stellen die Oberitalienischen Seen jedem ihre Schönheit zur Schau, man muss sie nicht suchen, sie drängt sich vielmehr auf. Die *bella vista,* die schöne Aussicht ist an den Seen nicht nur in den Restaurant- und Hotelnamen allgegenwärtig, sondern nahezu von jedem Standpunkt. Und als wäre das noch nicht genug, bieten die umstehenden Berge Aussichtsterrassen auf höchstem Stockwerk, von denen alles noch erhabener wirkt, noch eindrucksvoller.

In ihren Genuss kommen nicht nur Wanderer, auf einige Berge wie etwa auf den Monte Baldo am Gardasee, auf den Monte Generoso am Luganer See, auf den Resegone am Lago di Lecco oder auf den Monte Mattarone zwischen dem Lago Maggiore und dem Lago d'Orta führen auch Seilbahnen. Viele Belvedere kann man auch mit dem Auto erreichen, oftmals reicht es, von der Ufer- zur Hangstraße abzuzweigen. Gleich nach wenigen Kurven lassen sich die Seen meist in ihrer ganzen Schönheit überschauen.

Siedlern in dieser Region gehörten. Sie waren möglicherweise auch vom Klima angelockt, das warmes und trockenes Wetter an den meisten Tagen des Jahres beschert. Die Sonne ist an den Oberitalienischen Seen recht verlässlich und scheint an bis zu 320 Tagen im Jahr. In den letzten Jahren machten die Oberitalienischen Seen jedoch auch mit sintflutartigen Regenfällen auf sich aufmerksam, die das Wasser des Lago Maggiore und des Comer Sees weit über die Ufer treten ließen. Vor allem im Frühjahr und im Herbst muss man mit wolkenbruchartigen, mitunter lange anhaltenden Regenfällen rechnen. Im Sommer gibt es am Lago Maggiore und am Comer See abends oft heftige Gewitter, bis zum Morgen hat sich der Himmel dann meist wieder aufgeklärt.

Das riesige Wasserreservoir der Seen sorgt für ein ausgeglichenes Klima, sowohl im Sommer, in dem das Thermometer bis zu 35 °C anzeigt, als auch im

Comer See: Die Bergwelt hinter Menaggio

Winter. Während eine dicke Schneedecke die Berge umhüllt, kann man auch noch im November und Dezember am Gardasee draußen sitzen und am Lago Maggiore sowie am Comer See in der Sonne flanieren. Das Thermometer sinkt nur nachts unter den Gefrierpunkt. Daher haben die Oberitalienischen Seen das ganze Jahr über Saison. Bei Pullover-Wetter im Winter hat man die Seen nahezu für sich allein. Einige Hotels und Restaurants sind zwar geschlossen und Orte, die sich ganz dem Tourismus verschrieben haben wie Malcesine oder Sirmione, umgibt eine gespenstische Ruhe. Doch in den alten Seebädern wie Gardone, Salò oder Bellagio, auf der Isola Bella und in Stresa oder Lugano kann man auch bis Dezember ungestört alle Schönheit genießen.

Das Frühjahr bietet sich Aktivurlaubern als gute Reisezeit an, die Berge und Täler laden zum Wandern und erfahrene Surfer lassen sich bereits über den Gardasee pusten. Die Städte gehen, außer an Ostern, zu dieser Jahreszeit auch noch weitgehend ihrem Eigenleben nach – auch das hat seinen Reiz. Im Sommer kann es heiß werden und sicher voll. Während man am Luganer und Comer See sowie am Lago Maggiore aber durchaus noch stille Orte findet, drängen sich am Gardasee die Urlauber in den Cafés und Bars, an den Stränden und auf den Promenaden – wohl dem, der weit ab des Rummels ein Plätzchen hat. Zu meiden ist der August, dann trüben kilometerlange Staus am Lago di Garda die Stimmung.

Ruhiger geht es schon im September zu, wenn die Schule auch in Bayern wieder angefangen hat und man immer noch baden kann. Im Herbst beginnt am Lago Maggiore und am Lago di Como die Maronen- und Pilzzeit. Dann kommen vor allem Gourmets auf ihre Kosten, zahlreiche Restaurants führen nun auch Wild auf der Speisekarte. Der Herbst ist auch die Zeit für Wein-Freunde, denn zur Rebenernte finden vielerorts schöne Weinfeste statt. Bergsteiger freuen sich über eine besonders klare Sicht im Herbst und in den Ortschaften kommen allmählich alle nach den Strapazen des Sommers wieder zu sich selbst.

Eiszeit – Von Gletschern und Seen

Am Anfang war das Eis. Eine ungeschiedene Masse, die sich von Süddeutschland aus über die Alpen zog und die Berge bis zu den Gipfeln einpackte. Tausende von Eis-Metern stapelten sich in den Tälern der Alpen und schoben sich an den Bergflanken vorbei. Die dabei abbröckelnden Gesteinsmassen nahmen die durch Gebirgstäler abfließenden Gletscher mit sich und türmten sie zu Hügelketten auf, den Moränen. Im Süden blieben die enormen Schutthaufen gleich am Ausgang der Täler liegen, denn das wärmere Klima ließ die Gletscher schnell schmelzen. Daher ergibt sich in der oberitalienischen Landschaft das Bild von einer lieblichen, sanft gewellten, kilometerweiten Hügeln, hinter denen sich unvermittelt steil die Gebirgsmassive auftürmen.

Als sich das Erdklima wieder erwärmte und die Gletscher allesamt schmolzen, schoben sich gewaltige Wassermassen durch die Täler in die Po-Ebene, wo sie von den Moränenwällen aufgefangen wurden und sich zurück ins Gebirge stauten. Das Ende der letzten gesteinsbrechenden Eiszeit vor etwa 10 000 Jahren ist die Geburtsstunde der Oberitalienischen Seen. Der Lago Maggiore bildete sich im Tal des Ticino. Die Wassermassen wurden von der Moränenlandschaft um Sesto Calende und der des Varesotto aufgefangen und stauten sich 66 km zurück in die Alpen. Im Varesotto bildeten sich darüber hinaus in den Senken der Moränenlandschaft weitere kleine Seen.

Das mit Wasser gefüllte Tal der Adda, das sich in zwei Arme gliedert, ist der heutige Comer See. Zum Stau des Wassers führte die Moränenlandschaft der Brianza, in der die Gletscher noch eine Reihe weiterer kleiner Seen schufen. Vom Hauptstrom des Gletscherwassers zog sich im Tal der Adda auch ein Abfluss nach Westen, aus dem sich der Lago di Lugano entwickelt hat. Der Lago d'Iseo wurde von den Moränen der Franciacorta aufgestaut. Das Wasser des Gardasees stieg im Tal der Sacra an, das ein riesiger Gletscher geschürft hatte. Die Schotterberge, die er bis weit in die Ebene vor sich herschob, blieben in der Lugana liegen und bildeten eine zum Halbrund geformte Moränenlandschaft. Hier breitet sich das südliche Becken des Gardasees aus, von dem sich das Wasser 52 km durch das Gebirge zurückstaut.

Wo die Zitronen blühen und die Zikaden singen

Die Schneehäupter der Berge und die blühenden Mimosen am See sind eines der liebsten Fotomotive vom Lago Maggiore. Denn so nah wie hier und an den anderen Oberitalienischen Seen kommen sich Winter und Frühling selten. Ihre Begegnung mutet ein wenig irreal an und scheint eher den Vorstellungen einer Ideal-Landschaft geschuldet.

Die Oberitalienischen Seen haben in der Tat viel mit geträumten Gegenden gemeinsam. Das ganze Jahr blühen Bäume, Sträucher und Blumen an den Seen. Jeder Monat bringt neue Blüten hervor, neue Farben, die sich vom Immergrün der Palmen, Zypressen, des Lorbeers, der Pinien und Zitronenbäume und der Agaven absetzen. Gleichsam als hätte ein höherer Sinn nach den Gesetzen der Ästhetik gewaltet.

Ginge es nach der Flora, müssten die Laghi einige hundert Kilometer südlich in mediterranen Gefilden liegen. Dass Magnolien, Hibiskus, Oleander, Kamelien, Azaleen und Rhododendren so verschwenderisch am Fuß der Alpen blühen, während auf den Gipfeln oft noch Schnee liegt, verdanken sie der Wärmespeicherkapazität des Wassers. Im Sommer heizt es sich stark auf und da auch im Winter meist auf die Sonne Verlass ist und die Seen von hohen Bergkämmen vor den kalten Nordwinden geschützt sind, kühlt sich das Wasser nur geringfügig ab. Im Gardasee werden auch im Dezember und Januar Temperaturen von etwa 10 °C gemessen. Der größte See unter den Laghi kann die größten Wärmevorräte anlegen, die im Winter an die Ufer abstrahlen. Die Vegetation dankt's mit üppiger Blütenpracht und subtropischer Fülle. Zudem begünstigt das liebliche Klima den Anbau von Wein und Oliven am Gardasee.

Die subtropische Flora an den Oberitalienischen Seen gedeiht in enger Nachbarschaft mit alpinen Pflanzen. Schon nach zweihundert Höhenmetern tauschen die Azaleen mit Alpenveilchen ihre Plätze. Mimosen und Kamelien müssen in dieser Entfernung vom Wasser ebenfalls den Frost fürchten und geben Buchen und Eichen den Vortritt. Am Comer See, am Lago di Lugano und am Lago Maggiore tritt in den höher gelegenen Laubwäldern häufig die Esskastanie auf, die hier schon unter den Römern angepflanzt wurde und eine wichtige Lebensgrundlage für die Menschen darstellte. In noch höheren Lagen wird es dann lärchenhaft grün und darüber schimmert schon der Fels, versilbert von der alles überstrahlenden Sonne.

Kontrastreich wie die Vegetation ist auch die Fauna. Während am Seeufer in lauen Sommernächten die Zikaden singen, machen sich in den Kastanienwäldern die Wildschweine auf Nahrungssuche, Füchse warten geduldig auf Beute und die ein oder andere Gemse turnt noch in den Felsen. Tagsüber sieht man an den Seen vor allem Eidechsen, die sich auf Steinen und Mauern sonnen; Schlangen begegnet man dagegen selten, da sie sich bei der leichtesten Erschütterung des Bodens schnell verziehen. Neben verschiedenen harmlosen Natterarten gibt es auch einige giftige Spezies an den Oberitalienischen Seen, zu denen vor allem die graue Aspisviper und die Kreuzotter gehören. Auch Skorpione fühlen sich im warmen Klima wohl, sie erreichen jedoch nur sehr kleine Ausmaße. Da ihre bevorzugte Heimstätte die Ritzen alter Gemäuer sind, sollte man etwas aufpassen, wo man sich anlehnt oder setzt.

Fische finden in den Oberitalienischen Seen ganz unterschiedliche Lebens- bzw. Überlebensbedingungen. Während der Gardasee einer Fülle von Fischen ein nahrhaftes Zuhause bietet, müssen sich Artgenossen am Comer See in letzte Nischen zurückziehen und die Gewässer rund um die Industriestadt Como tunlichst meiden.

Trauben und Wein aus Bardolino/Gardasee

In alter Kulturlandschaft

Die Oberitalienischen Seen sind früh besiedeltes Gebiet. Eine erste Hochkultur entstand unter den Etruskern, die von Süden kamen und langsam durch die sumpfige Po-Ebene nach Norden vorstießen. Ab dem 6. Jh. vor Chr. sind etruskische Siedlungen im Gebiet um Mantua belegt, doch geht man davon aus, dass auch die lieblichen Gestade der Seen, vor allem der südliche Gardasee, schon von Etruskern bewohnt waren. An Kontur gewinnt die Geschichte mit den Kelten, die auf ihrem Eroberungszug, bei dem schon halb Europa unterworfen war, im 5. Jh. v. Chr. nach Oberitalien vordrangen. Die Kelten waren eifrige Städtegründer und Mailand, Como, Bergamo, Brescia und Verona gehen auf ihre Initiative zurück. Ihre Präsenz in Oberitalien drängte die Etrusker wieder zurück über den Apennin, doch offenbar erschütterte der keltische Expansionswille das Verhältnis der beiden Völker nicht nachhaltig, denn schon nach kurzer Zeit entstanden rege Handelskontakte.

Die Römer in Brescia: Kopf aus dem Kloster-Museumskomplex Santa Giulia

Römer an den Seen

Der mehr oder weniger friedlichen Ko-Existenz der Kelten und Etrusker bereitete das Vordringen der Römer ein Ende (ab 2. Jh. v. Chr.). Die Römer rollten mit einem bis zu diesem Zeitpunkt unbekannten Organisationstalent sowie mit einer enormen militärischen Potenz das ganze Land von Süden auf. Die Kelten hatten dem wenig entgegenzusetzen und alle Versuche, sich an stärkere Herrscher wie etwa an Hannibal zu binden, brachten nur vorübergehend einen Erfolg. Das Keltenland wurde auch gegen den größten Widerstand der Bevölkerung zur römischen Provinz Gallia Cisalpina erklärt. Mit einer Urbanisierungspolitik banden die Römer – wie gewohnt gründlich und übersichtlich – die neu gewonnenen Gebiete an das Reich: Ein dichtes Straßennetz, in dessen Mitte das antike Mailand (Mediolanum = Ort der Mitte) lag, überzog das Gebiet von der Po-Ebene bis zu den Alpen und sicherte den schnellen Legionen-Nachschub.

Dem römischen Eroberungsdrang bot sich Oberitalien schließlich als guter Ausgangspunkt für alle weiteren Expansionen ins nördliche Europa an. Die große Bedeutung, die die Römer ihrer neuen Provinz zumaßen, lässt sich nicht zuletzt am prachtvollen Aufbau der Städte ablesen: Mailand, Brescia und Verona entwickelten sich unter ihrer Regie zu blühenden Metropolen des Römischen Reichs. An den Seen, denen die Römer Namen gaben, entstanden kleinere Städte sowie prachtvolle Sommersitze wie etwa in Sirmione oder Desenzano. Und Vergil und Catull besangen alle Schönheit. Die Römer verwandelten

Oberitalien in eine blühende Landschaft. Die Po-Ebene wurde urbar gemacht und ihre reichen Erträge sicherten dem Land ansehnlichen Wohlstand.

Auf der anderen Alpenseite sah es dagegen anders aus. Ab dem 4. Jh. trieben Hungersnöte und lang anhaltende Kälteperioden germanische Wandervölker über die Alpen nach Oberitalien. Noch Jahrhunderte entfernt von der zivilisierten römischen Lebensweise zerstörten sie alles, was sich ihnen in den Weg stellte. Kein Stein blieb auf dem anderen, als die Westgoten 412 Mailand eroberten. In mehreren Wellen fielen aus allen Winkeln der Alpen germanische Stämme ein und verwüsteten binnen kürzester Zeit die oberitalienische Kulturlandschaft. Im Jahr 476 wurde der letzte römische Kaiser, Romulus, von dem Germanenfürst Odoakar vom Thron gestoßen. In Byzanz, der Hauptstadt des Oströmischen Reichs, das aus der Spaltung 395 hervorgegangen war, festigten diese Entwicklungen die Absicht, den Germanen das Weströmische Reich zu entreißen und das antike Imperium unter eigener Herrschaft wieder auferstehen zu lassen.

Der Ostgotenkönig Theoderich ließ sich für diese Mission einspannen, ermordete Odoakar und regierte als treuer Verbündeter Ostroms das Weströmische Reich. Seine Residenz hatte er in Ravenna und Verona aufgeschlagen, wo bis heute der Ausdruck ›andar per goti‹ lebendig ist, mit dem eine Tour von Weinschenke zu Weinschenke gemeint ist – Theoderich galt als besonders trinkfreudig. Unter seiner Herrschaft war Oberitalien die vielzitierte »letzte Atempause der Antike« vergönnt. 526 starb Theoderich. Seine Nachfolger hegten andere Pläne und strebten nach Unabhängigkeit von Byzanz, was von dort mit einem immensen Truppenaufgebot beantwortet wurde. Nach einem vernichtenden Rachefeldzug sollte es Byzanz 553 tatsächlich gelingen, das Römische Reich unter seiner Krone zu vereinigen. Doch der Traum war schnell ausgeträumt, nachdem nur 15 Jahre später, im Jahr 568, die Langobarden nach Oberitalien vorstießen.

Die Langobarden und das frühe Mittelalter

Nach nur wenigen Jahren mussten die Byzantiner ihre Stellung in Oberitalien aufgeben. Die militärisch überlegenen Langobarden, die der Lombardei ihren Namen gaben, machten Pavia zur Hauptstadt eines langobardischen Königreichs, das 200 Jahre bestehen sollte. Menschen, Städten und der Landwirtschaft kam diese Kontinuität nach Jahrzehnten der Plünderung und Ausbeutung zugute. Die zerstörten Städte wurden wieder aufgebaut, Kirchen neu errichtet und mit dem charakteristischen lombardischen Flechtband geschmückt und die Bevölkerung wurde auf eine langobardische Rechtsordnung verpflichtet. Das Volk musste sich jedoch nicht nur germanischen Gepflogenheiten beugen, die Langobarden griffen auch viel von der römischen Kultur auf, traten zunehmend vom arianischen Glauben zum Katholizismus über, eigneten sich die lateinische Sprache an und übernahmen schließlich sogar das Römische Recht.

Zu Beginn des 8. Jh. gelang es den Langobarden, erneut Teile Italiens unter ihre Herrschaft zu bringen, doch je weiter sie vordrangen, desto näher rückten sie einer feindlichen Macht, dem Papst in Rom. Das Kirchenoberhaupt hegte längst nicht nur geistliche, sondern auch weltliche Hegemonie-Ansprüche. 754 machte sich Papst Stephan

II. über die Alpen auf, um beim Franken-König vorstellig zu werden und um militärischen Beistand gegen die Langobarden zu bitten. Seiner Mission war Erfolg beschieden: Die Franken fielen mit päpstlichem Segen in Oberitalien ein und bildeten mitten im langobardischen Königreich einen Kirchenstaat. Alle langobardischen Versuche der Wiederherstellung des *status quo* scheiterten. Vielmehr fielen die Franken unter Karl dem Großen abermals auf päpstliche Bitte in Oberitalien ein und vernichteten das langobardische Königreich endgültig – für Oberitalien sollte diese Zerschlagung zum Verhängnis werden. Als Dank setzte der Papst Karl dem Großen im Jahre 800 die römische Kaiserkrone aufs Haupt. Ein unheilvoller, durch nichts legitimierter Akt, denn er stürzte Oberitalien in eine lang anhaltende Periode der Kriege und Verwüstungen.

Anders als die Langobarden wurden die Franken in Italien nicht sesshaft. Vielmehr entsendeten sie Statthalter, siedelten fränkischen Adel an und setzten in Verona einen karolingischen Vizekönig ein. Dann zogen sie sich über die Alpen zurück. Bei der Bevölkerung fanden die neuen Herrscher jedoch keinerlei Rückhalt, die innenpolitische Lage war angespannt und explodierte nach dem Tod Kaiser Ludwigs II. im Jahre 875. Anarchische Zustände stürzten das Land ins Chaos, jeder kämpfte gegen jeden und von außen fielen noch die Sarazenen sowie ungarische Reiterheere über das Land her.

Das Mittelalter

In dieser Situation gelang es Berengar II. von Ivrea bis zur Mitte des 10. Jh. die äußeren Feinde zurück zu dämmen und im Innern stellenweise wieder Ordnung herzustellen. Ermutigt von seiner Leistung forderte er vom Papst den Titel des ›Rex Italiae‹. Der Papst sah durch Berengars Aufstieg jedoch wieder seine eigene Macht bedroht und wandte sich nach dem bewährten Muster des *divide et impera* an die Deutschen, die König Otto I. im Jahre 951 schickten. Otto etablierte in Oberitalien eine Zentralgewalt, in der die Päpste keine Mitsprache mehr hatten. Dabei stützte er sich auf die Bischöfe, die in den Städten und auf dem Land die Rechtsordnung garantieren sollten. Das Recht zu ihrer Einsetzung, der Investitur, behielt sich Otto in seiner Funktion als Kaiser selbst vor. Ein genialer Schachzug, der jedoch ein großes Konfliktpotential barg und in den berühmten Investiturstreit mündete.

Die Päpste ersannen alle nur erdenklichen Mittel, um die Macht wieder an sich zu reißen, wobei sich der Kirchenbann als wirksamste Waffe erwies. Denn er entledigte alle Untertanen des Kaisers ihres Gehorsams. 1076 kam es zum Bruch zwischen Heinrich IV. (1056–1106) und Papst Gregor VII., der für den mit dem Kirchenbann belegten deutschen König mit dem Gang nach Canossa endete und die absolute Macht des Papstes etablierte.

Als eigentliche Sieger gingen aus dem Streit zwischen Kaiser und Papst allerdings die italienischen Städte hervor. Während die Bischöfe zunehmend an Macht verloren, traten Konsuln auf, denen die Leitung des Gemeinwesens übertragen wurde. Nach Mailand und Pavia gehört Como zu den ersten Städten mit kommunaler Selbstverwaltung *(il comune)*. Die Konsuln kamen in großen Räten mit bis zu 1000 Mitgliedern zusammen, um über die Stadtgeschicke zu entscheiden – daher erklärt sich auch die Form der Kommunalpaläste, die im 12. Jh. in diesem Gebiet entstanden.

Jede größere Stadt wurde nun zum Staat, was das bürgerliche Selbstbewusstsein kräftig aufpolsterte.

Infolge erfuhren vor allem das Bauwesen, aber auch Literatur und Kunst kräftigen Aufwind. Die Städte wurden mit wehrhaften Befestigungsanlagen umgeben, aus denen hohe Türme ragten, von denen man das Treiben der Nachbarn beobachten konnte. Und bald war jeder mit dem anderen zerstritten. Die innenpolitischen Kleinkriege veranlassten den Stauferkönig Friedrich Barbarossa, die Kommunen noch einmal unter das Reich zu zwingen. Die Zerstörung Mailands 1162, an der sich auch tatkräftig alle mit Mailand verfeindeten Städte beteiligt hatten, formierte jedoch den Widerstand zahlreicher anderer Kommunen, die sich – unterstützt von Venedig und dem Kirchenstaat – zur Lombardischen Liga zusammenschlossen und in der legendären Schlacht bei Legnano 1176 Barbarossas Truppen besiegten.

1183 wurde im Frieden von Konstanz das Recht der Städte auf Eigenverwaltung fixiert, im Gegenzug schworen die Städte dem Kaiser die Treue. Doch gab es auch einige Städte, die dem Papst verpflichtet waren, vor allem jene der Lombardischen Liga, die ein zweites Mal 1237 mit Erfolg gegen Friedrich II. kämpfte. Zwischen den Städten, aber auch innerhalb der einzelnen Kommunen entbrannte nun der schon lange schwelende Konflikt zwischen papsttreuen Guelfen und kaisertreuen Ghibellinen. Nachbarn bekriegten und verschanzten sich plötzlich in wuchtigen Festungstürmen, den berühmten Geschlechtertürmen, die noch bis ins 15. Jh. die Stadtbilder beherrschten. Nicht selten wurden unter dem Vorwand ›für oder gegen den Kaiser‹ alte Familienfehden ausgetragen.

Ab dem 13. Jh. hatten in den kriegerischen Auseinandersetzungen besonders potente Familien die Macht an sich gerissen. Infolge etablierten sich *Signo-*

Auch in Valeggio sul Mincio konnten die Skaliger ihre Macht eindrucksvoll manifestieren

rie, die Herrschaft einer Familie, die an die Stelle der Kommune trat. Das Gebiet des Lago Maggiore, des Luganer Sees sowie weite Teile der Lombardei unterstanden den Mailänder Visconti, doch hier und da herrschten auch noch lokale Geschlechter, die sich die Macht nicht so schnell aus den Händen reißen ließen, sich aber mit den Visconti zu arrangieren wussten. In Como und am Lario hatten sich die Rusca behauptet, die sich allerdings von den Visconti immer wieder das Steuer aus der Hand nehmen lassen mussten, bis sie es im 15. Jh. endgültig abtraten. Der Gardasee unterstand dem Diktat der Scaligeri (Skaliger) aus Verona.

Da die Herrschaft der durch blutige Kriege und Intrigen an die Macht gekommenen Familien keineswegs auf legitimem Grund fußte, mussten Prunk- und Prachtentfaltung herhalten, um den Anspruch nach außen zu vertreten. Dabei war jeder Potentat darauf bedacht, die besten Künstler zu verpflichten – auch aus Rivalität mit den anderen Höfen: ein Glücksfall für die Kunst, die unter den Visconti, Scaligeri, Este, Gonzaga oder Rusca eine ungeahnte Blütezeit erlebte!

Da Macht bekanntlich nach noch mehr Macht strebt, griffen die Dynastien immer weiter über ihre Herrschaftsbereiche hinaus und versuchten, sich andere Städte und Gebiete einzuverleiben, was bald in einem zermürbenden Krieg ›jeder gegen jeden‹ eskalierte. Am erfolgreichsten und brutalsten setzten sich dabei die Visconti gegen ihre Gegner durch und ihr Stadtwappen mit der grünen, züngelnden Viper prangte nach und nach in allen oberitalienischen Städten.

Matteo Visconti und sein Sohn Galezazzo eroberten zwischen 1311 und 1328 Como, Bergamo, Piacenza, Pavia, Cremona, Vercelli und Alessandria. Das durch den Territorialgewinn gestärkte Selbstbewusstsein brachten die Künstler am Hof der Visconti zum Ausdruck. Im Dienst standen die Campioneser Meister, Giotto und Petrarca kamen hingegen nur vorübergehend. Die aggressive Expansionspolitik Giangeleazzos dehnte den Herrschaftsbereich der Visconti schließlich bis zum Gardasee und nach Verona aus. Dass den machtversessenen Visconti jedes Mittel recht war, um ihre Ziele durchzusetzen, belegt noch heute der riesige Staudamm des Giangaleazzo bei Borghetto di Valeggio sul Mincio.

Mit der Eroberung von Verona waren die Visconti den Venezianern zu nahe gerückt, deren transalpiner Handelsweg durch das Etsch-Tal verlief und nun von den Visconti kontrolliert wurde. Die Bedrohung ihrer Handelsinteressen zwang die Venezianer, die sich bisher nur um ihren *status quo* am Mittelmeer gekümmert hatten, zum Handeln auf dem Festland. Ab 1405 begann der venezianische Eroberungszug, der eine Stadt nach der anderen einverleibte und die Visconti wieder nach Westen zurückdrängte. Mitte des 15. Jh. reichte das Hoheitsgebiet der *Serenissima* bis nach Bergamo vor den Toren Mailands. Die erbitterten Kämpfe endeten erst 1454 mit dem Frieden von Lodi, der den Westen Oberitaliens den Visconti zusprach und den Osten der Republik Venedig. Zu dieser Zeit regierte in Mailand bereits Francesco Sforza, der Schwiegersohn des letzten Visconti-Herrschers, dessen Familie die Macht mit einem Intermezzo bis1535 halten konnte.

Mit Ludovico Maria Sforza war 1494 einer der kunstsinnigsten Herrscher der Lombardei angetreten, doch im allgemeinen Ränkespiel um die Macht wurde er 1499 von Ludwig XII. von Frankreich gefangen genommen. 26 Jahre unterstand der frühere Einflussbereich der Sforza daraufhin den Franzosen. 1513 bemächtigten sich die Schweizer Eidgenossen des Luganer Sees und des nördlichen Teils vom Lago Maggiore. Der Süden verblieb zunächst bei den Franzosen, später bei den Sforza, bis ihr Gebiet an die spanischen Habsburger fiel, nachdem Francesco Sforza 1535 gestorben war, ohne einen Erben zu hinterlassen.

Fremdherrschaft und Einigung Italiens

Während das östliche Oberitalien mit dem Gardasee der Herrschaft der Republik Venedig bis zu ihrer Auflösung 1796 unterstand, regierten die spanischen Vizekönige in Mailand sowie am Lago Maggiore und am Comer See. Dabei erlosch jedoch nicht der Einfluss der lokalen Größen, wie beispielsweise der Borromeo, die nach wie vor am Lago Maggiore große, wenngleich nicht uneingeschränkte Macht ausübten. Nur ihnen ist es zu verdanken, dass das kulturelle Leben nicht gänzlich unter der spanischen Fremdherrschaft versiegte. Carlo Borromeo, Erzbischof von Mailand, rüstete die Lombardei mit einer Fülle von Heiligen Bergen *(sacro monte)* und Marienkultstätten zum Bollwerk gegen die Reformation, die nördlich der Alpen immer weitere Kreise zog. Seine Strategie, die zahlreichen Baumeistern, Stuckateuren und Malern ein neues Be-

Wallfahrtsweg auf den sacro monte von Varese

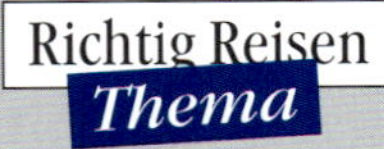

Der *sacro monte* – Bollwerk gegen Unglauben aller Art

Der Deutsche Felix Faber schrieb 1483 als er von seiner Pilgerfahrt nach Jerusalem zurückkam: »Vil leydes und schmach geschach uns von den jungen Heyden und besonder von den Moren.« Die Reise ins Heilige Land war Ende des 15. Jh. immer gefährlicher geworden. Die Türken verteidigten ihre Herrschaft im Nahen Osten mit aller Macht und fühlten sich von den christlichen Pilgerzügen – zu Recht – bedroht. Blutige Auseinandersetzungen und Massaker waren die Folge und verfehlten ihre Wirkung nicht im christlichen Europa. Hier kam man auf die Idee, die ›Originalschauplätze‹ des Lebens und der Passion Christi nachzubilden. Die Simulation der Pilgerziele sollte nicht nur die Reise nach Jerusalem überflüssig machen, sondern auch dem Verfall der kirchlichen Ordnung sowohl in machtpolitischen wie in sittlichen Maßstäben entgegenwirken.

Das Aufblühen des Humanismus in Italien hatte die alte Ordnung nachhaltig ins Wanken gebracht. Wissen und Erfahrung schränkten den Absolutheitsanspruch von Dogma und Glauben zunehmend ein. Die weltlichen Machtverhältnisse zentrierten sich in einzelnen Städten und Familiensitzen, die untereinander Allianzen schlossen und den Führungsanspruch der Kirche untergruben. Den hatte bereits die Reformation kräftig ins Wanken gebracht, wohl in gleichem Maße wie die Autorität des Papstes. Schwere Zeiten für die Kirche, die sich in dieser Krise von den Heiligen Bergen Abhilfe versprach. Ihnen kam die Aufgabe zu, die Glaubenslehre simulativ darzustellen, auf dass sie das Volk wieder eindringlich erfasste.

Zu einem wahren Boom von *sacri monti* kam es in Norditalien nach dem berühmten Konzil von Trient (1545–63), das unter der Führung von Carlo Borromeo die Offensive der Gegenreformation einleitete. Die Konzilsbeschlüsse verlangen von der Kunst, dass sie auf anschauliche Weise das Volk »durch Erzählungen der Mysterien unseres Glaubens ... in der Erinnerung an die Glaubensartikel und in ihrer Verehrung belehrt und bestärkt.« Welches Kunstideal die Strategen der Gegenreformation in der Praxis verfolgten, zeigen die Heiligen Berge. Figurenreiche Spektakel holen Leben und Passion Christi scheinbar in die lebendige Gegenwart, verschiedene Tricks naturalistischer Illusionskunst heben die Grenze zwischen Realität und Fiktion auf. Die lebensgroßen Terrakotta-Figuren tragen zum Teil echte Kleider sowie Perücken und sind so gestenreich dargestellt, dass man immer den Eindruck gewinnt, sie hielten nur einen Moment inne, um ihrer Beschäftigung gleich weiter nachzugehen. Das Glaubensmysterium wird auf diese Weise von allen Unklarheiten gereinigt, greifbar nah und sinnlich anschaulich zugleich – ein Kunstkonzept, das durchaus Früchte tragen sollte.

tätigungsfeld eröffnete, sollte aufgehen. Oberitalien blieb katholisch. Nach dem Spanischen Erbfolgekrieg lösten die österreichischen die spanischen Habsburger ab. Kaiserin Maria Theresia und ihr Sohn Joseph II. leiteten eine Reihe längst überfälliger Reformen ein (Bau von Straßen und Bewässerungsanlagen, allgemeines Schulrecht), mit denen der große Abstand der Lombardei zur *terra ferma* von Venedig etwas aufgeholt werden konnte.

1743 fiel das Westufer des Lago Maggiore an Savoyen, 1796 drang Napoleon mit seiner *Grande Armée* in Oberitalien ein. Die Habsburger unterlagen seinem großen Truppenaufgebot und der letzte Doge in Venedig wurde zur Abdankung gezwungen. 1802 ließ Napoleon die Cisalpinische Republik ausrufen, in der die Herzogtümer Mailand und Mantua, die Emilia und die Romagna sowie Venetien zusammengefasst wurden. Nach Napoleons Niederlage wurde auf dem Wiener Kongress 1815 jedoch wieder die alte Ordnung etabliert und die Lombardei sowie Venetien fielen abermals an die österreichischen Habsburger.

Doch längst reifte die Idee der nationalen Unabhängigkeit, die sich, ermutigt durch die bürgerlichen Revolutionen in Europa 1848, zu der Bewegung des *Risorgimento* ausweitet. Ihr glühendster Verfechter wurde Giuseppe Garibaldi (1807–82); literarisch wurde das *Risorgimento* hingegen von Giacomo Leopardi und Alessandro Manzoni abgefedert, nationale Töne stiftete Giuseppe Verdi. 1848 rüttelten eine Reihe von Aufständen an der österreichischen Fremdherrschaft, doch erst mit den schweren Schlachten bei Magenta und Solferino südlich des Gardasees gelang den oberitalienischen Truppen im Verbund mit den Piemontesen ein endgültiger Befreiungsschlag gegen die österreichische Fremdherrschaft. 1861 wurde Vittorio Emanuele II. von Piemont zum König von Italien gekrönt und als die Österreicher 1866 auch Venetien abtreten mussten, war Italien erstmals seit 1000 Jahren unter einer Zentralgewalt vereint. Mit nur einer Ausnahme, dem Trentino, zu dem die Nordspitze des Gardasees gehört. Erst 1919 band ein Vertrag die Region zusammen, Südtirol an den Rest des Landes.

Im Taumel des Nationalismus hatte Mussolini ein leichtes Spiel. Nach seinem Marsch auf Rom im Oktober 1922 errichtete er ein faschistisches Regime und baute Italien zu einem totalitären Staat aus. Tatendurstig strebte er in der Kultur ein Vermächtnis an, das dem Antiken zur Seite gestellt werden könne, wohingegen er außenpolitisch an einer Wiedererrichtung des Römischen Imperiums interessiert war. Dabei verbündete der Duce sich mit Hitler und sein Land mit Nazi-Deutschland. Im Zweiten Weltkrieg überfiel das faschistische Italien Abessinien, Jugoslawien, Kreta und Albanien, doch nach der Landung der Aliierten auf Sizilien, 1943, wurde Mussolini gestürzt.

Italien wechselte daraufhin eilig die Fronten und erklärte am 13. Oktober 1943 seinem ehemaligen Verbündeten Deutschland den Krieg, nachdem Truppen der Wehrmacht Rom und große Teile des Landes besetzt hatten.

Nach dem Zweiten Weltkrieg wurde die Kluft zwischen dem armen Süden und dem zunehmend industrialisierten und damit reicheren Norden immer größer. Das historische Ungleichgewicht zwischen Industriemonopol im Norden und feudaler Agrarordnung im Süden festigte sich zum größten gesellschaftlichen und wirtschaftlichen Problem Italiens.

Daten zur Geschichte

6. Jh. v. Chr.	Die Etrusker siedeln in Mantua und an den Oberitalienischen Seen.
5. Jh. v. Chr.	Die Kelten dringen über die Alpen vor und vertreiben die Etrusker zurück nach Mittelitalien.
191 v. Chr.	Nach lang anhaltenden Kämpfen mit den Kelten haben die Römer weite Teile Oberitaliens erobert, die als Provinz Cisalpina in das Römische Reich eingegliedert werden.
15 v. Chr.	Mediolanum (Mailand) wird Hauptort der Region.
313 n. Chr.	Kaiser Konstantin erlässt das Mailänder Edikt, dass das Christentum zur römischen Staatsreligion erhebt.
375	Beginn der Völkerwanderung; Oberitalien wird zum Korridor der verschiedensten Völker, die den Römern stark zusetzen.
476	Der letzte römische Kaiser Romulus Augustulus übergibt die römische Kaiserkrone dem Germanenfürsten Odoakar.
493	Der Ostgotenkönig Theoderich macht Ravenna und Verona zu seinen Residenzen und geht als Herrscher in die Geschichte ein, der Italien die »letzte Atempause der Antike« gönnt.
535–53	Byzanz gelingt es, die Goten in Italien zu vernichten und das Weströmische Reich unter seine Krone zu stellen.
568	Die Langobarden erobern ganz Oberitalien und richten ein 200 Jahre währendes Königreich mit Pavia als Hauptstadt ein.
754	Die vom Papst zu Hilfe gerufenen Franken greifen das Langobarden-Reich an.
774	Karl der Große vernichtet auf päpstlichen Wunsch das langobardische Königreich und wird als Dank 800 in Rom zum Kaiser gekrönt.
881–961	Zeit der Nationalkönige, die mit den Päpsten paktieren.
963	Der deutsche König Otto I. wird in Rom zum Kaiser gekrönt. Seine ottonische Kirchenpolitik führt unausweichlich zum Konflikt mit dem Papst.
1075–1122	Investiturstreit zwischen Kaiser und Papst, der mit dem berühmten Gang Heinrichs IV. nach Canossa endet, der sich dort Papst Gregor VII. unterwirft. Das Recht auf Investitur bleibt allein dem Papst vorbehalten. Das Land schlittert in eine große strukturpolitische Krise.
11. Jh.	Neu erwachtes Selbstbewusstsein der Städte, die nach Autonomie streben.
12. Jh.	Ein Kleinkrieg aller Städte gegen alle ermutigt Barbarossa zu dem Versuch, die alte Reichsordnung wieder fest zu verankern. 1162 erobert und zerstört er Mailand.

Bedürfnis nach gotischer Himmelsstürmerei: In Ossuccio am Comer See erhöhte man Mitte des 14. Jh. den Kirchturm von Santa Maria Maddalena und schmückte den Glockenturm mit Flechtbändern und Bildnis-Medaillons

1176 Sieg der Lombardischen Liga gegen Barbarossa bei Legnano.

13. Jh. Kriegerische Auseinandersetzungen zwischen kaisertreuen Ghibellinen und papsttreuen Guelfen.

1277 In Mailand übernehmen die Visconti die Herrschaft und weiten ihr Gebiet bis zum Gardasee und nach Verona aus, das 1387 erobert wird.

1405 Die Republik Venedig entschließt sich zum Kampf gegen die Visconti, der auch bei zwei Seeschlachten auf dem Lago di Garda ausgetragen wird.

1450 Die Sforza treten die Nachfolge der Mailänder Visconti an.

1454 Der Frieden von Lodi zwischen Mailand und Venedig führt zu veränderten Herrschaftsverhältnissen. Der Osten Oberitaliens fällt bis einschließlich Bergamo den Venezianern zu, der Westen unterliegt dem Diktat der Sforza.

1494 Ludovico Maria Sforza, genannt il Moro, wird Herzog von Mailand und verwandelt seinen Hof gemeinsam mit seiner

Die 600 Tage von Salò

Der schnittige Lieblingsspruch Benito Mussolinis (1883–1945), mit dem er gewissermaßen den Anfang von seinem Ende vorwegnahm, lautete: »Lieber einen Tag als Löwe leben als 1000 Tage als Schaf«. In der Nacht vom 24. auf den 25. Juli 1943 – die Alliierten waren schon auf Sizilien gelandet – entzog der Große Rat des Faschismus Mussolini das Oberkommando der italienischen Streitkräfte und übertrug es auf König Vittorio Emanuele III. Am folgenden Tag wurde Mussolini auch seiner politischen Macht enthoben und als Regierungschef abgesetzt. Gleich einem Kartenhaus fiel das faschistische Regime in Italien zusammen. Über Nacht verschwand die Faschistische Partei, ihre Organisationen lösten sich auf und Vittorio Emanuele III. ließ Mussolini in einem Hotel in den Abruzzen festsetzen. Ein kläglicher Abgang für den einst so cäsarischen Duce.

In Deutschland, mit dem Italien bis 1943 verbündet war, beobachtete Hitler diese Ereignisse mit großem Missfallen. Treue zum Bundesgenossen war es jedoch nicht, die Hitler dazu veranlasste, am 12. September 1943 Mussolini in einer abenteuerlichen Aktion befreien zu lassen. Vielmehr war man in Deutschland fieberhaft damit beschäftigt, so rasch wie möglich vom Faschismus zu retten, was noch zu retten war. Im Gebiet um den Gardasee, das fest in deutscher Hand war, wurde daher ein faschistischer Satellitenstaat gebildet mit Salò als Hauptstadt und Mussolini als Staatsoberhaupt. In Wirklichkeit war der Duce aber zu einer Marionette in einem von Hitler ersonnenen Staat degradiert.

Formal gehörte zur Republik von Salò ganz Mittelitalien, das jedoch von Deutschen besetzt und *de facto* auch von ihnen beherrscht war. Wie sehr Mussolini dem Diktat deutscher Ober-

kunstsinnigen Gemahlin Beatrice d'Este in ein bedeutendes Zentrum der Künste und Wissenschaften, das u. a. bis zu den Oberitalienischen Seen strahlt.

1496 Die Schweiz verleibt sich das Gebiet des heutigen Tessin ein.

1535 Nach dem Tod des letzten Sforza fällt das Herzogtum Mailand an die spanischen Habsburger. Das Land versinkt in Rückständigkeit und Provinzialität während die Städte unter dem Einfluss von Venedig eine kulturelle Blüte erleben.

1706 Nach dem Spanischen Erbfolgekrieg (1701–14) fällt das Herzogtum Mailand an die österreichischen Habsburger.

1796 Napoleon erobert Oberitalien und löst die Republik Venedig auf.

befehlshaber unterstand, allen voran dem SS-Generaloberst Karl Wolff, zeigt sein vergeblicher Versuch, eine eigene Armee aufzubauen. Ausrüstung und Waffen benötigte er von den Deutschen, die aber lieferten nicht, sondern deportierten vielmehr tausende von Italienern zur Zwangsarbeit nach Deutschland. In der Folge gab es massenhafte Überläufe zu den Partisanen und schon bald kontrollierte die *Resistenza* weite Teile der Repubblica di Salò.

Das Ende der Allianz Berlin–Salo war programmiert: Je weiter die Alliierten 1944 in den Norden vorstießen, desto entschlossener griffen die Partisanen aus den Bergen an. Die Anhänger von Mussolini sowie Soldaten der Wehrmacht leisteten erbitterten Widerstand, entvölkerten durch Massenhinrichtungen von Männern ganze Dörfer und machten schließlich auch vor der Exekution von Frauen und Kindern keinen Halt. Die letzten Tage der Republik von Salò sind vielen Italienern als ein grausiger Vergeltungskrieg in Erinnerung. Nach anderthalb Jahren Scheinregierung unter Aufsicht der SS versuchte der Duce in der Verkleidung eines deutschen Offiziers aus seiner Republik ins neutrale Ausland zu fliehen. Er wurde dennoch von einem Partisanen-Kommando erkannt und einen Tag später, am 28. April 1945, zusammen mit seiner Geliebten Clara Petacci bei Dongo am Comer See erschossen. Die Leichen stellte die *Resistenza* kopfüber auf der Piazzale Loreto in Mailand zur Schau und gab sie dem Volkshohn preis – ein Exzess, der offenbar aus dem leidenschaftlichen und so verlustreichen Kampf um die Freiheit erwuchs.

Eine ernsthafte und gründliche Auseinandersetzung mit dem Faschismus setzte in Italien indes erst zu Beginn der 1980er Jahre ein. Die Republik baute auf dem solidarischen Kriegserlebnis der *Resistenza* auf, in der Sozialisten und Kommunisten gemeinsam mit Christdemokraten kämpften. Dabei wurde all die Jahre nach dem Krieg bereitwillig vergessen, dass Mussolini zwei Jahrzehnte lang Italiener aller Schichten begeistert hatte. Seine Anhänger pilgern bis heute zu seinem Grab in Predappio, einem 6000-Seelen-Ort in der Emilia Romagna, in dem Mussolini auch geboren wurde. In Salò hingegen erinnert nichts mehr an den Diktator; sein letztes Domizil, die Villa Feltrinelli in Gargnano am Gardasee, stand lange Zeit leer und wurde 1997 in ein Luxushotel verwandelt.

1801	Konstitution der Repubblica Cisalpina mit der Hauptstadt Mailand unter der Vorherrschaft Napoleons.
1815	Nach Napoleons Niederlage spricht der Wiener Kongress die Lombardei und Venetien den österreichischen Habsburgern zu.
1848	Erste bewaffnete Aufstände gegen die österreichische Fremdherrschaft. Unter dem programmatischen Titel *Risorgimento* formiert sich die italienische Einigungsbewegung.
14. 3. 1861	Österreich muss die Lombardei nach verlorenen Schlachten an das neu gegründete Königreich Italien abtreten. König ist Vittorio Emanuele II. von Piemont.

1866 Auch Venetien fällt an Italien, allein das Trentino bleibt noch österreichisch.

1915 Italien tritt in den Ersten Weltkrieg ein und erklärt der habsburger-preußischen Allianz den Krieg.

1919 Das Trentino wird per Vertrag Italien zugesprochen, ebenso wie Südtirol. Benito Mussolini gründet in Mailand die ersten faschistischen Verbände, die *fasci di combattimento.*

1922 Mussolinis Marsch auf Rom, die Faschisten ergreifen die Macht.

1925 Auf der internationalen Konferenz in Locarno wird der sogenannte Locarno-Pakt zur europäischen Friedenssicherung geschlossen.

1940 Italien tritt als Verbündeter Hitler-Deutschlands in den Zweiten Weltkrieg ein.

1943 Die Alliierten landen auf Sizilien, Mussolini wird gestürzt und gründet mit deutscher Hilfe die Republik von Salò. Italien wechselt die Fronten und erklärt Deutschland den Krieg.

1945 Mussolini wird von Partisanen am Comer See aufgegriffen und erschossen.

1946 Proklamation der Republik Italien.

1970 Eine rasante Industrialisierung verändert ab den 1970er Jahren nachhaltig die Po-Ebene und die oberitalienischen Provinzen.

1991 Tiefgreifende Veränderungen der italienischen Parteien-Landschaft. Die Zersplitterung spiegelt den historischen, sozialen und regionalen Partikularismus der italienischen Gesellschaft.

1992 Große Wahlerfolge der neu gegründeten Lega Nord in Oberitalien, die eine sezessionistische Politik gegenüber dem Süden verfolgt.

1994 Das Mailänder Antikorruptionskomitee ›Mani Pulite‹ (Saubere Hände) deckt reihenweise Bestechungsaffären von großer politischer Brisanz auf. Die traditionsreiche Partei *Democrazia Cristiana* löst sich – erschüttert von Skandalen – auf. Eine Hochwasser-Katastrophe sucht Norditalien heim, der Lago Maggiore und der Comer See werden zum Notstandsgebiet erklärt.

2000 Italien bildet seit vier Jahrendas Schlusslicht der Europäischen Union hinsichtlich der konjunkturellen Wachstumsrate. Nach wochenlangen Regenfällen überschwemmt der Lago Maggiore seine Uferortschaften zum Teil meterhoch.

2001 Bei den Parlamentswahlen im Mai setzt sich die *Forza Italia* mit ihrem Führer Silvio Berlusconi durch. Berlusconi, reichster Mann Italiens und Eigentümer von 90 % des italienischen Privatfernsehens, ist zu diesem Zeitpunkt in 14 Strafprozessen angeklagt.

Wirtschaft und Politik

Wirtschaftsstandort Nord

Für denjenigen, der aus dem Süden kommt, aus Rom oder gar aus Neapel oder Palermo ist die Frage rasch entschieden. In Oberitalien schlägt das wirtschaftliche Herz des Landes. Der Süden kann sich dagegen nur mühsam über Wasser halten und wäre ohne milliardenschwere Subventionen aus dem Norden gänzlich verloren. In kaum einem anderen europäischen Land ist das Nord-Süd-Gefälle an Wirtschaftskraft und Wohlstand so scharf akzentuiert wie in Italien. »Wir vergleichen uns nicht mehr mit den Süditalienern, sondern mit dem Europa jenseits der Alpen«, heißt es oft, man arbeite schließlich auch schneller, produziere besser und schneller, während die im Süden zuviel ans Essen dächten. Nur, dass die Beschäftigungslage im Norden auch weit besser als im Süden ist. Der Arbeitslosenquote von 5,4 % im Norden steht eine Quote von 21,1 % Erwerbslosen im Süden gegenüber. Rund 50 % der erwachsenen Sizilianer sind arbeitslos.

Mode und Design, Stahl- und Chemie-Konzerne, Banken und Verlage, Werbeagenturen und Telekommunikations-Unternehmen – alle haben ihren Sitz auf der Wirtschaftsachse Turin–Venedig. An der Mailänder Börse konzentrieren sich fast 90 % aller Umsätze der

Mode und Design werden auch an den Oberitalienischen Seen groß geschrieben und sind wichtige Wirtschaftsfaktoren

Arbeiten für Schweizer Franken – Vom Leben im Grenzland

Mehr als 30 000 ItalienerInnen passieren jeden Morgen die Grenze zur Schweiz – hier bei Porlezza am Lago di Lugano

Auch nach 40 Jahren weiß man in Tronzano, einem kleinen Dorf am Lago Maggiore, noch genau, wer damals aus dem Süden kam. Zwar hat man sich längst aneinander gewöhnt und spielt je nach Wetterlage zusammen Boccia oder Karten, doch wenn es dabei zum Streit kommt, dann fällt auch schon mal das Schimpfwort ›terrone‹. *Terrone* leitet sich von *terra* ab (Erde), denn in Süditalien bietet vielerorts allein der Boden Arbeit. Eine schwere Arbeit, mit der man eine Familie mehr schlecht als recht durchbringen kann. Daher kehrten ihr Mitte der 1960er Jahre etwa 2,5 Mio. Apulier, Kalabrier und Sizilianer den Rücken, um ihr Glück im industriellen Norden des

italienischen Börsen. Die Lombardei und das Veneto sind gewissermaßen die Lokomotive der italienischen Wirtschaft und tragen den höchsten Prozentsatz zum italienischen Nationaleinkommen bei. »Hier wird das Geld verdient, dass in Rom ausgegeben wird« ist ein Gemeinplatz, den auch kaum einer im Süden bestreiten würde. Nur verliert man hier auch nicht die Tatsache aus dem Blickfeld, dass der ökonomische Aufschwung in Oberitalien auf Kosten

Landes zu suchen. Vielen wurde die Grenzregion am Lago Maggiore, am Lago di Lugano und am Lago di Como zur zweiten Heimat, denn hier kann man in Italien wohnen und Schweizer Franken verdienen.

Mehr als 30 000 Italiener passieren jeden Morgen die Grenze, um ihren Arbeitsplatz im Tessin zu erreichen. In der Provinz Como sind 40 % der *frontalieri* (von *frontiera* = Grenze) Süditaliener, in der Provinz Varese stellen sie sogar 60 %. Vor allem auf dem Bau, in Fabriken oder in Krankenhäusern sowie im Dienstleistungsgewerbe sind die billigen Arbeitskräfte aus Italien in der Schweiz gefragt. »Wo wäre man hingekommen, ohne die Maurer, Mechaniker, Landarbeiter, Hemdennäherinnen, Haushaltshilfen aus der italienischen Grenzzone?«, fragte eine Schweizer Zeitung scheinheilig in den 1970er Jahren, um gleich im Anschluss die Schreckensvision einer Invasion der *meridionali* im Tessin auszumalen und über die ›Assimilierungsfähigkeit‹ der Süditaliener zu schwadronieren. Nicht zuletzt lieferten solche auch in der Tessiner Bevölkerung verbreitete Stimmungen der regionalistischen Partei *Lega Ticinese* die Schlagwörter. Seit ihrem Bestehen zieht die *Lega Ticinese* gleichermaßen gegen die ›Germanisierung‹ des Tessins wortgewaltig zu Felde sowie gegen die »afrikanischen Kolonialisten aus dem Norden Italiens«.

Gern gesehen sind die Grenzgänger aus Italien bei der Mehrheit der Tessiner nicht. Die Italiener haben sich damit abgefunden und nehmen Fremdenfeindlichkeit bis zu einem gewissen Grad in Kauf, denn die im Vergleich zu Italien hohen Schweizer Löhne in starker Währung sind eine zu große Verlockung. Und für den Verdienst von Franken schaut man dabei auch über Arbeitsverträge und -bedingungen hinweg, die noch aus dem Zeitalter der industriellen Revolution zu stammen scheinen.

Seit Januar 1995 haben sich der Kanton Tessin sowie die Provinzen Como, Varese und Verbania zu einer grenzüberschreitenden Arbeitsgemeinschaft zusammen geschlossen, der *Regio insubrica*. Der Schulterschluss soll die länderübergreifende Zusammenarbeit in den Bereichen Wirtschaft, Verkehr, Umwelt und Kultur fördern und vertiefen. Gemeinsame Probleme gibt es genug. Aber auch gemeinsame Voraussetzungen, die einen Erfolg der Zusammenarbeit versprechen. Große Hoffnungen setzt man beispielsweise auf die strukturelle Komplementierung zwischen dem Tessiner und dem lombardischen Wirtschaftsraum. Der exportorientierten Industrie auf italienischer Seite steht ein gut ausgebauter Kommunikations- und Dienstleistungsbereich auf Schweizer Seite gegenüber. Und schon heute werden im Dreieck Lugano–Varese–Como Geschäfte gemacht, die das Niveau von ›Reinemachen und Häuslebauen‹ längst überflügelt haben.

des Südens seinen Lauf nahm. Dem *Mezzogiorno* war es allein vergönnt, die Hände zu liefern, die in der Industrielandschaft am Fuß der Alpen so dringend für eine schnelle und hohe Produktion gebraucht wurden.

Anders als das Ruhrgebiet, überragen das Po-Gebiet keine Fabrikschlote. Die tausende von Betrieben, unter denen es nur wenige Großunternehmen gibt, sind weit verteilt, halten mitunter ganze Täler fest in ihrer Hand wie die Val

Trompia und liegen ansonsten meist gleich neben dem Wohnhaus des Chefs. An der Autobahn Mailand–Verona, die am Süden des Gardasees vorbei führt, erreichen die Industrie-Anlagen jedoch eine konzentrierte Dichte und überbieten sich in den neuesten Formen der Industrie-Architektur.

Der gewaltige wirtschaftliche Sprung Norditaliens in den 1970er Jahren ging auch an den Oberitalienischen Seen nicht spurlos vorüber. Um die Grundlage für Industrie-Ansiedlungen zu schaffen, mussten Straßen gebaut werden, die heute das Land in einem weit gespannten Netz durchziehen. Während die Orte an den Seen dem Geschäft mit den Fremden nachgehen, ist das Hinterland vielerorts zersiedelt und von schnell hochgezogenen Industriekomplexen verstellt, die sich schwer in Einklang mit der Landschaft und den historisch gewachsenen Strukturen bringen lassen. Die Städte verlieren zunehmend ihre Grenzen und gehen unmerklich ineinander über.

Doch was das Touristenherz so schmerzt, wärmt am Ende nur das Herz der Einwohner. Die Arbeitslosenquote ist angesichts der Industriedichte relativ niedrig, obgleich vor allem die Arbeitsplätze von gering qualifizierten Beschäftigten durch die Auslagerung in Niedriglohnländer bedroht sind. Immer nachdrücklicher fordern Wirtschaftsforscher strukturelle Reformen des Arbeitsmarktes und eine Verbesserung der Ausbildung etwa nach dem Vorbild des deutschen Dualen Ausbildungssystems. Wer in Italien in der Industrie oder in einem Unternehmen zu arbeiten anfängt, lernt nur das, was am jeweiligen Arbeitsplatz gefragt ist.

Staatlich geförderte Fort- und Weiterbildung existiert nicht. Neben der mangelhaften Berufsausbildung sind der wirtschaftlichen Entwicklung auch die ineffiziente Verwaltung und der unflexible Arbeitsmarkt hinderlich. Im Euro-Land treten die Strukturdefizite Italiens immer deutlicher zutage. Als »heldenhaft« bezeichnete ein Journalist die Geduld der Italiener, mit der sie eine Staatsbürokratie ertragen, die jeder ökonomischen Initiative erst einmal Stolpersteine in den Weg rollt oder Aktivitäten bereits im Keim erstickt. Schwarzarbeit ist die Folge und vieles wird in Italien illegal gemacht, weil es auf legalem Wege keine Chance hätte. Auch das trägt dazu bei, dass die Staatskassen chronisch leer sind, der Schuldenberg immer höher wird und die Wirtschaft seit Jahren immer mehr ins Wanken gerät.

Selbst traditionell starke Branchen, wie die Designer-Zunft, bröckeln. Die italienische Wettbewerbsfähigkeit verschlechterte sich permanent, klagte unlängst der Nationalbank-Präsident mit dem Blick auf die prognostizierte Wachstumsrate von 1,9% für das Jahr 2000. Damit belegt Italien wieder den Platz des Schlusslichts in der Europäischen Union, den es bereits seit vier Jahren besetzt hält.

Lega Nord – ein Zwischenspiel?

›Padania libera‹, ›Repubblica Padania‹, ›Repubblica del Nord‹ – die Graffiti der *Lega Nord* machen sich in ganz Oberitalien an Ortsschildern, Autobahnbrücken und Hauswänden stark für einen unabhängigen Norden. Und offenbar scheint sich keiner große Mühe zu machen, sie wieder zu entfernen. Viele Norditaliener lehnen zwar die sezessionistischen Absichten der *Lega Nord* ab, doch die wirtschaftlichen und finanzpolitischen Anliegen der Partei halten sie durchaus für berechtigt.

Die *Lega Nord* hatte sich Ende der 1980er Jahre als neue politische Partei unter dem Vorsitz von Umberto Bossi in Italien etabliert und all jenen ein politisches Forum geboten, die traditionell gegen die *meridionali* – die Süditaliener – und *Roma ladra* – das diebische Rom – gestimmt sind. Die allgemeine Abneigung gegen das subventionsbedürftige Süditalien und seine Bewohner, denen allein die Verantwortung für die mafiosen Strukturen im Land zugeschoben wird, ist der emotionale Treibstoff für die Bestrebungen der *Lega Nord*, einen unabhängigen, norditalienischen Staat ›Padanien‹ zu gründen. Der Name leitet sich dabei von der die norditalienische Landschaft bestimmenden Po-Ebene ab, der so genannten *Padania*.

Nach ihrem großen Erfolg bei den Wahlen 1994 – die Lega erhielt landesweit nur acht, in Norditalien aber 36 % der Wählerstimmen – erwies sich die Partei jedoch als unfähig, über medienwirksame Ad-hoc-Aktionen hinaus politisches Engagement zu entfalten und ihre Anhänger dauerhaft zu binden. Vielmehr lebt die *Lega Nord* von Zeit zu Zeit in Kampagnen auf, die auch international für Aufsehen sorgen wie beispielsweise die lächerlich wirkende symbolische Gründung der ›Repubblica Padania‹. Am politischen Phänomen der *Lega Nord* lässt sich aber ein Grundproblem der italienischen Gesellschaft ablesen: Auch über 130 Jahre nach der staatlichen Einigung hat noch keine positive Rückkopplung zwischen *paese* (Dorf) und *Paese* (Land), also zwischen lokaler und nationaler Identität stattgefunden. Viele Italiener haben bis heute noch Schwierigkeiten, sich mit dem Zentralstaat zu identifizieren. Allein wenn Juwe, Inter oder Lazio im Ausland spielen, erwärmt sich oder erstarrt – je nach Spielverlauf – so etwas wie ein Nationalgefühl.

Nicht zu übersehen: der Wunsch nach einem unabhängigen oberitalienischen ›Padania‹

Literatur und Alltag

Schriftsteller an den Seen

Früher gab es den Gardasee einmal auf Rezept. Sein mildes Klima, Sonne und Wind versprachen vor allem feinnervigen, zu Nervosität neigenden Geistern sowie Menschen mit schwacher Konstitution Heilung. Therapie der Extraklasse für Schriftsteller. Sie kamen jedenfalls in Scharen, um sich am Gardasee von den Strapazen des Bücherschreibens und des Lebens im Allgemeinen zu erholen. Wasser, Berge und Sonne sowie die mediterrane Landschaft der Oberitalienischen Seen gaben darüber hinaus offenbar vielen Autoren neue literarische Impulse.

Schon Catull hatte sich in Sirmione »frei von Sorgen« gefühlt und Liebesgedichte an die Adresse der römischen Diva Clodia geschrieben. Thomas Mann fand bei einer Ruderpartie auf dem Gardasee seinen »Sonnenfrieden, der ihm die Kraft gab, den ›Tonio Kröger‹ in Riva del Garda abzuschließen. Zusammen mit seinem Bruder Heinrich kurte er dort im Sanatorium des Doktor Hartungen, wohin es auch Franz Kafka zu einer ›Luftkur‹ verschlagen hatte. Dabei sollte sich der Dichter außer von Luft unerwartet auch von Liebe ernähren. Während seines Aufenthalts hatte Kafka, der sich in einem Brief an Felix Weltsch selbst noch am Gardasee als »Unglücksmensch« bezeichnete, ein Schweizer Mädchen kennen gelernt, Gerti Wasner, der zuliebe er seinen Aufenthalt in Riva im Jahr 1913 um zehn Tage verlängerte. »Ich habe mich im Sanatorium in ein Mädchen verliebt, ein Kind, etwa 18 Jahre (...). Mit meiner Abreise war alles vorbei.«, erklärt er die außerplanmäßige Erweiterung der Luftkur in gewohnter Lebensverzagtheit gegenüber seiner Freundin Felice. Die Liaison mit dem Schweizer Mädchen, der Kafka große Bedeutung beimaß, nährte seine Erzählung vom ›Jäger Gracchus‹, die dann auch kurz nach der Begegnung entstanden war.

Hermann Hesse in seiner Bibliothek in Montagnola am Luganer See

Nietzsche suchte im Sanatorium des Doktor Hartungen, der sich mit homöopathischen Anwendungen einen Namen gemacht hatte, Linderung von Augen-, Kopf- und Magenschmerzen, die ihm seit der Jugend zu schaffen machten. Viel Erfolg zeigte die Therapie nicht, daher zog es den unruhigen Geist weiter nach Stresa an den Lago Maggiore. Wohlbefinden, wenngleich auch nur für einige Minuten, fand Nietzsche jedoch nur am Lago d'Orta, an dem es ihm ver-

Am Sonntag

Bevor draußen das Bimmelbammel der Kirchenglocken die Luft erfüllt, haben die Kleinen am Sonntag schon zusehen können, wie sich Tom und Jerry lustig am Bildschirm die Köpfe einschlagen, und Amadeus, der Moderator von ›Buona Domenica‹, hat schon drei Hausfrauen zum Thema Sonntagsbraten interviewt. Den ganzen Sonntag ergründet der ehemalige DJ zusammen mit geladenem Publikum sowie eifrigen Anrufern auf Canale Cinque Gefühle und Betroffenheiten, preist Wundermittel gegen Ehekrach an, verbreitet Tiefschürfendes über den Widder und die Waage und dazwischen immer wieder Show, Quiz, Fußballergebnisse und Blondinen.

Gelacht, geweint und unsäglich viel geredet wird auch bei der Konkurrenz z. B. bei Maurizio Costanzos ›Domenica in‹ im staatlichen Kanal Rai Uno. Vom Herrn und der Madonna auch hier keine Rede, dafür umso mehr über Marcello und Luciana, Antonio und Barbara. So geht der Sonntag für viele Italiener dahin. Gelobt sei, was hohe Einschaltquoten und lukrative Werbespots bringt, denn laut einer Erhebung entscheidet der Mensch gerne am Sonntag, welche Anschaffungen am Montag zu tätigen sind.

Die ältere Generation sowie Traditionsbewusste und so mancher Sinn-Sucher hängen am Sonntag indes noch dem Tag des Herrn an. Sie kommen zum Wort Gottes in die Kirche und lauschen der himmlischen Botschaft. Danach scheiden sich die Geschlechter. Die Frau kehrt zurück in die Küche zur Vorbereitung des Sonntagsessens, der Mann sucht die Bar oder die Piazza auf, wo man sich mit anderen in höchst wichtige Gespräche vertieft. Ab 11 Uhr vormittags kommt der Sonntag in Italien so richtig in Schwung.

Die Kaffeemaschinen dampfen und zischen, aus den Küchen dringt das Geklapper von Geschirr auf die Straße, Kinder spielen zwischen den Palavernden auf der Piazza Fangen und junge Familien können sich gemeinsam eine Promenade am Seeufer oder in der Geschäftsstraße erlauben, weil man zum Mittagessen bei ihrer oder seiner Mutter eingeladen ist. Die *ora di pranzo* ist die ganze Heiligkeit des Sonntags, man isst in mehreren Gängen im Kreise der Familie, während Maurizio Costanzo von ›Domenica in‹ auf dem Bildschirm über leicht Verdauliches schwadroniert.

Am Nachmittag folgt der Schaufensterbummel. Er trägt braun, sie dunkelblau, alle beide tragen Sonnenbrille – am Sonntag ist in Italien noch *sunday's best* angesagt. Ein Corso der Eitelkeiten. Während jenseits der Alpen die Städte an Sonntagen leergefegt sind vom Exodus ins Grüne, strömen die Italiener in die Innenstadt zum Window-Shopping und Sehen und Gesehenwerden. In Scharen ziehen die Flaneure bei Armani, Dolce & Gabbana und Prada vorbei, Verliebte stehen eng umschlungen vor den Auslagen der Juweliere, elegante Herren mustern mit strenger Miene die Anzüge von Trussardi und die asketisch hagere Signora schaut sich derweil bei den auf Podesten drapierten Handtaschen um. Die Sucht nach Statussymbolen ist in Italien groß; vor allem die mittlere Generation gibt sich von der Zahnbürste bis zum Automobil markenbewusst.

Natürlich steht der Sonntagnachmittag auch ganz im Zeichen des Fußballs. Wer das Pech hat, nicht selbst dabei sein zu können, klebt mit dem Ohr am Transistorradio oder mit den Augen am Bildschirm und bibbert vor den Toren des Gegners. Beim *aperitivo* am frühen Abend kursieren in den Bars dann schon erste Ergebnisse. Lautstark werden die Glanzpunkte und Fehler des Spielverlaufs rekonstruiert, den man am Montagmorgen in der Gazzetta dello Sport noch einmal nachlesen kann. Fußballfans haben es gut, denn das babyrosa Fußballblatt nimmt dem Übergang vom Sonn- zum Montag ein wenig von seiner Härte. Den Hausfrauen hingegen geht es am Sonntagabend gut, wenn endlich auch für sie der freie Tag beginnt und die Familie in der Pizzeria isst.

gönnt war, die heißgeliebte Freundin Lou Andreas Salomé zu küssen (s. S. 91).

Neben einer Fülle von Lamenti über die schlechte Gesundheit oder den trostlosen Gemütszustand finden die Dichter und Autoren am Ende auch zu wohllautenden, teilweise begeisterten Worten über die Landschaft der Oberitalienischen Seen. Wie immer ist da Verlass auf Rilke, der die »tiefen Sonnentage« am Gardasee und den »tiefen Atem der Glocken« beschwört. Doch die höchsten Lobpreisungen verdanken die Oberitalienischen Seen Stendhal. Auf seiner Reise von See zu See überbietet sich der Romancier mit ›lieblichsten‹ und ›prächtigsten‹ Superlativen.

Geradezu nüchtern, umtrieben von einem natur- und volkskundlichen Interesse gibt sich dagegen Goethe, der bedeutendste Italien-Reisende, dessen Spuren sich am Gardasee verfolgen lassen. Goethe hat Augen und Ohren für alles in der fremden Umgebung, gibt sich verwundert über das »Schlaraffenland« der Menschen, beschreibt mit fast wissenschaftlicher Akribie das Aussehen von Zitronen- und Olivenbäumen – immerhin war es den meisten Nordländern im 18. Jh. noch vergönnt zu den Original-Schauplätzen zu reisen – und hält die malerischen, von Burgen überragten Ansichten der Städtchen in Zeichnungen fest. In Malcesine brachte ihn das in den Verdacht, als Spion tätig zu sein. Ein Abenteuer unter vielen, die Goethe auf seiner Reise erleben sollte, aber in Malcesine hat man ihm ein Denkmal gesetzt.

Der Luganer See hingegen ist das Revier Hermann Hesses. Sein romantisches Naturell fand die topografische Entsprechung auf der Collina d'Oro in Montagnola. Der Dichter hatte sich zunächst einer Alkohol-Entziehungskur am Monte Verità über Ascona unterzogen, bevor er 1919 an den Luganer See kam und dort auch blieb. Die imposante Landschaft, die er hier vor der Tür hatte, hielt Hesse in unzähligen Aquarellen und Zeichnungen sowie in Gedichten, Erzählungen und Briefen fest. Hesse war gewissermaßen ein versprengtes Atom der Schriftsteller auf dem Monte Verità am Lago Maggiore, die das reformatorische Kommunardenleben des Henri Oedenkoven angezogen hatte.

Wer sich zu Beginn des 20. Jh. auf der Höhe der Zeit wähnte, musste in Ascona wenigstens einmal vorbeigeschaut haben. Zum Arbeiten kam man am Monte Verità indes offenbar nur bedingt, vielleicht zog es Hesse unter anderem deshalb nach Montagnola. Gerhart Hauptmann hingegen hatte sich in Locarno niedergelassen, wo 1931 sein Drama ›Vor Sonnenaufgang‹ entstanden war. Der symbolistische Dichter Stefan George war – allerdings nur für kurze Zeit – sein Nachbar in Muralto. George hatte vor Deutschlands politischem Kurs und den immer lauter werdenden Nazis die Flucht ergriffen; sein Tod 1933 ersparte ihm den Schrecken in seinen ganzen Ausmaßen. Die Machtergreifung Hitlers hatte auch Thomas Mann in die neutrale Schweiz verschlagen, nämlich an den Luganer See. Verbittert und verstört fand er sich in guter Gesellschaft mit Erich Maria Remarque und Hesse wieder. Darüber hinaus kamen zahlreiche andere Schriftsteller auf der Flucht vor den Nazis in den Süden der Schweiz an den Lago Maggiore oder den Lago di Lugano. Die wenigsten von ihnen blieben jedoch, vielmehr versuchten sie, weiter nach Amerika durchzukommen. Remarque hingegen bezog nach dem Krieg in Ronco am Lago Maggiore sein Domizil.

Die Tafelfreuden der Seen

›Einfach göttlich‹ überschrieb der niederländische Lyriker und Autor Cees Nooteboom unlängst ein Essay über die italienische Küche und stellte ihm einen Vergleich voran: »Beim Lesen der Speisekarte verliere ich den Boden unter den Füßen. Es ist, als käme man zum erstenmal in einen Harem und der Sultan sagte, man habe die freie Auswahl.« Cees Nooteboom war im Piemont unterwegs, aber er hätte sicherlich auch nichts anderes über die Esskultur in der Lombardei oder im Veneto geschrieben.

Denn auch in diesen Regionen wird der Tisch köstlich gedeckt, soweit man sich nicht auf ein *menu turistico* einlässt. Leider hat man sich an den Oberitalienischen Seen vielerorts auf den Tourismus auch geschmacklich eingestellt und da es die Bayern gern deftig mögen, bekommt man auch in Malcesine noch *Krauti e Wurstel.* Unbeschreiblich, was einem dabei entgeht. Etwa in Kräutern eingelegter und anschließend gegrillter Fisch oder Tortellini mit Fischragout und in Butter gerösteten Salbeiblättern.

Die Küche rund um die Oberitalienischen Seen ist der Topografie entsprechend vornehmlich eine Fischküche. Eine jahrhundertealte Tradition verbirgt sich hinter den Fisch-Kochkünsten in dieser Region, was man allein an der Vielfalt der Rezepte ablesen kann. Fische werden getrocknet, eingelegt, gegrillt, gebacken, werden zu Suppe gekocht oder zu Pastete moussiert, in Aspik eingelegt und kommen als Füllung in Tortellini und Tagliolini oder verfeinern Risotto und Polenta.

Jeder See pflegt dabei seine Spezialitäten. Am Comer See gibt es die berühmte *salsa verde* zum Fisch, eine Sauce aus mediterranen Kräutern, die mit Knoblauch abgeschmeckt wird. Begehrt sind auch die heute seltener anzutreffenden *misottini,* getrocknete und in Salz eingelegte Alsen, die mit Essig und Öl angerichtet werden. Der Iseosee hat sich ganz der Zubereitung von Schleien *(tinca)* verschrieben, die man mit Polenta isst. Darüber hinaus verstehen sich die Köche in dieser Region besonders

Salumi tipici
Bergamaschi
IL SALAME NOSTRANO!!!
19'500
PANCETTA NOSTRANA!!
12'500
SALAME TIPICO BERGAMASCO
25'000
COPPA PARMA PEZZO INTERO
19'500

Die wichtigsten Sehenswürdigkeiten an den Oberitalienischen Seen

- **Corippo** – Inbegriff des pittoresken Tessiner Dorfs (s. S. 56f.)
- **Borromäische Inseln** – Gesamtkunstwerk des Barock (s. S. 80ff.)
- **Castelseprio** – Ruinen der Langobarden und eine der schönsten Kirchen (s. S. 119)
- **Cernobbio** – Gärten und Villen vom Feinsten (s. S. 150f.)
- **Varenna** – des Lario schönstes Dorf (s. S. 167f.)
- **Dom von Como** – himmlischer Skulpturenschmuck (s. S. 144ff.)
- **Cappella Colleoni in Bergamo** – Schmuckkästchen der Früh-Renaissance (s. S. 188f.)
- **Accademia Carrara in Bergamo** – Pinakothek der malerischen Glanzpunkte (s. S. 189)
- **Monte Isola im Iseosee** – Europas größte See-Insel (s. S. 195)
- **Sirmione** – römische Ruinen, Rosmarinhecken und azurblaues Wasser (s. S. 214ff.)
- **Punta San Vigilio** – »der schönste Ort der Welt« (s. S. 225f.)
- **San Zeno in Verona** – Romanisches Erbe der Lombarden (s. S. 262f.)

gut auf Pasta mit Fisch sowie auf Fischsuppe.

Am Gardasee und am Lago Maggiore gibt es stets frische Felchen *(lavarello)* und Forelle *(trotta)*, gediegene Restaurants führen aber auch Hecht und Aal auf der Speisekarte. Aus der kulinarischen Reihe schert eigentlich nur der kleine Lago d'Orta im Piemont, der nicht Fisch zu seiner Spezialität erkoren hat, sondern klein geschnittenes Eselfleisch, das mit Wirsingkohl und Rotwein geschmort wird *(tupalon)*. Ein Zugeständnis an die Geografie ist die *trotella alla Savoia*, Forelle auf Champignons.

Die Küche an den Oberitalienischen Seen bzw. ihrem Hinterland, wo man meist immer besser speist, richtet sich stark nach den Jahreszeiten. Im Herbst gibt es viel Wild auf der Speisekarte sowie eine Fülle von Pilz-Gerichten, darunter der traditionelle *risotto con funghi* oder Polenta mit Steinpilzen. In der Lombardei schätzt man in der kalten Jahreszeit besonders Eintöpfe wie die berühmte *cazzoeula*, in der Schweinefleisch, Wurst, Wirsing und Speck eine deftige Mischung eingehen. Möglicherweise hinterließen ja die verschiedenen durchziehenden Germanen-Stämme solcherart Eintöpfe, die in der mediterranen Küche eher unbekannt sind. Ein anderes, in der Lombardei beliebtes Gericht ist die *busecca*, ein Eintopf mit Kutteln, Ochsenschwanz, Kichererbsen, Bohnen, Sellerie und Suppengrün. Im Veneto wird man hingegen oft auf die Kombination *pasta e fagioli* treffen, mit Kräutern und Gewürzen verfeinerte Nudeln mit Bohnen.

Köstliches aus Bergamo

Reisen an den Oberitalienischen Seen

Lago
Maggiore
Lago d’Orta
Lago di
Varese

Lago Maggiore

Es waren ausgerechnet Eiszeitgletscher, denen der Lago Maggiore mit den subtropisch bewachsenen Ufern seine Entstehung verdankt. Gewaltige Eismassen schufen hier eine Landschaft, die vor allem dem Kontrastreichtum ihre betörende Schönheit verdankt, dem Zusammenspiel von Mimosen und Kamelien vor schneebedeckten Gipfeln der Alpen. Die hohen Gebirgsprospekte im Osten und Norden, die gen Süden zu sanften Hügeln ausschwingen, schirmen den Landstrich vor kalten Winden ab, so dass an den Ufern des Lago Maggiore Palmen, Jasmin, Magnolien, Bougainvilleen, Azaleen und Hortensien in verschwenderischer Fülle blühen. Welt zum Genießen. Und es kamen viele Genießer. Zunächst waren es Engländer im Gefolge von Königin Victoria, die das liebliche Westufer bei Stresa für einen ihrer Sommersitze auswählte. Ihnen folgten die Bohemiens der Wende zum 20. Jh., die den Anstrengungen der Zivilisation durch ein Leben im Einklang mit der Natur entkommen wollten, dann schloss sich der europäische Hochadel an und schließlich auch die Wirtschaftswunderdeutschen, die sich am Lago Maggiore ihren Zweitwohnsitz leisteten. Darüber hinaus ist der See eines der Wochenenddomizile der Mailänder, deren prächtige Villen, erbaut meist um die Wende zum 20. Jh., zum eleganten Flair der Region beitragen.

Der alte ›Lacus Verbanus‹ trägt seit langem einen Namen, der seiner enormen Länge von 66 km und seiner imposanten Wasserfläche von 216 km^2 gerecht wird: ›Größter See‹. In Wirklichkeit steht dieser Superlativ jedoch dem Gardasee zu. Im Deutschen hat die schnöde Übersetzung ›Langensee‹ nie Fuß fassen können, man bleibt lieber beim klangvollen Lago Maggiore – schließlich fährt man ja auch nach *bella Italia* ... Im Durchschnitt ist der See 4 km breit, nur einmal, am Borromäischen Golf, schwingt er zu einer Weite von etwa 12 km aus. Seine tiefste Stelle wurde mit 372 m gemessen. Drei Regionen teilen sich den See: Das obere, nördliche Seebecken gehört mit seinem alpinen Charme zum Schweizer Kanton Tessin, das anmutig-liebliche Westufer ist Teil der italienischen Region Piemont und das herbe Ostufer ist Teil der Lombardei. Die Grenze zwischen Italien und der Schweiz verläuft quer über der Wasserfläche bei Valmara am Westufer und Dirinella/Zenna am Ostufer.

Den Ruhm des Lago Maggiore trugen unter anderem seine Inseln in die Welt, vor allem die Isola Bella. Das als achtes Weltwunder gerühmte Eiland gehört zu der Borromäischen Inselgruppe zwischen Stresa und Verbania, darüber hinaus gibt es noch die kleine Insel Partegora sowie die Felseninseln des Castello di Cannero. Im Schweizer Teil des Sees liegen die Isole di Brissago. Die schmalen Ufer des Lago Maggiore säumt eine Perlenschnur von Orten, von denen jeder sein eigenes Gesicht hat. Auf mondänes Flair und *grandezza* trifft man eher am Westufer, während sich die kleinen Städte am Ostufer viel Ursprünglichkeit und Eigenart bewahrt haben. Abseits der vor allem während der Sommermonate stauträchtigen Uferstraße schmiegen sich viele verwunschene, lauschige Plätzchen an die Bergrücken, Orte, von denen man einzigartige Ausblicke auf den See hat.

Das Westufer

Das obere Schweizer Westufer zwischen Locarno und Brissago erfuhr in den 60er und 70er Jahren des 20. Jh. den größten Bauboom am Lago Maggiore und verwandelte sich in ein städtisches Ballungszentrum, das bis in die Magadino-Ebene reicht und hoch zu den Bergrücken greift. Wo sich einst Kastanienwälder die Hänge über Locarno und Ascona hinaufzogen, machten Baulöwen Milliardengewinne mit Appartementhäusern. Als Inbegriff der gefahrlosen *dolce vita* mit ›pünktlich fahrenden Bussen‹ zog zunächst Ascona und später, als hier schon alles zubetoniert war, auch Locarno zwischen 30 000 und 40 000 Deutsch-Schweizer und südsüchtige Deutsche an, die sich hier Häuser mit Seesicht und Palmengärten bauten. Auf der Höhe der Zeit brachte Opel 1970 ein neues Auto heraus, den Opel Ascona. Wohl gemeint, eher ein Trostpflaster für die, die daheim bleiben mussten. Dort war das Tessiner Ferienhaus bereits zum Politikum geworden. »Deutsche Arbeiter! Die SPD will euch eure Villen im Tessin wegnehmen«, ironisierte der Künstler Klaus Staeck auf einem Wahlplakat 1972 die Immobilienleidenschaft seiner finanzkräftigen Landsleute.

Heute ist es eher ruhig geworden am Tessiner Ufer. Die Stars von einst sind in die Jahre gekommen und führen artig kleine Terrier und Pudel an der Leine. Der Nachwuchs indes hat längst alle Scheu vor der *italianità* verloren und schaut sich lieber nach einem Haus in der Toscana um. Doch auch wenn sich Locarno und Ascona erst in kleinen, dann in Riesenschritten von ihrer funkelnden Glanzzeit entfernt haben, sind beide Städte noch immer ein lohnendes Reiseziel. Seit dem Ende des großen Trubels besinnt man sich mehr und mehr auf die kulturellen Schätze, naturverbundene Reisende wird es vor allem ins Hinterland des oberen Westufers ziehen, wo sich die pittoreske, mitunter auch dramatische Welt der Täler öffnet.

Locarno

Karte: S. 48/49
Tipps & Adressen: S. 295

Locarno ist eine Stadt mit zwei Gesichtern. Zwischen herrschaftlichen Grandhotels, sprudelnden Fontänen und modernen, marmorausgekleideten Einkaufspassagen gibt sie sich großstädtisch-aristokratisch, die Gassen der Altstadt mit ihren stillen, lauschigen Plätzen verbreiten hingegen rustikales, heimeliges Flair und erinnern an Locarnos lange Geschichte, zu deren Beginn die Stadt ein kleiner Marktflecken am Fuß der Alpenpässe war. In den Annalen taucht Locarno erstmals im Jahre 789 auf, doch erste Siedlungsspuren lassen sich bis in die Bronzezeit zurückverfolgen. Das wirtschaftliche Fundament Locarnos basierte im Mittelalter auf der Einnahme von Wegezoll und Marktgebühren, womit es die Stadt zu beachtlichem Reichtum brachte. Das gute Geschäft hatte auch das Interesse der Mailänder Visconti geweckt, die den Ort 1342 ihrem Herrschaftsgebiet einverleiben konnten. 1439 ging Locarno als Lehen an die Familie der Rusca, ihnen folgten als neue Herren 1513 die Schweizer Eidgenossen.

Bei einem verheerenden Bergsturz in Biasca am Ausgang der Alpentäler 1512 wurden Locarnos Handelswege verschüttet und über nahezu vier Jahrhunderte versank die Stadt in Bedeutungslosigkeit. Erst der um 1900 in Schwung gekommene Fremdenverkehr am Lago Maggiore weckte Locarno wieder aus dem Dornröschenschlaf. 1925 hatte die Stadt schließlich ihren großen welthistorischen Auftritt: Das hellrosa Grand Hotel in der Via Sempione wurde Schauplatz eines Treffens zwischen den Außenministern Großbritanniens, Frankreichs und Deutschlands, bei dem die Locarno-Verträge ausgehandelt wurden, die Deutschland den Weg zurück in den Völkerbund ebneten.

Stadtrundgang

Das beste Bild von Locarno und seiner schönen Lage am Lago vermittelt die Vogelsperspektive von der Aussichtsterrasse der Wallfahrtskirche **Madonna del Sasso** 1. Die ockergelbe Barockkirche thront hoch über der Stadt und gibt den Blick frei auf die bebauten Hänge, auf die Dächer und das präzise, rechtwinklige Straßenraster von Locarno, den türkisblauen See. Und am gegenüberliegenden Ufer schiebt sich das Massiv des Gambarogno Seite an Seite mit dem Monte Tamaro ins Blickfeld. Man erreicht das aussichtsreiche Pilgerziel mit dem Auto über die Via al Sasso, mit der Standseilbahn, deren Station in

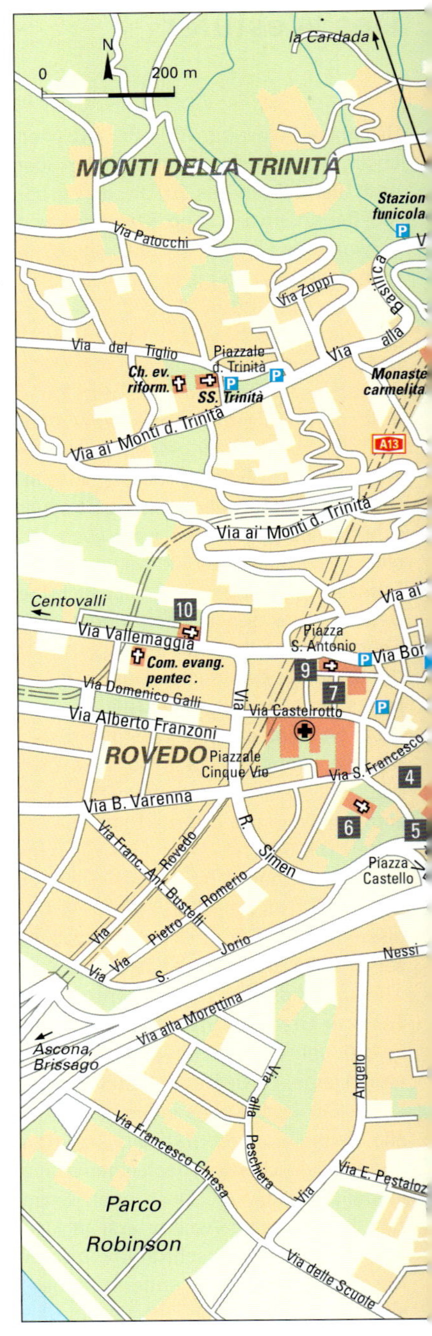

Locarno: *1 Madonna del Sasso 2 Torre del Comune 3 Cantina Canetti 4 Casa Orelli 5 Castello Visconteo 6 San Francesco 7 Casa Rusca 8 Giardini Jean Arp 9 Sant'Antonio Abate 10 Santa Maria in Selva 11 Santa Maria Assunta 12 San Vittore 13 Sanctuariun Artis Elisarion*

Bellinzona, Lugano
GERBI
CIOSSI
DEL SASSO
S. BIAGIO
MURALTO
Casa S. Agnese
S. Maria Annunz.
S. Rocco
Istit. S. Caterina
Ch. ev. rif.
Stazione FFS (Bahnhof)
Stazione FART
Staz. funicolare
Piazza S. Vittore
Sala congressi
Piazza Grande
Largo Zorzi
Giardini Pioda
Giardini Rusca
Casino / Teatro di Loc.
Piazza G. Pedrazzini
Bosco Isolino
Campo sportivo
Stadio Lido
Fähre
Lago Maggiore
Minusio, Tenero
Tenero
Magadino
S. Nazarro, Ascona
Galleria stradale
Galleria Fart
Via Consiglio Mezzano
Via Orselina
Via Sempione
Via San Gottardo
Via Collegiata
Via G. G. Nessi
Viale Verbano
Lungolago Giuseppe Motta
Via Cappuccini
Via della Stazione
Viale F. Balli
Via Luigi Lavizzari
Via della Posta
Viale al Lido
Riale Rabissale
Riale Gutta

der Via Ramogna unweit des Bahnhofs liegt, oder zu Fuß über den alten Stationsweg.

Das Klosterensemble der ›Felsenmadonna‹ verdankt Locarno dem Franziskanermönch Bartolomeo d'Ivrea, der sich 1480 in die damals noch unwegsame Bergregion über der Stadt zurückgezogen hatte, wo ihm eines Nachts die Gottesmutter erschienen war. Zunächst entstand an dieser Stelle eine kleine Kapelle, die in der Zeit der Gegenreformation jedoch zu einem monumentalen Kirchenbau erweitert wurde. Den Felsvorsprung hingegen rüstete man zu einem *sacro monte,* einem heiligen Berg, auf: Lebensgroße Terrakotta-Figuren, die heute im unteren Teil der Kirche verwahrt werden, säumten einst den Stationsweg und dienten als unmissverständlicher Affront gegen die Reformation, die Heiligenbildnisse ablehnte. Barocke Fülle bestimmt auch den Innenraum. Neben einer eher steif aufgefassten ›Flucht aus Ägypten‹ (1520) von Bramantino sowie einer ›Beweinung Christi‹, die von einem unbekannten lombardischen Meister stammt, bannt eine Fülle von Votivbildern alle Aufmerksamkeit. In diesen drastischen Bildern, die so expressiv zwischen Gut und Böse unterscheiden, offenbart sich in gleichsam rührender Weise der naive Volksglaube. Auf vielen Bildern entdeckt man die beiden Buchstaben ›G. R.‹, eine Abkürzung für die Danksagung ›Grazie ricevuta‹ (Gnade empfangen).

Kirche und Kloster wurden zu Beginn der 1980er Jahre von Luigi Snozzi, einem der Stars der neuen Tessiner Architekturschule, renoviert. Dabei hielt sich Snozzi jedoch an die ursprüngliche Formensprache und setzte keine eigenen Akzente. Der ganz Große der Tessiner Architekturschule, Mario Botta, hat sich hingegen unlängst, wenn auch sehr dezent, im Stadtbild von Locarno verewigt: Er lieferte die Pläne für die Tal- und Bergstation der Seilbahn zur Cardada oberhalb von Locarno, die 1999 renoviert wurde. Architekturpuristen bedauern heute den Abriss der stilechten 1950er-Jahre-Stationen, Lokalpatrioten freuen sich hingegen, dass Locarno nun endlich auch Botta-Bauten hat. Nicht nur wegen der Architektur lohnt die Seilfahrt, der Blick von den Gipfeln erschließt die Landschaft in ihrer ganzen kontrastreichen Schönheit.

Locarno: Madonna del Sasso

Den Mittelpunkt der Altstadt von Locarno, soviel konnte man schon von oben sehen, bildet die **Piazza Grande.** Das urbane Zentrum verwandelt sich jeden Donnerstag in einen Marktplatz, im August wird die Piazza Grande zur Freiluftbühne des Film-Festivals von Locarno und an Sonn- und Feiertagen mutet der Große Platz wie ein Diskussionsforum an, wenn Männergrüppchen die Tagespolitik besprechen. An allen übrigen Wochentagen dient die Piazza vor allem als Parkplatz. Einst grenzte der Platz direkt an den See, doch infolge der Verlandung durch die Geröll- und Erdmassen, die die Maggia in den Lago Maggiore schwemmt, rückte er über die Jahrhunderte immer weiter ins Landesinnere. Eine Reihe stattlicher Bürgerhäuser begrenzt die Piazza nach Westen, sie entstanden alle Ende des 19. Jh. Aus dem Mittelalter stammt noch die hoch aufragende **Torre del Comune** (**2**, 14. Jh.). Heute erhält man einen Einblick in das kommunale Leben Locarnos in der **Cantina Canetti** (**3**, Piazza Grande 20a). Unter dicken Rauchschwaden treffen sich hier Locarnesen und eigenbrödlerische Tessiner Originale zum Gläschen Merlot und ereifern sich lautstark

Locarno: Mittelpunkt der Altstadt ist die Piazza Grande

über die Dinge des Lebens. Freitags und samstags abends sorgt Tessiner Volksmusik für gute Stimmung.

Durch die Via Franchino Rusca, in der ein Blick in den Innenhof der **Casa Orelli** 4 mit der prachtvollen, stuckverzierten Loggia lohnt, gelangt man zum **Castello Visconteo** 5. Das Kastell der Visconti lag einst ebenfalls am Wasser, es hatte sogar einen eigenen Hafen, von dessen Molen man heute noch Reste im Garten findet. 1493 ging die Trutzburg in den Besitz von Franchino Rusca über. Dieser verwegene locarnische Lehnsherr ließ die Burganlage wesentlich erweitern. Ein Fresco im Treppenhaus zeigt Rusca auf den Knien vor der Gottesmutter. Als die Schweizer Locarno eroberten, wurde die Festung 1532 geschleift, erhalten blieben allein der Nordwestturm sowie der Palast, in dem die Schweizer Landvögte residierten. Heute hat das **Museo Civico** seinen Sitz in der Visconti-Burg, zu dessen Sammlung zahlreiche, gut erhaltene Funde aus der Römerzeit gehören.

In unmittelbarer Nachbarschaft zum Kastell liegt die Franziskanerkirche **San Francesco** 6, deren schlichte, ja strenge Fassade ganz dem Armutsideal des Ordens entspricht. Bereits im 14. Jh. ist an dieser Stelle eine Kirche belegt, der heutige Bau stammt jedoch von 1538 und wurde mit den Steinen der abgetragenen Burg errichtet. Darunter waren auch drei gotische Reliefsteine, die in der Fassade eingemauert wurden und die drei Stände der höfischen Gesellschaft anhand von Symbolen darstellen: Der Adler wurde den Adeligen zugeordnet, der Stier den Bürgern und das Lamm den Bauern.

Das 1848 aufgelöste Kloster ist Sitz des Collegio Cantonale, dessen Pförtner auf Nachfrage meist bereitwillig das ehemalige Refektorium aufschließt Der ortsansässige Künstler Baldassare Orelli hatte 1716 den Speisesaal mit Szenen des ›Letzten Abendmahls‹, der ›Hochzeit von Kanaa‹ sowie mit Episoden aus dem Leben des hl. Franz von Assisi ausgemalt.

Moderne Kunst bietet Locarno in der **Casa Rusca** 7. In dem eleganten Wohnhaus der alten Herrscherfamilie hat die **Pinacoteca Comunale** ihren Sitz. Die Sammlung ging aus verschiedenen Schenkungen des Künstlers Hans Arp hervor. Hans Arp (1886–1966), der Mitbegründer der Züricher Dada-Bewegung, hatte sich mit seiner zweiten Frau Marguerite Hagenbach 1959 bei Locarno niedergelassen und der Stadt Anfang der 60er Jahre zahlreiche eigene Werke sowie Arbeiten seiner Künstlerfreunde überlassen. Das Beispiel machte Schule, so dass Locarno heute über eine Kunstkollektion verfügt, die etwa 90 Werke der künstlerischen Avantgarde umfasst. Arps organisch aufgeladene Marmorskulpturen findet man darüber hinaus in den **Giardini Jean Arp** 8 an der südlichen Uferpromenade.

Gleich neben dem Museum steht die Kirche **Sant'Antonio Abate** 9, ein zwischen 1668 und 1674 errichteter Bau, der nach einem Teileinsturz im 19. Jh. erneuert wurde und eine neoklassizistische Fassade vorgeblendet bekam. Dahinter verbirgt sich ein barocker Innenraum, dessen Blickfang eine fabulierfreudige ›Kreuzabnahme‹ (1742) von Antonio Felice Orelli ist. Orelli, ein Schüler Tiepolos, ist bekannt für seine komplizierten, im Barock sehr beliebten Scheinarchitekturen, die seiner Malerei einen theatralischen Zug verleihen. Das Standbild auf der kleinen Piazza vor der Kirche würdigt den Freiherrn Giovanni Antonio Marcacci (1769–1854) als einen engagierten Lokalpolitiker.

Locarnos kunsthistorisches Juwel ist die Friedhofskapelle **Santa Maria in Selva** 10. Von dem einst prächtigen, spätgotischen Bau blieben leider allein Chor und Campanile erhalten. Die Wände und Gewölbe des Chors sind mit kostbaren Fresken überzogen, die um die Wende zum 14. Jh. entstanden und ganz dem Ideal der höfischen Gotik verpflichtet sind. Der Name des Malers ist nicht überliefert, er ging daher als Meister von Santa Maria di Selva in die Kunstgeschichte ein. Auf dem Friedhof findet man das Grab von Hans (Jean) Arp.

Man kann nun durch die Gassen der Altstadt bis zur Via Cittadella schlendern und sich von soviel Kirchenkunst erholen – bis zur nächsten Kirche. Besorgt um sein Seelenheil und auf dringendes päpstliches Anraten hin ließ der Patrizier Cristoforo Orelli 1630 die Kirche **Santa Maria Assunta** 11 neben seinem Palast errichten, die den Himmel gnädig angesichts seines ausschweifenden vorehelichen Lebenswandels stimmen sollte. Die Fassade entzündet ein barockes Feuerwerk an Zierformen und erinnert mit dem Wappen der Orelli sowie mit einer Stuckfigur des hl. Christophorus, dem Namenspatron von Orelli, an den Kirchenstifter. Barocker Formenzauber bestimmt auch den Innenraum: Die Fresken mit Szenen aus dem Marienleben umrahmt üppiges Stuckwerk, das von Putten und Cherubim belebt wird. 1687 wurden die Gebeine des hl. Germanus in die Kirche überführt, für die im 18. Jh. die linke Seitenkapelle angefügt wurde.

Weite und südländisches Flair umgibt Locarnos Uferpromenade, den Lungolago Giuseppe Motta. Zwischen Seeufer, prächtigen Magnolien und Café-Terrassen kann man hier bis nach Muralto schlendern, einem kleinen gesichtslosen Vorort von Locarno, dem man wenig abgewinnen könnte, stände hier nicht einer der bedeutendsten Sakralbauten des Tessins. **San Vittore** 12, eine dreischiffige Pfeilerbasilica, ist ein Bau aus dem 11. Jh. Zahlreiche An- und Umbauten haben die Architektur leider verändert, wenngleich man mit großem Eifer bis in die 80er Jahre des 20. Jh. versucht hat, den ursprünglichen Zustand wieder herzustellen. Von dem kann man sich das eindringlichste Bild in der spätromanischen Hallenkrypta machen, einem feierlichen Raum, den Säulen rhythmisch gliedern. Die Kapitelle der Halbsäulen an den Wänden schmücken Vogel-, Bestien- und Menschenköpfe. Dem Ideenreichtum dieses Bildprogramms entspricht auch so manches Detail auf den Freskenresten aus dem 12. Jh., die an der Südwand des Mittelschiffs bei der Restaurierung wieder ans Licht gebracht werden konnten. San Vittore ist der Schutzpatron von Locarno, den man in einem Marmorrelief im später fertiggestellten Campanile erkennt. Die drei bärtigen Gesichter auf der Standarte, die er mit sich führt, waren bis zu einem Papst-Erlass 1628 ein beliebtes Symbol der Dreifaltigkeit. Dann erschien dem obersten Glaubenshüter diese Darstellung jedoch zu profan.

Ein wenig Geschichte machte Muralto auch als Ort des Exils. Nach der Machtergreifung der Nazis, 1933, kam der exzentrische Dichter des Symbolismus Stefan George hierher. Er starb jedoch noch im selben Jahr und wurde auf dem Friedhof in Minusio beigesetzt. In Minusio lohnt das **Sanctuarium Artis Elisarion** 13 einen Besuch, ein Tempel, den sich der estnische Maler, Schriftsteller und Wegbereiter des ›Klarismus‹ Elisar von Kuppfer 1927 errichten ließ.

Val Verzasca

Tipps & Adressen: S. 316

Schon der Name verspricht grünes Wasser – Verzasca ist eine Wortbildung aus *acqua* (Wasser) und *verde* (grün). Je nach Beschaffenheit der Felsen und Tiefe der Wasserbecken changiert das Farbspektrum des Flusses Verzasca zwischen einem tiefen, satten Grün und einem kräftigen Türkis. Dazwischen leuchten schneeweiße Gneisfelsen auf – vom Wasser rund geschliffen und exklusive Plätze an der Sonne. Und wenn man auf einem dieser sonnengewärmten Felsen dem Rauschen, Sprudeln und Glucksen der Verzasca zuhört, wird man begreifen, warum dem Tal eine Fülle von paradiesischen Attributen in der Reiseliteratur zugesprochen wird.

Der Lauf der Verzasca schneidet nur eine schmale Schneise zwischen den bis zu 2400 m hoch aufragenden Bergflanken, von denen nach kräftigen Regengüssen gewaltige Wasserfälle in die Tiefe stürzen. Im oberen Talabschnitt hingegen gewinnt die Val Verzasca an Weite, hier runden sich die Höhenlinien; Wiesen und Weiden sowie kleine Laubwälder bestimmen das Bild. Die Val Verzasca war über Jahrhunderte ein abgeschiedenes Stück Welt, das bis zum Bau einer Straße 1870 nur über einen schmalen Saumpfad erreichbar war. Seinen Bewohnern verlangte das Tal ein mühseliges Dasein ab, der landwirtschaftliche Betrieb konnte nur im Frühjahr und in den Sommermonaten aufgenommen werden und die Erträge aus der Leinenweberei reichten offenbar auch nicht zum Überleben, da die Bewohner das Tal schon im 19. Jh. in mehreren Auswanderungswellen verließen.

St. Gotthard-Pass 5 km
Airolo
Madrano
P. del Sole 2773 m
P. di Campello 2660 m
P. Rotondo 3192 m
Fontana
Ossasco
Bedretto
Ronco
Val Bedretto
Quinto
Piotta
Ambri
Rodi-Fiesso
Prato
Faido
Tenga
Chiggiogna
Cascata Piumoga
Il Madone 2756 m
All'Aqua
Lago di Naret
P. dei Laghetti 2616 m
Val Sambuco
P. Massari 2760 m
Lago Tremorgio
Valle Leventina
Cristallina 2912 m
Lago dei Cavagnoo
Lago del Sambuco
Lago di Robièi
Val di Peccia
12 Fusio
11 Mogno
Val Lavizzara
P. Campo Tencia 3072 m
P. Forno 2907 m
E 35
Chironico
P. di Braga 2864 m
SCHWEIZ
S. Carlo
P. Castello 2808 m
Piano di Peccia
Peccia
Monte Basódino 3273 m
Alpi Lepontine
P. Barone 2864 m
Lago Barone
Laghetto
Sonlerto
Val Bavona
P. Malora 2640 m
Broglio
P. Fiorera 2921 m
Fóroglio
Madom Gröss 2741 m
Maggia
M. Zucchero 2736 m
Menzónio
Wandfluhhorn 2863 m
Bavona
Sonogno 6
13 Cavergno
Frasco
P. della Marcia 2435 m
Martschenspitz 2688 m
8
P. delle Pecore 2381 m
Bosco Gurin 10
Cevio
Val d'Orsola
Gerra (Verzasca)
Cima di Bri 2520 m
Valle di Bosco Gurin
Val Rovana
Linescio
P. Piancascia 2360 m
Brione 5
Campo (Vallemággia) 9
Val di Campo
Valle Maggia
Someo
Valle Verzasca
Cimalmotto
Cascata del Soladino
Giumáglio
Rosso di Ribla 2541 m
4 Ponte dei Salti
3 Lavertezzo
Cascata del Fozzacio
2
P. di Madéi o P. Medaro 2551 m
Piei
Maggia
7
Santa Maria delle Grazie
Corippo
Lago di Vogorno
Val di Vergeletto
Vergeletto
Aurigeno
Gordevio
Vogorno
1
Pilone o Cima Plan del Bozzo 2192 m
20
19
Berzona
18
Cima della Trosa
Avegno
1869 m
Comologno
Russo
Auressio
Spruga
Mosogno
Loco
17
Pioda di Crana 2430 m
Valle Onsernone
Isorno
Vérscio
Ponte Brolla
Contra
14 Intragna
Tenero
C. del Sassone 2085 m
15 Ponte Romano
Centovalli
Losone
Minusio
Muralto
Locarno
Borgnone
Verdasio
Campo Rasa
Ascona
16 Palagnedra
Bordei
21 Ronco
Vira
Lago Maggiore
Tocano
Craveggia
Fontana Martina
22
I. Brissago
Folsogno
Monte Gridone o Monte Limidário 2187 m
24
Gerra
S. Maria Maggiore
Malesco
Melezza
Brissago
23
M. Gambarogno 1734 m
Dirinello
M. Faierone 1715 m
ITALIEN
Valmara
Pino
Zenna
394
Covreto 1593 m
Cursolo-Orasso
Piággio di Valmara
Fornaci
Gurro 27
34
Lago Délio
Falmenta
26 Orrido di Sant'Anna
M. Bergna 1194 m
Monte Magno 1636 m
N
0
5 km
Monte Zeda 2156 m
Val Cannobina
Cannobio
Cannobio
25
Vaddasca

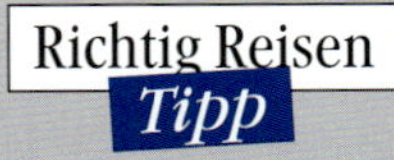

Essen im Felsenkeller – Die *grotti*

Eigentlich ist der *grotto* ein südlich der Alpen verbreiteter, einfacher Felsenkeller, der zur Aufbewahrung von Wein, Käse und Salami dient. Im besten Sinne ist er das auch heute noch, nur dass die Vorräte auch serviert werden. Dabei sitzt man auf Steinbänken an Steintischen unter alten Bäumen. Der *grotto* vor dem Sündenfall ist im Tessin heute jedoch leider eine Seltenheit geworden.

Seit dem Touristenboom der 1960er Jahre, der den *grotto* mit rot-blauen Wimpelgirlanden, blau-weißen *boccalini* und alpinem Liedgut zum Inbegriff schmalztriefender Tessiner Volkstümlichkeit vermarktete, nennt sich nahezu jedes Gartenrestaurant *grotto.* Wie man den *grotto* vom *grotto* unterscheidet? Man könnte natürlich schauen, ob die Polenta noch im Kupferkessel oder schon in der Mikrowelle zubereitet wird, ob es noch eine Boccia-Bahn oder schon den asphaltierten Parkplatz nebenan gibt. Die Suche nach dem Ursprünglichen erfordert jedoch Geduld, denn schon Hermann Hesse wusste: »Tief in den Wäldern schön und geheimnisvoll liegen unsere Schatzkammern, die kühlen, kleinen Weinkeller der Bauern.«
Der ›Tessiner Grotti- und Weinführer‹ von Marco Stöckli (G&T-Verlag, Rothrent 1995) hilft bei der Suche.

Der Hauptort des Tals war **Vogorno** 1, nach dem der etwa 7 km lange Stausee benannt ist. Seit 1965 riegelt eine riesige Betonmauer von 380 m Länge und 220 m Höhe das Wasser der Verzasca ab, was dem ersten Talabschnitt nicht unbedingt zu seiner Schönheit gereicht. Das mit Wasserkraft arbeitende Elektrizitätswerk versorgt das Tessin jedoch mit Strom. Schwindelfreie Abenteurer nutzen die Mauer zum Bungeejumping – der Sturz in die Tiefe ist garantiert gewaltig. Für einen Aufstieg in die Höhe bietet sich in Vogorno die Möglichkeit, von wo ein schöner Wanderweg auf den Pizzo di Vogorno (2442 m) führt. Der mühsame Aufstieg (etwa 6 Std.) wird mit einem grandiosen Ausblick bis zu den Walliser und den Bündner Alpen belohnt. In Vogorno selbst kann man sich die Kirche *San Bartolomeo* anschauen, deren Baugeschichte bis ins 13. Jh. zurückreicht. Aus dieser Zeit stammen noch einige Freskenreste. Ihr heutiges Erscheinungsbild verdankt die Kirche indes dem 16. Jh.

Auf der gegenüberliegenden Seite der Verzasca klammern sich nach wenigen Kilometern die grauen Bruchsteinhäuser von **Corippo** 2 an den Steilhang. Das Dorf ist von wenigen handtuchgroßen Feldern und kleinen Weinterrassen umgeben, besteht aber bei näherem Hinsehen aus einem verwinkelten Komplex verlassener und verwaister Häuser. Corippo, einst ein berühmtes Zentrum der Leinenweberei, in dem unablässig das Klappern der Webstühle zu hören war, hat heute nur noch etwa 40 Einwohner und dient gewissermaßen als Freiluftmuseum für eine überkommene Lebensform. **Lavertezzo** **3** teilt dieses Schicksal mit Corippo, auch hier lebt heute niemand mehr von der Landwirtschaft. Statt dessen wurden viele *rustici* zu Ferien- und Wochenendresidenzen der Deutschschweizer. Dem kleinen Ort mit der schönen Barockkirche *Santa Maria degli Angeli* hinterließ das Mittelalter seine Hauptattraktion: eine doppelbögige, elegant geschwungene Steinbrücke, die über den Felsen und dem Wasser der Verzasca zu schweben scheint. Der **Ponte dei Salti** **4**, dem man oft einen römischen Ursprung andichtet, führt wieder ans gegenüberliegende Flussufer zum *sentierone,* einem schönen Wanderweg entlang dem Lauf der Verzasca, den 21 Künstler in seinem Abschnitt zwischen Lavertezzo und Gannne in einen Weg zur Kunst verwandelt haben. 32 Objekte begleiten den Wanderer – mal schieben sie sich aufdringlich ins Blickfeld, mal verlangen sie nach einem klaren Unterscheidungsvermögen zwischen Kunst und Natur.

Den bedeutendsten Kunstschatz des Tals birgt jedoch die Kirche *Santa Maria Assunta* in **Brione Verzasca** **5**. Um 1350 malte hier ein unbekannter Meister einen Freskenzyklus mit Szenen aus dem Leben Christi – die massive, kubenhafte Figurenauffassung sowie die resolute Flächenaufteilung deuten auf den Einfluss von Giotto. Leider ist der Zyklus nur noch fragmentarisch erhalten, weite Teile gingen bei Erweiterungsbauten der Kirche im 16. und 19. Jh. verloren. Das *Castello Marcacci* nebenan zitiert die Architektur mittelalterlicher Festungsbauten, ist aber die im späten 17. Jh. errichtete Sommerresidenz der Familie Marcacci aus Locarno. In Brione Verzasca nimmt die **Val d'Orsola** ihren Ausgang, ein herbes, nahezu men-

Ponte dei Salti in der Val Verzasca

schenleeres Seitental, durch das idyllische Wanderwege führen.

In der Val Verzasca hat man bald nach der kleinen Ortschaft Frasco das letzte Dorf erreicht: **Sonogno** 6. Hier steigen die Felswände des Monte Zucchero (2736 m), des Pizzo Barone (2864 m) und der Corona di Redorta (2804 m) mächtig auf und bilden das imposante Panorama für Sonogno, das sich mit seinen kleinen, geduckten Bruchsteinhäusern ein besonders pittoreskes Ortsbild bewahrt hat. Dass das Leben in dieser hochalpinen Landschaft indes keine Idylle war, dokumentiert das *Museo di Val Verzasca.* In dem alten Bauernhaus werden landwirtschaftliche Geräte, Waffen, Fallen und Trachten ausgestellt. Einzig Kunsthandwerk konnte den kargen Alltag bereichern. Dem üppigen Touristenstrom nach Sonogno ist es zu verdanken, dass die Künstler der Val Verzasca bis heute Schnitzhandwerk, Keramik sowie Strick- und Webwaren fertigen. Frauen und Kinder sammeln das ganze Jahr über Kräuter, mit denen sie die Schafwolle färben, die man neben vielerlei Kunsthandwerk in den örtlichen Läden erstehen kann. Darüber hinaus gibt es in Sonogno wieder eine Bäckerei, die köstliches Kastanienbrot bäckt, sowie eine Käserei. Deren Produkte werden unter anderem im Grotto Redorta aufgetischt, in dem man bei schönem Wetter in der Dorfmitte und bei Regenwetter vor dem Kamin sitzt.

Valle Maggia

Karte: S. 55
Tipps & Adressen: S. 317

Das Tal der Maggia, das größte des Tessins, offenbart einen großen Formenreichtum. Während der erste Abschnitt zwischen Ponte Brolla und Cevio mit sanft gewellten Hügeln geradezu liebliche Züge annimmt, zwischen denen aber auch die Zersiedlung der Landschaft auffällt, bestimmen in den fünf Quelltälern der Valle Maggia dramatische Höhenzüge, schroffe Felsformationen und abgeschiedene Bergdörfer das Bild. Gleich den Fingern an der Hand spreizt sich das Maggia-Tal bei Cevio in fünf Seitentäler: die Val Rovana mit der Valle di Campo und der Valle di Bosco Gurin, die Val Bavona, die Valle di Peccia sowie die Val Lavizzara. Überall wird man in den Quelltälern der Maggia auf aufgegebene Berghöfe und verlassene Weiler treffen. Die Valle Maggia war schon im 19. Jh. ein Zentrum der Auswanderungsbewegung aus dem Tessin; ein Drittel der männlichen Bevölkerung suchte sein Glück beim Goldschürfen in Amerika und Australien. Diejenigen, die es geschafft hatten, beschenkten ihre Heimat nicht selten mit Geld für den Bau aufwendiger Kirchen und Oratorien.

Im unteren Talabschnitt verzeichnet man seit einigen Jahrzehnten einen gegenläufigen Trend. Alte Orte wie Avegno oder Cavergno dehnen sich an den Rändern zu Neubauvierteln aus, die dem Auge zwar wenig schmeicheln, aber auf vitales urbanes Leben schließen lassen.

Die Maggia selbst könnte man leicht übersehen im Maggia-Tal. Kleinlaut bahnt sie sich über weite Strecken ihren Weg durch ein breites Kiesbett. Mehrere Maggia-Kraftwerke haben dem einst gefürchteten Flusslauf seine Wucht genommen und ihn zum Rinnsal gestutzt. Nur einmal hat die Maggia noch einen imposanten Auftritt, gleich am Taleingang bei Ponte Brolla. Hier hat der Fluss schneeweiße Felsen zu einer Klamm ausgewaschen und bizarre Gesteinsformationen hinterlassen, durch die er sich aufbrausend einen Weg sucht.

Bereits am Eingang zur Valle Maggia bieten sich dem Reisenden wunderbare Ausblicke auf idyllisch gelegene Dörfer

Das kunsthistorische Juwel des Maggia-Tals findet man kurz vor Maggia: die Kirche **Santa Maria delle Grazie in Campagna** 7. Der Außenbau verzichtet nahezu auf Schmuckformen, im Inneren findet man jedoch farbenprächtige Fresken, die ein unbekannter Maler unter dem Einfluss der Renaissance ab 1525 schuf. Über Maggia, ein verschachteltes, romantisch anmutendes Dorf, und Someo mit einer stattlichen Häuserzeile, die vom Erfolg der Auswanderer kündet, führt die Straße in großen Schleifen nach **Cevio** 8, dem Hauptort des Maggia-Tals. Der schöne Dorfplatz ist einladend, meist jedoch menschenleer. Südländische Gepflogenheiten wie das Palavern auf der Piazza sind hier bereits fremd. Der wappengeschmückte *Palazzo Pretorio* war Sitz der Landvögte und des Gerichts, das bis heute hier tagt.

Im Palazzo Franzoni ist das *Museo di Valmaggia* untergebracht mit einer bunten Sammlung, die den Überlebenskampf des Menschen in der rauen Bergwelt illustriert. In der Valle Maggia, die jährlich fast eine halbe Million Übernachtungen verzeichnet, bietet heute vor allem der Tourismus die Existenzgrundlage der Talbewohner. Die etwa 40 Kunsthandwerker dieser Gegend haben sich daher zu einem Konsortium zusammengeschlossen und bieten ihre gewebte und gestrickte Kleidung, ihre Töpferwaren und Schnitzereien in einem Laden am südlichen Ortseingang an. Beim nördlichen Dorfausgang findet man die Pfarrkirche *Santa Maria Assunta e San Giovanni.* Der Bau aus dem 16. Jh. ist unspektakulär, am Beinhaus hat ein unbekannter Rokoko-Meister jedoch Malerei mit nicht ganz alltäglichen Szenen hinterlassen. Eine Reihe von gespenstischen Gestalten, die bis zum Rumpf noch Mensch und dann nur noch Skelett sind, bilden den Reigen für den Totentanz – ein drastisches Lehrstück über die Vergänglichkeit des Lebens.

Von Cevio aus führt eine kurvenreiche, schwindelerregend steil ansteigende Straße in die **Val Rovana.** Nadel- und Mischwälder begleiten den Weg bis Cerentino, wo sich das Tal in die Valle die Bosco Gurin und die **Valle di Campo** verzweigt. Dessen Hauptort, **Campo** 9, liegt idyllisch zwischen Wälder- und Wiesenflächen. Das schmucke, hochalpine Dorf (1315 m) hat arg mit Erdrutschen zu kämpfen, die die Pfarrkirche bereits um 27 m zur Seite verschoben haben.

Die **Valle di Bosco Gurin** krönt das gleichnamige Walser-Dorf **Bosco Gurin** 10. Der mit 1507 m höchst gelegene Ort des Tessin liegt auf einem Felsrücken inmitten eines imposanten Hochgebirgspanoramas. Im Mai blühen in den Bergwäldern Felder von wilden Alpenveilchen und auf den Wiesen wetteifert das Rot des Klees mit dem Tiefblau der Glockenblumen. Die Walser, Einwohner aus dem Oberwallis, waren im Mittelalter vom lombardischen Adel angeheuert worden, um die Alpentäler urbar zu machen. Im Gegenzug erhielten sie großzügige Autonomierechte, die es ihnen erlaubten, an ihrem Brauchtum und der uralten alemannischen Sprache über Jahrhunderte unverändert festzuhalten. »Sie schwatzen in einer Sprache, die Dante zum Erröten und Goethe zum Weinen bringen würde, obschon die Sprache den Anspruch erhebt, an die beiden großen Sprachen anzuknüpfen«, grämte sich ein Sprachforscher um die Wende zum 20. Jh. über die zungenbrecherische Walser-Mundart, die man auch heute noch in den steilen Gassen von Bosco Gurin vernehmen kann. Viele der Einwohner haben ihrem entlegenen Dorf aber längst den Rücken zugekehrt, die Häuser sind größtenteils verlassen. Das Leben der Walser bewahrt noch das *Museum* mit einer kleinen lokalen Sammlung, die in den rußgeschwärzten Kammern eines 400 Jahre alten Holzhauses untergebracht ist.

Die zunächst theatralisch enge, später weite und freundlichere Züge annehmende **Val Lavizzara** ist das Tal des weißen Marmors. Seine eindrucksvollste Verarbeitung fand dieser in der Kirche *San Giovanni Battista* in **Mogno** 11. Der 1995 errichtete Bau von Mario Botta wurde im Tessin zum Wegbereiter einer postmodern-archaischen Architektur. Botta konzipierte für den kleinen Weiler, der seine alte Kirche bei einem Erdrutsch verloren hatte, eine zylindrische Kirche von überwältigender Schlichtheit, die sich dem Himmel mit einem der für Botta charakteristischen abgeschrägten ›Lichtaugen‹ zuwendet. Die Fassade der Kirche flimmert in grauen und weißen Streifen, einem effektvollen Zusammenspiel von weißem Marmor und grauem Granit.

Die Häuser von **Fusio** 12, dem letzten Ort in der Val Lavizzara, klammern sich an den Rücken des Campolungo-Passes. In 1460 m Höhe liegt hier der Lago di Sambuco, einer der Quellseen der Maggia, den eine gewaltige Staumauer abriegelt. Folgt man der serpentinenreichen Bergstraße weiter, gelangt man schließlich zu einem weiteren Quellsee der Maggia, dem Lago di Naret.

Eine ebenso ursprüngliche wie unwirtliche Landschaft prägt die **Val Bavona,** in die sich die Straße kurz hinter Bignasco hochschraubt. Die grauen Steinhäuser der kleinen Orte scharen sich wagenburgartig um die Pfarrkirchen – auf den Schutz des Himmels ist man in dieser launenhaften Bergwelt besonders angewiesen. Auch die Val Bavona blieb nicht vom Abwanderungssog verschont – ganzjährig bewohnt ist allein der Hauptort **Cavergno** 13. Vom letzten Ort in der Val Bavona, **San Carlo,** führt eine Bergbahn hinauf zur Station Robiei in 2000 m Höhe. Man sollte sich nicht von dem ersten Eindruck der katastrophal verschandelten Hochgebirgslandschaft mit enormen Strommasten und Straßen enttäuschen lassen – abseits der asphaltierten Wege haben sich Reservate der wilden Gipfelwelt erhalten.

Ascona

Karte: S. 62
Tipps & Adressen: S. 270

Ascona und Locarno pflegen ein schwesterliches Verhältnis, mit allem, was dazugehört. Getrennt allein durch das breite Mündungsdelta der Maggia und miteinander verbunden durch einen Autotunnel liegen die beiden Orte jeweils an den Eckpunkten einer weit in den Lago Maggiore hineinragenden Landzunge. Obwohl Locarno früher eine bedeutende Stadt mit beachtlicher Bausubstanz war, überflügelte das Fischernest Ascona den Nachbarort bei weitem an Ruhm und Anziehungskraft. Zu Beginn des 20. Jh. wurde Ascona zum Ziel zivilisationsmüder Nordländer, die sich den vermeintlich magnetischen Kräften des Ascona überragenden Monte Monescia verschrieben hatten. Die schillernden Lebensreformer, Künstler und Schriftsteller, die sich auf dem nunmehr als Monte Verità bekannten Berg niedergelassen hatten, lockten bald auch Europas Geldadel nach Ascona, dem wiederum die vielen Schaulustigen in Bussen folgten.

Heute geht es in Ascona wieder gemächlich zu, die meisten Besucher sind bereits im betagten Alter – Asconas Reiz für Rentner bringt die Schriftstellerin Paula Almqvist bissig auf den Punkt: »Asconas eigentliches Erfolgsgeheimnis ist's wohl gewesen, dass es die Idee der überdachten Ferienparks vorweggenommen hat: tropischer Genuss ohne Reue, nix Malaria, nix Streiks und die Linienbusse immer pünktlich. Schweizer Steuergeheimnis und Küche für dritte Zähne: Risotto, Polenta, Pasta. Dazu vieles wie daheim: Minigolf und Tretboot, Fleißige Lieschen und Pampasgras.« Ganzjährig leben in Ascona heute etwa 5000 Einwohner, in den Sommermonaten verdreifacht sich diese Zahl jedoch mühelos angesichts der vielen Ferienhausbesitzer und Besucher.

Stadtrundgang

Ascona wendet seine Schauseite dem Lago Maggiore zu, Fixpunkt allen städtischen Treibens ist die langgestreckte **Piazza Giuseppe Motta,** mehr platanenüberdachte Uferpromenade denn

Platz. Hier reihen sich Hotels, Restaurants und Cafés, deren Terrassen zum Sehen und Gesehen werden einladen. Hinter der großzügigen Platzanlage liegt die Altstadt, der *borgo,* mit engen gepflasterten Gassen, in denen Antiquitätenhändler, Galerien, Modeboutiquen und Parfümerien all das anbieten, was den Luxus des Lebens ausmacht. Verschwenderisch gestaltete auch die Künstlerfamilie Serodine die Fassade ihres Palazzo gegenüber der Pfarrkirche Santi Pietro e Paolo. Die **Casa Serodine** 1 wurde 1620 von Giovanni und Cristoforo Serodine errichtet und diente über ein Jahrhundert als Domizil der Künstlerfamilie, deren Spuren sich bis nach Österreich und Prag verfolgen las-

Ascona: *1 Casa Serodine 2 Santi Pietro e Paolo 3 Museo Comunale d'Arte Moderna 4 Collegio Papio 5 Santa Maria della Misericordia 6 Casa Anatta 7 Madonna della Fontana 8 Losone*

sen. Blickpunkt des eleganten Palazzo ist die prachtvolle Fassade, die ein ganzes Panorama an künstlerischen Formen entwirft. Neben einem floralen und einem figurenreichen Fries, der die alttestamentarischen Geschichten von Adam und Eva sowie von König David und seiner Geliebten Bathseba erzählt, schmücken die Fassade Vollplastiken der Paare sowie eine Skulptur von der Gottesmutter mit dem Kind in der Mitte.

Gegenüber der Casa Serodine liegt die Kirche **Santi Pietro e Paolo** 2, deren achteckige Laterne das Stadtbild von Ascona nachhaltig prägt. Ihre ursprüngliche Architektur aus dem 16. Jh. büßte die dreischiffige Säulenbasilika bei mehreren Umbauten ein – allein der Glockenturm bewahrt noch die Formensprache der Renaissance. Im Innenraum hat Giovanni Serodine drei Tafelbilder hinterlassen, darunter das Altarbild der ›Krönung Mariä‹ (1623), in dem die selbstbewußte Menschenauffassung der Renaissance deutlich zum Ausdruck kommt.

Ein schönes Museum für Zeitgenössische Kunst sowie für die Klassische Moderne findet man in der Via Borgo 34. Das im Palazzo Pancaldi untergebrachte **Museo Comunale d'Arte Moderna** 3 ging aus einer Stiftung der russischen Malerin Marianne von Werefkin hervor, die 1918 zusammen mit Alexej von Jawlensky nach Ascona übergesiedelt war und wegen ihres gutmütigen Wesens als ›Großmutter von Ascona‹ verehrt wurde. 1922 hatte die Malerin, die zum Umkreis des Blauen Reiters gehörte, dem Museum etwa 70 Gemälde sowie 100 Skizzenbücher überlassen. Den zweiten Grundstock der Sammlung bildet die Stiftung des Malers Richard Seewald, zu der Arbeiten von Alfred Kubin, Paul Klee oder Mario Merz gehören. Ein weiteres Museum mit expressionistischer Kunst wurde im Atelier des Künstlerpaares Ignaz und Mischa Epper in der Via Albarelle eröffnet.

Am östlichen Rand der Altstadt liegt das **Collegio Papio** 4, eine elitäre Privatschule mit jahrhundertealter Tradition. Die 1584 gegründete Lehranstalt mit einem eleganten doppelreihigen lombardischen Kreuzgang grenzt an die Kirche **Santa Maria della Misericordia** 5. Der 1399 errichtete Bau hat die Geschichte ohne große Veränderungen überstanden und birgt einen wenngleich schlecht erhaltenen Freskenzyklus aus der Spätgotik. Die Schutzmantelmadonna (1519) über dem Eingang ist ein Werk Giovanni Antonio de Lagaias.

Auf den Spuren von Erich Mühsam, Hermann Hesse, Isadora Duncan, D. H. Lawrence und ungezählter schillernder Lebensreformer führt der Weg zum Monte Verità, der indes freilich nahezu zugepflastert ist mit luxuriösen Ferienhäusern. Auch wenn der Hügel oberhalb von Ascona vor seiner gnadenlosen Bebauung einmal Kräfte besonderer Art freigesetzt haben soll – Wissenschaftler belegten in der Tat eine magnetische Anomalie – wird man davon heute sicher nicht mehr berührt. Das Leben in der ›Vegetarischen Cooperative Monte Verità‹, von Erich Mühsam bissig als »Salatorium« apostrophiert, dokumentiert heute das Museum in der **Casa Anatta** 6, das 1902 nach theosophischen Bauprinzipien errichtete Haupthaus der Kommune. Briefe, Veröffentlichungen, Bilder und Fotografien verdichten den revolutionären Impetus der Künstler, Schriftsteller und Reformer, die der Berg magnetisch angezogen hatte. Zum Museumskomplex gehören darüber hinaus zwei ›Licht- und Lufthütten‹, die Casa Selma und das Russenhaus, sowie der Pavillon für das Panoramagemälde ›Klarwelt der Seligen‹ (1923) von Elisar von Kupffer.

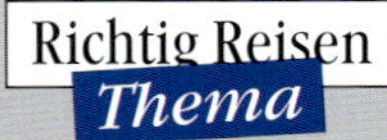

Lebensreform am Berg der Wahrheit

Der Beginn des 20. Jh. ist eine Zeit großer umwälzender gesellschaftlicher Wandlungen. Religiöse, politische, soziale und ethische Leitbilder, hinter denen zum Teil eine jahrtausendealte Tradition stand, wurden von neuen Ideen und Lebensentwürfen zunehmend abgelöst. Der radikale ›Kulturfahrplan‹ umfasste dabei nahezu alle Bereiche des Lebens, von der Architektur bis zur Ernährung, von der Liebe und Sexualität bis zur Rechtschreibreform. Um sich vom bürgerlichen Ballast zu befreien, schloss sich die Jugend zu rebellischen oder neu-romantisch-subjektivistischen Gruppen zusammen – eine Mischung aus beidem war die ›vegetabilische Kolonie‹ am Monte Verità.

1900 hatten der Antwerpener Industriellensohn Henri Oedenkoven und seine Freundin Ida Hofmann, eine Pianistin aus München, ein Stück Land auf dem Monte Monescia erworben und ein alternatives Kur- und Begegnungszentrum eingerichtet. Besucher stellten sich schnell ein: Kommunisten und Kommunarden, Tänzer und Theosophen, Nudisten und Philosophen, Spiritisten und Anarchisten. Sie kamen alle aus dem Norden, auf der Suche nach einer alternativen Lebensform. Die hatte der **Monte Vertità** zu bieten: »Wir essen Salat, ja wir essen Salat, und essen Gemüse von früh bis spat. Auch Früchte gehören zu unserer Diät. Was sonst noch wächst, wird alles verschmäht«, dichtete Erich Mühsam über die vegetarischen Essgewohnheiten.

Doch nicht nur die Nahrung war anders auf dem Berg der Wahrheit. Zwischen Palmen und Zypressen lebten die Zivilisationsmüden auch die Freikörperkultur sowie die Freie Liebe, übten sich im Ausdruckstanz unter der Regie von Mary Wigman und Rudolf von Laban und gaben sich dem Gemüse-Anbau hin. Natürlich blieben auch die Konflikte in der ›ethisch-sozial-vegetarisch-kommunistischen Siedlung‹ (Erich Mühsam) nicht aus und als die ideologischen Streitereien zwischen Vegetariern und Nudisten, Theosophen und Kommunisten hohe Wellen schlugen, entzweite sich die Gesellschaft und löste sich bis 1919 auf. 1926 kaufte Baron von der Heydt, Bankier Kaiser Wilhelms II. und Kunstsammler, das Gelände und gab ein Hotel im Bauhaus-Stil in Auftrag, in dem nun der europäische *jet set* Erholung suchte. Nach seinem Tod 1964 übernahm der Kanton Tessin den Berg der Wahrheit und richtete in den Licht- und Lufthütten Museen ein. Im Hotel finden bis heute die berühmten Eranus-Tagungen statt, bei denen Philosophen, Natur- und Geisteswissenschaftler die Probleme der Zeit erörtern. Man beruft sich gern auf die freiheitlichen Traditionen, denn schon im 19. Jh. retteten sich politisch verfolgte Denker und Schriftsteller ins Tessin und verwandelten den Kanton in eine Insel der fortschrittlichen Kultur.

Ascona: Die langgestreckte Piazza Giuseppe Motta liegt direkt an der Uferpromenade

Dass der Berg oberhalb von Ascona über außergewöhnliche Kräfte verfüge, glaubten schon die Kelten, die sich hier ein Heiligtum errichtet hatten. Im 17. Jh. entstand wahrscheinlich an der gleichen Stelle am Nordhang des Berges eine **Wallfahrtskirche.** Sie ist der **Madonna della Fontana** 7 geweiht, denn eine Legende will, dass ein Hirtenmädchen während einer Dürre im Jahre 1428 an dieser Stelle den Himmel um Wasser anflehte, woraufhin Quellwasser aus der Erde trat. Heute kann man den Durst im schönen *grotto* nebenan löschen.

Ein beim *jet set* beliebter *grotto* liegt in Asconas Vorort **Losone** 8. Bei Raffael (Vicolo Canaa 12) kehren lokale Politgrößen und Stars aus dem Show-Geschäft ein, aber auch die Einwohner des dörflich geprägten Ortsteils treffen sich auf ein Gläschen Merlot. Im Gegensatz zu Ascona, wo die Errichtung des **Teatro San Materno** in strenger Formendiät nach Bauhausprinzipien 1928 für große Aufregung sorgte, hat sich das Ortsbild von Losone auch der modernen Architektur geöffnet: Von Mario Botta stammt das runde, zu immer neuen Formen aufbrechende Einfamilienhaus in der Via Ubrio 6, leicht an der gestreiften Fassade zu erkennen. Livio Vacchini und Aurelio Galfetti bauten 1975 die Mittelschule in der Via dei Pioppi, der ein lichtes, naturverbundenes Raumkonzept zugrunde liegt. Vacchini lieferte auch die Pläne für das 1988 fertig gestellte Strandbad in Losone.

Centovalli und die Valle Onsernone

Karte: S. 55
Tipps & Adressen: S. 280

Im Hinterland von Ascona, in der Ebene des Pedemonte, erstreckt sich von

Max Frisch, 1970

Osten nach Westen das Tal der hundert Täler, die Centovalli. Das Tal ist reich an alten Brücken über die Melezza, da ein wichtiger Verbindungsweg von der Schweiz nach Italien durch die Centovalli führte. Heute haben die Verkehrswege weitgehend an Bedeutung verloren, aber die berühmte Centovalli-Eisenbahn, die sich halsbrecherisch über 80 Brücken durch die engen Schluchten des zerklüfteten Tals windet, fährt bis heute und bietet die schönste Reisemöglichkeit durch das Tal.

Der Hauptort ist **Intragna** 14, der auf einem Felsrücken am Zusammenfluss von Isorno und Melezza lagert. Vor den Bergkegeln im Hintergrund erhebt sich energisch der Kirchturm von *San Gottardo,* mit 65 m der höchste des Tessins. Das Tal-Museum hat seinen Sitz in der *Casa Maggetti,* einem eleganten Patrizier-Palast. Neben Handwerksgerät und Möbeln gehört auch eine kleine Skulpturensammlung zum Bestand, die einen Überblick über die im Tal arbeitenden Bildhauer gibt.

Von Intragna lässt sich eine wildromantische Wanderung nach **Rasa** unternehmen, einem schönen Dorf mit Aussicht auf 898 m Höhe. Der Weg führt über eine waghalsig geschwungene Brücke aus dem 16. Jh., die in ihrer einfachen, aber genialen Konstruktion auch eine Brücke der Römer sein könnte und daher gern **Ponte Romano** 15 benannt wird. Die Mitte der Brücke markiert ein Bildstock mit dem hl. Nepomuk, dem Brückenheiligen. Man hat von hier einen seltenen Blick auf die Melezza, die sich durch die Felsen tief im Tal einen Weg bahnt. Folgt man weiter den Schleifen der Straße, kommt nach wenigen Kilometern **Verdasio,** ein kleines, urwüchsiges Dorf in Sicht, dessen Häuser sich an den Berghang klammern. **Palagnedra** 16, der nächste Ort, zu dessen Füßen sich ein Stausee erstreckt, wurde von erfolgreichen Auswanderern mit einigen repräsentativen Palazzi bedacht. *San Michele* am Ortsrand ist ein Bau des 17. Jh., der an der Stelle einer bereits für das 13. Jh. belegten Kirche errichtet wurde. Von dieser blieb allein der Chor erhalten, der später zu einer Seitenkapelle umgedeutet wurde und noch mit spätgotischen Fresken ausgemalt ist. Eindrucksvoll sind vor allem die Monatsdarstellungen im Sockelbereich, die dem Maler Antonio da Tradate zugeschrieben werden.

Die Valle Onsernone nimmt kurz hinter Verscio im Centovalli-Tal ihren Ausgang und zählt zu den urwüchsigsten Tälern der Südschweiz. Sie gilt als ›Hinterzimmer des Tessins‹ und diente den Schriftstellern Max Frisch, Alfred Andersch und Golo Mann als Refugium. In **Auressio** 17, einem romantisch anmutenden Haufendorf, lebte der Art-Brut-Künstler Armand Schulthess, der der Eigenart nachging, alle Bäume der Umgebung mit beschrifteten und bemalten

Karten und Blechtäfelchen zu schmücken.

Der Hauptort des Tals ist **Loco** 18 mit weniger als 100 Einwohnern. Seit dem ausgehenden 17. Jh. war Loco ein Zentrum der Strohflechterei, ein Kunsthandwerk, das seit Einfuhr asiatischer Billigprodukte nur noch die charmante Dame vom *Tal-Museum* sowie ihre beiden Freundinnen beherrschen. An vielen Häusern bemerkt man die langen Holzlauben, auf denen früher das Stroh getrocknet wurde. Im Museum wird man über eine Sammlung staunen, zu der neben den üblichen Gerätschaften und Trachten auch Schriftstücke und Dokumente zahlreicher berühmter Schriftsteller und Denker wie beispielsweise des russischen Anarchisten Bakunin gehören. Michail Bakunin war 1869 vor der zaristischen Geheimpolizei und drohender Verbannung ins Tessin geflohen, wo er an der russischen Übersetzung von Karl Marx' ›Kapital‹ arbeitete. Einige Wochen verbrachte er während seines Exils auch in der Valle Onsernone.

Durch eine majestätische Gipfel- und Waldlandschaft schlängelt sich die Straße weiter den Berg hinauf nach **Berzona** 19, einem kleinen idyllischen Ort, der durch die Schriften und autobiografischen Romane von Max Frisch Berühmtheit erlangte. Am Ortseingang erinnert eine Ehrentafel an den Schweizer Autor, der von 1965 bis zu seinem Tod 1991 in Berzona gelebt hatte. Auch Alfred Andersch hatte sich hierhin zurückgezogen, er wurde auf dem Friedhof in Berzona beigesetzt. Über Mosogno gelangt man nach Russo mit der schönen Pfarrkirche und weiter nach **Comologno** 20 zu Füßen des wegen seiner konischen Form benannten Pizzo Zucchero (1899 m). Im Ort zeugen einige stattliche Palazzi offenkundig vom Wohlstand, den das Adelsgeschlecht der Remonda dem Ort brachte. Ein zeitgenössischer Stationsweg geleitet zur Kirche *San Giovanni Battista.* In **Spruga** hat man das Ende der ausgebauten Straße erreicht, von hier aus führt ein Wanderweg zum Talabschluss der Valle Onsernone und zur Grenze nach Italien.

Ronco, Brissago und seine Inseln

Karte: S. 55
Tipps & Adressen: Brissago S. 277

Wenige Kilometer südlich von Ascona liegt **Ronco sopra Ascona** 21 am Osthang des Corona dei Pinci (1293 m). Ronco hatte sich Ende der 1950er Jahre von einem kleinen Fischerdorf zur *jet set*-Adresse gemausert, was man unschwer an den vielen prahlerischen Villen erkennt. 1958 siedelte auch Erich Maria Remarque mit dem Filmstar Paulette Godard vom Mittelmeer nach Ronco um; sein Haus liegt unterhalb der Uferstraße versteckt hinter Bäumen. 1970 wurde der Erfolgsautor auf dem Friedhof von Ronco beigesetzt, auf dem man auch das Grab des Malers Richard Seewald findet.

Seine Anziehungskraft verdankt der am Felsen klebende Ort dem großartigen Ausblick, der in alle Richtungen eine erstaunliche Vielfalt bietet. Vom Kirchplatz vor *San Martino,* einem Bau aus dem 15. Jh., der später barock umgedeutet wurde und im 18. Jh. eine klassizistische Fassade vorgeblendet bekam, gleitet der Blick über die Brissago-Inseln zwischen Himmel und Wasser, im Hintergrund die Massive des Gambarogno, die gefällig zum Ufer hin abfallen. Im Süden breitet sich das Panorama des Lago Maggiore bis zu seiner ersten Verengung bei Maccagno aus, im Norden sieht man Ascona und das geröllreiche Mündungsdelta der Maggia. Wer zum Gipfel der Carona dei Pinci hinaufsteigt, wird mit einer noch besseren Übersicht belohnt.

Dem Nachbardorf **Fontana Martina** 22 war das Schicksal eines ›Worpswede-Süd‹ zubestimmt. 1923 hatte es den Berner Buchdrucker Fritz Jordi hierher verschlagen, dem das pittoreske Dorf so gefiel, dass er es gleich kaufte. Jordi schwebte eine Künstlerkommune nach dem Worpsweder Vorbild vor, bei deren Aufbau auch der Maler und Grafiker Heinrich Vogeler zu Hilfe kam. Beide Gründungsmitglieder gaben bis Mitte der 1920er Jahre eine vielbeachtete Zeitung unter dem Titel ›Fontana Martina‹ heraus. ›Worpswede-Süd‹ indes konnte keine große Anziehungskraft mehr entwickeln – die Künstler blieben lieber in der Großstadt Berlin. Erst mit dem Machtantritt der Nationalsozialisten 1933 machten zahlreiche Schriftsteller, Gelehrte und Künstler auf ihrem Weg ins Exil in Fontana Martina Station.

Viele stiegen auch im Grand Hotel von **Brissago** 23 ab wie etwa Thomas Mann und Vladimir Nabokov. Zu Beginn der 1980er Jahre wurde die betagte Luxusherberge trotz zahlreicher Proteste leider abgerissen – nur eine von vielen urbanen Sünden in Brissago, die den Ort nachhaltig seines Charmes beraubten. Brissago, das etwa 2000 Einwohner zählt, ist heute ein gesichtsloser Durchfahrtsort zur italienischen Grenze und Ausgangspunkt für einen Ausflug zu den Brissago-Inseln. Allein ein paar Meter Uferpromenade mit der freskengeschmückten *Casa Baccalà* laden zum Spaziergang ein. Bis heute werden aber in Brissago die berühmten handgedrehten Virginia-Zigarren hergestellt, in Kennerkreisen kurz die ›Brissago‹ genannt. Die 1848 gegründete Tabakfabrik kann man nach Voranmeldung im Fremdenverkehrsverein besichtigen.

Im südlichen Ortsteil Madonna del Ponte liegt die Kirche *Santa Maria del Ponte* am See, deren imposanter Campanile weit in den Himmel vorstößt. Der suggestive Renaissance-Bau wurde 1526–28 nach Plänen von Giovanni Beretta errichtet und belegt deutlich die

Brissago-Insel von Ronco sopra Ascona aus

Anverwandlung lombardischer Architektur in der Schweiz. Beretta bediente sich freizügig der Formensprache eines Bramante; stilistische Anleihen macht die Architektur der Kirche vor allem bei Bramantes Schmuckstück Santa Maria delle Grazie in Mailand, Vorbild für die achteckige Kuppel mit Säulengalerie. Das Innere der Kirche trägt alle Zeichen der Restaurierung. Im Kirchhof befindet sich das Grab des Komponisten Ruggiero Leoncavallo (1857–1919), der 1897 in Brissago an seiner Oper ›La Bohème‹ arbeitete und zum Ehrenbürger des Ortes ernannt wurde. Im Stil der Renaissance wurde auch die Pfarrkirche *San Pietro e Paolo* errichtet, die über dem Hafen thront und von einigen jahrhundertealten Zypressen umgeben wird.

Vor Brissago ragen die beiden kleinen **Brissago-Inseln** 24 aus dem Lago Maggiore, gerade so als seien sie aus heiterem Himmel ins Wasser gefallen. Vom Ufer nehmen sich die beiden grünen Eilande recht unspektakulär aus und man wüde wohl kaum vermuten, dass die

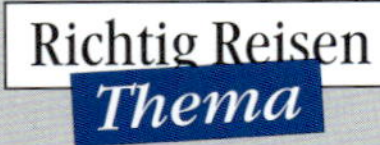

Paradiesvogel im Inselreich Die extravagante Baronin de Saint-Léger

Zum einen war es wohl die außergewöhnliche Schönheit, die Antonietta de Saint-Léger so berühmt machte. Die Männerwelt lag ihr jedenfalls zu Füßen und sie habe, so James Joyce, sieben Gatten »ohne eine Träne« auf den Inseln begraben. Als Antonietta die Brissago-Inseln kaufte, hatte sie gerade den irischen Lord Richard Fleming Viscount of Saint-Léger geheiratet und war in den Adelsstand aufgestiegen. Um ihre Herkunft rankte sich eine Fülle von Mutmaßungen und Spekulationen, wahrscheinlich kam sie selbst aus adeligem Hause und so gab sie ihren Vater gern als Sohn des russischen Zaren aus, ihre Mutter jedoch als jüdische Tänzerin. Belegt ist, dass Antonietta in St. Petersburg aufwuchs und im Smolnyj-Institut, einem renommierten, adeligen Mädchenpensionat, ausgebildet wurde.

Bereits als 16-jährige kam Antonietta nach Italien, da sie an Schwindsucht litt und die Ärzte milderes Klima verordnet hatten. Der Süden weckte ihr Interesse für die Botanik und Antonietta wurde eine leidenschaftliche Gärtnerin. Mit den Brissago-Inseln erfüllte sich ihr schließlich der Traum vom Garten Eden. Aus allen Weltteilen ließ Antonietta Pflanzen bringen und Frachtschiffe transportierten Tonnen neuer Erde auf die Inseln, die sich binnen kürzester Zeit in exotische Parks verwandelten. Auf San Pancrazio entstand als Wohnsitz eine prachtvolle Villa. Die Besucher stellten sich schnell ein. Zu den illustren Gästen zählten James Joyce, Rainer Maria Rilke, Cosima Wagner und Harry Graf Kessler, denn Antonietta war nicht nur schön, sie hatte auch viel Esprit, sprach sechs Sprachen, hatte bei Liszt Klavierstunden erhalten und war

Besiedlungsspuren bis zur Zeit der Römer zurückreichen. Später waren die Inseln ein willkommenes Versteck für verfolgte Christen. Auf der kleineren Insel, dem **Isolino,** findet man noch die Reste der romanischen Kirche *Sant' Apollinare,* die im 12. Jh. wahrscheinlich an der Stelle eines Venus-Tempels errichtet wurde. Sant'Apollinare war die Hauptkirche eines Klosters, das von dem nach außerordentlich strengen Regeln lebenden Humiliaten-Orden betrieben wurde. Den Insolino darf man nicht mehr betreten, da der Wildwuchs der Pflanzen nicht durch Besucherströme gestört werden soll.

Die größere Nachbarinsel, die **Isola San Pancrazio,** unterstand über Jahrhunderte ebenfalls ganz den Regeln des strengen Klosterlebens. Die Kirche *San Pancrazio* ist ein Bau des 13. Jh. Nachdem der Humiliaten-Orden jedoch im 16. Jh. aufgelöst wurde, überließ man sie dem Verfall. Jahrhundertelang däm-

mit den neuesten Tendenzen in Kunst und Literatur bestens vertraut.

Von ihrem überschwenglichen Lebensstil fühlten sich viele angezogen, ihr selbst brachte er jedoch den Ruin. Erst hatte sie ihren Ehemann verprellt, worüber Antonietta nicht sehr betrübt war, dann aber wuchsen die Schulden, die die Baronessa 1927 zum Verkauf der Inseln zwangen. Als Käufer fand sich der Hamburger Geschäftsmann Max Emden, der die Villa der Baronin abreißen und das bis heute erhaltene neoklassizistische Herrenhaus errichten ließ. Ansonsten pflegte auch Emden einen unkonventionellen Lebensstil – den Garten Eden bevölkerten entkleidete Grazien und Jünglinge –, der das Sittenbewusstsein der Festlandbewohner empfindlich traf. Nach seinem Tod kaufte der Kanton Tessin die Inseln und beendete das anrüchige Treiben – seither wurde der botanische Garten der Baronessa erheblich erweitert, Emdens Lustschloss hingegen dient als Konferenzzentrum mit Restaurant. Darüber hinaus kann man in einigen Räumen die ethnographische Sammlung des Tessiners Alfredo Nodari besichtigen, zu der Kunst aus dem Sudan, aus Ägypten und Zaire gehört. Gerüchte gibt es von der Insel indes keine mehr.

merte die Insel unbewohnt vor sich hin, bevor sie eine Dynamit-Fabrik Ende des 19. Jh. unsanft aus dem Dornröschenschlaf riss. Nachdem die erste Niederlassung des Sprengstoff-Werkes 1874 in Ascona in die Luft geflogen war, errichtete man den Neubau auf den Brissago-Inseln. Doch der wackelige Transport des Dynamits über das Wasser erschien den Stadtherren von Brissago bald al zu riskant, so dass die Fabrik ihre hochexplosive Produktion wieder einstellte. »Insel zu verkaufen« – so muss das Inserat wohl gelautet haben, auf das 1885 die Baronin Antonietta de Saint-Léger prompt reagierte. Sie war in Europa eine weithin bekannte schillernde Persönlichkeit und die Gerüchteküche brodelte nur so um ihren unkonventionellen Lebensstil.

Cannobio und die Val Cannobina

Karte: S. 55
Tipps & Adressen: Cannobio S. 279

Von Brissago aus sind es nur noch wenige Kilometer bis zur italienischen Grenze, die man bei Valmara passiert. Die Straße schlängelt sich an aufgetürmten Felsen vorbei, die manchmal über den Verkehrsweg hinüber zu hängen scheinen. Die gegenüberliegende Seite lockt mit schönen Ausblicken auf das Ufer. Für Fahrer ist jedoch Vorsicht geboten, die Straße fordert mit einigen tückischen Kurven alle Aufmerksamkeit.

Nach wenigen Kilometern ist **Cannobio** 25 erreicht, der erste Ort auf dem Gebiet des Piemont. Der kleine schmucke Ort ist eine Gründung der Römer und erstreckt sich auf einem Schwemmkegel am Ausgang der Val Cannobina. Im Mittelalter war Cannobio ein lebhafter Handelsplatz, was dem Städtchen einen gewissen Wohlstand brachte. Er ist noch heute am *Palazzo della Ragione* ablesbar, einem spätgotischen Bau mit Säulenloggia aus dem ausgehenden 13. Jh. Seine ursprüngliche Architektur, die sich am Vorbild der oberitalienischen Rathäuser orientierte, wurde jedoch im 17. Jh. einschneidend verändert. Infolge zahlreicher Umbauten verlor auch die benachbarte Pfarrkirche

San Vittore ihre originale Formensprache; der Kern geht auf das 12. Jh. zurück, wurde im 18. Jh. aber bis zur Unkenntlichkeit verändert.

Schmale Gassen zwischen hohen Mauern, hinter denen sich oft blumenbehangene Innenhöfe verbergen, sowie überwölbte Treppen bestimmen das Ortsbild im oberen Teil von Cannobio. Eine Fülle von Spezialitäten-Läden bieten hier piemontesische Weine an, Pilze und Trüffel oder Schokoladen-Raffinessen – ein Vorgeschmack auf die legendäre Küche des Piemont. Der untere Ortsteil ist zum See hin ausgerichtet; eine Uferpromenade lädt zum Schlendern ein. Sonntags ist hier Markt, auf dem man von Schuhen über Kupferkessel und Käse bis hin zur neuesten CD alles findet.

Die zentrale Piazza Vittorio Emanuele säumt eine pastellfarbene Häuserzeile, unter deren Arkadengängen Cafés mit kleinen Läden einander abwechseln. Neben dem Schiffsanleger liegt Cannobios berühmteste Kirche *Santa Pietà.* Die Fassade ist mehrmals umgebaut worden, doch der Baukörper und die Kuppel, die deutliche Anleihen bei Bramante macht, sind noch in der ursprünglichen Konzeption von Pellegrino Tibaldi erhalten. Die prachtvolle Kirche verdankt Cannobio einem ikonenhaften Gnadenbild auf Pergament, das den toten Christus neben Maria und Johannes zeigt. Die sehr kleine, spätgotische Pietà wird als wundertätig verehrt, da 1522 beobachtet wude, wie Blut und Tränen aus dem Bild flossen. Das mirakulöse Vorkommnis gab schließlich Anlass für einen neuen Kirchenbau, dessen prachtvolle Ausstattung im Stil der Spätrenaissance von dem Altarbild des Gaudenzio Ferrari gekrönt wird. Die figurenreiche, sehr bewegt aufgefasste Szenerie zeigt die Begegnung zwischen Christus und Maria auf dem Weg nach Golgatha (1536).

Im Hinterland Cannobios hat sich der Cannobino tief in die nackten Felsen eingeschnitten und ein schmales Tal zwischen dem Monte Gridone (2187 m) und dem Monte Zeda (2156 m) gebildet, die **Val Cannobina.** Eines der schönsten Landschaftsbilder in diesem Tal bietet der **Orrido di Sant'Anna** **26**, eine gleich am Taleingang gelegene Klamm mit rauschenden Sturzbächen. Über dem wildromantischen Naturspektakel thront die Kirche Sant'Anna, ein Bau aus dem frühen 17. Jh. Folgt man der Talstraße weiter, an der sich abwechselnd Kastanienwälder, Viehweiden und wilde Wiesen ausbreiten, passiert man kleine Orte, unter denen besonders **Gurro** **27** herausragt. Das Bergdorf in einer Hangmulde auf 812 m Höhe gibt sich gern als schottisches Dorf aus und wenn man dem kleinen Ortsmuseum einen Besuch abstattet, wird man nicht schlecht über die Kilts staunen, die die männliche Bevölkerung von Gurro einmal trug und für Festtage bis heute im Schrank bewahrt.

Natürlich gibt es auch eine ›Scotch Bar‹, in der der Wirt noch einmal versichert, dass alle Einwohner von Gurro schottischer Abstammung seien, nämlich Nachfahren eines versprengten nordbritischen Söldnerheeres, das sich nach der Schlacht von Pavia zwischen den Franzosen und Kaiser Karl V. 1452 in der Val Cannobina niedergelassen hatte. Ihre schottischen Wurzeln meinen die Einwohner von Gurro vor allem in ihrer Mundart zu erkennen, die keiner aus den Nachbardörfern verstehe. Sprachforscher wiesen jedoch gallisch-keltische Einflüsse nach. Ob schottisch oder doch piemontesisch, die Einwohner von Gurro sind höchst originelle Talbewohner und beweisen Geschäftssinn.

Die Riviera des Lago Maggiore

Bei Cannero hat man die Riviera des Lago Maggiore erreicht. Der mediterrane Titel steht dem Uferabschnitt etwa bis Stresa zu, da das Klima in dieser Vorzugsgegend besonders mild ist, so dass selbst Bananenstauden gedeihen. Kalte Nordwinde prallen an den Bergen ab, während der Sonne im Süden nichts im Wege steht. Kein Wunder also, dass die Riviera zu den ersten Reisezielen des aufkommenden Fremdenverkehrs zählte. Da es sich dabei vornehmlich um privilegierte Reisende handelte, baute man Grandhotels, legte Uferpromenaden zum Flanieren an und bepflanzte üppig Gärten, die die Blütenpracht der Riviera unter Beweis stellen. Darüber hinaus entstanden zahlreiche Villen im Stil der Gründerzeit oder der Belle Epoque, umgeben von ebenso prächtigen Parks. Noblesse umfängt auch heute noch hier und da die Riviera des Lago Maggiore, die zu den kunstreichsten Gegenden des Lago Maggiore zählt – und daher auch zu den am meisten besuchten. Das bergige Hinterland öffnet jedoch eine Fülle von ›Fluchtwegen‹ vor österlichem und sommerlichem Rummel.

Von Cannero Riviera nach Baveno

Karte: S. 74
Tipps & Adressen: Cannero Riviera S. 278, Verbania S. 220, Baveno S. 311

Am Ufer des Lago Maggiore erreicht man auf enger, kurvenreicher Straße nach wenigen Kilometern **Cannero Riviera** **1**. Vor der Stadt ragen die verwunschenen Ruinen einer Festung aus dem Wasser, die Lodovico Borromeo 1519 auf den **Isoline di Cannero** errichten ließ. Im Mittelalter waren die Eilande Sitz der berüchtigten Räuberfamilie Mazzardi. Die fünf Brüder versetzten die Gegend mit ihren Überfällen in Angst und Schrecken und verschanzten sich jahrzehntelang in ihrer Inselfestung, die sich dem Zugriff von außen entzog. Erst Filippo Visconti und seinem Heer gelang es 1414, die Festung zu erobern. Die Räuber wurden hingerichtet, ihre Burg ließ der Herzog schleifen.

Cannero gilt als einer der wärmsten Orte am Lago Maggiore, was dem Ort den mediterranen Beinamen ›Riviera‹ einbrachte. Der 1116 m hohe Monte Carza schützt das Städtchen vor kalten Nord- und Nordostwinden, so dass das Thermometer oft bis zu sechs Grad mehr anzeigt als im benachbarten Cannobio. Seinem milden Klima verdankt Cannero die üppige Vegetation, sogar Bananenstauden, Zitronen- und Orangenbäume wachsen hier. Im Mittelalter war der Ort, der auf die römische Siedlung Canerae zurückgeht, lange Zeit Streitobjekt zwischen rivalisierenden Herrschern und ging durch die Hände der Bischöfe von Novara, der Visconti und der Borromäer, der Habsburger und Savoyer und schließlich auch Napoleons. Die wechselvolle Geschichte hinterließ in Cannero jedoch keine Spuren. Vielmehr zeigt sich der Ort als gepflegt-elegantes Urlaubsdomizil mit Tradition, wovon die klobigen, aber herrschaftlichen Hotels aus der Gründerzeit zeugen.

Hinter Cannero nimmt das Seeufer nahezu schroffe Züge an. Die Felsen ragen unvermittelt steil auf und die klei-

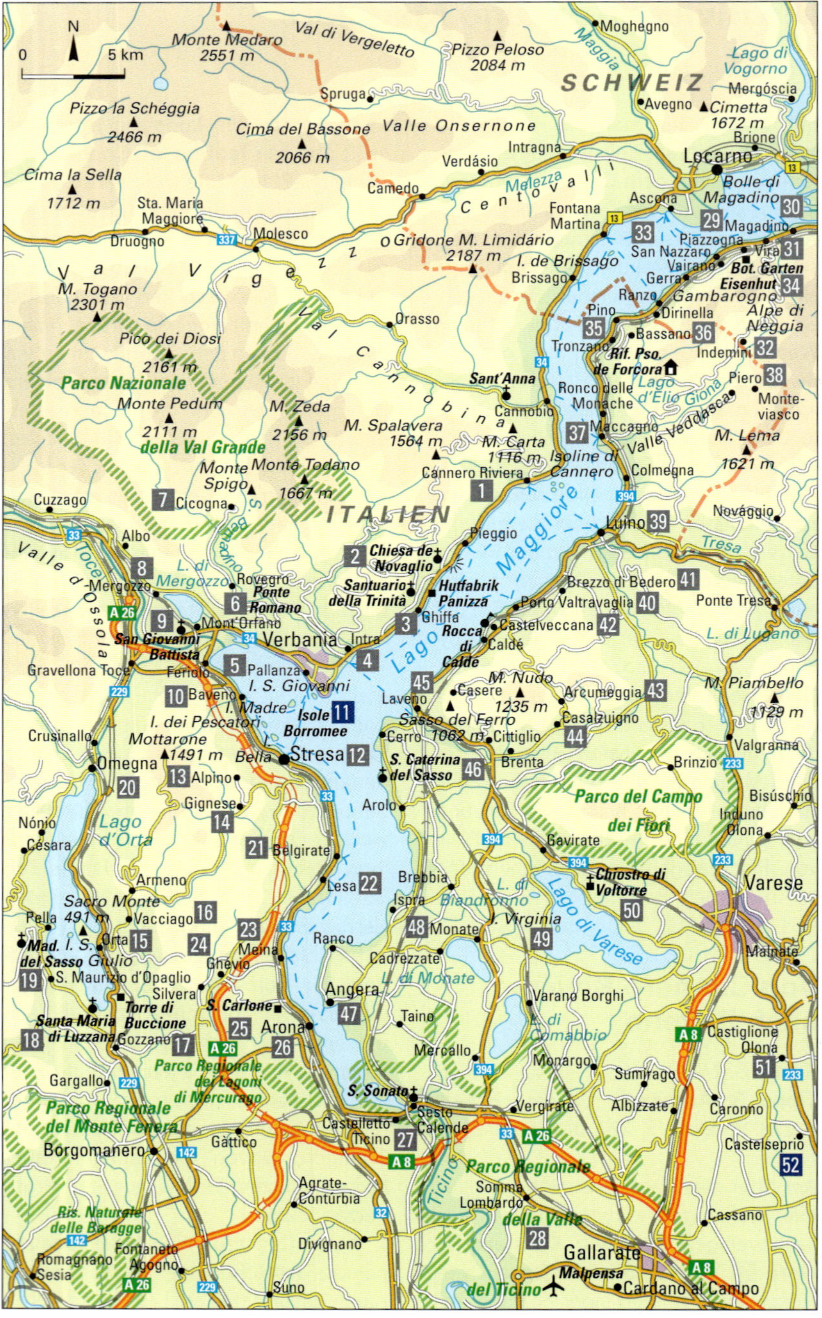
N
0
5 km
Monte Medaro
2551 m
Val di Vergeletto
Pizzo Peloso
2084 m
Moghegno
Maggia
SCHWEIZ
Lago di
Vogorno
Mergóscia
Spruga
Avegno
Cimetta
1672 m
Brione
Pizzo la Schéggia
2466 m
Cima del Bassone
2066 m
Valle Onsernone
Intragna
Locarno
Verdásio
Cima la Sella
1712 m
Camedo
Melezza
Centovalli
Ascona
Bolle di
Magadino
30
Sta. Maria
Maggiore
Fontana
Martina
29
Magadino
Druogno
337
Molesco
33
San Nazzaro
Piazzogna
Vira
31
Gridone M. Limidário
2187 m
I. de Brissago
Vairano
Bot. Garten
Eisenhut
34
Brissago
Gerra
Val Vigezzo
Ranzo
Gambarogno
M. Togano
2301 m
Pino
Dirinella
Alpe di
Neggia
35
Bassano
36
Val Cannobina
Orasso
Tronzano
Rif. Pso.
de Forcora
Indemini
32
Pico dei Diosi
2161 m
Parco Nazionale
Sant'Anna
Lago
d'Elio
Giona
Piero
38
Ronco delle
Monache
Monte-
viasco
Cannobio
Monte Pedum
2111 m
della Val Grande
M. Zeda
2156 m
M. Spalavera
1564 m
M. Carta
1116 m
37
Maccagno
Valle Veddasca
M. Lema
1621 m
Isoline di
Cannero
Colmegna
Monte
Spigo
Monta Todano
1667 m
Cannero Riviera
1
394
Cuzzago
7
Cicogna
ITALIEN
Novággio
Luino
39
Tresa
Albo
33
Pieggio
Lago Maggiore
Valle d'Ossola
8
L. di
Mergozzo
Rovegro
2
Chiesa de
Novaglio
Brezzo di Bedero
41
Mergozzo
Ponte
Romano
6
Santuario
della Trinità
Hutfabrik
Panizza
Porto Valtravaglia
40
Ponte Tresa
A 26
9
Mont'Orfano
3
Ghiffa
Castelveccana
42
San Giovanni
Battista
Verbania
Intra
Rocca
di
Caldè
Caldé
L. di Lugano
Gravellona Toce
Feriolo
5
Pallanza
4
229
10
Baveno
I. S. Giovanni
45
Laveno
M. Nudo
1235 m
Casere
Arcumeggia
43
M. Piambello
1129 m
I. Madre
Isole
Borromee
11
I. dei Pescatori
Sasso del Ferro
1062 m
Casalzuigno
Mottarone
1491 m
Cerro
Cittiglio
44
Crusinallo
Valgranna
Bella
Stresa
12
Omegna
S. Caterina
del Sasso
46
Brenta
Brinzio
233
13
Alpino
20
Parco del Campo
dei Fiori
Bisúschio
Gignese
33
Arolo
Induno
Olona
Nónio
Lago
d'Orta
14
394
Gavirate
Césara
21
Belgirate
394
233
Chiostro di
Voltorre
Armeno
Brebbia
Varese
Lesa
22
L. di
Biandronno
Lago di Varese
Sacro Monte
Ispra
50
Pella
491 m
Vacciago
16
I. Virginia
48
Monate
49
Mad.
del Sasso
I. S.
Giulio
Orta
15
23
33
24
Malnate
Meina
Ranco
19
S. Maurizio d'Opaglio
Ghevio
Cadrezzate
L. di Monate
Silvera
Angera
Varano Borghi
S. Carlone
Torre di
Buccione
47
L. di
Comabbio
Santa Maria
di Luzzana
Taino
18
Gozzano
17
25
Arona
A 8
Castiglione
Olona
A 26
26
Mercallo
Monargo
51
Parco Regionale
dei Lagoni
di Mercurago
394
Sumirago
233
Gargallo
229
S. Sonato
Albizzate
Caronno
Parco Regionale
del Monte Fenera
Castelletto
Ticino
Sesto
Calende
Vergiate
33
A 26
Castelseprio
Borgomanero
142
Gattico
27
52
A 8
Ticino
Parco Regionale
Agrate-
Contúrbia
Somma
Lombardo
Ris. Naturale
delle Baragge
32
Cassano
della Valle
142
28
Fontaneto
Agogno
Divignano
Gallarate
Romagnano
Sesia
A 8
A 26
229
Suno
del Ticino
Malpensa
Cardano al Campo

nen Orte klammern sich auf den Kuppen fest. Man muss die Uferstraße immer wieder verlassen, will man sich ein Bild von diesem Seeabschnitt machen. Ab Pieggio empfiehlt es sich, die Höhenstraße bis Ghiffa zu nehmen, die parallel zur Uferstraße verläuft. Ein großartiges Panorama eröffnet sich von diesem Weg auf den See und die steil zum Wasser abfallende Felsnase von Caldé am Ostufer. Dahinter tauchen die lichten Häuserflecken von Laveno auf, hinter denen der Sasso del Ferro dunkel aufragt. Ein besonders reizvoller Aussichtsbalkon auf den Lago ist die Terrasse der einsam gelegenen romanischen **Kirche von Novaglio** 2.

Ghiffa 3 erstreckt sich an den Hängen des Monte Carciago und setzt sich aus zwei Ortsteilen zusammen, durch die die Uferstraße verläuft. Am Seeufer liegt die *Hutfabrik Panizza,* in der seit 1993 das Museo dell'Arte del Cappello alles Wissenswerte über die Kunst des Hut-Machens veranschaulicht. Über dem oberen Ortsteil Ronco thront das *Santuario della Trinità,* die Wallfahrtskirche der hl. Dreieinigkeit mit Kapellen und einem Kreuzweg. Die Anlage entstand nach dem Vorbild eines *sacro monte,* eines Heiligen Bergs, der in Norditalien des ausgehenden 16. und im 17. Jh. als Bollwerk der Gegenreformation Hochkonjunktur hatte. Bei den späten *sacri monti* legte man auf die künstlerische Ausführung der Plastiken und Fresken in den Kapellen, die Szenen aus dem Leben und der Passion Christi zeigen, sichtbar keinen großen Wert mehr. Im Vordergrund stand allein die didaktische Ausrichtung, die sich einer besonders expressiven Gestik und drastischen Inszenierung bediente, wie die Fresken und Plastiken im Santuario eindringlich belegen.

Auf der Weiterfahrt nach Intra begleiten eine Fülle von luxuriösen Villen den Weg, die in zarten Gelb- und Rosatönen sowie in kräftigem Ocker und warmem Rot zwischen den Bäumen der Parks leuchten. Doch bevor der Villen-Glamour in Pallanza seinen Höhepunkt erreicht, passiert man noch **Intra** 4, das industrielle Zentrum des Westufers. Man darf hier keine stimmungsvollen Stadtprospekte erwarten, die Außenbezirke sind durchsetzt mit Industriebetrieben und Neubauanlagen. Doch sollte man beim Anblick der Papier-, Textil- und Glasfabriken sowie der riesigen Lagerhallen nicht vergessen, dass die Städte am Lago Maggiore ja nicht ausschließlich zum Vergnügen da sind. Intra bietet vielen Menschen der Umgebung Arbeit und damit eine ökonomische Lebensgrundlage. Manch einer mag es darüber hinaus als wohltuend empfinden, nach so viel Ferienkultur in einen lebendigen Stadtrhythmus einzutauchen. Zum See hin gibt sich die Stadt freundlicher, so dass man per Schiff einen stimmungsvolleren Empfang erwarten darf. Am Hafen wird der alte Landungssteg noch von einem schönen Dach geschützt, das ein Werk der Ingenieursbaukunst des 19. Jh. ist.

Ihren Namen (lat. *intrum* = dazwischen) leitet die Stadt von ihrer Lage zwischen den Gebirgsflüssen San Giovanni und San Bernardino ab. Die ganze Gegend, die sich nach der alten Bezeichnung für den Lago Maggiore ›Verbania‹ nennt, ist von Flussläufen geprägt, vor allem vom Toce. Das Mündungsdelta ist sehr fruchtbar und das Land erstreckt sich hier in weiten Ebenen, in denen Obst und Gemüse angebaut werden. Der Lauf des San Bernardino trennt Intra von Pallanza, beide Siedlungen wurden

1939 zur **Stadt Verbania** zusammengezogen. Dabei handelt es sich um ein ausgesprochen ungleiches Geschwisterpaar. **Pallanza** 5 wendet sich allein der schönen Seite des Lebens zu, verströmt im Frühjahr den Duft der Mimosen und im Sommer den des Lorbeers aus üppigen Gärten, protzt mit einer Fülle von Villen, die sich wechselseitig in aller Prachtentfaltung überbieten und hat sich ganz dem *dolce far niente* verschrieben.

Noch bevor man den alten Stadtkern erreicht, weist ein Schild den Weg zur *Villa Taranto.* Weitaus berühmter als der Herrensitz in aberwitziger neo-normannischer Architektur aus dem 19. Jh. ist der 16 ha große Park, der zu den schönsten botanischen Gärten der Laghi zählt. Im Mai blühen hier über 500 verschiedene Rhododendren-Arten in allen erdenklichen Farben, die nur noch von dem Farbreichtum der etwa 80 000 Tulpen überboten werden. Im Herbst wiederholen Azaleen-Meere und 300 unterschiedliche Dahlien-Arten dieses Blütenschauspiel. Ganzjährig hingegen beeindrucken die vielen alten Buchen, die mitunter zu enormen Ausmaßen ausholen, sowie eine Fülle von exotischen Pflanzen. Dazwischen plätschern Kaskaden, schießen Wasserfontänen auf und glucksen kleine Brunnen vor sich hin. Schöpfer dieses Blüten- und Pflanzenparadieses war der schottische Edelmann Neil McEacharn, der Villa und Park 1931 erwarb und hier das geeignete Terrain fand, über dem er seine Liebe zur Botanik ausschüttete. Doch bereits 1938 vermachte er sein Anwesen dem italienischen Staat mit der Auflage, sein begonnenes Werk zu vervollkommnen. McEacharn starb 1964 und wurde in einem Mausoleum im Garten beigesetzt.

Im Norden grenzt der Park der Villa Taranto an die Giardini der *Villa San Remigio,* mit denen sich der Marchese Silvio della Valle di Casanova, Dichter und Musiker von Beruf, und die englische Malerin Sofia Browne romantische Landschaften vor der Tür ihrer eklektischen Villa schufen. Bei der Gestaltung des Parks haben italienische und englische Gartenkünste zu einer harmonischen Synthese gefunden.

Um ins Zentrum von Pallanza zu gelangen, folgt man dem Straßenverlauf der Via Vittorio Veneto um die Punta della Castagnola, eine Landzunge, die pfeilartig in den Borromäischen Golf vorstößt. Von der zentralen Piazza Guiseppe Garibaldi führen kleine enge Straßen in den Borgo sowie zum *Palazzo Viani-Dugnani* (16. Jh.), in dem das Museo storicoartistico del Verbano e del paesaggio seinen Sitz hat. Der Stolz der Sammlung sind einige archäologische Funde aus dem 1. Jh. v. Chr. bis zum 2. Jh. n. Chr. sowie etwa 300 Gipsmodelle von Paolo Trubetskoj (1866–1938), ein in Intra geborener, russisch-stämmiger Bildhauer, von dem sich illustre Zeitgenossen wie Anatole France, D'Annunzio, Puccini, Bernhard Shaw und Rodin in Bronze verewigen ließen. Dabei war es vor allem die Eitelkeit der Abgebildeten, die zu Trubetskojs Erfolg führte – der Künstler behandelte sein Gegenüber meist mehr als wohlwollend und vermied eine tiefgreifende Psychologisierung.

An der Piazza Rosario liegt die Pfarrkirche *Santo Stefano,* deren Baugeschichte bis ins 12. Jh. zurückreicht, danach verging jedoch kein Jahrhundert, in dem sie nicht zerstört und wieder aufgebaut worden wäre. In ihrer heutigen Architektur ist die Kirche weitgehend ein Werk des 17. Jh. Allein an der Südfassade haben sich noch romanische Mau-

Verbania: Es lohnt sich, durch die Gassen zu schlendern...

ern und Teile einer Bogengalerie erhalten. Der Innenraum hingegen bewahrt noch einen antiken Schatz aus dem ersten nachchristlichen Jahrhundert. Dabei handelt es sich um einen Marmorsockel, in den Opfer- sowie Tanzszenen zu Ehren weiblicher Gottheiten eingemeißelt sind.

Pallanzas schönste und bedeutendste Kirche, *Madonna di Campagna,* liegt heute nicht mehr auf dem freien Feld, wie der Name besagt, sondern lediglich etwas außerhalb des Stadtzentrums am Viale Azari. Der prachtvolle Renaissance-Bau entstand 1519–27 auf den Resten einer romanischen Kirche, von der allein der später aufgestockte Glockenturm erhalten blieb. Blickfang der Kirche ist der achteckige Kuppel-Tambour, der von einer grazil anmutenden Galerie umfangen wird. Lange Zeit wurde der Bau Bramante zugeschrieben, doch die stilistische Verwandtschaft zu der Kirche von Brissago (s. S. 68) legt Giovanni Beretta als Baumeister nahe, zumal er sich den Stil Bramantes nachdrücklich anverwandelte. Den dreischiffigen Innenraum schmücken Fresken, die im 16. Jh. von lokalen Malern ausgeführt wurden, sowie Gemälde des Bologneser Malers Camillo Procaccini.

Hinter Pallanza mündet der Toce in den Lago Maggiore und schafft ein fruchtbares, wasserreiches Delta. Sand und Geröll, das er mit sich führt, haben im Laufe der Jahrhunderte den **Lago di Mergozzo** abgetrennt, der einst eine Bucht des Lago Maggiore war. Der kleine See liegt nur etwa 1 km von seinem großen Bruder entfernt, landschaftlich zeigt er sich jedoch von ungleich rauerer, herberer Seite – keine Palme soweit das Auge reicht. Dichter Wald umfasst die Ufer des Sees, der sich eiförmig zwischen begrünten Bergrücken erstreckt. An seiner Spitze liegt der einzige Ort am Ufer, von dem der See auch seinen Namen erhielt – **Mergozzo** 8. Die Ortschaft mit nur 2000 Einwohnern taucht schon zur Zeit der Römer als Muregocium hier und da in rühmlichen Erwähnungen auf. Bis heute hat sich in Mergozzo ein schönes mittelalterliches Stadtbild erhalten und da die Straßen noch nicht für den Verkehr konzipiert wurden, stellt man das Auto am besten auf dem Parkplatz am See ab. Man stößt sogleich auf eine der hl. Marta geweihte *Kapelle,* die bereits für das 9. Jh. an dieser Stelle belegt ist. Der heutige Bau geht im Kern auf das Jahr 1130 zurück, die architektonische Struktur wurde jedoch im 18. Jh. nachhaltig verändert. Dasselbe Schicksal ereilte auch die Pfarrkirche *Santa Maria Assunta,* der allein der romanische Campanile als Zeichen ihrer langen Geschichte blieb. Heute geht man bekanntlich behutsamer mit der Vergangenheit um, daher hat man in Mergozzo ein *Antiquarium* eingerichtet, in dem neben archäologischen Funden aus der Gegend Steinmetzarbeiten aus dem hier beheimateten Marmor und Granit ausgestellt werden. Im weiten Umfeld der Toce-Mündung rücken immer wieder mächtige Steinbrüche ins Blickfeld – die Landschaft ist hier reich an Gesteinsvorkommen, darunter auch rosafarbener Granit, der beim Bau von San Paolo in Rom ebenso Anwendung fand wie bei der Galleria Vittorio Emanuele in Mailand.

Im Sommer sollte man es nicht versäumen, ein Bad im dunklen Wasser des Lago di Mergozzo zu nehmen, da der See zu den saubersten oberitalienischen Gewässern zählt. Motorboote sind nicht zugelassen und Industrie gibt es nicht – beides kommt der Wasserqualität merklich zugute. Hinter Mergozzo folgt die Straße dem Flusslauf des Toce durch

Ausflug in die Val Grande

Eines der schönsten Landschaftsreservate Oberitaliens findet man in der weitgehend unberührten **Val Grande,** die seit einigen Jahren unter Naturschutz steht. 44 km^2 umfasst das Gebiet über dem der Monte Todano mit 2301 m hoch in den Himmel ragt, dicht gefolgt vom Monte Pedum mit 2111 m. Doch nicht nur grandiose Gebirgsprospekte gehören zum landschaftlichen Reiz der Val Grande. Rauschende Flüsse, über die abenteuerliche Holzbrücken führen, Wasserfälle, Stromschnellen, dichte Wälder, Macchia und Geröll verdichten sich zu einer herbromantischen Wildnis. Über weite Strecken wird man keine Spuren menschlicher Anwesenheit finden und dort, wo man sie findet, erobert sie sich die Natur bereits wieder zurück. Die Urwüchsigkeit des Tals, die Reisende auf ihrem Tagesausflug suchen und genießen, hat die Talbewohner längst vertrieben. Aufgegebene Felder, verlassene Gehöfte und überwucherte Ruinen ehemaliger Wohnhäuser sind die letzten Anzeichen einer Besiedlung im oberen Talabschnitt. Einst blühte in der Val Grande der Handel mit Holz, doch rodete man die Wälder so rücksichtslos, dass diese ökonomische Grundlage schnell aufgezehrt war. Die Narben des Geschäfts mit dem Wald sind bis heute der Landschaft eingeschrieben. Dass das Große Tal indes altes Kulturland ist, belegt der **Ponte Romano** 6, der unterhalb von Rovegro den San-Bernardino-Fluss überspannt.

Cicogna 7 an der Südflanke des Monte Spigo ist der letzte Ort, den man mit dem Auto in der Val Grande erreichern kann. Die verlassenen Häuser des Dorfs werden seit einigen Jahren als Sommerresidenzen wiederbelebt. Der kleine Ort eignet sich gut als Ausgangspunkt für Touren in die Wildnis der Val Grande, für die man Abenteuergeist ebenso wie Berg-Erfahrung mitbringen sollte. Vorsicht ist vor giftigen Vipern geboten, die in dem milden Klima sowie in der unberührten Landschaft einen optimalen Lebensraum finden. Man sollte sich mit einem Stock bewaffnen und fest auftreten – Schlangen haben Angst vor Menschen!

Über die ganze Val Grande verteilt findet man eine Fülle von kleinen Gedenksteinen an Partisanen, die das Tal im Zweiten Weltkrieg als Rückzugsgebiet genutzt hatten. 1944 gelang es jedoch deutschen Alpenjägern und von Mussolini abgesandten Schwarzhemden, in die unwegsame Gegend einzudringen, wo sie Dörfer und Almen in Brand setzten und mehr als 500 Partisanen erschossen. Dieses Blutbad hat sich den Menschen im Tal tief in die Erinnerung geschrieben und war nicht zuletzt ein Grund für die endgültige Landflucht.

Zu literarischen Ehren kommt das Tal in dem 1998 auf deutsch erschienenen Kriminalroman »Die Stunde des Schäfers« des Autorenduos Fruttero & Lucentini. Wie sollte es anders sein – in der Val Grande passiert ein Mord.

die Valle d'Ossola. Kehrt man zum Ufer des Lago Maggiore wieder zurück, lohnt ein kleiner Schlenker zu der erstaunlich gut erhaltenen romanischen Kirche **San Giovanni Battista** 9 bei der Ortschaft Mont'Orfano, die ihren unwiderstehlichen Reiz vor allem ihrer würdevollen Schlichtheit verdankt. Für den Bau aus dem 12. Jh. bediente man sich des hellen Granits, der am nahen Monte Orfano gehauen wird. Einziger Schmuck der Fassade sind rote und graue Scheinarkaden sowie ein überkreuzter Rundbogenfries, dessen leuchtendes Ziegelrot sich effektvoll abhebt. Die plastisch sehr bauchig ausgeformte Apsis umgibt eine Zwerchgalerie. Neben der Kirche, die leider meist verschlossen ist, förderten Ausgrabungen die Spuren einer Kultstätte aus dem frühen 6. Jh. zutage.

Am Lago Maggiore gelangt man über Feriolo, einem nach Sonnenöl duftenden Ferienort, nach **Baveno** 10. Auch Baveno schaut auf eine lange Geschichte des Fremdenverkehrs zurück, wovon noch die schöne Jugendstil-Wartehalle des Hafens zeugt. Um die Wende zum 20. Jh. kam der Tourismus am Borromäischen Golf gewaltig in Schwung, doch schon vorher gehörten Königin Viktoria von England, Kaiser Friedrich III., Lord Byron und Richard Wagner zu den illustren Gästen von Baveno. Das Ortsbild, hinter dem sich die Berge gleich einer Theaterkulisse versetzt staffeln, überragt der Campanile der Pfarrkirche *SS. Gervasio e Protasio.* Der feierliche Bau entstand bereits im 11. Jh., wurde aber wie viele andere romanische Kirchen im 18. Jh. verändert. Zur selben Zeit umfasste man den Platz mit Kolonnaden, die heute als Via Crucis dienen. Die romanischen Ursprünge der Kirche sind heute noch an einigen Details ablesbar, wie beispielsweise an den kleinen Blendarkaden sowie an den bewegten Linien, ungleichmäßigen Wölbungen und auf- und abtauchenden Flächen der Fassade, die durch die unregelmäßige Mauertechnik erzielt werden und den Eindruck eines lebendigen Baukörpers erwecken. Im Innenraum hinterließ Dependente Ferrari, ein piemontesischer Renaissance-Maler, zwei Gemälde, die die Geburt und Beschneidung Christi zeigen. Der kleine oktogonale Bau neben der Kirche ist das Baptisterium, das im Renaissance-Stil erbaut wurde. Die Fresken des Portikus und im Innenraum entstanden im 18. Jh. und decken leider sehr viel ältere Wandmalereien zu. Außer der Kirche und einigen prachtvollen Sommervillen hat Baveno nicht viel zu bieten, daher wird man immer wieder zur Uferpromenade kommen, von der man einen prachtvollen Blick auf die Borromäischen Inseln hat.

Die Borromäischen Inseln – Eine »wundervolle und großartige Laune«

Karte: S. 74
Tipps & Adressen: S. 291

Den größten Zauber entfachen sie in sommerlicher Mittagsglut. In flirrender Hitze und verklärendem Dunst scheinen die **Borromäischen Inseln** 11 zwischen Himmel und Wasser zu schweben. Obgleich sie nachweislich in jedem Atlas zu finden sind, muten sie wie eine geträumte Gegend an, als Fantasiegewebe und glänzende Fata Morgana, die sich allein der poetischen Einbildungskraft verdankt. Die Borromäischen Inseln sind das Lob des Lago Maggiore. »Was soll vom Lago Maggiore und den Borromäischen Inseln anderes gesagt werden als

Worte des Bedauerns für jene, die dem Zauber dieses Ortes nicht verfallen sind«, ist Stendhal entzückt von den »divines îles Borromées«. Und der Maler Maurice Denis fand am Borromäischen Golf ein unvergleichlich blaues Licht, das »die Sinne betäubt und Gefühle von Anmut und Wonne wachruft«.

Die vielbesungenen Eilande im Borromäischen Golf gehören zu den ganz frühen Sehnsuchtszielen des Fremdenverkehrs, der sich inzwischen auf den Massenbetrieb eingestellt hat und Tausende von Besuchern tagtäglich vor allem auf die Isola Madre und die Isola Bella bringt. Allein im Winter gibt es Tage, an denen man in den unvergleichlichen Genuss kommt, die Inseln nahezu ungestört zu besuchen und das grandiose Zusammenspiel von Architektur, Kunst und Natur unverstellt von Menschentrauben zu bewundern. Zu den anderen Jahreszeiten braucht man schon eine gewisse Portion Abstraktionsvermögen, um zwischen Souvenirständen und schwitzenden Touristenansammlungen die »göttliche Magie der herrlichen Regionen« aufzuspüren, wie sie Gerhard Hauptmann empfunden hat.

Zu den Borromäischen Inseln gehört die kleine **Isola di San Giovanni,** eine direkt Pallanza vorgelagerte, von Agaven überwucherte Insel. Im 17. Jh. entstand hier der Palazzo Borromeo, in dem der Dirigent Arturo Toscanini lange Zeit gelebt hat. Die **Isola Madre** liegt nahezu in der Mitte des Golfs, während die **Isola dei Pescatori** und die **Isola Bella** vor Stresa »wie Meergötter aufstehen und herrschen« (Jean Paul).

Die Entstehungsgeschichte der barocken Gesamtkunstwerke umranken zahlreiche Legenden und Geschichten. Bis zum Beginn des 16. Jh. gab es im Borromäischen Golf lediglich vier felsige Eilande, auf denen sich Fischer niedergelassen hatten. Namenlos dämmerten sie vor sich hin, allein die Isola Bella, auf der es immerhin zwei Kirchen gab, nannte man prosaisch ›Isola Inferiore‹, untere Insel. Die von der Renaissance wieder entdeckte Naturbegeisterung bewog 1501 den Mailänder Grafen Lancilotto Borromeo, seinen Besitz am Lago Maggiore um die beiden größten Inseln des Sees zu erweitern. Auf der Isola Madre, der Mutterinsel, entstand noch im selben Jahr eine Sommerresidenz mit einem prachtvollen Park, in dem der Graf der *sacra agricoltura* nachging. Um die Nachbarinsel sollte sich erst 100 Jahre später sein Nachfahre Giuglio Cesare II. kümmern, der sich hier einen »luogo di tutte delizie«, einen Ort allen Vergnügens erträumte. Sein Bruder Carlo Borromeo gab 1620 bei dem Tessiner Baumeister Angelo Crivelli die Pläne für die Gestaltung der Isola Inferiore in Auftrag. Entscheidenden Einfluss auf die Konzeption der Insel nahm aber vor allem Isabella d'Adda, die Gemahlin von Carlo Borromeo, nach der die Insel auch benannt wurde. Der Name Isola Bella, der heute klingt, als würde er einer Dortmunder Eisdiele vorstehen, trifft exakt den Charakter der Insel. Eher untertreibt er noch. Denn kaum eine Insel ist nach den Gesetzen der Ästhetik schöner; die Zeitgenossen sprachen gar vom achten Weltwunder.

Barocke Lust an Außergewöhnlichem und ekstatischen Visionen verwandelte die Felsen der Isola Bella in die Form eines Schiffes. Die flache Nordspitze der Insel, an der ein nicht mehr fertiggestellter prachtvoller Hafen geplant war, stellt den Schiffsbug dar, der Palast das Verdeck, die obere Terrasse ist als Kommandobrücke zu erkennen und die neun übereinander liegenden rückwärtigen Gartenterrassen, mit denen die berühmten hängenden Gärten von Babylon

übertrumpft werden sollten, bilden das Heck. Crivelli sollte die Gestaltung der Insel nur zehn Jahre betreuen, nach seinem Tod 1630 waren verschiedene Architekten mit dem Bau betreut, was der Integrität der Anlage aber nicht geschadet hat. Eine Inschrift im Garten nennt das Jahr 1671 als Jahr der Vollendung. Gleichzeitig mit der Isola Bella wurde auch die Isola Madre in ein Gesamtkunstwerk umgewandelt, während man der Isola dei Pescatori keine Beachtung schenkte. Hier lebten bis in die 50er Jahren des 20. Jh. Fischer in bunt angemalten Häusern, die der Tourismus als pittoreske Idylle vermarktete und schließlich mit Souvenirläden, Cafés und Restaurants eroberte.

Isola Madre und Isola dei Pescatori

Die **Isola Madre** ist die größte der Borromäischen Inseln. In den Annalen der Geschichte wird sie schon früh wegen ihrer üppigen Vegetation gerühmt, die sie einem besonders milden, nahezu subtropischen Klima verdankt. Flaubert

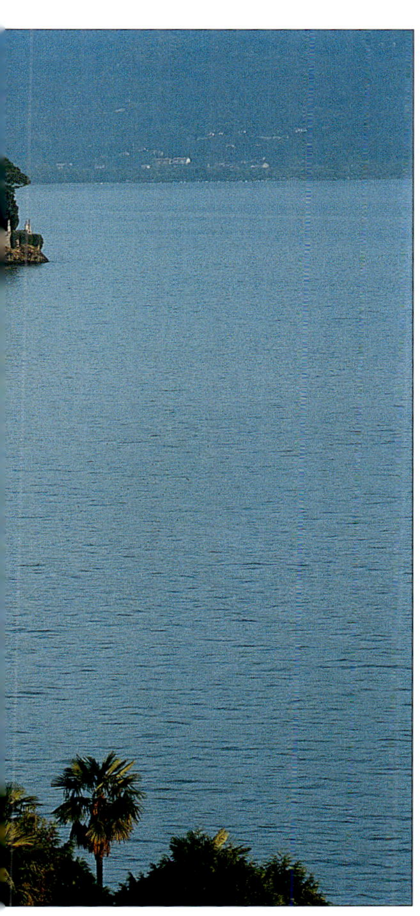

Die Isola Bella gilt als die ›Mondäne‹ unter den Borromäischen Inseln

brachte den Pflanzenreichtum der Insel auf die bündige Formel »irdisches Paradies« und wenn man durch die Gärten der Insel streift, glaubt man gerne, dass dieser Ort ein vom Himmel begnadeter ist. Palmen-Alleen geleiten den Weg zu Orangen-Hainen oder Rhododendren-Kaskaden, hinter denen sich Wälder von Oleander und Mimosen öffnen und zu Farntälern abfallen. Aus dem immergrünen Unterholz tauchen gelegentlich Fasane auf oder scheue Pharaonenhühner. Dazwischen erstrecken sich immer wieder Rasenrabatte, auf denen majestätisch chinesische Pfauen stolzieren. In der Gesamtkonzeption der Borromäischen Inseln nahm die Isola Madre die Rolle des *locus amoenus* ein, des arkadischen Sehnsuchtziels, auf das man schmachtend seinen Blick von der unvergleichlich mondäneren Isola Bella richtete. Der etwa 8 ha große Garten wurde erst im 19. Jh. angelegt, zuvor waren hier Obst, dann Oliven und im 17. Jh. Zitrusfrüchte angebaut worden. Im Süden der Insel liegt nahe beim Landungssteg der *Palazzo,* vor dem eine gewaltige Kaschmirzypresse in den Himmel ragt.

Der Bau, den Pellegrino Tibaldi im 16. Jh. vollendete, ist von herrlicher Leichtigkeit und Eleganz und erfüllt all jene romantischen Vorstellungen einer mediterranen, morbide verwitterten Villa. Seit 1978 sind auch die Innenräume des Palazzo zugänglich, in denen eine reich bestückte Familiengalerie sowie eine umfangreiche Sammlung alter Puppen zu sehen sind. Darüber hinaus gibt es noch einen Theaterraum, in dem man die illusionistischen Tricks der Bühnenkunst studieren und die Bühnenbilder des 19. Jh. aus der Mailänder Scala bewundern kann. Neben dem Palazzo entstand 1858 die kleine Grabkapelle der Borromeo. Der Rummel um das Geschäft mit der Schönheit blieb der Isola Madre bis heute erspart; Souvenirstände und Bars gibt es hier nicht, allein im Westen der Insel liegt versteckt ein Restaurant. Ganz anders die **Isola dei Pescatori:** Hier spricht man deutsch, hier werben Restaurants mit dem berüchtigten *menu turistico* und in den schmalen Gassen, die sich um die Kirche *San Vittore* legen, türmt sich der Andenkenkitsch.

Isola Bella

Europa befand sich ganz offensichtlich auf dem Höhepunkt seiner ästhetischen Obsessionen, als die Isola Inferiore in ein wundersames barockes Gesamtkunstwerk verwandelt wurde. Die Welt verstand man als Schnörkel und Vorstellung und weder Carlo noch sein Sohn Vitaliano Borromeo sparten an theatralischem Prunk und Pomp.

Der *Palast der Borromäer* erhebt sich an der Nordwestseite der Insel und grenzt sich zum kleinen Dorf mit einer Scheinfassade ab. Gäste, darunter zahlreiche gekrönte Häupter Europas kamen früher an der Anlegestelle direkt vor dem Palast an, von der eine schön geschwungene Treppe zum palmenbestandenen, mosaikartig gepflasterten Ehrenhof des Palazzo Borromeo führt. Die Innenräume sind äußerst prunkvoll gestaltet, wenngleich bei der ungehemmten Suche nach optischen Effekten die Qualität oftmals auf der Strecke blieb. Immerhin gibt es aber ein von Tiepolo gemaltes Himmelsbild im Vorraum, einen Saal mit drei mythologischen Szenen des neapolitanischen Malers Luca Giordano, in Gold und Seide gewirkte flämische Gobelins mit Szenen aus dem Leben des Einhorns, dem Wappentier der Borromäer, und luxuriöses Mobiliar wie etwa den Mosaiktisch mit dem Blumenstrauß im Konversationssaal.

Im Musiksaal fand am 11. April 1935 die Konferenz von Stresa statt, auf der Mussolini mit Laval und Max Donald zusammentraf, um über einen italienisch-französisch-britischen Vertrag zur Erhaltung des Friedens zu verhandeln, doch der Versuch zur Rettung Europas scheiterte. Über den klassizistischen Ballsaal erreicht man die Grotte im nördlichen Palast, deren Wände, Pfeiler und Gewölbe vollständig mit Muschelwerk und Steinen überzogen sind und in der sommerlichen Hitze eine wohltuende Abkühlung bieten. Der Wellenschlag des Lago Maggiore, der hierhin vordringt, sowie die maritimen Allegorien sind dazu angetan, Besucher in das Reich Neptuns und der Nymphen zu versetzen.

Die Grotten geben den Blick auf den Garten der Isola Bella frei, ein mit Kieswegen, Seerosenteichen, konisch geschnittenen Bäumen, Alleen aus Buchs und Lorbeer, geometrisch angelegten Blumenrabatten, Rosenspalieren, Tuffsteinnischen, Säulen und Statuen überschwenglich gestaltetes Elysium, in dem weiße Pfauen feenhaft stolzieren. Kunst und Natur spielen hier zu einem Gesamtkunstwerk zusammen, in dem sich antike Tradition, Mythologie und die vier Elemente zu einem allegorischen Bild verdichten. Tage könnte man in dem Garten, dem »geschmückten Thron des Frühlings« (Jean Paul) verbringen und würde immer wieder neue Bilder gleichsam entrückter Schönheit entdecken. Dem Geschäft mit der Schönheit hat sich der Rest der Insel verschrieben – einige malerische Häuser an der Ostflanke, die sich um die Kirche San Vittore schmiegen und von Restaurants und Andenkenläden besetzt sind.

Stresa

Karte: S. 74
Tipps & Adressen: S. 311

In **Stresa** 12 waren sie alle. Als die kleine Stadt mit ihrem Logenplatz am Borromäischen Golf im 19. Jh. ihre Sternstunde erlebte, gab es kaum jemanden aus dem europäischen Geld-

und Geistesadel, der nicht in einem der stattlichen Grand Hotels auf seiner großen Italien-Reise logiert hätte. In herrschaftlicher Pracht säumen sie das Seeufer, dicht an dicht mit den Villen, die sich die Mailänder *nobili* Mitte des 19. Jh. hier errichten ließen. Die *grandezza* von einst ist heute aber längst Erinnerung geworden und am Lungolago, der Uferpromenade mit dem schönen Ausblick, flanieren längst nicht mehr Seelenverwandte von Charles Dickens, Flaubert, Stendhal oder Lord Byron. Ein wenig ist Stresa zu seinen Ursprüngen zurückgekehrt, denn lässt man all die herausgeputzten Café-Terrassen am Ufer hinter sich und schlendert durch den alten Ortskern, spürt man schnell den provinziellen Charme eines Fischerstädtchens wieder auf. Von den kleinen malerischen Häusern erhebt sich allein der *Palazzo Ducale* ab, der 1770 für die Herzöge von Savoyen errichtet wurde. 1848 erwarb ihn der Philosoph Antonio Rosmini, nach dessen Tod hier eine Studienstiftung eingerichtet wurde. Gartenfreunde kommen noch einmal in der *Villa Pallavicino* am Ortsausgang Richtung Arona auf ihre Kosten, um die der Marchese Pallavicino im 19. Jh. einen englischen Landschaftsgarten anlegen ließ. Dem 16000 m² großen Park ist auch ein kleiner Zoo angeschlossen.

Im Rücken von Stresa, das die Römer Strixia (kleiner Strich Erde) nannten, erhebt sich der 1491 m hohe Monte Mottarone. Man kann den Gipfel auf einer gut ausgebauten Panoramastraße erreichen, eine Privatstraße mit Mautpflicht, oder mit der Seilbahn hinauffahren. Wer sich für das Auto entscheidet, sollte in **Alpino** 13 den Alpinia-Garten aufsuchen, der über 700 Alpenpflanzen versammelt, darunter vor allem Heilpflanzen.

Der Monte Mottarone ist eine der schönsten Aussichtsterrassen dieser Gegend, da der Blick von hier gleich sieben Seen erfasst: den Lago d'Orta zu Füßen im Westen, den Lago Maggiore im Osten, dahinter den Lago di Monate,

Belle Epoque und grandezza von einst in Stresa: das Regina Palace

den Lago di Comabbio sowie den größeren Lago di Varese, bei guter Sicht tritt hinter Luino der Lago di Lugano ins Blickfeld und im Norden erkennt man den kleinen Lago di Mergozzo. Krönung dieses Seerundblicks sind die weißen Zacken der Monte-Rosa-Gruppe im Nordwesten, die vom Mischabel und Fletschhorn im Norden flankiert werden. Und wer sich am Panorama noch nicht satt gesehen hat, hat die Wahl zwischen einer Vielzahl von Aussichtslokalen auf dem Mottarone-Gipfel.

Ein weiteres Ausflugsziel ist die Hügellandschaft zwischen Stresa und Orta am gleichnamigen See. Prachtvolle Villen verstecken sich hier hinter hohen, undurchdringlichen Zypressenhecken, Bougainvilleen ergießen sich über die Straße und wenn man Glück hat, erheischt man einen Blick in die vornehme Sommersitz-Kultur der Wende zum 20. Jh. In **Gignese** 14 wartet gleich am Ortseingang ein *Schirmmuseum* mit einer Fülle unterschiedlichster Modelle auf Besucher. Vielleicht verdankt sich die kuriose Sammlung ja den vielen Angelsachsen in dieser Region, die vor Londoner Schmuddelwetter an die Riviera des Lago Maggiores flüchten. Über Sovazza und Armeno gelangt man auf kurvenreicher Straße zum Ortasee.

Der Lago d'Orta

Karte: S. 74
Tipps & Adressen: Lago d'Orta S. 305

»Stellt euch einen Reisenden vor, der müde von den Tausend reichen Eindrücken Brasiliens, Italiens und Indiens in sein Vaterland zurückkehrt und auf seinem Weg einem entzückenden See begegnet, dem Ortasee, mit einer verloren auf dem stillen Wasser liegenden Insel,

zierlich und einfach, primitiv und bequem, einsam und gut ausgestattet. Das Prunkvolle und sein Getümmel liegen entfernt und die Proportionen werden wieder menschlich«, notierte Honoré de Balzac über den kleinen **Lago d'Orta,** dessen Ausmaße zwischen dicht bewaldeten Hügeln auf einen Blick erfassbar sind. Vielleicht schließt man ihn ja deshalb so schnell ins Herz.

Der Ortasee erstreckt sich fjordartig in 12,5 km Länge zwischen den Ausläufern der piemontesischen Bergriesen wie dem Monte Rosa (2414 m) und dem Mottarone (1491 m). Sein Ostufer gibt sich mit leicht gewellten Hügelketten freundlich und sonnig während das Westufer vor allem im Norden mit den senkrecht abfallenden Felsen einen eher finsteren Eindruck hinterlässt. »Es ist ein See, der dickköpfig ist. Ein Original, das seine Wasser nicht nach Süden schickt, wie es der Lago Maggiore, der Comer

Die Piazza: der salotto von Orta San Giulio

See und der Gardasee gehorsam machen, sondern sie nach Norden leitet, als ob er sie dem Monte Rosa schenken wollte und nicht dem Adriatischen Meer«, schreibt Gianni Rodari und spricht auf das Phänomen der Nigoglia an, die bei Omegna aus dem Ortasee tritt und in Richtung Alpen abfließt. Die Bewohner von Omegna sind sehr stolz auf diesen Flusslauf und nehmen seine Widerspenstigkeit auch für sich in Anspruch. »Die Nigoglia fließt aufwärts und die Gesetze bestimmen wir«, lautet eine Lebensdevise in Omegna.

Die Römer nannten den See Cusius und hatten auf der bewaldeten Halbinsel von Orta eine kleine Siedlung gegründet. Gegenüber liegt die Insel San Giulio, das kunsthistorische Kleinod des Sees. Die Orte, die den See malersich umgeben, pflegen ihren eigenen Rhythmus und Reisenden macht sich wohltuend bemerkbar, wie unabhängig die Gegend vom Fremdenverkehr geblieben ist, wie wenig offene Zugeständnisse sie ihm macht. Die Snack-Bar hat noch nicht den *circolo* oder das *centro sociale* ersetzt und die *alimentari*, Schuster und Friseure können sich gegenüber den Souvenirläden behaupten. Dennoch kommen vor allem in den Sommermonaten viele Ausflügler an den Ortasee, der mit den wogenden Besuchermassen all seine Mühe hat. Am einfachsten und schönsten erkundet man den See mit dem Schiff; die Azalea und die Ortensia steuern alle bedeutenden Orte an. Mit dem Auto kann man auf der SS 229 am Ostufer entlang fahren; am Westufer verläuft die Straße nicht immer am See, vielmehr schraubt sie sich auf Anhöhen hinauf, von denen kleine, schmale Wege zu den Uferorten führen.

Von Stresa kommend erreicht man zunächst **Orta** 15, den Hauptort, der auch dem See seinen Namen gab. Am schmalen Hals der Halbinsel verbreitet die *Villa Crespi* orientalisches Flair: die Villa, die ein Turm mit Kuppel krönt, entstand während des Historismus des 19. Jh. und lehnt sich stilistisch an die maurische Architektur an. Heute ist hier ein Vier-Sterne-Hotel untergebracht – ein märchenhaftes Domizil. Orta breitet sich auf dem zum Wasser abfallenden, 401 m hohen *sacro monte* aus. Kleine gepflasterte Gässchen, in denen sich vornehme Palastfassaden mit einfachen Wohnhäusern abwechseln, führen zur von Arkaden umfassten *Piazza*, die das Adjektiv ›malerisch‹ wirklich verdient. Sie ist der *salotto* von Orta, auf dem die Neuigkeiten in Windeseile verbreitet werden und die Kinder fangen spielen, während ihre Eltern und Großeltern im Café zusammensitzen. Wenn nicht gerade Hauptsaison ist, gehört ein Abend

Ein geheimnisvolles Bildprogramm bietet die Kanzel der Basilika di San Giulio

auf der Piazza sicher zu den beglückendsten Ereignissen, welche die Gegend zu bieten hat. Das kleine Glück hat der italienische Schriftsteller Mario Bonfantini beschrieben: »Oft wird dieser Platz das Empfangszimmer genannt. Fast unwiderstehlich ist die Versuchung, hier stundenlang zu verweilen, wie in einer Goldonischen Komödie: im Freien sitzend, ab und zu mit dem Nachbarn einige Worte wechselnd, während das Auge langsam vom Palazzo Comunale zu den zentralen Bogengängen der Geschäfte gleitet, den Landesteg und manches Segelboot, das zur Insel abfährt, beobachtet, weiter entfernt die Häuser von Pella am anderen Seeufer entdeckt.«

Der dominierende Bau an der Piazza ist der *Palazzo del Comune,* gleichsam Ausdruck der frühen kommunalen Selbstständigkeit von Orta. Er entstand 1582 nach den Prinzipien der Renaissance mit einem zu Arkaden geöffneten Untergeschoss, über dem der Große Saal liegt, in dem die Ratsmitglieder tagten. Den oberen Fassadenabschnitt schmücken noch die leider sehr verwitterten Wappen berühmter Familien aus Orta. Rund um den Platz reihen sich die morbiden Fassaden barocker Stadtpaläste und Wohnhäuser, nach Westen hingegen öffnet er sich dem See und der vorgelagerten Isola di San Giulio. Motorboote zur Isola starten vom Hafen, wer eine Ruderpartie vorzieht, findet hier auch Boote zum Ausleihen.

Die **Isola di San Giulio** ist mit Ausmaßen von nur 3 ha recht klein und glaubt man der Legende, war sie allein von Schlangen, feuerspeienden Drachen und anderen Ungeheuern bewohnt. Als im 4. Jh. ein Grieche namens Julius aus Ägina an den Ortasee kam, um in dieser Gegend die Botschaft des Evangeliums zu verbreiten, lachten ihn die Fährmänner in Omegna nur aus, als sie hörten, dass der junge Missionar auf die unheimliche Insel wollte. Niemand hatte sich bisher auch nur in die Nähe der Seeungeheuer gewagt. Doch Julius vertraute auf Gottes Hilfe, breitete seinen Mantel auf dem See aus und ruderte mit seinem langen Stock wunderbarerweise hinüber. Alsgleich verschwanden alle feuerspeienden Drachen und selbst die Wölfe wurden zahm und ließen sich neben den Ochsen einspannen, um bei der Errichtung der Basilika zu helfen. Die baulichen Aktivitäten auf der Insel setzten sich dann um 500 fort, als der Bischof von Novara neben der Kirche eine Burg hochziehen ließ. Mitte des 6. Jh. fiel die Festung den Langobarden in die Hände und schließlich herrschte hier auch noch Litulf, ein Sohn Otto des Großen. Zu dieser Zeit, im 10. Jh., wurde Guglielmo da Volpiano, der legendäre Abt von Saint-Bénigne (Dijon) auf der Isola di San Giulio geboren. Die Burg im Zentrum der Insel ist leider nicht mehr erhalten, an ihrer Stelle wurde ein Priesterseminar errichtet.

Die heutige *Basilica di San Giulio* ist romanischen Ursprungs; in ihre Bausubstanz wurden lauter Elemente dieses Ursprungsbaus eingearbeitet. Im 8. Jh. stand hier eine große einschiffige Basilika, der später gedrungene Seitenschiffe angefügt wurden sowie ein Querschiff und plastisch stark ausgeformte Apsiden. Überragt wird der uneinheitlich wirkende Bau von einem hohen romanischen Campanile. Der Innenraum ist auf den ersten Blick eine Herausforderung für die Sinne: Wohlwollend könnte man das bunte Zusammenspiel von gotischen Fresken, barockem Stuckdekor und Tafelbildern, Marmorinkrustationen sowie der berühmten romanischen Kanzel als Postmoderne *avant la lettre* bezeichnen. Bei längerem Aufenthalt in der Kirche drängt sich dann besonders die tiefe Kluft zwischen der Romanik und dem Barock auf: Die romanische Baustruktur wird von der barocken Verkleidung überwuchert und verfremdet, und auch der barocken Bauidee steht das Simple der ehemaligen Anlage deutlich im Wege. Kostbarstes Ausstattungsstück ist die romanische Kanzel, aus deren schwarzem Serpentin ein geheimnisvolles, bis heute noch nicht entschlüsseltes Bildprogramm herausgearbeitet wurde. Neben den leicht erkennbaren Evangelisten-Symbolen blicken furchterregende Fabelwesen von der Kanzel und fletschen die Zähne, Heilige verharren in strenger Andacht – in dem Mann, der sich auf den Wanderstab stützt, hat man Guglielmo da Volpiano erkannt – und zauberhafte Fabelwesen besiegen gefährliche Raubtiere. In der Krypta, in der sich barocker Prunk übrschwenglich auslebt, werden die Reliquien des hl. Julius in einem kostbaren silbernen Schrein gehütet.

Neben der Basilika und dem Priesterseminar drängen sich dicht an dicht eine Fülle eleganter Villen auf der Isola San Giulio, die nur vorübergehend in den Sommermonaten bewohnt werden. Von Mai bis Ende August geht es recht turbulent auf der kleinen Insel zu bis sich wieder herbstliche und winterliche Stille über sie legt, die nur von einigen gellenden Vogelschreien und dem Tuckern der Motorboote unterbrochen wird. Von besonderem Reiz ist die Insel aber auch in lauen Sommernächten, wenn man sich ihr mit einem Ruderboot nähert und das laute Tohuwabohu der Piazza von Orta immer mehr in der Ferne verhallt. Die Insel ragt nachts gleich einem dunklen Felsen aus dem Wasser auf und wenn aus einem Fenster ein Lichtstrahl fällt, scheint sie um so geheimnisvoller. Aller intensiven Bebauung zum Trotz ist hier ein Ort für Geschichten und Legenden.

Ein Ort, an dem hingegen alle Geheimnisse gelüftet sind, ist der *Sacro Monte* von Orta. Kein Aspekt des Glaubensmysteriums, der nicht anschaulich wie auf einer ländlicher Volksbühne dargestellt wäre. Nach dem Vorbild des Sacro Monte von Varallo, dem Prototyp des heiligen Bergs, entstanden hier zwischen 1591 und 1788 auf dem nur etwa 100 m hohen Hügel über Orta zwischen Linden, Buchen und Kiefern 20 dem hl. Franziskus von Assisi geweihte Kapellen. Auf dem Plateau des heiligen Bergs thront ein 1530 errichtetes Kloster, das San Nicola geweiht wurde. In den Kapellen stellen Terrakotta-Figurengruppen mit theatralischer Expressivität die Lebensstationen des hl. Franziskus nach sowie die Passionen Christi. Im Hintergrund der Inszenierungen prangen Fresken an den Wänden, die verschiedenste Glaubensinhalte zum Thema haben – mit didaktischer Ausrichtung.

Am Ostufer des Ortasees ist der kleine Ort **Vacciago** 16 ein weiteres lohnendes Ziel. Hier hat die *Fondazione Calderara* ihren Sitz in einem dreistöckigen, luftigen Laubenhaus, in dem der Maler Antonio Calderara (1902–78) gelebt und gearbeitet hat. Die Sammlung vereint 131 Künstler, darunter die wichtigsten Vertreter der Konzeptkunst und kinetischen Kunst. Den Schwerpunkt der Kollektion bildet das Werk Calderaras, zu dem zahlreiche Ansichten des Ortasees gehören, dessen flirrend-helles Licht den Maler zeit seines Lebens beeindruckte. Calderara malte zunächst gegenständlich, entfernte sich später aber Schritt für Schritt vom Figürlichen und näherte sich auf dem Weg in die Abstraktion einem streng orthogonalen Bildaufbau. »Ich möchte das Nichts malen, welches das Ganze ist, das Schweigen, das Licht, möchte das Unendliche malen«, hat Calderara einmal über das Ziel seiner künstlerischen Arbeit formuliert.

Hinter Vacciago rückt der **Torre di Buccione** ins Blickfeld, ein einsam auf einem Hügel stehender langobardischer Wehrturm aus dem 5. Jh. Der nächste größere Ort ist **Gozzano** 17, dessen historisches Zentrum von der *Basilica di San Giuliano* überragt wird, einem wuchtigen klassizistischen Bau des 18. Jh., dem der romanische Ursprung leider weichen musste. Gozzano, das bereits abseits des Sees liegt, ist mit seiner Kunstfaserindustrie und Wassrhahnproduktion das wirtschaftliche Zentrum des Lago d'Orta. Im Nachbarort San Maurizio d'Opaglio, auf den sich die Armaturenproduktion ausgedehnt hat, haben historische und zeitgenössische Wasserhähne gar ihren Platz in den Vitrinen eines Museums – keine *ready-mades,* sondern der ganze Stolz des Orts.

Am Westufer erreicht man nach wenigen Kilometern die kleine Kirche **Santa Maria di Luzzana** 18, deren Fassade einige, leider in sehr schlechtem Zustand erhaltene Fresken des 15. Jh. schmücken. Auch die Kirche selbst macht einen altersschwachen Eindruck – sie stammt noch aus dem 12. Jh. und wurde über dem Grundriss eines griechischen Kreuzes errichtet. Entschädigt wird man an diesem Ort jedoch mit einem großartigen Blick auf den Ortasee und seine Insel. Die nun folgenden Ortschaften am Westufer bieten weder besondere Sehenswürdigkeiten noch wirken sie sehr einladend, schön ist allein immer wieder der Blick über den See.

Kurz vor Pella lohnt ein Abstecher zur Wallfahrtskirche **Madonna del Sasso** 19, die sich abenteuerlich über senkrecht abfallenden Felsen erhebt und schon von weitem ins Blickfeld tritt. Die Straße verlässt nun den See – die Uferstraße führt bis Ronco inferiore – und verläuft über Cesara und Nonio bis nach **Omegna** 20 an der Nordspitze des Sees. Das Industriestädtchen bietet auch nicht viel, was zum Bleiben bewegen könnte; man mag es aber auch als wohltuend empfinden, eine Stadt zu durchstreifen, die weitab von allem touristischen Rummel liegt.

In **Crusinallo,** wenige Kilometer nördlich von Omegna hat der Designer Alessi seinen Sitz. Hier werden Edelstahlwaren hergestellt, die man mit 30 % Rabatt einkaufen kann. Man sollte nur etwas Geduld mitbringen, denn die Nachfrage und der Andrang sind groß. Auslaufmodelle bekommt man sogar

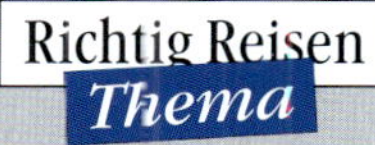

Nietzsche, Lou Andreas Salomé und Paul Reé am Ortasee

Lou Andreas Salomé rätselte: »Ob ich Nietzsche auf dem Monte Sacro geküsst habe – ich weiß es nicht mehr«. Gut konnte sie sich hingegen an den gemeinsamen Aufstieg auf den Sacro Monte mit Nietzsche erinnern. »Als wir den schmalen Steig aufwärts gingen, sagte er leise ›sacro monte‹ – den entzückendsten Traum meines Lebens verdanke ich Ihnen.«

Diese Liebeserklärung war an eine Frau adressiert, die zu den schillerndsten Persönlichkeiten des ausgehenden 19. Jh. gehörte. Lou Andreas Salomé wurde 1861 als Tochter eines russischen Generals in St. Petersburg geboren. Ihre Jugend hatte sie im Zarenreich verbracht, zum Studium zog es sie 1880 nach Zürich, wo sie sich in den Fakultäten für Religionsgeschichte und Philosophie einschrieb. Mit Nietzsche, Paul Reé und später auch Rilke verband die Philosophin und Schriftstellerin der ›Kampf um Gott‹ sowie ein großes Interesse an Welt- und Menschdeutung, das sie schließlich auch zu einer Schülerin von Sigmund Freud machte.

1882 lernte Lou Andreas Salomé Paul Reé und Nietzsche bei einem längeren Aufenthalt in Rom kennen. Beide Männer machten ihr einen Heiratsantrag, den sie unter Berufung auf ihren ›total entriegelten Freiheitsdrang‹ jedoch ablehnte. Vielmehr interessierte sie eine ›Dreieinigkeit‹, in der sie ihre Vorstellung von einem Bruderschaftsideal verwirklichen wollte. Der Plan scheiterte, denn Nietzsche wollte mehr als ein Bruder sein. Lou Andreas Salomé reiste enttäuscht mit ihrer Mutter von Rom zum Ortasee, wo es zu einer erneuten Begegnung zwischen ihr, Nietzsche und Paul Reé kam. Nietzsche war verzweifelt, dass die ›Russin‹ seine Gefühle nicht erwiderte, und litt »vermehrt an seinen Anfällen, an einer Krankheit, ... die sich anließ wie eine furchtbar übersteigerte Migräne.« Das Trio reiste verstimmt aus Orta ab traf sich aber zwecks ›Aussprache‹ wenige Zeit später in Luzern, wo das berühmte Foto entstand, das Nietzsche zusammen mit Rée an der Deichsel eines zweirädrigen Karrens zeigt, in dem Lou mit einer kurzen, sehr behelfsmäßigen Peitsche in der Hand hockt. Die ganze Künstlichkeit der Szenerie unterstreicht der alpine Hintergrund. In Nietzsches Zarathustra-Buch, das ein Jahr nach der Begegnung mit Lou Andreas Salomé entstand und mit der Zeitbestimmung »von Orta an« beginnt, rät später ein altes Weib Zarathustra: »Du gehst zu Frauen? Vergiss die Peitsche nicht!«

mit einem Preisnachlass von 50 % ebenso wie Designer-Geschirr zweiter Wahl.

Zwischen Stresa und Arona

Karte: S. 74
Tipps & Adressen: Arona S. 269

An den Lago Maggiore zurückgekehrt, folgt man dem Verlauf der SS 33 weiter in Richtung Arona. Villen und Parks begleiten den ersten Streckenabschnitt bis **Belgirate** 21. Auch hier bestimmen alte Palazzi und herrschaftliche Bürgerhäuser das Ortsbild; Belgirate war eine beliebte Sommerfrische zahlreicher Berühmtheiten aus Literatur und Politik. Stendhal schrieb an der »Kartause von Parma«, Alessandro Manzoni kam zur Erholung, Giovanni Verga und Gabriele D'Annunzio gastierten in der Villa des Verlegers Treves und Politiker wie Nicolo Tommaseo und Giuseppe Garibaldi besuchten den revolutionären Geist Benedetto Cairolo, der später Garibaldis Kampfgefährte wurde und in der Villa Cairolo in Belgirate lebte.

Ortasee: die Isola di San Giulio

Heute zählt das Städtchen nur etwa 500 Einwohner, deren Zahl sich im Sommer leicht verdoppeln und verdreifachen kann. Das historische Zentrum von Belgirate zieht sich mit verschachtelten Gassen und Innenhöfen den Rossa-Hügel hinauf, gleichsam beschirmt von der Kirche *Santa Maria.* Der gedrungene Bau mit dem niedrigen Glockenturm ist romanischen Ursprungs. Das 15. Jh. fügte die beiden Seitenschiffe an. Im Innern ergibt sich ein nahezu quadratischer Raumeindruck. Am Altar haben sich Fresken der Luini-Schule erhalten, leider in schlechtem Zustand.

Lesa 22, der nächste Ort am Westufer, wäre wohl so etwas wie ein Geheimtipp, wenn es das am Lago Maggiore noch gäbe. Natürlich ist auch Lesa längst vom Tourismus entdeckt, jedoch macht der kleine Ort dem Fremdenverkehr bisher kaum Zugeständnisse. Im Mittelalter behauptete sich Lesa als politisches und ökonomisches Zentrum des Vergante, des Berglands zwischen dem Ortasee und dem Lago Maggiore. Darüber hinaus war das Städtchen Sitz der Gerichtsbarkeit der Mailänder Bischöfe. Die illustre Vergangenheit kann man am Ortsbild heute nicht mehr ablesen; beim Spaziergang durch die engen Gassen, in die das Klappern des Geschirrs und das Gezänk zwischen Mutter und Tochter dringt, zeigt sich Lesa als altes Fischerdorf, was es immer auch war. Ein wenig *grandezza* verbreitet allein der *Palazzo Stampa* an der Uferpromenade, ein klassizistischer Palazzo des 18. Jh., in dem sich heute eine Bank befindet. Im Süden von Lesa findet man die Pfarrkirche *San Martino,* in deren romanisches Gemäuer der Barock im 18. Jh. überschwenglich, obgleich ein wenig volkstümelnd Einzug hielt. Der Kirchplatz hingegen ist ein heimeliges Plätzchen, das von Gärten und verwitterten Fassaden umgeben wird.

Den Weg nach **Meina** 23 begleiten Obstplantagen, die den Bewohnern dieser Region eine wichtige Einnahmequelle bieten. Das fruchtbare Gebiet an diesem Uferabschnitt war schon in der Bronzezeit nachweislich besiedelt. Meinas große Zeit kam im ausgehenden 18. und 19. Jh., als sich die *nobili* aus Mailand und Novara prachtvolle Sommersitze anlegen ließen. Sie prägen bis heute das Ortsbild, das nur aus Villen und deren Parks zu bestehen scheint.

Größtenteils entstanden die Palazzi zur Zeit des Historismus, daher tummeln sich viele Neo-Stile in Meina. Unter den palladianischen und neoklassizistischen Villen ragt die kaisergelbe *Villa Faraggiana* heraus, ein eleganter Bau mit einem leicht vorspringenden Mittelteil, den ein Dreiecksfeld krönt. Die Lünetten der Fenster im Erdgeschoss sind mit Büsten italienischer Berühmtheiten gefüllt, darunter Raffael und Michelangelo, Galilei, Kolumbus oder Cellini.

Von Meina erreicht man schnell das nur wenige Kilometer landeinwärts auf den Hügeln des Vergante gelegene Städtchen **Ghevio** 24. Der kleine verschachtelte Ort mit seinen aus groben Steinen gemauerten Häusern bietet noch ein ganz mittelalterliches Ortsbild. Schmale, holprige Gassen gehen immer wieder in Treppen über, die von alten Bögen überspannt werden. Abends spenden Laternen gelbes Licht und erleuchten die Stadt wie mit Kerzenschein. Überragt wird die urbane Idylle von dem 30 m hoch in den Himmel ragenden, romanischen Campanile der Kirche *Santa Maria Assunta.* Auch in **Silvera,** dem Nachbarort drängen sich Natursteinhäuser um die Kirche *San Rocco* und vermitteln ein Stück mittelalterlicher Atmosphäre. Und beim Gang durch die engen Gassen, deren Pflasterung aussieht, als sei sie von den Hausfassaden abwärts auf die Straße gezogen worden, wird der historische Alltag fassbar, der bis heute lebendig ist.

Wieder am Lago Maggiore, der hier so schmal ist, dass Angera am anderen Ufer greifbar nahe erscheint, bestimmen Villen und Gärten das landschaftliche Bild. Man wird gerne Stendhal zustimmen, der von den »köstlichen Gestaden eines der schönsten Seen der Welt« verzaubert war. Von dem eifrigen Seenreisenden Stendhal ist auch ein Brief an seine Schwester Pauline überliefert, in dem er sich über die Statue des Carlo Borromeo auslässt, die zu den größten in ganz Europa gehört. Im Sommer 1880 schrieb der französische Romancier: »Schweigend beherrscht diese Statue den See. Lange Zeit hatte sie nichts in ihrer Ruhe gestört, bis vor kurzem bei der Belagerung von Arona eine Kanonenkugel ihre Brust traf, glücklicherweise, ohne sie zu beschädigen. Niemals habe ich ein schöneres Bild gesehen.« Darüber kann man freilich geteilter Meinung sein, doch sicherlich hinterlässt die riesenhafte **Figur des Carlone** 25 einen starken Eindruck. Die Statue erreicht man kurz vor Arona, in dem man den Hinweisschildern »Carlone, Ghevio« folgt.

Von einem kleinen Hügel überblickt Carlo Borromeo seit 300 Jahren den Lago Maggiore, in der linken Hand die zum Buch gebundenen Beschlüsse des Konzils von Trient und die rechte Hand zum Segen erhoben. Zu Füßen seines in vielen Falten fallenden Gewandes umläuft eine Aussichtsterrasse die Statue und wenn sich Touristen hier drängen, mutet alles noch größer, unwirklicher und theatralischer an. Kardinal Federigo Borromeo wollte die historische Größe seines Onkels Carlo Borromeo offenbar der Nachwelt anschaulich bewahren und gab das fast 35 m hohe Denkmal kurz nach dessen Heiligsprechung 1614 in Auftrag, doch die Arbeiten an der komplizierten Statue zogen sich noch bis zum Jahre 1687 hin. Der Entwurf geht auf Giovanni Battista Crespi zurück, der den Körper Carlones aus Stein formte, den er mit einem Kupfergewand überzog. Hände und Kopf wurden in Bronze gegossen. Es ist wohl dem barocken Sinn für Spezialeffekte zu verdanken, dass sich im Innern des Carlone eine Treppe zum Kopf hochschraubt, von wo aus man die Welt durch die Augen des Kardinals sehen kann, der als einer der tüchtigsten Strategen der Gegenreformation in die Geschichte einging. So sollte die Kolossalstatue denn auch Teil eines *sacro monte* werden, der aber über drei Kapellen nie hinauswuchs. Unterhalb der Statue liegt heute das Bischöfliche Seminar, gegenüber die Kirche San Carlo, deren Altarbild den Kardinal zeigt. Neben der Kirche hat man das Geburtszimmer von Carlo Borromeo mit einigen originalen Gegenständen rekonstruiert, die man aus der im Jahre 1800 durch napoleonische Truppen zerstörten Rocca di Arona retten konnte.

Arona

Karte: S. 74
Tipps & Adressen: S. 269

Arona 26 ist eine quirlige Stadt am südlichen Westufer, die nicht allein vom Tourismus lebt, sondern auch vom Handel und von Kleinindustrie. Die Läden, Bars und Restaurants sind daher nicht nur in den Sommermonaten voller Menschen, sondern das ganze Jahr über belebt. Arona gehört zu den wenigen Städten am Lago Maggiore mit wachsender Bevölkerung und zählt heute 11000 Einwohner.

Erste Siedlungsspuren der römischen Gründung führen bis ins 12. Jh. v. Chr. zurück. Im Mittelalter hatte sich die Stadt dank ihrer strategisch günstigen Lage zum Handelsknotenpunkt im Spannungsfeld zwischen Mailand, Novara und dem Lago Maggiore entwickelt. Die Stadt hatte sich rund um die Burg ausgedehnt, die 1493 in den Herrschaftsbereich der Borromeo fiel. 1538 wurde Aronas berühmtester Sohn, Carlo Borromeo, in der Rocca di Arona geboren. Sein Ruhm brachte Arona einen gewissen städtebaulichen Aufschwung – die Rocca wurde ausgebaut und einige bedeutende Künstler der damaligen Zeit arbeiteten in den Kirchen. 1800 eroberte Napoleon das Gebiet. Er ließ die »uneinnehmbare Feste, umgeben von fünf Mauerringen« schleifen. Doch auch wenn der *centro storico* seither seinen Mittelpunkt verloren hat, bietet er noch einige Sehenswürdigkeiten.

Das alte Zentrum ist die stimmungsvolle *Piazza del Popolo,* wo neben den Resten eines antiken Tors und der Renaissance-Fassade der Kirche *Madonna di Loreto* das alte Rathaus steht, der *broletto.* Wie bei den oberitalienischen Rathäusern üblich, öffnet sich das Untergeschoss zu Arkaden, die spitzbogig zulaufen und den Bau zeitlich der Spätgotik zuordnen. Die Terrakotta-Medaillons über den Bögen sind leider größtenteils zerstört. Durch die Via al Teatro gelangt man zur Piazza San Graziano mit der Kirche *Santi Graziano e Felino.* Der Bau ist romanischen Ursprungs, bekam im Barock eine neue Fassade vorgeblendet und einen neuen Innenraum, den der Klassizismus wieder ›bereinigte‹.

Die ursprünglich gotische Pfarrkirche *Santa Maria Nascente* gleich nebenan wurde ebenfalls barock umgebaut, später versuchte man allerdings, die gotische Formensprache wieder zurückzugewinnen, was vor allem im Innenraum gelang, den ein bemaltes Kreuzrippengewölbe überdeckt. Bedeutendstes Ausstattungsstück der Kirche ist das Polyptychon ›Die Anbetung des Kindes‹, das Gaudenzio Ferrari 1511 schuf. Neben der Virtuosität in der Aufteilung und Gestaltung des Raumes überzeugt vor allem die gewagte Behandlung der Farb- und Lichteffekte, die das innige Bildgeschehen zugleich tragen und über

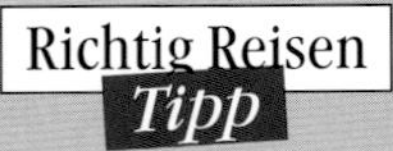

Parco Lombardo della Valle del Ticino

Nach vielen Kilometern durch Schilderwälder rund um Sesto Calende hätte man wohl kaum erwartet, dass sich in dieser Gegend auch Pappelwälder in einer stillen, melancholischen Flusslandschaft erhalten haben. 1974 erklärte die Lombardei das Gebiet rund um den Ticino hinter seinem Austritt aus dem Lago Maggiore zum **Naturschutzgebiet** 28. Es war ›kurz vor zwölf‹, denn die Industrieanlagen der Region hatten sich immer mehr bis zu seinen Ufern vorgeschoben und eines der beeindruckendsten Naturreservate in der Lombardei bedroht. Heute bietet sich das bizarre Bild einer einzigartigen Flusslandschaft an der industriellen Peripherie von Mailand und Varese. Der Ticino fließt hier in vielen Schleifen bis er kurz hinter Pavia in den Po mündet. Dabei entstehen immer wieder stehende Gewässer, Inseln und Sandbänke, die für zahlreiche Vogelarten einen optimalen Lebensraum bieten.

Der Mensch findet gute Bedingungen für den Anbau von Reis, dem so genannten ›weißen Gold‹. Immerhin zollt man der umgebenden Natur soviel Respekt, dass keine Herbizide und Pestizide eingesetzt werden. Daher fühlen sich auch noch die verschiedensten Tierarten in den unter Wasser stehenden Reisfeldern wohl, wie beispielsweise Reiher oder Kröten, die abends ein vielstimmiges Konzert zwischen den Halmen anstimmen. Doch nicht nur die Reisfelder, auch die vielen staksigen Pappeln und Weiden in diesem Naturraum nehmen bereits die Landschaft des Po vorweg, die für Norditalien prägend ist.

Von Sesto Calende aus erkundet man den Park am besten, indem man den Weg schräg gegenüber vom Campingplatz an der Viale Europa 81 einschlägt. Man kann hier auch Mountain-Bikes ausleihen, mit denen sich das Reservat schneller und ausgiebiger erschließen lässt. Folgt man dem vorgeschlagenen Weg, kommt man an Grabstätten der Golasecca-Kultur vorbei, die in diesem Gebiet vor einigen Jahren gefunden worden sind.

es hinausweisen. Man folge allein dem lachsrosa Kleid und dem türkisfarbenen Überkleid der Gottesmutter, dem scharlachroten Gewand des Königs und den goldgelben Farben von Josefs Kleidung und man erhält einen Einblick in die expressiven Möglichkeiten von Gaudenzio Ferrari.

In den Sommermonaten kann man dem *Museo Civico* an der Piazza San Graziano 36 noch einen Besuch abstatten und einen Blick in Aronas lange Vergangenheit werfen. Anschauungsmaterial gibt es nicht viel, dafür aber sind die Fundstücke jedoch beeindruckend alt.

Sesto Calende

Karte: S. 74
Tipps & Adressen: S. 309

Sesto Calende 27 liegt am Ende des Sees. Bei der langsamen Annäherung an die Stadt, könnte man angesichts der astronomischen Supermärkte und Warenlager, die die Straße säumen, den Eindruck gewinnen, man fahre auf eine Millionenstadt zu. Doch leben in Sesto allein 10 000 Menschen; das Gros von ihnen in braun angestrichenen Hochhäusern irgendwo zwischen Straße und Eisenbahnlinie. Das Sextum Calendarum der Römer ist heute eine trostlose, weitgehend entkernte Stadt. Trotzdem kann sie gefallen, wenn man sich nach all dem Prunk, all den Villen und Parks nach Sachlichem sehnt. Sesto Calende ist eine arbeitende Stadt, die nicht nach Touristen schielt, sondern ganz dem Alltag nachgeht.

Seine Geschichte bewahrt Sesto Calende heute in den Resten der Altstadt am Ticino sowie im *Museo Civico Archeologico* an der Piazza Mazzin auf. Säuberlich beschriftet liegt die Vergangenheit der Stadt hinter Glas. Stolz der Sammlung sind Fundstücke aus der Golasecca-Kultur (9.–5. Jh. v. Chr.), der bedeutendsten Kultur der Eisenzeit auf italienischem Boden. Besonders schön sind die Grabbeigaben wie Schmuckstücke und verzierte Handwerksgeräte.

Im Norden von Sesto, an der alten Straße nach Taino steht noch die romanische Kirche *San Donato,* einst Zentrum eines mittelalterlichen Benediktinerklosters. Die romanischen Ursprünge sind wegen zahlreicher Umbauten im 17. Jh. leider nur noch in Details erkennbar wie beispielsweise am Campanile, in der Vorhalle, an einigen Kapitelen sowie in Teilen der Hallenkrypta, die infolge der Erneuerung leider ebenfalls an Prägnanz einbüßte. Die Fresken in der nördlichen Apsis datieren in ihrer schlanken Figurenauffassung und Farbwahl in die Spätgotik; alle anderen Fresken wurden im 18. Jh. aufgetragen. Unweit von San Donato findet man einsam auf einer Wiese das romanische Kirchlein *San Vicenzo,* das an der Wende vom 11. zum 12. Jh. hier entstand. Älter gar als die Kirche ist die heidnische Kultstätte in dem kleinen Wald nahe San Vicenzo. Hier liegt zwischen dem dichten Grün der Bäume der *Sass Preja Buia,* ein erratischer Stein. Schon in der Antike maß man dem Sass eine besondere Bedeutung bei und verehrte ihn als Sitz der Götter. Dabei schlug man kleine Ritzen in seine Oberfläche, in die man zu Ehren bestimmter Gottheiten Duftöl goss. Doch auch in späteren Jahren war der Stein dazu angetan, die Fantasie zu entzünden und so ranken sich denn eine Unzahl von Legenden um diesen Ort.

Hartnäckig über die Jahrhunderte hinweg hat sich die Geschichte von Jupiter behauptet, der neben Venus auch einen Fischer des Lago Maggiore bestrafte, weil er Verrat an der Liebe übte. Der Fischer wurde in einen Drachen verwandelt, der darauf wutschnaubend in dieser Gegend Feuer spuckte. Viele Menschen, die sich auch nur in seine Nähe wagten, wurden von seinen Flammen erfasst und starben eines grausamen Todes. Eines Tages kam auch die Frau des Fischers mit ihren beiden Kindern in den Wald und da sie lange umhergeirrt waren, fielen sie müde und erschöpft zu Boden. Mit letzter Kraft legte sich die Mutter über ihre beiden Kinder, um sie vor den Flammen des Drachens zu schützen. Jupiter verwandelte die Frau des Fischers daraufhin in einen Stein, der seither als Symbol der Mutterliebe verehrt wird.

Das Ostufer

Das Ostufer des Lago Maggiore gehört mehrheitlich zur Lombardei und wird oft auch lombardisches Ufer genannt. Es ist weniger sonnenverwöhnt als das westliche Ufer und die Riviera, daher wurde es auch erst später durch ›südsüchtige‹ Fremde entdeckt. Hotelpaläste wie man sie in Stresa findet, Parks und ganze Villensiedlungen gibt es hier nicht, eher kleine Orte, die den See umrahmen, im Sommer von Touristen überschwemmt werden und ansonsten das tun, was sie immer tun. Ihr Bekanntheitsgrad liegt weit hinter den Städten am Westufer zurück, keine klingenden Namen, dafür lebendige Orte mit ausgeprägtem Eigenleben. Auch die Natur des Ostufers wurde nicht so stark in Gärten geordnet, sondern blieb vielerorts urwüchsig.

Das Gambarogno

Karte S. 74
Tipps & Adressen: S. 285

Der nördliche Abschnitt des Ostufers ist Teil der Schweiz. Die Gegend zwischen Magadino und der italienischen Grenze bei Dirinella/Zenna nennt sich **Gambarogno** nach dem gleichnamigen Berg, der die Region neben dem Monte Tamaro überragt. Am Ufer reihen sich einige Ortschaften aneinander, deren Bauweise wie auch der gelbe, rosa und terrakottafarbene Anstrich der Häuser unverkennbar italienisch ist. Die blitzblanken Gassen sowie die allumfassende Ruhe der Städtchen verraten dagegen die Zugehörigkeit zur Schweiz. Im Gambarogno ist das beschauliche Tessin zu Hause: 200 km Wanderwege durchziehen die Kastanienwälder und Buchenhaine, in denen man immer wieder auf eine Votiv-Kapelle trifft. Die Dörfer prägen bis heute traditionelle Natursteinhäuser und zur Zeit der Heu-Ernte kommt so manche Bäuerin noch mit der Kiepe auf dem Rücken heim. Auch die Kastanie, die früher die Menschen in dieser Region bis zu sechs Monate im Jahr ernährt hat, ist noch immer von großer Bedeutung. Aus Kastanienmehl wird Brot und Kuchen gebacken, überall gibt es Kastanienhonig und im Winter dient das Holz der Kastanie als gutes Brennmaterial. Am besten schmecken die *maroni* jedoch, wenn man sie über dem offenen Feuer einfach röstet.

Am äußersten Ostende des Sees eröffnet **Magadino** 29 die Kette kleiner Orte. Wahrzeichen ist die prächtige Kirche *San Carlo,* die in exponierter Lage die Silhouette des Städtchens bestimmt. Ihre schlichte, spätklassizistische Architektur setzt sich in der Raumgestaltung des Inneren fort. Unter den Kunstwerken im Innenraum ragen vor allem die Bildnisse der hl. Katharina und des hl. Bernardino heraus, die Bernardino Luini zugeschrieben werden. Im Juli findet in der Kirche das internationale Festival für Orgelmusik statt, das zu den renommiertesten Konzertveranstaltungen der Schweiz zählt.

In **Vira** 31 erreicht man das Zentrum des Gambarogno. Die Post, die Bank, die Apotheke, zwei Supermärkte und der Metzger sorgen vormittags für geschäftiges Treiben an der Hauptstraße. Die verschachtelten Häuser gruppieren sich um die im 19. Jh. errichtete Kirche *San Pietro,* an deren Stelle bereits für

Die Bolle von Magadino

Dort, wo der Ticino und die Verzasca in den Lago Maggiore münden, hat sich eine einzigartige Auenlandschaft erhalten, die so genannten **Bolle di Magadino** 30. Im Wechselspiel von stehendem und fließendem Gewässer entstand eine filigrane Landschaft aus Sumpf, schilfbestandenen Wasserflächen, Tümpeln und Teichen, kleinen und großen Kanälen, Wäldern und Wiesen, gleichsam ein Zwischenreich von Wasser und Land. Zahlreiche Vögel wie Flussregenpfeifer, Wasserrallen, Teichhühner, Fischreiher, Eisvögel oder Kormorane finden hier einen optimalen Lebensraum. In den Altarmen der Flüsse sowie in Teichen und periodisch überschwemmten Senken fühlen sich neben Fröschen, Molchen, neben Würfelnattern und Libellen auch viele Pflanzen wohl, darunter die Seerosen, die hier im Sommer zu hunderten erblühen. Im Frühjahr und im Herbst kann man darüber hinaus Zugvögel beobachten, die in den Bolle Rast machen auf ihrem Flug aus und nach Afrika.

Zur Erkundung des Naturschutzgebiets wurden zwei Naturlehrpfade eingerichtet, die die verschiedenen Biotope streifen und Einblicke in die Tierwelt ermöglichen. Bei Magadino führt ein Pfad vor dem Hafen in die südlichen Bolle mit stehenden Gewässern, Röhricht, Wald und Wiesen. Von der letzten Brücke über die Verzasca hingegen erreicht man die nördlichen Bolle mit dem Kiesbett der Verzasca, einem Auenmischwald und Feuchtwiesen.

Bei einem Besuch in den heißen Sommermonaten ist unbedingt an Mückenspray zu denken, da vor allem an den Teichen und Tümpeln finnische Verhältnisse herrschen.

das 6. Jh. ein Kirchenbau belegt ist. Die zeitgenössischen Fresken an vielen Häuserfassaden entstanden in den 1970er Jahren, als man in mehreren Orten am Lago Maggiore und Umgebung versuchte, die Fresko-Malerei wieder zu beleben – die Qualität der Wandbilder versprach dem Unternehmen allerdings keinen Erfolg.

Wieder am Ufer gelangt man nach wenigen Kurven in den Ort **San Nazzaro** 33, der nicht allein aus dem Zeitungskiosk und der Post besteht, sondern ober- und unterhalb der Straße auch ein kleines Zentrum hat. Das Gemeindehaus in strenger Formendiät geht auf einen Entwurf von Luigi Snozzi zurück und wurde 1978 gebaut. Zwischen Vairano und Piazzogna zeigt der **Botanische Garten Eisenhut** 34 auf einer Hügelterrasse eindrucksvoll die ganze Vielfalt der Flora am Lago Maggiore. Vor allem zur Blütezeit der Kamelien (Frühjahr) und der Azaleen (Mai) breitet sich hier ein einziges Blütenmeer aus, denn diesen beiden Pflanzen gehörte des Gründers Otto Eisenhut ganze Liebe.

Indemini – Weit weg von der Welt

Ab Vira schlängelt sich eine schmale Straße hinauf ins Alto Gambarogno nach **Fosano,** einer kleinen Ortschaft, um die sich ein Ring von Ferienhäusern gelegt hat. Das Kirchlein *Santa Maria degli Angeli* lohnt einen kurzen Besuch, da sich im Chor farben- und fabulierfreudige Fresken aus dem ausgehenden 14. Jh. erhalten haben. In immer enger werdenden Schleifen führt die Straße nun über den Pass Alpe di Neggia (1395 m), doch die Mühen des Fahrens entlohnt ein imposanter Ausblick auf den See und die Gebirgsprospekte. Am Westufer erkennt man die Schwestern Locarno und Ascona, getrennt nur durch das Schwemm-Delta der Maggia. Weiter östlich treten die Bolle di Magadino ins Blickfeld, von oben erkennbar als ein weiter grüner Teppich.

Das Kurvenkarussell nach Indemini lehrt Furcht vor entgegenkommenden Postbussen, doch gibt es immer wieder kleine Einbuchtungen, in denen man dem Gegenverkehr ausweichen kann. Erst seit Beginn des 20. Jh. ist Indemini durch eine Straße mit dem Rest der Welt verbunden, zuvor gab es allein Saumpfade. Kilometerweit passiert man heute noch Niemandsland bis man in dem Bergdorf nahe der italienischen Grenze angekommen ist. **Indemini** 32 hat sich ganz seine mittelalterliche Struktur bewahrt: Kleine, hutzelige Steinhäuser schmiegen sich eng aneinander, wenig mehr als eine Handvoll, und umfassen kleine Plätze, die früher Treffpunkt der Dorfbewohner waren und heute längst musealen Charakter angenommen haben.

45 Einwohner zählt Indemini noch, doch mit den Zuzüglern, die dem hektischen Stadtleben entfliehen, bahnt sich ein Aufschwung für das Dorf an. 1992

In Indemini blieb die alte Struktur erhalten

konnten sowohl der Kindergarten als auch die Schule wieder ihre Türen öffnen. Das alte Gemeindehaus wurde restauriert und als Gästehaus umfunktioniert. Einige neue Einwohner von Indemini haben einen Laden mit Kräutern und Ölen aufgemacht. Auf Kundschaft kann man natürlich nur in den Sommermonaten hoffen, im Winter ist es in Indemini bitterkalt und einsam. Bis zum Bau der Straße durch das Veddasca-Tal nach Maccagno 1968 war Indemini in der kalten Jahreszeit oft über Wochen von der Außenwelt abgeschlossen – sicher einer der Gründe, warum die Einwohner des Bergnestes als besonders eigenwillig gelten.

Über Gerra und Ranzo erreicht man schließlich die italienische Grenze bei Dirinella. Die Landschaft verändert sich nun recht abrupt, steile Felsen türmen sich auf und begleiten die Straße bis nach Maccagno. Das Ufer an diesem Seeabschnitt ist relativ unbebaut und zwischen den Felsen findet man mitunter auch kleine Sand- oder Kiesbuchten zum Sonnenbaden wie beispielsweise gleich hinter der Grenze in Zenna. Der nächste große Parkplatz ist ein Treffpunkt der Surfer, die das lombardische Ufer wegen der guten Winde besonders schätzen. Kurz vor Maccagno findet man schließlich noch in Ronco delle Monache gute Bademöglichkeiten.

Ein kleiner Abstecher lohnt wenige Kilometer hinter der Grenze bei **Pino/ Tronzano** 35. Die beiden Dörfer am Hang haben ihre mittelalterliche Geschlossenheit bewahrt; das Ortsbild von Pino, das von der gelben Pfarrkirche überragt wird, weist darüber hinaus zahlreiche stattliche Villen der Wende zum 20. Jh. auf. Folgt man der kleinen, in zahlreichen Kurven gewundenen Straße, erreicht man **Bassano** 36, ein malerisches Bergnest, von dem ein reizvoller Wanderweg durch Kastanienwälder zum Stausee Lago d'Elio führt. Die Friedhofskirche im Westen des Dorfs überragt noch ein romanischer Campanile.

Das Ostufer von Maccagno bis Laveno

Karte: S. 74
Tipps & Adressen: Maccagno S. 301, Luino S. 300, Laveno S. 291

Maccagno 37 ist der erste größere Uferort auf italienischem Gebiet und Zentrum des Badebetriebes am oberen

Der Lago Maggiore bei Pino

Ostufer des Lago Maggiore. Das Städtchen am Eingang des Veddasca-Tals wird von dem träge dahinziehenden, im Herbst und Frühjahr aber zu Hochwasser neigenden, tückischen Flusslauf der Giona in einen oberen, neueren *(superiore)* und in einen alten, unteren Teil *(inferiore)* geteilt. In einer kleinen Bucht am Ortsausgang liegt der beschauliche Hafen von Maccagno, den die mittelalterliche *Torre Imperiale* überragt. Der Name knüpft an Maccagnos illustre Vergangenheit an, die mit Kaiser Otto I. verbunden ist, der sich im Jahre 962 als Gast des Grafen Mandelli in Maccagno aufhielt. Die freundliche Aufnahme dankte Otto I. mit einigen Privilegien. Maccagno erhielt eine eigene Gerichtsbarkeit sowie das Münzrecht, das erst durch die Borromeo 1718 aufgehoben wurde. Darüber hinaus ist das Städtchen stolz auf den neuen Museumsbau, eine ästhetische Architektur, die sich gleich einer Brücke über die Giona spannt, gleichsam Hommage an den Ort. Das *Museo Parisi-Valle* öffnete erst 1998 seine Türen und zeigt eine fleißig zusammengestellte Sammlung italienischer Kunst von 1930 bis 1990, darunter zahlreiche Werke von Parisi und seinem künstlerischen Umfeld sowie Münzen und antike Funde.

Von Maccagno aus windet sich eine schöne Aussichtsstraße durch die westliche **Valle Veddasca.** Schon nach wenigen Kurven breitet sich ein überwältigendes Panorama auf See und – hier in ungewohnter Weite – Bergwelt aus. Bis zum Stausee **Lago d'Elio** auf 930 m passiert man kleine Dörfer, die mit ihren scheinbar übereinander gestapelten Steinhäusern höchst malerisch anmuten. Der Stausee selbst hingegen bietet leider kein schönes Bild, vielmehr treten hier viele Zerstörungen und ›Narben‹ der Natur in Erscheinung. In der Käserei am See kann man vorzüglichen Ziegenkäse kaufen sowie Hartkäse dieser Region. Folgt man dem Straßenverkehr im Süden des Sees weiter, gelangt man zum beliebten Ausflugsziel am **Passo Forcora** (1179 m), wo es Wintersporteinrichtungen gibt sowie eine bewirtschaftete Hütte.

Von Colmegna, dem nächsten Uferort mit nur einer Hand voll Häusern und einer großzügigen Piazza am See, führt eine Straße in das südöstliche Veddas-

ca-Tal auf der anderen Seite der Giona. Auch hier findet man einige kleine alte Dörfer inmitten der grünen Wellen des Tals, darunter den Flecken **Piero** 38, den man nur zu Fuß erreicht. Am Ende der Straße geht es noch etwa 30 Min. bergauf zu dem alten Dorf, das wie das benachbarte **Monteviasco** gänzlich unbewohnt war, seit einigen Jahren aber von zivilisationsmüden Städtern wiederbelebt wird. Die Leute, darunter auch einige Mailänder, leben ganz im Einklang mit der Natur und von dem, was diese ihnen bietet. In dem kleinen Dorfladen bekommt man Kräuter, Kastanienhonig, natürliche Heilmittel sowie Geschnitztes und Gestricktes.

Luino 39 ist der Hauptort des Ostufers und gewinnt schnell Sympathie durch das lebhafte Treiben, die Straßencafés und die platanenbestandene Uferpromenade. An kunsthistorischer Größe hat die Stadt wenig zu bieten, ihre Schönheit steckt vielmehr in Details und verlangt nach aufmerksamen Blicken. Mal ist es hier ein besonders schöner Portikus oder dort ein Türklopfer aus der Zeit des Jugendstil. In

Jugendstil in Luino: im Hotel Camin

Luino kann man sich aber auch einfach vom italienischen Alltag treiben lassen, durch die Geschäfte bummeln, Prosecco oder einen *caffè* trinken, am besten in der Pasticceria Rota in der Via XV. Agosto, weil es dort die besten Törtchen in allen Variationen gibt, kleine köstliche *pizze* und hervorragendes, hausgemachtes Eis. Am Mittwoch ist in Luino Markttag und dann gibt sich die ganze Stadt ausschließlich dem Handel hin. Über 400 Stände okkupieren die wichtigsten Straßen und Plätze und bieten vom Zwergkaninchen bis zur Handtasche alles an.

Handel hatte Luino auch in der Geschichte zu ansehnlichem Wohlstand verholfen. Vor allem war es jedoch die günstige strategische Lage am Eingang des Tresa-Tals und damit die direkte Verbindung nach Lugano. Sie machte Luino in den Augen der verschiedensten Herrscher so begehrenswert und bescherte der Stadt jahrhundertelang unruhige Zeiten. Vielleicht zog es daher auch Luinos berühmtesten Sohn, den Renaissance-Maler Bernardino Luini immer wieder fort aus seiner Heimatstadt. Infolge wird ihm allein ein einziges Werk in Luino zugeschrieben; ein Fresko von der ›Anbetung der Könige‹ in der alten Pfarrkirche *San Pietro in Campagna* beim Friedhof. Luinis Schüler hingegen freskierten die Renaissance-Kirche (mit barocker Zutat) *Madonna del Carmine* unweit des Lungolago.

Ein weiterer berühmter Bewohner von Luino war der Theaterregisseur und Literatur-Nobelpreisträger Dario Fo, der hier seine Jugend verbrachte und auch später nach der Heirat mit der Schauspielerin Franca Rame viele Monate des Jahres in Luino lebte. Das *Museo Civico* der Stadt lohnt einen Besuch nur, wenn einem an Vollständigkeit gelegen ist – außer archäologischen Funden gibt es eine lokale Gemälde-Sammlung und historische Dokumente zu sehen.

Hinter Luino führt die Uferstraße direkt am See vorbei; auf der anderen Seite neigen sich üppige Gärten dem Wasser zu. **Porto Valtravaglia** 40 ist ein lebhaftes Städtchen, das sich im 19. Jh. als ein Zentrum der Glasindustrie hervorgetan hat. Vom damit verbundenen Wohlstand zeugen noch einige prächtige Villen. Folgt man der Straße landeinwärts wieder in Richtung Luino, gelangt man nach etwa 5 km nach **Brezzo di Bedero** 41, ein kleiner Flecken, den die Kirche *San Vittore* beschirmt. Der kastenartige Bau ist romanischen Ursprungs und entstand um das Jahr 1137 auf den Resten eines vorchristlichen Heiligtums. Seitenwände, Campanile und die drei Apsiden sind noch in ihrer ursprünglichen Gestalt erhalten, die Schaufassade hingegen wurde im 19. Jh. leider verändert. Ihre Schönheit verdankt die Kirche vor allem der bestechenden Schlichtheit, die die Sinne sammelt und bündelt. Im Sommer finden hier Konzerte statt.

Romanische Bausubstanz hat auch in **Castelveccana** 42 überdauert. Der Ort wurde 1928 aus dem Zusammenschluss mehrerer kleiner Fraktionen gebildet. Am Ufer liegt Caldé unterhalb eines imposanten Felsvorsprungs, der dem mittleren Abschnitt des Lago Maggiore einen markanten Blickfang verleiht. Bis ins 16. Jh. thronte auf dem harsch abfallenden Felsvorsprung ein Schloss der Mailänder Visconti, das jedoch von den Eidgenossen auf ihrem Eroberungsfeldzug am Lago Maggiore 1523 geschleift wurde. Im Ortsteil Sariago landeinwärts hebt sich mit ihrem grauen Gemäuer die Kirche *San Giorgio* effektvoll vom umgebenden Grün ab. Die kleine Kirche, die man kurioserweise von der Längsseite aus betritt, bewahrt in ihrer statischen Strenge romanische Strukturen. Sie wurde zu Beginn des 12. Jh. errichtet, das 17. Jh. fügte ihr noch ein zweites Schiff an.

Zeitgenössische Kunst findet man hingegen in **Arcumeggia** 43, einem kleinen Ort im Hinterland am Monte Nudo, den man nach etwa 10 km erreicht. Mitte der 1950er Jahre zog die Kunst in das weitgehend verlassene und aufgegebene Dorf ein. Etwa 20 Künstler, darunter viele namhafte italienische Maler, trugen Fresken auf den baufälligen Häusern auf und verwandelten die schmalen Gassen von Arcumeggia in ein Museum unter freiem Himmel. Eine in vielen Serpentinen gewundene Straße führt weiter nach **Casalzuigno** 44 zur *Villa di Porta Bozzolo,* ein prachtvoller Bau, dessen Substanz auf das 15. Jh. zurückgeht. Sein heutiges Aussehen verdankt der Palazzo aber dem Barock, in dem auch die theatralische Anlage des Gartens mit Blumenrabatten und Alleen, Springbrunnen und murmelnden Kaskaden sowie sieben, üppig mit Vasen und Putten geschmückten Kalksteinterrassen konzipiert wurde. Im Frühjahr wird die Villa zu einem kulturellen Zentrum; ab April finden hier Konzerte und Filmvorführungen statt.

Von Casalzuigno aus kann man über Brenta und Cittiglio nach Laveno weiterfahren; wer lieber der Uferstraße folgt, muss wieder umkehren nach Castelveccana. Hinter Caldé wird die Straße zunehmend schmaler und die Felsen ragen weit herab. Immer wieder verschwindet die Uferstraße in Tunnels bis nach etwa 10 km **Laveno** 45 am Fuße des Sasso del Ferro erreicht ist. Eine schöne, baumbestandene Uferpromenade bereitet einen freundlichen, einladenden Empfang und lässt davon absehen, dass sich unmittelbar hinter den Häusern der Altstadt die Industrie ins Stadtbild gefressen hat. Laveno lebt nicht allein vom Fremdenverkehr, sondern schaut auf eine lange Tradition vor allem in der Keramikindustrie zurück. Keramikliebhaber finden in dem Laden der Fabrik Richard Ginori, Via Buozzi 1 eine gute Auswahl an Tassen, Schüsseln, Vasen, Platten und anderen Objekten. Im nahen Ortsteil Cerro versammelt das *Museo della Terraglia* im Palazzo Perabò (16. Jh.) Keramikobjekte und Gebrauchsgegenstände aus Steingut und bietet einen Überblick über das Kunsthandwerk von der Mitte des 18. Jh. bis heute.

Ansonsten können Kunstfreunde in Laveno beruhigt entspannen, es gibt keine Sehenswürdigkeiten von Rang, dafür schöne Straßencafés, in denen man den Ausblick auf den Borromäischen Golf, das Monte Rosa-Massiv und die hinter dem Tal des Toce aufragenden Viertausender der Mischabel-Gruppe genießen kann. Eine Steigerung dieses Panoramas ist möglich, wenn man mit der Seilbahn auf den **Sasso del Ferro,** den Eisenfelsen hinauffährt. 950 m geht es in die Höhe und dann zeigt sich die Landschaft des mittleren Seeabschnitts von ihrer unzweifelhaft imposantesten Seite. Wer nach einer weiteren Steigerung verlangt, kann von der Bergstation auch den Gipfel erklimmen (20 Min.). Bei gutem Wetter gleiten vom Sasso del Ferro viele Segelflieger, die Winde sind hier sehr sanft und tragen die Ikarusse gemächlich zum Landeplatz in Laveno. Der Abstieg zu Fuß über einen alten Eselspfad ist ebenfalls vergnüglich und dauert etwa 1,5 Std.; in **Sella delle Casere** auf halber Strecke kann man bei *Gigliola* einkehren und sich beispielsweise mit einer deftigen Polenta mit Steinpilzen stärken.

Santa Caterina del Sasso

Karte: S. 74
Tipps & Adressen: Laveno S. 291

Auf der Weiterfahrt durch das kleine, stille **Cerro** überbieten sich Villen und Parks an vornehmer Pracht. Die »göttliche Magie jener herrlichen Regionen«, um mit Gerhart Hauptmann zu sprechen, lässt ins Schwärmen geraten, wobei man sich in guter Gesellschaft befindet. Cerro war einer der beliebtesten Aufenthaltsorte des italienischen Romantikers Alessandro Manzoni. Hinter Reno erreicht man einen der schönsten Orte des Lago Maggiore mit der reizvoll gelegenen Kirche **Santa Caterina del Sasso** 46. Vom ausgeschilderten Parkplatz geht es über viele Treppen hinab zur Wallfahrtsstätte. Angemessener erreicht man das Kloster natürlich mit dem Schiff bis zur Anlegestelle Santa Caterina del Sasso, denn vom Wasser aus erschließt sich am eindrucksvollsten die exponierte Lage des Bau-Ensembles.

Das kleine Kloster überthront auf einem senkrecht abfallenden Felsen den blauen Wasserspiegel des Sees. Dabei verschmelzen die hellen Bausteine mit der Felswand im Rücken des Klosters, gleichsam als handele es sich um eine organische Einheit, die schon immer so bestanden hätte. Der Lago Maggiore verdankt das Kloster jedoch einer seiner stürmischen Launen und einem Gelübde, das ein in Seenot geratener Kaufmann ablegte. Alberto dei Besozzi, ein reicher Tuchhändler des 12. Jh., dem der Ruf eines Geizkragens vorauseilte, wurde in einer Augustnacht 1170 von einem Unwetter auf See überrascht und erlitt Schiffbruch. Angesichts seines un-

Santa Caterina del Sasso: Ein reicher Tuchhändler ließ die Kirche erbauen

redlichen Lebens hatte er wenig Hoffnung auf Rettung, daher gelobte er dem Himmel Besserung und versprach, sein Leben der hl. Caterina von Alessandria als frommer Eremit zu widmen. Er wurde erhört, hielt sein Versprechen, verschenkte seine Reichtümer und lebte fortan in einer Felsenhöhle am See-Ufer, in der er bald als Heiliger verehrt wurde.

1195 brach die Pest über die Region herein. Da erschien dem Eremiten ein Engel, der den Bau einer der hl. Caterina geweihten Kirche anregte. Diese sollte der auf dem Berg Sinai gleichen, in der man die Reliquien der Heiligen verwahrte. Gesagt, getan. Noch Ende des 12. Jh. begannen die Bauarbeiten unter Leitung der Dominikaner und als Alberto dei Besozzi 1205 verstarb, wurde er neben der Kapelle der hl. Caterina beigesetzt. Als auch eine Wolfsplage glimpflich in der Region abgewehrt werden konnte, baute man 1270 noch eine Marienkapelle auf dem Felsen, der 1307 die dem hl. Nikolaus geweihte Kapelle folgte. Im 15. Jh. bezogen die Dominikaner die Kapellen schließlich in einen Klosterkomplex ein. Der wundertätige Ruhm des Klosters stieg ins Unermessliche, als 1640 ein gewaltiger Erdrutsch genau über dem Dach der Kirche zum Stehen kam. Erst 1910 gerieten die Gesteinsmassen abermals in Bewegung und diesmal durchschlugen sie das Gewölbe der Kirche. Ein paar Geröllbrocken kann man noch im Klosterkomplex bestaunen.

Man betritt zunächst den *Convento Meridionale* mit einem schönen, freskengeschmückten Kapitelsaal aus dem 15. Jh. Im Kreuzgang von Santa Caterina erkennt man noch die Reste eines Totentanz-Freskos, das im 14. Jh. aufgetragen wurde. Bedeutsam sind neben den Fresken der Katherinenkapelle die der *Cappella San Nicolà,* die noch aus der Entstehungszeit um 1307 stammen und Christus in der Mandorla mit den Evangelistensymbolen, Papst Gregor sowie den hl. Ambrosius zeigen. Im

Totentanz-Fresko im Kreuzgang von Santa Caterina del Sasso

Süden des Klosters findet man eine bereits zu römischen Zeiten bewohnte Höhle – offenbar ist die Felswand altes Kulturland.

Hinter Arolo, einem beliebten Badeort, entfernt sich die Straße immer mehr vom Ufer. Die Berge treten zurück und leicht geschwungene Hügel rücken an ihre Stelle. Der See ist an diesem Uferabschnitt sehr flach, was sich in üppigem Schilfwuchs zeigt. Zwischen dem raschelnden Schilfrohr bilden sich immer wieder kleine Sandbuchten heraus – die schönsten Sonnen- und Badeplätze am Lago. **Ispra,** der nächste größere, villenreiche Ort am See, ist Sitz der EURATOM, des größten Atomforschungszentrums der EU, in dem man über die Sicherheit von Atomreaktoren nachsinnt und sich Gedanken über die Lagerung von Plutonium-Restbeständen macht. Seit EURATOM durchweht Ispra ein Hauch von internationalem Flair im Gefolge der vielen europäischen Wissenschaftler mit ihren Familien.

Angera

Karte: S. 74
Tipps & Adressen: S. 268

Angera 47 liegt auf einer grünen Halbinsel, die sich sanft in den ohnehin schmalen südlichsten Zipfel des Lago Maggiore vorschiebt. Der See misst hier in seiner Breite nur 2 km und gleicht einem still dahinziehenden Fluss.

Angera ist ein verschlafenes Provinzstädtchen mit einer Hauptstraße, von der mehrere kleine dörfliche Seitenstraßen abzweigen. Man hört hier den Hahn krähen, das Klappern des Geschirrs dringt auf die Straße und abends drückt sich höchstens ein streunender Hund an den Mauern vorbei.

Bessere Zeiten hingegen erlebte Angera in der Antike als römischer Hafen. Das *Vicus Sebuinus* war bereits eine städtebaulich weit gediehene Siedlung, deren Glanzzeit unter den Langobarden gekommen war. *Staciona,* wie die Langobarden Angera nannten, war Sitz eines bedeutenden Herzogtums, dessen Macht sich nahezu auf das gesamte Seegebiet ausdehnte. In diese Zeit reichen die Ursprünge der *Rocca* zurück, die später unter den Visconti weiter ausgebaut wurde. 1450 kamen Stadt und Burg in den Besitz der Borromeo, die heute noch die Hausherren der Rocca sind.

Nach Angera fährt man wegen der Rocca, die stolz auf dem Plateau eines scharf geschnittenen Hügels thront. Besonders stimmungsvoll gibt sich die Festung am frühen Morgen, wenn im Tal ihr zu Füßen dicke Nebelschwaden wabern und sie wie aus dem Nichts aufzusteigen scheint. Nach einer schönen Strecke durch das Land, vorbei an Wiesen und Weinfeldern, taucht die Rocca plötzlich mit ihrem scharfkantigen Profil auf, das einen spannungsvollen Kontrast zu den sanft geschwungenen Hügelketten ihres Umlandes formuliert.

Auf halber Höhe sollte man dem *Antro di Mitra* noch einen Besuch abstatten, einer Grotte, die unter den Römern dem Mithras-Kult geweiht war. Der persische Lichtgott wurde vor allem von römischen Soldaten verehrt, daher verbreitete sich sein Kult gemäß der fortschreitenden römischen Expansion sehr schnell. Im 3. Jh. huldigten weite Teile des Römischen Reichs dem Lichtgott, der seinen Anhängern ein sittlich einwandfreies Leben abverlangte und dafür das Fortleben nach dem Tod in Aussicht stellte. Doch schon bevor die Höhle Andachtsraum der Römer wurde, diente sie den Menschen im Paläolithikum als Zufluchtsort, wie prähistorische Fundstücke belegen. Heute ist die Grotte ein Ort, der die Einbildungskraft beflügelt und manch einen kann man immer wieder dabei beobachten, wie er andächtig dem Raunen der Menschheitsgeschichte lauscht.

Die Rocca geht in ihrer heutigen Form vor allem auf die Visconti und die Borromeo zurück, auch wenn an dieser exponierten Stelle bereits eine Festung unter den Römern belegt ist. Die Architektur steht ganz im Zeichen der Verteidigung und Verschanzung. Kriegerische Zeiten waren ihrer Entstehung vorausgegangen und der Vorgängerbau der heutigen Rocca war nicht selten Streitobjekt zwischen den blutigen Kämpfen der Torriani und der Visconti um die Macht. Als die Visconti 1277 endgültig Hausherren wurden, war die einst mächtige Befestigungsanlage kaum mehr als ein Trümmerhaufen. Mitte des 14. Jh. ließ Giovanni Visconti die alte Burg bis auf wenige Details schleifen und gab einen neuen Bau in Auftrag, in dem eindrucksvoll die spätgotische Wehrarchitektur anschaulich wird. Spätere Anbauten ordneten sich der ursprünglichen Architektur unter, so dass sich bis heute ein weitgehend einheitliches Bild bewahrt hat.

Man betritt die Rocca über eine Pergola, über der Kiwi-Pflanzen ein zur Erntezeit besonders verführerisches Blätterdach geformt haben. Ein holprig gepflasterter Weg führt in den Innenhof, in den *Cortile nobile,* in dem man einige römische Votiv-Altäre zusammengetragen hat, die in der Gegend um Angera sowie in der Mithras-Höhle gefunden wurden. Überragt wird der immer etwas düster wirkende Hof von einem quadratischen, wuchtigen Turm aus dem 12. Jh. Im nördlichen Scaliger-Flügel ist das *Museo della Moda Infantile* untergebracht, das von der Unterwäsche bis zu kunstvoll angefertigten und bestickten Mädchen- und Jungenkleidern die Geschichte der Kindermode vom 17. Jh. bis 1940 dokumentiert. Im Visconti-Flügel, der den Innenhof nach Westen hin begrenzt, hat seit 1988 das *Puppenmuseum* seinen Sitz, dessen Sammlung auch die Accessoires bewahrt, die man zum Puppenspiel brauchte sowie eine Fülle anderer Spielzeuge. War man auf der Isola Madre, wird man wissen, dass Puppen eine besondere Sammelleidenschaft der Borromeo waren – allein das Museum in der Rocca bietet an die 1000 Exemplare aus so unterschiedlichen Materialien wie Holz, Pappmaché, Wachs, Porzellan, Stoff oder Zelluloid. Eltern müssen ihrem Nachwuchs unentwegt den Unterschied zwischen einem Museum und einem Geschäft erklären und da es dabei meist zu vielen Kindertränen kommt, ist man froh, die Wohnräume der Burg im *piano nobile* zu erreichen.

Hier nimmt die *Sala della Giustizia* die ganze Länge des Traktes ein, einer der ältesten Säle der Rocca, der seine Herrlichkeit zum einen dem prachtvollen Ausblick auf den See und die umliegenden Berge verdankt sowie den Fresken, die 1314 von einem unbekannten Maler in zwei Zonen aufgetragen wurden. Die Szenen, die den Sieg der Visconti über die Torriani feiern, belegen in ihrer Figuren-Auffassung sowie in ihrem geistigen Gehalt romanische und spätbyzantinische Einflüsse. Jede Kampfschilderung steht noch ganz im Zeichen mittelalterlichen Glaubens an die Mächte der Sterne unter astrologischen Symbolen, die in den Lünetten aufgetragen sind. Vom Gerichtssaal aus kann man den 30 m hohen Turm der Festung besteigen, von dem sich ein imposanter Ausblick auf den Lago Maggiore, die kleine Insel Parte-

Stolz krönt die Rocca Viscontea den Hügel in Angera

gora und die Bergwelt eröffnet. Auch die Anlage der Burg lässt sich aus der Vogelperspektive gut überblicken: man sieht sowohl den Innenhof als auch den zinnenbekrönten Mauerring.

Weitere Fresken findet man in der *Sala delle Ceremonie,* die Michelino da Besozzo zugeschrieben werden. Der Maler erzählt mit großer Fabulierfreude Szenen aus den Fabeln des Aesop und illustriert Gedichte von Petrarca. Von besonderer Anmut ist die Darstellung der Granatapfelernte an der Stirnwand des Sales, fein oszillierend zwischen Realität und Imagination. Die Fresken schmückten einst den Mailänder Borromeo-Palast und wurden erst im Zweiten Weltkrieg hierher in Sicherheit gebracht. Im Wappensaal des Borromeo-Flügels findet man darüber hinaus eine kleine Pinakothek, in der fünf mythologische Szenen mit ihren bewegten, teilweise dramatisch gesteigerten Figuren des Barock-Malers Guido Renis herausragen.

Neben der Rocca gibt es noch eine zweite lohnenswerte Adresse in Angera, nämlich die *Destilleria Rossi* in der Via Mazzini 93. Seit 150 Jahren wird hier der berühmte ›Grappa Rossi‹ hergestellt, ein besonders milder Traubentrester. Die Produktionsstätten kann man besichtigen; einige Möbelstücke und Arbeitsgeräte sind noch aus dem 19. Jh. erhalten. Neben Grappa stellen die Rossis auch köstliche Liköre in allen Geschmacksrichtungen her, die man hier gleich erwerben kann. Einkaufen kann man auch auf der *Fiera del Borgo,* einem Trödelmarkt an jedem zweiten Sonntag des Monats, auf dem Händler neben alten Möbeln, Büchern und Geschirr auch Neues anbieten.

Das Varesotto

Wenn die Bewohner des Varesotto freimütig erklären: »Siamo una provincia benestante«, wir sind eine wohlhabende Provinz, dann ist das keine Überheblichkeit, sondern eine treffende Charakterisierung ihres Lebensraums. In dem konzentriert sich jedoch nahezu alles auf die Arbeit. Das Varesotto setzt ganz auf die Industrie: Nahezu 13 000 Betriebe haben sich in der Gegend um Varese niedergelassen und die Provinz auf Platz vier in der nationalen Rangordnung des höchsten Pro-Kopf-Einkommens gehievt. Das Varesotto produziert Maschinen und Präzisionsinstrumente, Strickwaren und Kunststoffe. Darüber hinaus haben die Schuhfabrikation sowie die allgemeine Weiterverarbeitung von Leder im Varesotto eine lange Tradition. Die größte Industriedichte erreicht die Provinz in der *bassa,* im nach Süden abfallenden Flachland, wo sich die Fabrikstädte aneinanderreihen (Gallerate, Somma Lombardo, Saronno oder Busto Arsizio) und mit den industriellen Vororten Mailands nahtlos verwachsen. Die ganze Gegend ist auf die Geschwindigkeit der Verkehrsformen eingestellt und scheint allein aus dem Netz von Straßen zu bestehen, die Warenlager, Tankstellen, Schnellrestaurants, Gartencenter und Möbelläden säumen. Austauschbares Gelände, dem man auch rund um Lecco am Comer See oder zwischen dem Garda- und dem Iseosee wieder begegnen wird.

Im Zwischenland der Seen haben sich glücklicherweise noch landschaftlich reizvolle Gegenden erhalten, auch wenn man hier durch Schilderwälder fährt, die den Weg zur *zona industria* und zu bombastischen Einkaufszentren nach amerikanischem Vorbild ausweisen. Es sind allein landschaftliche und urbane Reste wie die *Colline* um Varese oder die Seen sowie alte Kulturstätten, allen voran Castelseprio, die dafür sorgen, dass das Varesotto nicht gänzlich zur industriellen Bastion geschleift wird und zum Verwechseln ähnlich wird mit den Industriegürteln, die sich in mehreren Zonen um die lombardische Hauptstadt Mailand legen.

Die Laghi di Monate, di Comabbio und di Varese

Karte: S. 74
Tipps & Adressen: Varese S. 318

Von Angera oder Ispra hat man schnell den **Lago di Monate** erreicht, einen kleinen See, eingebettet in eine heitere, sanft gewellte und bewaldete Hügellandschaft. Die imposanten Ausmaße des Lago Maggiore noch vor Augen, will einen der nur 1 km breite und bescheidene 2,8 km lange See nicht recht beeindrucken, doch hat der Lago di Monate durchaus seinen Reiz, wenn man Ruhe und Einsamkeit sucht. Von ein paar turbulenten Tagen bei Badewetter abgesehen, liegt über dem See eine eigentümliche Stille, die man sonst eher nur an Bergseen findet. Auch zum Baden lädt der kleine See ein, das Wasser ist sauber und einen besonders schönen Strand mit Liegewiese, Sandkästen und Schaukeln findet man bei **Cadrezzate** gleich am Westufer. An heißen Tagen herrscht entsprechend viel Betrieb, dem man dann mit einem Tretboot oder Kanu (Bootsverleih) entkommen kann.

Eingebettet in eine sanfte Hügellandschaft: der Lago di Monate

Seinen Namen verdankt der See dem kleinen Städtchen **Monate** 48, das noch seine mittelalterlichen Lebensformen bewahrt und mit engen Gassen, vielen Durchgängen und Bögen sowie mit grauen Bruchsteinhäusern einen bemerkenswerten Kontrast zu den neuen Siedlungsformen im Varesotto formuliert. Der provinzielle, ja bäuerliche Charakter von Monate spiegelt sich auch in der kleinen *Pfarrkirche*, in deren Innenraum eine ganze Reihe von Heiligen starren Blicks von den Wänden schauen. Die Fresken entstanden im 14. Jh., liegen aber in der Handhabung von Proportionen noch um Jahre hinter der Kunst dieser Zeit zurück. Da erscheinen die Beine im Vergleich zum Oberkörper mitunter stark verkürzt und die Brust, die die Gottesmutter dem Kind reicht, scheint direkt am Hals anzusetzen – rührende Beispiele für eine Malerei, die sich weniger um einen elaborierten Stil kümmert als vielmehr um unmittelbaren Ausdruck und einfache Anschauung. Ihren bäuerlichen Alltag haben die Menschen hingegen auf dem Portal der Kirche verewigt, das noch romanischen Ursprungs ist und von Maiskolben, Trauben, Wagenrädern und Leitern geschmückt wird.

Über Travedona, ein geschäftiges kleines Städtchen, erreicht man den **Lago di Comabbio** im Südwesten des Monatesees. Comabbio selbst kann man getrost umfahren, am See hingegen ergeben sich immer wieder reizvolle Ansichten. Er ist ein wenig länger als der Lago di Monate, aber macht landschaftlich einen ähnlichen Eindruck. An Größe weit überlegen ist schließlich der **Lago di Varese.** Er bietet im Vergleich mit seinen großen Nachbarn weniger eindrucksvolle Landschaftsbilder, da vor allem die rahmende Bergwelt fehlt. Vielmehr umgeben grüne Hügelwellen den See und sorgen für eine heiter-liebliche Umgebung. Das Gewässer selbst ist jedoch alles andere als heiter gestimmt, vielmehr kämpft es seit Jahrzehnten ums Überleben: Ungehemmt fließen giftige Industrieabwässer in den See, der nur noch eine erbärmliche Lebensgrundlage für Fische bietet. »Il lago morto«, nennen ihn die Fischer zuweilen, der tote See. Eine inzwischen fertig gestellte Ringkanalisation mit Abwasseraufbereitungsanlagen soll Abhilfe schaffen. Doch handelt es sich dabei um einen langwierigen und schwierigen Prozess.

Im Südwesten des Lago di Varese, dort wo der 8,5 km lange und bis zu 4 km breite See zu einer Beuge ausholt, liegt die kleine **Isola Virginia** 49. Man hat hier Pfahlbauten aus dem Neolithikum gefunden, die auf eine frühe Besiedlung dieser Gegend schließen lassen. Wahrscheinlich ging sogar die Insel aus den Abfällen und Resten der Pfahlbausiedlungen hervor. Das kleine Museum dokumentiert anhand von Plänen und Funden die Inselgeschichte sowie menschliche Siedlungsformen in der Jungsteinzeit.

Folgt man der Uferstraße nach Norden in Richtung Gavirate, passiert man den kleinen Lago di Biandronno, der den Kampf zwischen Wasser und Land längst verloren hat und auf einen Tümpel zusammengeschrumpft ist. Wenige Kilometer hinter Gavirate, einem hübschen Seebad, liegt das **Cluniazenserkloster Voltorre** 50. Aufdringlich schiebt sich der klotzige, aus Bruchsteinmauerwerk errichtete Campanile ins Blickfeld, der zur Kirche *San Michele* gehört, genauso gut aber auch als Festungsturm dienen könnte. Das Kloster war ein bedeutendes geistiges und kulturelles Zentrum des Mittelalters und verfügte über weite Ländereien und einen ansehnlichen Reichtum, der sich auch in der Ausstattung des Bau-Ensembles widerspiegelt, vor allem in dem schönen romanischen Kreuzgang. Die Anlage wird von einem rhythmischen Spiel unterschiedlich hoher Säulen belebt, auf denen die Bögen des Kreuzgangs ruhen. In die ursprünglich romanische Saalkirche zog im 17. Jh. der Barock ein. Im Sommer finden im Kreuzgang Konzerte statt – ein besonderes Erlebnis, wenn sich die kontemplative Architektur mit Musik verbindet.

Varese – Geschäftige Provinzhauptstadt

Tipps & Adressen: S. 318

»Perché Varese«, warum Varese, fragt selbst eine Broschüre des Tourismusvereins in roten Lettern zu Beginn des allgemeinen Lobliedes auf die Provinz. In den Augen seiner Bewohner ist Varese ein architektonischer Alptraum. Eine Stadt, über die man nicht sprechen kann, ohne ihre städtebaulichen Katastrophen zu beschreiben. Denn als Varese 1927 in den Rang einer *capitale provinciale* aufstieg, mussten schnell entsprechende Infrastrukturen geschaffen werden – in einer Stadt, die lange nur eine Nebenrolle gespielt hatte und gänzlich von provinziellem Charakter war. Der Zeit entsprechend waren es ausgerechnet die lächerlich maßlosen Monumentalbauten des *fascismo,* die Varese architektonisch ins 20. Jh. katapultierten und sich im historischen Zentrum nun aufdringlich in den Vordergrund spielen. Allein der Corso Matteotti und seine engen Nebenstraßen überlebten unangetastet die rigorosen Neuerungen. Besonders hart traf es hingegen den Hauptplatz, die Piazza Monte Grappa, die mit übergewichtigen Gebäudemassen in grauem, poliertem Granit zugepflastert wurde. Die Hässlichkeit der Hauptpost gegenüber dem Bahnhof hat hingegen schon wieder etwas Ergreifendes: ein großspuriges Hochhaus aus rotem Backstein, vor dessen Fassade überernährte mythologische Figuren stolz ihre Monstranz zeigen.

Nach Varese fährt man folglich sicher nicht in Erwartung stimmungsvoller Stadtprospekte. Doch die fehlende Schönheit kompensiert die Stadt mit einem quirligen Leben, exklusiven Modegeschäften, einem breiten Sportangebot und schicken Bars sowie verführerischen *pasticcerie*. In den Alltag eintauchen, heißt die Devise, dann macht es einem die Stadt leicht. Das Leben konzentriert sich in Varese auf dem von Lauben gesäumten Corso Matteotti mit zahlreichen Geschäften und Feinkostläden. Hier trifft sich am späten Nachmittag die ganze Stadt; die einen sitzen in den Cafés, während die anderen auf und ab flanieren. In unmittelbarer Nähe liegt die **Basilica di San Vittore** 1, ein würdevoller Bau, der 1580–1615 nach Plänen von Pellegrino Tibaldi errichtet wurde. Die später klassizistisch umgedeutete Fassade akzentuieren mächtige ionische Säulen, die bereits die ruhmessüchtige Architektur unter Mussolini vorweg zu nehmen scheinen. Das eher wenig ansprechende Äußere kompensiert jedoch ein prachtvoll ausgestatteter Innenraum mit Fresken aus der ersten Hälfte des 17. Jh. Einen optischen Blickfang im *centro storico* von Varese bildet der **Campanile** der San Vittore-Kirche, der mit 77 m erstaunlich weit in den Himmel vorstößt.

Nebenan steht noch das romanische **Baptisterium** 2, vor dem Johannes der Täufer wacht. Die Fresken des Tym-

Varese: *1 San Vittore 2 Baptisterium 3 Palazzo Estense (Ducale) 4 Villa Mirabello (Museo Civico) 5 Biumo Superiore 6 Sacro Monte/Campo dei Fiori*

panons stammen noch aus dem 14. Jh. ebenso wie die Fresken-Reste im Innenraum. Die kleinen Gassen im Norden der Piazza San Vittore bieten einige exklusive Mode- und Einrichtungsgeschäfte sowie nette Bars wie die *Orchidea* in der Via Albuzzi, in der sich ein künstlerisch angehauchtes Publikum trifft. Eine schräge Bar mit Kultcharakter liegt in der Via San Martino 11: die Wände sind mit einer skurrilen Mischung aus Kunst und Kitsch wie Heiligenbildchen, Fotos von Fußballmannschaften, Reproduktionen berühmter Kunstwerke und Lottoscheinen tapeziert. Regie bei der Einrichtung des einzigen Raums, in dem nur drei Tische stehen, führte der *horror vacui* – entsprechend üppig fällt alles aus. Das Publikum ist volkstümlich.

Folgt man der Via Sacco von der Piazza Monte Grappa in Richtung Nordwesten, gelangt man zum **Palazzo Estense** (oder auch Ducale) 3, ein für Varese sich überraschend groß ausnehmender Palazzo, der gleichwohl kleiner ausgefallen ist als sein stilistisches Vorbild, das Wiener Schloss Schönbrunn. Die Initiative für den 1766–73 entstandenen Bau der großherzöglichen Residenz geht auf Francesco III. d'Este zurück, der kaiserlicher Statthalter in der Lombardei war – ganz offenbar mit gewissen Ansprüchen. Heute hat die Stadtverwaltung ihren Sitz im Palazzo, in dem noch einige Paradesäle mit Stuckatur und Fresken im Original erhalten sind.

Den Barockgarten des Palazzo mit seinem schönen Ausblick auf die schwungvollen Hügelketten des Hinterlandes kann man auf dem Weg zur **Villa Mirabello** 4 genießen, die von einem sich anschließenden englischen Garten umgeben wird. Die Villa beherbergt das **Museo Civico** der Stadt, dessen ansehnliche Sammlung lombardischer Malerei Varese als Provinzhauptstadt gerecht wird. Neben der Pinakothek gibt es prähistorische und archäologische Abteilungen, deren Schätze sich ebenfalls sehen lassen können.

Genau wie Rom wird Varese von sieben Hügeln umgeben, nur dass der Za-

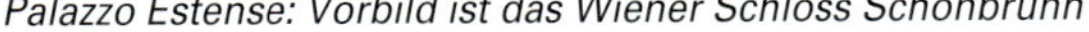
Palazzo Estense: Vorbild ist das Wiener Schloss Schönbrunn

ckenkranz nicht so geschichtsträchtig ist wie in der Ewigen Stadt. Vareses Hügelwelt ist begehrter Villengrund mit Tradition. Seit dem 18. Jh. haben sich allen voran die Mailänder *nobili* hier Sommerresidenzen anlegen lassen und Varese zu dem Image einer ›Gartenstadt‹ verholfen. Besonders begehrt war der Hügel **Biumo Superiore** 5 im Norden der Stadt. Hier entstanden im 19. Jh. die kastenförmige *Villa Andrea Ponti* im Stil des Historismus (heute Sitz der Handelskammer) sowie die *Villa Fabio Ponti,* ein klassizistischer Bau, in dem Garibaldi auf seinem Feldzug 1859 vorübergehend sein Hauptquartier aufschlug. Gleich neben der Handelskammer liegt die *Villa Panza* (s. S. 118), die eine der bedeutendsten italienischen Sammlungen moderner Kunst beherbergt.

Im Nordwesten von Varese liegt der **Sacro Monte** 6 der Stadt, einer der schönsten Oberitaliens. An den bewaldeten Hängen des Monte Campo dei Fiori, des langgestreckten Hausbergs der Stadt, entstand 1476 ein Kloster, das im 16. Jh. nach dem Willen des Carlo Borromeo zu einem Bollwerk gegen die Lutheraner ausgeweitet wurde. Der Heilige Berg wurde auf geschichtsreichem Boden angelegt. Zu römischen Zeiten hatte es hier bereits eine Bergfestung gegeben, die sich später zu einer Hochburg der Arianer entwickelte. Der hl. Ambrosius, ein entschiedener Gegner des Arianismus, bereitete dem in seinen Augen ketzerischen Treiben auf der Burg ein Ende und gründete die erste Marienkapelle, die den Anstoß für den Marienkult in den nachfolgenden Jahrhunderten gab. Die Bauarbeiten für den Heiligen Berg begannen im Jahr 1604 und standen unter der Leitung von Giuseppe Bernascone, der starke stilistische Anleihen bei der Architektur Pallacios machte. Bernascone überhöhte jedoch den strengen Stil seines Vorbildes in manieristischer Weise und fügte hier und dort noch eine Säule hinzu, platzierte auf dem Dach Obelisken und bediente sich mit Zitaten am Schatz der Architektur.

2 km lang ist der steinige Weg, der ideell zu den Geheimnissen des Rosenkranzes vorstößt und topographisch zum Ort **Santa Maria del Monte** führt. 14 Kapellen begleiten den Aufstieg zur höchsten Wallfahrtskirche mit dem Gnadenbild der schwarzen Madonna. In den einzelnen Kapellen stellen überlebensgroße Figuren aus Terracotta umwegslos die Mysterien des Glaubens dar, mitunter mutet alles an wie eine derbe Aufführung auf einer ländlichen Volksbühne. Aber die Nähe zum Leben ist gesucht und der künstlerische Anspruch tritt gegenüber einer didaktischen Ausrichtung zurück. Das Konzept von damals geht bis heute auf und oft kann man am Sacro Monte eruptive Gefühlsäußerungen bei Gläubigen beobachten, die hemmlungslos in Tränen ausbrechen oder stoßartig Wünsche und Gebete vortragen. Und wo viel echte Religiosität ist, findet man meist auch Devotionalien-Läden. Sie befriedigen am Sacro Monte den religiösen Bedarf jeden Geschmacks.

Die Innengestaltung der Kapellen übernahmen bewährte Sacro-Monte-Künstler wie Morazzone und Dionigi Bussola; in der dritten Kapelle, die von der ›Flucht nach Ägypten‹ erzählt, wagte der Maler Renato Guttuoso 1983 den Brückenschlag zur Gegenwart und schuf ein Bild von der Vertreibung der Palästinenser, das an die Flüchtlingsbewegungen heute erinnern soll. Schade nur, dass alles so plakativ und grell ausfiel.

Gegenüber der letzten Kapelle steht die historistische **Villa Pogliaghi,** einst Domizil und Atelier des Mailänder Bild-

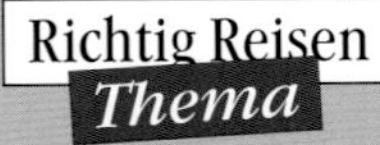

Licht und Raum – Kunst in der Villa Panza

Die neuere Geschichte der barocken Villa Panza begann mit einer Einladung. Sie ging an Sol LeWitt, Richard Serra, George Segal und Donald Judd. Die amerikanischen Künstler folgten gern und kamen in den 1970er Jahren mehrere Wochen nach Biumo Superiore – zum Arbeiten. In den Pferdestallungen des Anwesens sowie in den zum Teil freskengeschmückten Räumen des Palazzo entstanden Installationen und Objekte, minimalistische Werke, mit denen sich die Villa Panza in die Gegenwart eingeschrieben hat. Dank des Hausherrn, des Mailänder Grafen Giuseppe Panza, entwickelte sich auf den Hügeln um Varese eines der wenigen Zentren zeitgenössischer amerikanischer Kunst in Italien.

Der passionierte Kunstsammler, der mit dem Verkauf von Industrie-Alkohol reich wurde, hat seit Mitte der 1970er Jahre eine beachtliche Kunstkollektion zusammengetragen, zu der Werke von Lawrence Weiner, Maria Nordman, Martin Puryear oder Robert Irwin und Robert Tiemann gehören. Der Lichtkünstler Dan Flavin löste einen Raum der Villa in grünem Licht auf, James Turrell hat einen ›Sky-Space-Würfel‹ aufgestellt, Daniel Buren verpasste einer Wand rot-weiße Streifen und Bruce Nauman schuf einen in seinem puren Weiß beklemmenden Raum, durch den eine Stoffwand verläuft, die Geräusche schluckt.

Licht und Raum sind die großen Themen, um die die Kunst in der Villa Panza kreist, gleichsam als Referenz an den Ort. Und Licht und Raum funktionieren in der Villa Panza auch als Scharnier zwischen der Welt der Kunst und der Außenwelt, die hier zu einer so geglückten Verbindung finden.

hauers Lodovico Pogliaghi, der auch ein leidenschaftlicher Kunstsammler war. Seine bunt zusammengetragenen Schätze stellt das heute hier eingerichtete Museum aus – eine in ihrer Verschiedenartigkeit kuriose Sammlung. Unterhalb der **Wallfahrtskirche,** in der sich alle Epochen der Kunstgeschichte stilistisch vereinigen, liegt ein weiteres Museum, zu dessen Sammlung mittelalterliche Handschriften, Kunsthandwerk und Gemälde der lombardischen Schule des 17. und 18. Jh. gehören.

Vom Sacro Monte hat man schnell den **Campo dei Fiori** erreicht, der am Wochenende ein beliebtes Ausflugsziel und entsprechend überfüllt ist, an Wochentagen aber findet man in den Kastanien- und Buchenwäldern auf Wanderungen wunderbar stille Aussichtsplätze. Einen schönen Anblick bietet hingegen das Grand-Hotel der Wende zum 20. Jh., das der Mailänder Architekt Giuseppe Sommaruga 1908–12 in den schwingenden Formen des Jugendstils errichtet hat (s. S. 8).

Castiglione Olona und Castelseprio

Karte: S. 74
Tipps & Adressen: Varesotto S. 318

Im Süden von Varese winkt **Castiglione Olona** 51 mit Renaissance-Architektur des frühen 15. Jh. Der Ort im Tal der Olona erlebte unter dem ebenso wohlhabenden wie kunstsinnigen Kardinal Branda Castiglione einen ungeahnten städtebaulichen Aufschwung und wandelte sich wie mit dem Zauberstab von einem unansehnlichen Bergstädtchen zu einer Kleinausgabe von Florenz. Branda Castiglione ließ Künstler aus der toscanischen Kunstmetropole kommen, die sich stilistsich an den großen Meistern wie Brunelleschi orientierten und in Castiglione Olona zahlreiche Bauten im Stil der Renaissance hinterließen. Heute braucht man Fantasie, um all die Lücken im Stadtbild wieder zu einem Ganzen zu fügen und sich den einstigen Glanz vor Augen zu führen. Schon 1513 war der Ort in die Hände der feindlichen Sforza gefallen, die alles taten, um das Werk Castigliones zu zerstören. Allein wenige Bauten schienen ihnen Respekt vor der Kunst einzuflößen ...

Der bedeutendste in Castiglione Olona tätige Künstler war Masolino, der Lehrer von Masaccio und einer der beeindruckendsten italienischen Maler der Internationalen Gotik. Von ihm stammen die Szenen aus der Vita Johannes des Täufers, mit denen das *Baptisterium* freskiert ist. Stundenlang möchte man vor seinen grazil aufgefassten Figuren in das Schönheitsideal der Gotik eintauchen, bevor man wieder in die Wirklichkeit zurückgeholt wird. An jedem ersten Sonntag im Monat gibt es in Castiglione Olona auch Kunst zu kaufen; mit viel Glück findet man auf der *Fiera del Cardinale,* einem schönen Antiquitätenmarkt, nicht nur Trödel, sondern auch die eine oder andere Kostbarkeit.

Weiter südlich am Flusslauf der Olona liegt **Castelseprio** 52, eine Gründung der keltischen Insubrer, die die Römer gegen die vordringenden Germanen-Stämme zum Castrum Sibrium ausbauten. Unter den Langobarden avancierte Sibrium zur Hauptstadt einer Grafschaft, die das untere Tessin sowie Gebiete im Westen und Süden umfasste. Dem unaufhaltsamen Aufstieg der Stadt machte erst Ottone Visconti ein Ende. 1287 zerstörte er die Stadt, in der sich Feinde Mailands verschanzt hatten, und machte sie dem Erdboden gleich – allein die Kirchen ließ er nicht zerstören. Doch die prächtig ausgestatteten Sakralbauten Sibriums waren dem Verfall überlassen, da der Ort nicht mehr bewohnt werden durfte.

Eine Fülle von Legenden und Geschichten rankten sich schließlich im Laufe der Jahrhunderte um den vergessenen Ort, der erst nach dem Zweiten Weltkrieg durch ein weit konzipiertes Ausgrabungs- und Studienprogramm wieder ins Zentrum der Aufmerksamkeit rückte. Größter Schatz in Castelseprio ist die Kirche *Santa Maria foris Portas,* die etwas abseits in einem kleinen Waldstück liegt. Der kleine Bau birgt einen der bedeutendsten Freskenzyklen der frühchristlichen Kunst, der die Geschichte von der Geburt Christi erzählt. Die genaue Entstehungszeit der rührenden Malereien ist nicht überliefert, jedoch kann man an der heroischen Auffassung der Heiligen noch die spätrömische Tradition ablesen. Die erstaunlich qualitätvollen Fresken wurden wahrscheinlich von einem Künstler aus Byzanz aufgetragen, der vorübergehend in Sibrium gearbeitet hat.

Lago di Lugano Lago di Como

Lago di Lugano

Der **Luganer See** ähnelt einem norwegischem Fjord mit bizarren Keilen und steilem Felsufer. Buchtenreich windet er sich zwischen den Bergen und gibt nur immer einzelne Ausschnitte von sich preis. Mitunter täuscht er trügerische Weite vor, wenn er bei Lugano oder bei Melide scheinbar zu einem weiten Becken ausschwingt, um sich im nächsten Moment gleich wieder launisch zu biegen. »Er kann sich nie in einem breiten Atem Luft machen wie der Lago Maggiore, er kann nicht wie der Comer See zwischen endlosen Gärten einherstolzieren. Der Luganer See ist ein mageres bizarres Geschöpf. Er windet und wendet sich zwischen einer dichten Unordnung von Bergen, Hängen und Felsblöcken.«

In dieser physiognomischen Beschreibung des Sees, die von dem Tessiner Schriftsteller Francesco Chiesa stammt, fehlt vielleicht ein Hinweis auf die mit dieser eigenwilligen Formgebung verbundene Schönheit. Der Lago di Lugano, kurz *Il Ceresio* genannt, hat 100 und mehr Anblicke von sich, nach jeder Wegbiegung glaubt man sich an einem anderen See. Zu den stimmungsvollsten Bildern, die der Ceresio zu bieten hat, gehört der oberste, nordöstliche Abschnitt zwischen steil abfallenden, felsig gezackten Bergrücken, an denen wie verloren kleine Orte liegen. Erst im sanften Licht des beginnenden Abends verlieren die Felsen ihre scharfen Konturen und wenn der Sonnenuntergang breite Lichtbänder übers Wasser spannt, gibt sich die Landschaft von nahezu lieblicher Harmonie. Morgens liegt oft Nebel gleich einem dicken Wattebausch über dem See, der sich im Lauf des Vormittags langsam verzieht und das geheimnisvolle, undurchschaubare Fluidum noch verstärkt, das den Ceresio umgibt.

Eine besondere Eigenart ist auch das Wasser, das infolge großen Algenreichtums undurchdringlich grün gefärbt ist und immer einen eher trüben Eindruck macht. Leider ist es auch um seine Güte eher trübe bestellt. Der Prozess der Selbstreinigung ist schon seit Jahrzehnten unterbrochen, da viele Anliegerorte ihre Abwässer ungehemmt und ungefiltert in den See leiten. Auch die enorme Zahl von Motorbooten, die das ganze Jahr über auf dem See verkehren, trägt nicht gerade zur Wasserqualität bei. Verhängnisvoll für den Lago di Lugano erweist sich heute auch, dass er keinen Hauptzufluss wie seine Nachbarn hat, sondern nur kleinere Zuflüsse, die nicht für ausreichend Frischwasser sorgen können.

Wie den Lago Maggiore teilen sich die Schweiz und Italien auch den Lago di Lugano, an dem jedoch die Eidgenossen den größeren Anteil haben. Von den insgesamt 49 km² der Wasseroberfläche gehören 31 km² zur Schweiz und 18 km² zu Italien. Die Grenze schlägt den Ostarm Italien zu, den schmalen Uferstreifen zwischen Ponte Tresa und Poncia im Westen sowie die Enklave Campione. Bei einer Fahrt um den See muss man also mit mehreren Grenzen rechnen. Es gibt allerdings keine durchgehende Uferstraße, da die steilen Felswände vor allem im Südosten den Bau einer Straße sehr erschweren, wenn nicht gar unmöglich machen. Als Alternative zum Auto bietet sich aber ohnehin die Erkundung des Sees mit dem Schiff an, da viele Orte unterhalb des Straßenniveaus liegen und ihre Schaufassade dem Wasser zuwenden.

Kulturgeschichtlich gehört der Lago di Lugano zur Lombardei, was sich sowohl in der Architektur der Gegend zeigt als auch in den Künsten, der Sprache und nicht zuletzt im Kochtopf. 1512 hatten die Schweizer Lugano erobert und die berüchtigten Landvögte lösten die verschiedenen lombardischen Herrscherfamilien ab. Heute verstärkt die Zweiländerherrschaft am Lago di Lugano die ohnehin scharf akzentuierten Gegensätze. Von Lugano bis zur Valsolda ist es geografisch ein Katzensprung, doch liegt der internationale Finanzplatz Welten entfernt von den Bergbauernsiedlungen. Wenn die dicht beieinanderliegende Andersartigkeit dem Reisenden auch besonders reizvoll erscheinen mag, für die Bewohner des Sees bringt sie größte Schwierigkeiten mit sich. Dem Sog Luganos und des Schweizer Frankens kann sich der Nachwuchs in den Fischer- und Bergdörfern längst nicht mehr entziehen. Die zunehmende Entvölkerung ganzer Uferabschnitte und Täler vor allem auf italienischem Gebiet ist die Folge, der man nur durch den Ausbau der touristischen Infrastruktur entgegenwirken kann. Eine in sich gekehrte Welt wird dieser Entwicklung zum Opfer fallen.

Lugano – Die Mondäne zwischen Bergen

Karte: S. 124/25
Tipps & Adressen: S. 298

Auch wer nie da war, kennt das Bild: Mächtige Wasserfontänen und Palmen spiegeln sich in den Fassaden eleganter, modernistischer Bankhäuser, vor denen die Fantasie nur noch die geparkte Nobelkarosse mit einigen Gestalten hinter Sonnenbrillen abstellen muss. Nachrichten aus der Finanzwelt und deren Schattenreich kommen oft aus Luganos Banken, die dann wieder einmal – wie etwa bei den abenteuerlichen Transfers von Geldern aus dem Kreml – über den Bildschirm flimmern. Lugano, das noch 1970 in der Bankenstatistik auf den hinteren Plätzen rangierte, stieg gleich Phönix aus der Asche zum drittgrößten Finanzplatz der Schweiz auf, wobei jedes zweite Kreditinstitut in Lugano in ausländischem Besitz ist; die Banca del Gottardo in dem schönen Botta-Bau beispielsweise untersteht japanischer Regie.

Das Geschäft mit dem Geld hatte in Lugano kräftig von den Machenschaften der Nachbarn profitiert, denn Luganos Banken waren nicht nur Tresor für Reiche, sondern auch diskretes Konto für Halbseidene. Seitdem die Mailänder Justiz jedoch mit ihrer Aktion ›mani pulite‹ (saubere Hände) in den 1990er Jahren Politiker und Manager gleich reihenweise wegen Korruption, *tangenti* und Geldwäsche verhaften ließ, ist der Geldfluss ein wenig ins Stocken geraten. Mit jeder neuen Bekanntgabe von Finanzskandalen beobachtet darüber hinaus auch die Schweizer Justiz genauer das Tun der Bankiers.

Lugano ist eine funkelnde, eine reiche Stadt. Das sieht man sofort. Auch nachts, wenn alles angestrahlt wird. Die Auslagen in den Geschäften orientieren sich an einer wohlhabenden Käuferschaft, die Juweliere und Modeboutiquen der großen Couturiers erfreuen sich weiterhin reger Nachfrage, obwohl so manche Dame schon unter der Last ihrer Diamanten zu ächzen beginnt. In ihren besten Jahren konnte die Stadt Davos und Marbella, St. Tropez und Cannes das *jet-set*-Wasser reichen, doch mittlerweile sind auch in Lugano alle in die Jahre gekommen und das Treiben der großen Welt hat viel von seinem vermeintlichen Glanz verloren. Der Boom der 1960er und -70er Jahre hat jedoch deutlich Spuren im Weichbild der Stadt hinterlassen: Am schönen Lungolago türmen sich Betonburgen mit Blick auf den See, die Hänge sind zugestellt mit Ferienapartments, deren Fensterläden nahezu das ganze Jahr verrammelt sind – jedes fünfte Haus ist eine Zweitwohnung.

Trotz all dieser Bausünden ist Lugano eine schöne Stadt, die sich einen Logenplatz am Ceresio zwischen dem Monte Brè und dem Monte San Salvatore gesichert hat. Die lebendige und kulturell sehr aktive Stadt winkt den Reisenden schnell zu sich herein. Besonders einladend gibt sich die zentrale **Piazza di Riforma,** Salon der Stadt zwischen hübschen Bürgerfassaden des 19. Jh., wo man in Cafés das geschäftige Treiben beobachten kann. Luganos Offenheit hat

Tradition: Nach Hitlers Machtergreifung 1933 bot die Stadt zunächst auch politisch Andersdenkenden aus Deutschland Zuflucht. Im April 1933 reiste Thomas Mann von seiner Lesereise durch halb Europa nicht mehr nach Hause, sondern auf Anraten von Freunden an den Ceresio. Am 17. April schrieb er an Stefan Zweig aus Lugano: »Ich fange langsam wieder an, ein bisschen zu arbeiten nach schlimmen Wochen. Bruno Francks sind auch hier, auch Fuldas, Emil Ludwig, Remarque, vor allem Hermann Hesse, den ich sehr liebe und verehre.«

Die Piazza di Riforma ist idealer Ausgangspunkt für eine Stadterkundung, an die man viele Museumsbesuche anhängen wird, da Lugano einige bedeutende Sammlungen verwahrt. Die elegante Geschäftsstraße **Via Nassa**, in der man denn auch gleich den provinziellen Charme Luganos bei aller Weltläufigkeit gewahr wird, führt zur bedeutendsten Kirche der Stadt, **Santa Maria degli Angioli** 1. Der 1515 geweihte Bau war einst Zentrum eines Franziskanerklosters, an dessen Stelle nun aber moderne Gebäude getreten sind, gegen die sich die kleine Kirche behaupten muss. Der Innenraum ist eine wahre Freude, denn hier trifft man endlich auf das Werk des Leonardo-Schülers Bernardino Luini. Alle Aufmerksamkeit zieht zunächst der Lettner auf sich, der den Gemeinderaum vom Altarraum trennt und die Passion Christi zeigt. Das groß angelegte Fresko vollendete Luini 1529. An der linken Kirchenwand hinterließ Luini darüber hinaus gleichsam als Referenz an seinen Meister ein ›Abendmahl‹, das jedoch deutlich den qualitativen Abstand zu Leonardo da Vinci markiert. Es sind vor allem Probleme der Raumaufteilung sowie der Komposition des Bildgeschehens, die sich für Luini mitunter als Stolperstein erwiesen. Nichtsdestotrotz handelt es sich natürlich um gute Malerei …

Gleich neben der Kirche verfällt das ehemalige Palace-Hotel, das 1994 Opfer

Lugano: *1 Santa Maria degli Angioli 2 San Lorenzo 3 Giardino Belvedere 4 Museo d'Arte Moderna 5 Banca del Gottardo 6 Palazzo Ransila 7 Biblioteca Cantonale 8 Chiesa di Christo Risorto 9 Museo Cantonale d'Arte 10 Villa Favorita 11 Museo delle Culture Extraeuropee 12 Parco San Michele*

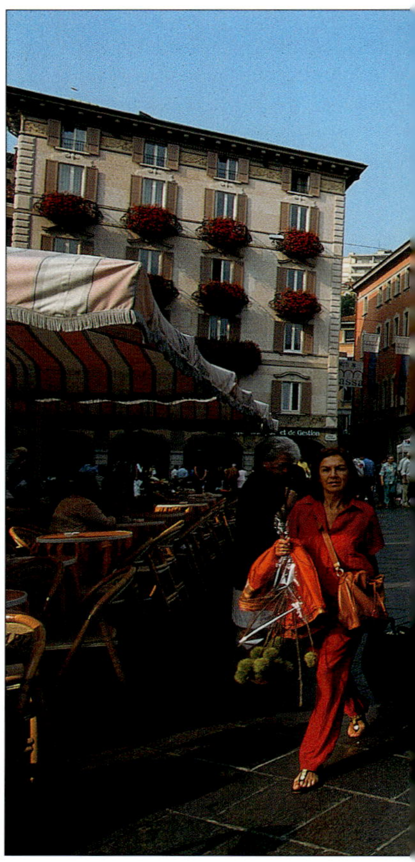
Lugano: Piazza di Riforma

eines Brandes wurde. An Projekten für die Rettung des prachtvollen Hotelbaus aus dem 19. Jh. hat es nicht gefehlt, doch die Schreibtischwege sind auch in Lugano lang, zumal jede Entscheidung mit viel Geld verbunden ist. Daher versteckt man die hässliche Ruine bislang hinter Reklametafeln. Die Kathedrale **San Lorenzo** 2 lohnt nicht nur einen Besuch wegen der schönen Aussicht, sondern auch wegen der imposanten Renaissance-Fassade, die der ursprünglich romanischen Pfeilerbasilika zu Beginn des 16. Jh. vorgeblendet wurde. Kunst der Gegenwart bereichert den **Giardino Belvedere** 3 im Süden des Lungolago, der seinem Namen alle Ehre macht. Neben dem stimmungsvollen Ausblick auf See und Berge heischen Plastiken moderner Künstler Aufmerksamkeit: Werke von Hans Arp und Ossip Zadkine sind die Höhepunkte des Freilichtmuseums. Den künstlerischen Anschluss an die Gegenwart vervollständigt das nahe **Museo d'Arte Moderna** 4 mit vielbeachteten, wechselnden Ausstellungen.

Architektonisch verdankt Lugano seine Zeitgenossenschaft vor allem den Bauten des Star-Architekten Mario Botta, die man in der Via Pretorio findet: hier entstand 1988 nach Plänen des Architekten die **Banca del Gottardo** 5, ein reich gegliederter, rosa-grau-gestreifter Natursteinkomplex, der sich wohltuend von seiner Umgebung abhebt. In der Bank gibt es eine Galerie – schließlich wird Geld ja gerne mit Kunst veredelt – in der wechselnde Ausstellungen zeitgenössische Künstler vorstellen. An der Ecke zum Corso Pestalozzi hinterließ Botta ein imposantes Büro- und Geschäftshaus, das sich selbstsüchtig in einer gelungenen Verbindung von Monumentalität und geschmeidiger Eleganz in den Vordergrund rückt. An den **Palazzo Ransila** 6 nebenan legte Botta ebenfalls Hand an und baute neu hinter alter Fassade – eine gelungene Verbindung.

Das ganze Stadtgebiet von Lugano ist nicht arm an moderner Architektur, ein Klassiker ist auch die 1940 von Carlo und Rino Tami in strenger Formendiät gebaute **Biblioteca Cantonale** 7. Rino Tami baute 1976 auch die **Chiesa di Cristo Risorto** 8, ein gewichtiger zeitgenössischer Sakralbau in der Via Brentani 1. In unmittelbarer Nachbar-

schaft zur Gemeindebibliothek liegt das **Museo Cantonale d'Arte** 9 mit einer sehenswerten Sammlung, die unter anderem Werke der klassischen Moderne umfasst. Darüber hinaus gibt es Fotografien, Skulpturen und Grafiken.

Die bedeutendste Kunstsammlung in Lugano beherbergt die **Villa Favorita** 10 im Villenvorort Castagnola. Obwohl weite Teile der Sammlung nach Madrid und Barcelona ausgelagert wurden, bietet die Kollektion einen guten Überblick über die Entwicklung der Kunst im 20. Jh. anhand von Werken einiger ihrer namhaftesten Vertreter. Neben der Pinakothek lohnt auch der Ort den Weg hierher, den Zypressen gleich Wächtern geleiten. Die Villa Favorita ist ein hochherrschaftlicher Bau aus dem 17. Jh. und wurde für den Landvogt von Lugano errichtet. Nach seinem Tod ging die Villa durch verschiedene Prinzenhände bis sie der Baron Heinrich von Thyssen-Bornemisza 1932 erwarb, um seine umfangreichen Kunstsammlungen hier unterzubringen.

Dass die Kunst des 20. Jh. viel Anregung in den außereuropäischen Kulturen fand, belegt ein Besuch im **Museo delle Culture Extraeuropee** 11 in der

Die gebaute Idee – Architektur der Tessiner Schule

Architektur verpflichtet, jedenfalls im Tessin. Dort, wo Borromini und Maderna ihr Handwerk gelernt haben, lastet ein hoher Anspruch auf dem Beruf des Architekten, eine Herausforderung, der sich im 20. Jh. vor allem die Vertreter der ›Tessiner Schule‹ gestellt haben – mit weltweitem Erfolg. Ihre unverwechselbare Architektursprache der klaren, kraftvollen und oft auch temperamentvollen Bauformen hat weit über die regionalen Grenzen Furore gemacht.

Am Anfang konzentrierte sich alles neue Bauen auf das Tessin. Die Häuser eines Dolf Schnebli oder Luigi Snozzi lehnten sich mit unverputzten Betonwänden an die aus Bruchstein ebenso roh gebauten *rustici* an und formulierten einen scharfen Gegensatz zum Tessiner Heimatstil, zu dem all die Zweitwohnsitze mit Stichbögen und handgeschmiedeten Gittern fanden. In dieses konventionelle, pittoresk verklärte architektonische Umfeld platzen die Bauten der Tessiner Schule wie ein Donnerschlag. Von unnachgiebiger Formendiät, wie etwa Snozzis Einfamilienhäuser und Schulen oder Livio Vacchinis Gebäude, konzentrieren sich die Bauten auf das Wesentliche und kommen der einmal von Mario Botta formulierten Forderung nach, dass es den Architekten wieder darum gehen müsse, »die einfachsten kosmischen Werte wie Witterung, Sonne, Mond und Sterne in ihre Häuser hereinzuholen«.

Alles Schmeichelhafte ist dieser Architektur ebenso wesensfremd wie der Tessiner Landschaft, die in weiten Teilen aus Gneis und Granit besteht. Sparsamkeit sowie eine luzide Klarheit findet man auch bei den Bauten einer zweiten Gruppe von Architekten, zu der Mario Botta, berühmtester Vertreter der Tessiner Architektenschule, sowie Bruno Reichlin und Fabio Reinhard gehören. Sie konzipierten kubische, mehrstöckige Wohntürme über einem runden oder quadratischen Grundriss, gleichsam als Referenz an die Wehrtürme der Gegend, die modifiziert in den geschichteten Räumen weiterleben. Fassadenschlitze, Erkernasen und Augenlichter beleben die strenge Architektur, die an den zersiedelten Hängen oberhalb von Locarno und Ascona oder Lugano an die ›Wurzeln‹ des Tessins erinnern. Mario Botta ist weltberühmt für seine Villen und Kirchen im Tessin, die zum Wegbereiter einer postmodern-archaischen Architektur wurden, die sich im Tessin immer mehr Raum verschafft. Und von dort aus hat sie Botta hinaus in alle Welt getragen. In San Francisco baute er das Museum of Modern Art, in Evry bei Paris schuf er eine Kirche in bewährter Zylinderform und Basel erfreute er mit einem Tinguely-Museum. Aufträge in aller Welt verdankt Botta nicht nur seinen charakteristischen Bauten, sondern auch seinem feinen Sinn für Urbanität. Den Sinnen und dem Intellekt zum Glück.

neoklassizistischen Villa Helenum, die ebenfalls in Castagnola am Seeufer liegt. Die Sammlung birgt wahre Schätze an primitiver Kunst aus Ozeanien, Afrika und Asien und geht aus einer Schenkung der beiden Luganer Künstler Graziella und Serge Brignoni hervor, die sich für die Welt hinter der Welt interessieren und dem Surrealismus sehr zugetan sind. Ein Interesse, das auch den Blick des Sammlers bestimmte.

Nach soviel Kunst mag man sich im Museumsgarten gut aufgehoben fühlen, einem schönen Park am See. Luganos schönster Garten, der **Parco San Michele** 12, liegt jedoch an den Hängen des Monte Brè: zwischen Zypressen und Palmen leuchten weiße Brunnen und Skulpturen und begleiten einige mediterrane Spazierwege.

Den Gipfel des 933 m hohen Monte Brè erreicht man vom Stadtteil Cassarate mit der Drahtseilbahn. Die Auffahrt lohnt sich, denn der imposante Blick reicht an klaren Tagen bis zum Monte Rosa sowie zu den Berner und Walliser Alpen. Den Monte San Salvatore kann man ebenfalls mit einer Seilbahn erreichen (Talstation im Stadtteil Paradiso): Hier öffnet sich ein weites Panorama bis zur Po-Ebene.

Die Montagnola-Halbinsel – Inmitten goldener Hügel

Karte: S. 132
Tipps & Adressen: Montagnola-Halbinsel S. 304

Im Südwesten von Lugano schiebt sich keilförmig eine Landzunge in den Luganer See, **Montagnola-Halbinsel** oder **Ceresio** genannt. Im Norden wird sie durch den kleinen, unter Naturschutz stehenden Muzzano-See begrenzt, im Osten erhebt sich der Monte Salvatore und im Süden der Monte Arbòstora, während im Westen eine Reihe von Hügeln die Halbinsel in Bewegung setzt – die **Collina d'Oro.** Die vielgestaltige Landschaft auf engstem Raum gehört zu den schönsten Bildern, die die Seen zu bieten haben. Auch die Sonne gibt sich hier sehr verlässlich und scheint an 320 Tagen im Jahr.

Die Collina d'Oro gehörte denn auch wie der Monte Verità früh zu den Sehnsuchtszielen von Naturfreunden und Anhängern des Sonnenkultes. Vor allem Künstler aus dem Norden orteten hier um die Wende zum 20. Jh. ein verloren geglaubtes Paradies. »Wir baden den Leib und wir sonnen den Leib, das ist unser einziger Zeitvertreib«, beschreibt eine Hymne anschaulich das Lebensgefühl der Zivilisationsverdrossenen. Hermann Hesse war neben dem Dadaisten Hugo Ball wohl der berühmteste unter den Zugereisten und verbrachte die meiste Zeit seines Lebens von 1919 bis zu seinem Tod 1962 inmitten der ›goldenen Hügel‹. Ihren schillernden Namen verdankt die Hügelwelt keinen Goldfunden, sondern ihren Menschen mit ›goldenen Händen‹, darunter der Erbauer des Damms von Melide, der Ingenieur Pasquale Lucchini oder der Baumeister Domenico Gilardi, der in Moskau tätig war und zahlreiche klassizistische Bauten im Stadtbild der russischen Hauptstadt hinterließ.

Erster Ort auf der Montagnola-Halbinsel ist **Gentilino** 1, ein kleines Dorf mit einer bezaubernden Kirche. Es ist nicht die Architektur von *Sant'Abbondio,* die einen zum Schwärmen bringt, sondern das Zusammenspiel von Natur und Kunst, von hoch aufragenden Zypressen, die der barocke Campanile noch

um einige Meter übertrumpft, während die ineinander verschobenen Bergrücken die Kulisse abgeben. Ein Ort, der vor allem morgens im nebligen Dunst oder abends, wenn blaugoldenes Licht über die Felsen fließt, die Einbildungskraft beflügelt. Gegenüber der Kirche, um die Kreuzweg-Kapellen einen Kranz bilden, liegt der Friedhof von Sant'Abbondio, auf dem man das Grab von Hermann Hesse findet sowie die Grabstätten von Hugo Ball und seiner Frau Emmy Ball-Hennings, von Bruno Walter und Domenico Gilardi. Zwei Jahre vor seinem Tod hatte Hesse Resümee seiner Jahre in Montagnola gezogen und notiert: »Auch manchen Baum und Strauch habe ich hier gepflanzt, ein kleines Bambusgehölz am Waldrande und viele Blumen, und so hoffe ich, wenn ich auch kein Tessiner geworden bin, die Erde von St. Abbondio werde mich freundlich beherbergen …«.

Zum ehemaligen Wohnort des 1877 in Calw geborenen Schriftstellers, nach **Montagnola** 2, sind es nur wenige Fahrminuten. Die Häuser des kleinen Ortes scharen sich um die zentrale Piazza Brocchi, an der Livio Vacchini, einer der bedeutendsten Vertreter der Tessiner Schule 1982 einen dominanten architektonischen Akzent setzte. In schwarzen und weißen Streifen zieht sich die lange Fassade der *Scuola Elementare* am Platz entlang und öffnet sich in der Mitte zu einem Durchgang ins Atrium des Schulgebäudes, von dem man die Klassenräume erreicht. Eine klärende Architektur, die gerade wegen ihrer Nüchternheit und Sachlichkeit gefallen kann. Auf dem Hauptplatz mit Parkmöglichkeiten lässt man am besten das Auto stehen, da die *Casa Camuzzi* an einer kleinen, verkehrsfreien und platanenbestandenen Piazza im historischen Ortskern des Städtchens liegt. Seit 1997 ist ein Museum in dem zum Haus gehörigen Turm eingerichtet, das persönliche Gegenstände des Dichters bewahrt und seine schriftstellerische sowie künstlerische Arbeit in Montagnola aufschlüsselt. Jeden Sonntag um 17 Uhr finden im Museum Lesungen aus Hesses Texten statt – in italienischer und deutscher Sprache.

Sant'Abbondio in Gentilino

Hermann Hesse bezog 1919 vier kleine Zimmer in der Casa Camuzzi und begann nach verschiedenen Lebenskrisen wieder mit seiner literarischen Arbeit. Die Romane und Erzählungen »Klingsors letzter Sommer«, Texte, in die Hesse viele autobiografische Details webte, »Siddhartha«, »Narziss und Goldmund« und der »Steppenwolf« entstanden in dieser Zeit. Allein die winterliche Kälte im Camuzzi-Haus zehrte an Hesses Nerven und als er Ninon Dolbin kennenlernte, die seine dritte Angetraute werden sollte, zog das Paar 1931 in die *Casa Rossa,* eine komfortable Villa, die ihnen Hesses Freund Hans C. Bodmer hat erbauen lassen. »Ich habe dem Dorf und seiner Landschaft viel zu danken«, schrieb Hesse am Ende seines Lebens – heute hat Montagnola Hesse viel zu danken. Seine Anhänger strömen aus aller Welt hierher und folgen seinen Spuren: angefangen bei den beiden Wohnhäusern, wobei die Casa Rossa leider nicht zu besichtigen ist, über die Aussichtspunkte, an denen sich die Landschaft in seine Seele schrieb bis zu den Malplätzen und *grotti,* in denen er aß und trank. Die Spuren Hermann Hesses sind ausgeschildert; nebenbei führen sie auch zu landschaftlichen Höhepunkten. Von der Bank unter den Birken schräg gegenüber der Casa Rossa genießt man einen herrlichen Ausblick auf die grünen, schwingenden Hügel der

Halbinsel, den See und auf die sich gleich Theaterkulissen auftürmenden Berge.

Durch eine Gartenlandschaft, in der es im Sommer stark nach Lorbeer und Jasmin duftet, sowie durch lichte Kastanienwälder fährt man weiter nach Süden bis an die Spitze der Halbinsel, nach **Morcote** 3. Man kann zunächst einen Halt in Vico Morcote machen, ein kleines Dorf, dass alle Vorstellungen vom pittoresken Tessin erfüllt: alte, kleine Gässchen, stimmungsvolle Plätzchen und Laubengänge – doch über allem liegt eine frisierte Musealität. Von seiner schönsten Seite zeigt sich Morcote vom See aus gesehen: Der steil ansteigende Monte Arbòstora lässt nur wenig Platz für urbane Entfaltung, so dass sich auf engstem Raum Häuser, Weinterrassen und handtuchgroße Felder kunstvoll zusammenfügen, beschirmt von der Pfarrkirche *Santa Maria del Sasso.* Der Ansturm der Liebhaber in den Sommermonaten ist entsprechend groß und belebt das allgegenwärtige Geschäft mit Andenken, *pizze* aus der Mikrowelle und Cola in der Dose. Eigenleben hat Morcote nicht mehr, dabei bezeugen die zahlreichen Renaissance-

Lago di Lugano

Die Schweiz im Kleinen – Swiss Miniatur

Wenn sich Kinder endlich mal als Riesen fühlen, sind auch Erwachsene seltsam berührt von dieser Welt im Kleinen. Swiss Miniatur in Melide zeigt die kulturellen Höhepunkte der Schweiz, die schönsten Burgen, Schlösser, Türme und Häuser in 25-facher Verkleinerung.

In einem Park direkt am See und vor dem Panorama nahezu konisch aufragender Berge sieht allerdings alles noch viel kleiner aus. Auch Seen und Flüsse, Büsche und Bäume, die Alpen sowie alle Verwehrswege passen sich dem kleinen Format an und während ein kleiner Zug unaufhörlich durch die kleine Schweiz rauscht, der Dampfer seine Passagiere zu den Sehenswürdigkeiten des Vierwaldstätter-Sees schifft, feiern die Menschen vor den nachempfundenen Straßenzügen Luzerns den Alp-Aufstieg.

Und manchmal kann man sich des Eindrucks nicht erwehren, dass sich die Schweiz hier selbst noch einmal ihres Images einer schönen, heilen Welt versichert … Aber das liegt wohl in der Natur der Miniatur.

und Barock-Palazzi den einstigen Wohlstand, den die Stadt mit Handel und Fischerei erwirtschaftet hatte. Bereits im Mittelalter kam Morcote in den Genuss der Autonomie sowie steuerlicher Privilegien, was zur Entfaltung eines blühenden Gemeinwesens führte. Zeugnis dieser Entwicklung ist die mittelalterliche Kirche *Sant'Antonio Abate,* die am Stufenweg zur Pfarrkirche liegt. Eine einheitliche Formensprache ergibt sich heute leider nicht mehr bei dem im 13. Jh. errichteten Bau, der vielfach verändert wurde. Der Innenraum bewahrt spätgotische Fresken, darunter eine originelle Auslegung des Letzten Gerichts: Zwei Teufel halten ein Netz und fangen die nackten Seelen auf ihrem Höhenflug ab – so haben sich Fischer das Grauen am Ende aller Tage vorgestellt. An der Westwand sieht man ein weiteres, später aufgetragenes Fischerthema, den ›Wunderbaren Fischzug‹.

Im Westen von Morcote lädt der *Parco Scherrer* zum Spaziergang zwischen siamesischem Teehaus, dem Tempel der Nofretete, der Casa Araba, einem Sonnentempel und ebenso exotischen Pflanzen ein – manch einer mag alles als aufdringlichen Kitsch empfinden, manch einer hält alles für Kunst. Bedenken sollte man, dass Reisen zu den Originalplätzen so gut wie unmöglich waren, als der Schweizer Kaufmann Arthur Scherrer zu Beginn der 1930er Jahre seinen exotischen Park anlegen ließ.

Im Westen der Montagnola-Halbinsel liegt **Melide** 4, von wo aus der breite Damm den Luganer See bis an das andere Ufer nach Bissone überquert.

Im Westen von Melide liegt **Carona** 5 auf einem Plateau der Halbinsel, das einen prächtigen Ausblick auf das Massiv des Monte Generoso erlaubt. Zu seiner überschwenglichsten Lobeshymne kam der Blick von Carona wohl bei Hermann Hesse, der notierte: »(...) und von da fällt der Blick unendlich leicht, beschwingt und frei, unendlich erstaunt, gespannt, beglückt und sehnlich immer weiter gezogen über eine grenzenlos weitgebreitete Berglandschaft mit vielen hundert Gipfeln hin und darüber eine noch weitere noch mächtigere, noch lockendere Himmelslandschaft hinein. Es gibt viel Schönes auf Erden. Schöneres als dies gibt es nicht.« Dieser Ausblick bezieht sich auf das Panorama, das sich von der einsam gelegenen, schönen Wallfahrtskirche *Madonna d'Ongero* südlich von Carona erschließt. Neben dem Blick lohnt natürlich auch die Kirche den viertelstündigen Fußmarsch – der Bau präsentiert sich in reinstem Barockstil.

Im Ort selbst empfiehlt sich die Kirche *San Giorgio.* Sie ist eine romanische Gründung, wurde aber zur Zeit des Barock gründlich umgebaut. Wahrscheinlich standen die baulichen Veränderung unter der Leitung der Solari, einer Künstlerfamilie, die in Mailand, Venedig, ja sogar in Moskau tätig war und aus Carona stammte. Ihr Wohnhaus, die *Casa Solari,* ist bis heute erhalten und leicht an der *sgrafitti*-Fassade zu erkennen. Im Innenraum der Pfarrkirche findet man überraschenderweise hochwertige Fresken, darunter ein ›Letztes Abendmahl‹ (1500) von Andrea Solari sowie das ›Jüngste Gericht‹ (1580) von Domenico Pezzi, der starke stilistische Anleihen bei Michelangelo machte. Bei einem Spaziergang durch das Bergstädtchen wird man schnell gewahr, dass die Schönheit Caronas auch im Detail steckt, mal entdeckt man hier Fresken, dort einen schönen Türklopfer oder ein Relief – ihre ruhmreiche künstlerische Vergangenheit bewahrt die Stadt bis heute in ihrem Erscheinungsbild.

Der Nordosten des Ceresio

Karte: S. 132
Tipps & Adressen: Ceresio S. 281, Porlezza S. 306

Der Nordostarm des Ceresio gehört zu den unberührtesten Abschnitten am See. Gleich hinter Luganos Nobelvorort Castagnola gewinnt die Straße an Kurvenfreude und Höhe. **Gandria** 6 ist der letzte Ort auf Schweizer Gebiet. Von der Straße sieht man nur den großen Parkplatz, auf dem man den Pkw stehen lassen muss – für manchen Wohnwagenreisenden ist die Fahrt hier zu Ende, da die Uferstraße zu schmal für breite Vehikel ist. Gandria war vor der touristischen Eroberung ein malerisches Fischerdorf – heute lebt man von der Vermarktung dieses Images. Das mittelalterliche Erscheinungsbild des Ortes mit den konisch abfließenden Grundmauern der Häuser, den buckligen und verwinkelten Gässchen und Durchgängen entspricht dabei ganz den Vorstellungen von pittoresker Idylle und gehört zu den meist fotografierten Ansichten des Tessins.

Am gegenüberliegenden Ufer liegen die **Cantine di Gandria** 7 am Fuß des waldigen Monte Caprina. Man kann sie nur mit dem Schiff erreichen, da die Felsen hier nahezu senkrecht zum Wasser hin abfallen. Die Cantine sind Felsgrotten, in denen bis heute Wein gelagert wird, den man an Ort und Stelle kosten kann – an heißen Sommertagen ein stimmungsvoller Ausklang, bei dem man allerdings mit vielen Gleichgesinnten rechnen muss.

Idylle am Luganer See: das mittelalterliche Örtchen Gandria

Den kleinen und großen grünen Grenzverkehr dokumentiert das *Zollmuseum,* dessen Sammlung eine ganze Palette von Schmugglerwaren präsentiert – lange Zeit eine der lukrativsten Erwerbsquellen der Bewohner in dieser Gegend. Viele Villen am Seeufer wurden mit dem heimlichen Transport von Luxusgütern finanziert. Heute sind alle Schmugglerpfade längst touristisch ausgetrampelt und alle Tricks gelüftet: hohle Schuhabsätze, doppelte Benzintanks, ferngesteuerte Boote. Im Museum kann man sich jedoch noch virtuell auf Schmugglerjagd begeben …

Hinter Gandria passiert man die Grenze nach Italien. Sie ist auch die Grenze zu einem wirtschaftlich unterentwickelteren, ärmeren Land, was man sogleich an der Straße bemerkt, die nun zur Holperpartie wird. Riesige Schlaglöcher haben den Asphalt zerfressen und warten seit Jahren auf Ausbesserung. Die Tunnel sind schmal, unbeleuchtet und erfordern vom Fahrer höchste Aufmerksamkeit. **Oria** 8 scheint mit seinen aneinander geschmiedeten Häusern, die sich den Bergrücken hinaufziehen ganz dem Bilderbuch der idyllischen Ansichten zu entstammen. Die Grenze zu Italien ist erstaunlicherweise auch die Grenze des Massentourismus, daher haben sich viele Dörfer noch Reste ihres Eigenlebens bewahrt, obgleich auch hier der Beruf des Fischers vom Aussterben bedroht ist. Alternativen gibt es wenige. In der *Casa Fogazzaro* neben der kleinen Pfarrkirche verbrachte Antonio Fogazzaro (1842–1911), der berühmteste Dichter der Valsolda, einen Teil seiner Kindheit. In seinem Roman »Piccolo mondo antico« (Kleine, alte Welt), der zu Beginn des 20. Jh. auch in Deutschland einige Beachtung fand, beschrieb Fogazzaro die Umwälzungen des *Risorgimento* in der Heimat seiner Mutter, der Valsolda.

Bei **San Mamete,** einem Dorf, das ebenfalls den Berg stufenförmig hinaufgewachsen ist und sich zum See hin öffnet, winden sich Serpentinen in die wild-romantische **Valsolda,** ein von der Sonne verwöhntes und von der Armut gezeichnetes Tal. In zwei Armen, die sich kurz vor der Mündung in den Lago di Lugano wieder vereinen, strömte die Solda, ein sprudelnder, grüner Wildwasserbach, von der Höhe zu Tal und schneidet eine breite Schneise durch die Berge. An den Bergflanken hängen kleine Dörfer gleich Schwalbennestern, über die sich tagsüber eine gespenstische Stille legt, da die Bewohner ihre Arbeitskraft in der benachbarten Schweiz anbieten. **Puria** 9 ist der Geburtsort des bedeutendsten lombardischen Renaissance-Architekten Pellegrino Tibaldi, dessen Wirkungskreis bis nach Rom und Madrid reichte. Für Carlo Borromeo war Tibaldi der wichtigste Architekt der heiligen Berge; bei Philipp II. tat Tibaldi sich hingegen als Maler hervor und schuf im Escorial sowie in der Madrider Bibliothek Fresken. Seiner Heimat hinterließ er indes nichts mehr als die Pläne für die Kuppel der Pfarrkirche Santa Maria Assunta.

Die Straße in die Valsolda endet in **Dasio,** dem höchst gelegenen Ort inmitten einer Bergzackenkrone, von dem der *Sentiero delle quattro Valli* (der Weg der vier Täler) in drei Tagesabschnitten nach Breglia oberhalb von Menaggio führt und eine großartige Natur erschließt.

Am Seeufer folgen die beiden Ortschaften **Cressogno** und **Cima,** die noch zur Valsolda gehören. Kurz vor Cima liegt oberhalb der Staatsstraße das **Santuario della Madonna della Caravina** 10, eine barocke Wallfahrtskirche, die Carlo Borromeo 1570 in Auftrag gab – die Protestanten waren ja nicht weit ... 1886 brachte man die Architektur der Kirche auf die Höhe der damaligen Zeit und blendete ihr eine neoklassizistische Fassade vor, hinter der sich ein üppig ausgestatteter Innenraum verbirgt. Bei genauerem Hinblick fällt allerdings schnell die drittklassige Qualität der Fresko-Malerei (17. Jh.) auf – wie so oft musste auch hier der künstlerische Anspruch hinter dem didaktischen zurücktreten. Die Wallfahrer pilgern zum Bild der weinenden Madonna am Hochaltar, vor dem sich an Festtagen ganze Menschentrauben bilden, die von druidischem Gemurmel in expressive Gefühlsäußerungen verfallen.

Die Straße verschwindet jetzt häufig in den Tunnels und nimmt mit ihren nackten, sich tief über die Fahrbahn hängenden Felswänden dramatischen Charakter an. **Porlezza** 11 ist der Hauptort des östlichen Seearms und empfängt seine Besucher mit überraschender Weite. Die Stadt, die auf eine Gründung der Römer zurückgeht, hat im Delta der beiden Flüsse Rezzo und Cuccio Platz für eine schöne Uferpromenade, die Cafés und Restaurants säumen, im Norden des Ortsgebietes nutzt man den Raum für Wohnanlagen und Industriegebiete, die weit in die Pian di Porlezza wachsen. Porlezza trägt als einziger Ort dieser Gegend alle Anzeichen von Wachstum, die Bevölkerung nimmt im Gegensatz zu den umliegenden Ortschaften zu und es ist wohl eher der Blick des Reisenden, der diese Formen des Überlebens automatisch als Zerstörung empfindet. Eine ökologische Katastrophe ist es allerdings, dass Porlezza seine Abwässer ungefiltert in den See entlässt. Die Wasserqualität nimmt sich dementsprechend aus, Baden ist verboten.

Die Altstadt trägt trotz allen sommerlichen Rummels provinzielle Züge, hier gibt es noch Läden, deren Sortiment alles umfasst, was man zum Leben so braucht und in den Bars treffen sich die Einheimischen, um die Fussballergebnisse des AC Milan und ihre Krankheiten zu erörtern.

Bereits auf italienischem Staatsgebiet: Porlezza

Von Porlezza führt die Staatsstraße SS 340 durch eine plötzlich bäuerliche Landschaft mit saftigen Wiesen und Weiden und am kleinen Lago di Piano vorbei nach Menaggio am Westufer des Comer Sees. Die Uferstraße verbindet Porlezza noch mit **Osteno** 12 am Südufer des Lago di Lugano, von wo aus man einen schönen Blick auf die Valsolda genießt. Einen Besuch lohnt die Pfarrkirche *Santi Pietro e Paolo,* die über dem Ort thront und mit erstaunlich qualitätvollen Kunstwerken ausgestattet ist, darunter eine rührende Madonnenskulptur und ein schaudervolles Fresko des Jüngsten Gerichts – beides Werke des 15. Jh. Hinter Osteno fallen die steilen Felsen des Monte Cecci in zackigen Linien ins Wasser; Raum für eine Straße gibt es nicht. Daher nimmt man die Straße über Claino und das untere Intelvi-Tal bis nach Campione.

Das südliche Ostufer des Ceresio

Karte: S. 132
Tipps & Adressen: Mendrisiotto/Mendrisio S. 302

Das Ostufer des Lago di Lugano bestimmen vorwiegend Felsen, die erst im südlichen Zipfel zurücktreten und einer Besiedlung Raum geben. Von Norden kommend ist **Campione d'Italia** 13 der erste größere Ort, eine italienische Enklave auf Schweizer Gebiet (keine Grenze). Die rechtliche Sonderstellung erfüllt Campione auch mit einer Sonderrolle. ›Las Vegas Italiens‹, ›Spielhölle‹, ›Glücksspieloase‹ und ›Steuerparadies‹ lauten die einschlägigen Titel der Stadt, die sich ganz der Gunst Fortunas verschrieben hat. Eine glückliche Entscheidung, denn Campione lebt nicht schlecht vom Glücksspiel. Das *Casino Municipale di Campione,* schön am See gelegen, wurde 1933 durch das italienische Innenministerium bewilligt und da in der Schweiz keine Spielhöllen erlaubt waren, profitierte Campione schon bald von der Spielleidenschaft der Tessiner. Der Gewinn floss nicht zuletzt in das Erscheinungsbild der Stadt, die sich binnen kürzester Zeit vom Fischerdorf zur Glückskapitale verwandelte. Eine Fülle von Restaurants, Bars und Pizzerien haben die kleinen Läden verdrängt und die ärmlichen Unterkünfte der Bewohner wurden zu begehrten Zweitwohnsitzen von Steuerflüchtigen und Besitzern von Briefkastenfirmen aufgemöbelt.

Die politische Zugehörigkeit zu Italien gründet auf einer Schenkung. Die 4 km^2 große Enklave gehörte im 8. Jh. dem Bauern Totone, der sie 777 zur Errettung seines Seelenheils zusammen mit seinem ganzen Vermögen der Kirche Sant'Ambrogio in Mailand vermachte. Trotz zahlreicher widriger Ereignisse und politischer Lageverschiebungen, blieb Campione jahrhundertelang italienisches Gebiet – bis heute. Früher war Campione einmal für seine Künstler bekannt, darunter vor allem Baumeister und Bildhauer, die in ganz Mitteleuropa als *maestri campionesi* tätig waren. In Campione selbst fehlten die Auftraggeber und die finanziellen Mittel.

Aber immerhin leistete sich die Enklave eine prächtige Kirche, *Santa Maria dei Ghirli.* Seine ursprünglich gotische später aber barockisierte Schaufassade wendet der Bau dem See zu. Auftakt ist eine doppelte, sich kreuzende Treppe, die von Zypressen flankiert wird. Das bewegende Spiel der Perspektiven leitet über zu der gleich einem Triumphbogen gestalteten Vorhalle der Kirche, die an Höhe mit dem noch gotischen Campanile wetteifert. Im Innern sind spätgotische Fresken erhalten, die eine stilistische Verwandtschaft mit der Giotto-Schule aufweisen. Der Name der Kirche – Madonna der Schwalben – ist gleichsam eine Referenz an die *maestri campionesi,* die immer außer Landes arbeiteten.

Bissone 14 ist der Geburtsort des berühmtesten Tessiner Architekten und eines der bedeutendsten Baumeister des Barock, Francesco Borromini (1599–1667), der zunächst in Mailand, später in Rom tätig war. Zu seinem 400. Geburtstag 1997 errichtete Mario Botta ein Modell seiner römischen Kirche San Carlo alle Quattro Fontane am Lungo Lago von Lugano. Borromini hätte diese ›Rückkehr‹ in seine Heimat sicher gefreut.

In **Capolago** 15 hat man das ›Haupt des Sees‹ erreicht. Der klingende Name verspricht mehr als er hält, doch die fehlenden Sehenswürdigkeiten kompensiert das Städtchen mit einer Fülle von Weinkellern und *grotti,* in denen der sehr gute Merlot des Mendrisiotto ausgeschenkt wird. 1556 wurde Carlo Maderna in Capolago geboren, neben Borromini der zweite große, vor allem in Rom tätige Barock-Architekt aus dem Tessin, der u. a. die Fassade des Petersdoms konzipierte. Ein schöner Ausflug lässt sich von Capolago zum **Monte Generoso** unternehmen, zu dessen 1701 m hoher Bergstation ›Vetta‹ eine Zahnradbahn führt. Nicht nur die Fahrt ist ein Vergnügen, auch der Blick von oben – der Monte Generoso ist die höchste Aussichtsterrasse des Tessin – rückt die Landschaft des Luganese noch einmal in ein neues Licht.

Riva San Vitale 16 winkt schon von weitem mit der mächtigen Kuppel der Kirche *Santa Croce,* die als eine der schönsten Renaissance-Kirchen der Schweiz gepriesen wird. In der Tat steht man einer harmonischen, klar gegliederten Anlage in leuchtendem Gelb gegenüber, für die möglicherweise Pellegrino Tibaldi die Pläne lieferte. Im Innenraum nehmen Fresken und Ausstattungsstücke den Manierismus bereits vorweg wie auch die seltsamen Masken, die am Portal das Schaudern lehren. Obwohl Santa Croce eine ungewöhnliche Kirche ist, in der sich spannungsvoll Glaubensinhalte mit menschlicher Imagination verschränken, hat Riva San Vitale eine weitaus berühmtere Sehenswürdigkeit zu bieten: den ältesten erhaltenen Sarkalbau der Schweiz.

Das *Baptisterium San Giovanni* (5. Jh.) liegt im Süden des Städtchens im Hof der Pfarrkirche San Vitale. Der turmartige, aus Natursteinen gemauerte Bau lässt von außen einen quadratischen Innenraum vermuten, um so mehr ist man überrascht, einen achteckigen Raum zu betreten, dem ein monolithisches Taufbecken seine Mitte gibt. Getauft wurde durch untertauchen, daher die Größe. Verschiedenfarbige Marmorplättchen fügen sich am Boden des Baptisteriums zu polychromen Rosetten, neben den Fresken-Resten (11. und 12. Jh.) der einzige Schmuck des zur Kontemplation einladenden Raums.

Mendrisio 17 im Süden von Riva San Vitale hat im Vergleich zu den kleinen Uferorten geradezu etwas großstädtisches. Die 7000 Einwohner zählende Stadt ist Universitätsstadt, was sich auch im lebhaften Alltag zeigt, zu dem eine Reihe von Cafés und Bars gehören sowie ein reges kulturelles Leben. Mendrisio ist wirtschaftlich nicht allein auf den Fremdenverkehr angewiesen, vielmehr lebt die Stadt auch von der Industrie, was allenthalben im ausgefransten Stadtrand offenkundig wird, der von Wohnblocks und Industriebetrieben besetzt ist.

Das *centro storico* beherrscht der imposante Monumentalbau der Kirche *Santi Cosma e Damiano,* ein Werk von Luigi Fontana, das Schönheit durch Größe kompensiert. Ungleich ansehnlicher präsentiert sich das 1852 aufgehobene *Servitenkloster San Giovanni,* das die Sammlung des Museo d'Arte beherbergt. Hier konzentriert sich die Tessiner Kunst vom 18.–20. Jh.

Die Klosterkirche *San Giovanni Battista* ist Zentrum der berühmten Osterprozessionen in Mendrisio – ein einzigartiges Spektakel. Schon zu Beginn der Karwoche schmückt sich die Stadt mit

Wenn die Natur zum Künstler wird – Die Valle di Muggio

Ein gleichsam bukolischer Landstrich breitet sich im Osten von Mendrisio aus, die **Valle di Muggio,** ein enges Tal, das die Breggia in die Ausläufer des Monte Generoso geschnitten hat. Wie nahezu alle Täler der Oberitalienischen Seen trägt die Valle di Muggio Züge der Abwanderung – an den ungedeckten und verfallenden Häusern, die silbergrau von den saftig-grünen Terrassen leuchten, lassen sich Spuren der Verlassenheit ablesen.

Das Muggio-Tal verläuft gen Norden in unabsehbaren, bewaldeten Hügelzügen, die der Landschaft einen beschwingten Rhythmus geben. Zwischen den Waldzonen erscheinen immer wieder grüne terrassierte Felder, deren klare Rippen mit zerzausten Gebüschen wechseln, hellgrüne Wiesenstücke werden von dunklen Baumgruppen unterbrochen – ein Variationsreichtum, der zu den schönsten Landschaftseindrücken der Gegend gehört. Die Dörfer hängen wie Schwalbennester über dem engen Talgrund und die Häuser kauern sich eng zusammen, gleichsam wie zu einer Schicksalsgemeinschaft. Das Leben in der Valle di Muggio ist kein Zuckerschlecken, soviel erkennt selbst der verklärteste Blick. Seinen Namen verdankt das Tal dem Hauptort **Muggio** 18, den die Pfarrkirche *San Lorenzo* beschirmt. Das malerische, mittelalterlich anmutende Dorf war eine Brutstätte von Architekten: Simone Cantone, Pier Luigi Fontana und Luigi Fontana wurden hier geboren. Das Wohnhaus der Fontana steht direkt gegenüber der Kirche. Im Grotto Casarno kann man *formaggini* kosten, ein Frischziegenkäse – eines der Grundnahrungsmittel der Bauern im Tal und gerade wegen seiner Einfachheit köstlich.

Transparenten, die die Leidensgeschichte Christi erzählen. Am Abend des Gründonnerstag werden sie ausgeleuchtet und die ganze Stadt verwandelt sich in ein buntes Bilderbuch, das die Kulisse für den historischen Kostüm-Umzug abgibt, der den Weg Christi zum Kalvarienberg vergegenwärtigt. Karfreitag wird hingegen die Altar-Figur aus San Giovanni mit Christus und der trauernden Gottesmutter in Begleitung von Musik durch die Stadt getragen.

Ein weiterer Höhepunkt des Festtags-Kalenders in Mendrisio ist der *Martini-Markt* am 11. November, auf dem Kunsthandwerk sowie Käse, Marmeladen, Brot und Honig der Bauern aus den umliegenden Tälern verkauft werden. Schließlich sollte man sich auch Zeit für einen Stadtbummel nehmen; neben einigen schönen Läden trifft man auch immer wieder auf Palazzi, die vom einstigen Wohlstand künden, den die Stadt im 19. Jh. mit der Seiden- und Textilindustrie erwirtschaftete.

Lago di Como

Lario nennen die Uferbewohner zärtlich und melodiös den **Comer See,** ähnlich wie die Römer, die ihm den Namen *Lacus Larius* gaben. Vielen gilt der Lago di Como als Adonis unter den Oberitalienischen Seen und beim Anblick all der herrschaftlichen Villen, die weiß und gelb aus den subtropischen Parks leuchten, wird man schnell geneigt sein, in das allgemeine Loblied einzustimmen. Es ist wohl der Eindruck eines natürlichen Gesamtkunstwerks, einer vollendeten Harmonie zwischen Kunst und Natur, der Reisende zum Schwärmen bringt. »Womit soll ich dein Lob beginnen, gewaltiger Larius? Wie deine reichen Gaben schildern?«, kapitulierte der Schriftsteller Paulus Diaconus im Mittelalter angesichts der Schönheit, die sich ihm an den Gestaden des Sees auftat. Paulus Diaconus hatte freilich allein die Landschaft vor Augen, die sich im Lauf der Jahrhunderte natürlich sehr verändert hat – leider nicht immer zum Vorteil.

Der Lago di Como ist mit bis zu 400 m der tiefste See der Alpen. Gleich einem Fjord zwängt er sich zwischen die steil aufragenden Gebirgsprospekte der Alpen, die sich noch über 2000 m auftürmen und der Landschaft ihre unvergleichliche Dramatik geben. Eine kleine Extravaganz hat sich der Lago di Como mit seiner eigenwilligen Form erlaubt: Die Wasserfläche verteilt sich auf drei nahezu gleiche Teile in Form eines kopfstehenden Ypsilons, das seine Beine in die fruchtbare Ebene der Brianza streckt. Der östliche Seearm nennt sich **Lago di Lecco.**

Hauptzufluss des Lario ist die Adda, ein ungestümer Flusslauf, der im Norden in den See eintritt und ihn bei Lecco wieder verlässt. Die Landschaft rund um den See prägt ein Reichtum an Kontrasten. Ganz bescheiden gibt er sich bei Como, wo man meinen müsste, es handele sich eher um einen größeren Teich. Doch nach mehreren Biegungen und Windungen gewinnt der See im mittleren Abschnitt an Weite, während die Berge immer mehr in die Höhe wachsen. Die reizvollste Gegend hat man beim Zusammenfluss der beiden Arme erreicht: hier öffnen sich die schönsten Ausblicke auf den Monte Legnone am Ostufer, der sich zu 2609 m aufschwingt und entrückt, wie außerhalb der Zeit dasteht.

Am Westufer hingegen findet man verschwenderische Dekadenz. Die vielen Villen überbieten sich an Eleganz und Noblesse und üppige Vegetation, Magnolien, Kamelien, Jasmin, Rosen, Lorbeer sowie Kaskaden von Rhododendren und Bougainvilleen ranken sich um Säulen und überwuchern alte Mauern. Hinter Rezzonico verdüstert und verengt sich der See wieder, die Orte haben sich nicht allein dem schönen Leben verschrieben, sondern geben sich alltäglich und arbeitsam. Auf den Fremdenverkehr stellt sich hier so gut wie niemand ein, allerdings wird der Tourismus am ganzen Comer See nicht sehr groß geschrieben, da es an Kapazitäten fehlt. Daher konnte sich der Lario eine stilvolle Exklusivität bewahren. Neben prächtigen Grandhotels gibt es jedoch auch eine Fülle charmanter kleiner Hotels und Pensionen sowie einige Campingplätze im Norden.

Das Ostufer hat einen eher herb-alpinen Charakter, die Berge türmen sich

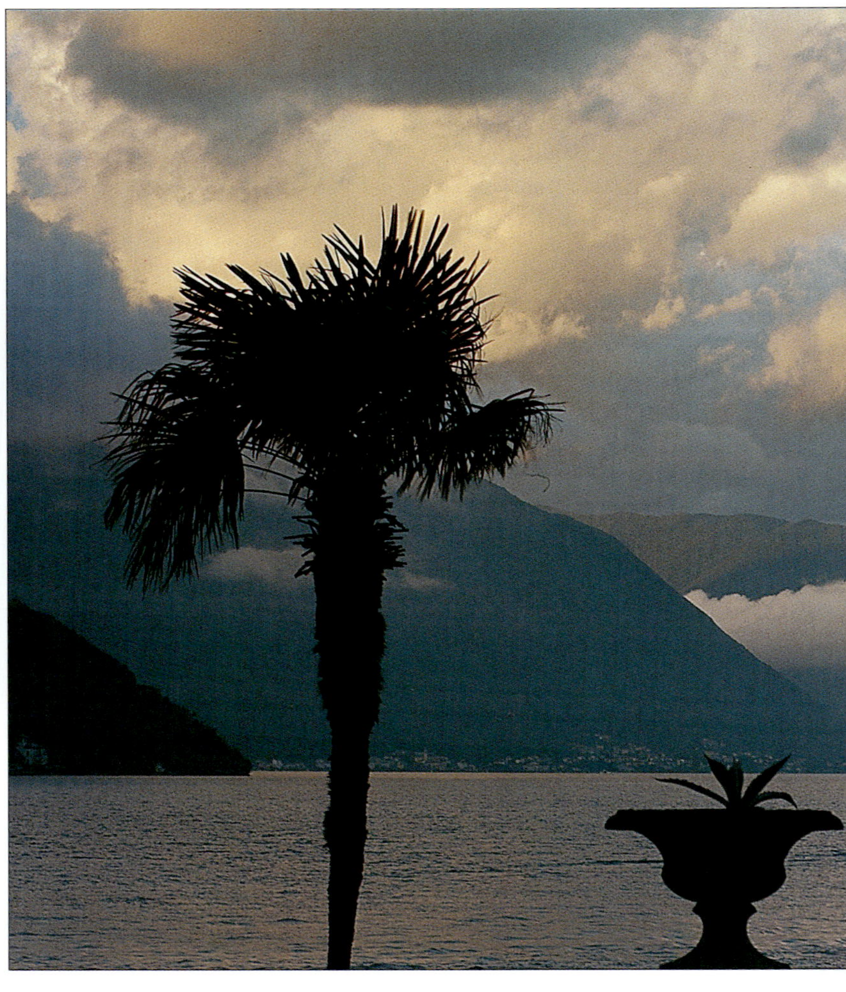

hier zu imposanten Gebirgsprospekten. Die mediterrane Vegetation tritt dabei immer weiter zugunsten von Kastanien- und Nadelwäldern zurück. Ortschaften wie Bellano oder Colico pflegen ganz ihr Eigenleben, während andererseits auch die Spuren der Zersiedlung nicht zu übersehen sind. Das Wasser des Comer Sees ist sehr fischreich, vor allem Barsche, Forellen und Hechte tummeln sich in dem Wasserbecken. Doch da die Orte um den See nicht an eine Ringkanalisation angeschlossen sind, ist die Wasserqualität sehr verbesserungswürdig. Immerhin haben die meisten Ufergemeinden in den letzten Jahren Kläranlagen gebaut, so dass man vor allem im nördlichen Teil sauberes Wasser findet, dass zum Baden einlädt. Allein in der Gegend um Como sollte man auf ein Bad im See eher verzichten, da der See hier auch mit Industrieabwässern belastet wird.

Von Bellagio aus hat man einen herrlichen Blick auf die Bergwelt hinter Menaggio

Como – geschäftige Hauptstadt des Lario

Karte: S. 145
Tipps & Adressen: S. 282

Como macht es einem leicht und schwer zugleich. Hat man erst einmal die zersiedelten Industrievororte mit gesichtslosen Wohnblocks und so manchem vorletzten architektonischen Schrei aus Japan passiert und endlich einen Parkplatz gefunden, wird man schnell vom quicklebendigen Charme der Stadt eingefangen. Sicher, Como ist kein touristisches Schlaglicht wie Verona oder gar Florenz und von Zauber kann man in der Stadt auch kaum sprechen, es sei denn, man führt sich die Lage am südwestlichen Seebecken vor Augen.

Wie Mailand gibt sich Como gern das Image eines Wirtschaftszentrums. Die Bewohner halten sich ihre Strebsamkeit zugute und über der ganzen Stadt liegt eine geschäftige Betriebsamkeit – nach den vielen Dörfern und mittelalterlichen Städtchen mag man das als wohltuend empfinden, gleichsam als Sprung zurück ins Leben. Bedeutende Kunstschätze hat indes auch Como anzubieten, nur nicht auf dem Tablett der Tour-Angebote. Für Como braucht man ein wenig Geduld, denn oft verbirgt sich hier hinter schmucklosen Mauern mehr, als man von außen vermutet hätte und oft trifft man gerade dort auf Kirchen, wo man von ihrer Umgebung eher absehen muss.

Einen erstklassigen Auftritt hat Como indes auf der Piazza Duomo, auf der das urbane Herz schlägt. Der große Platz mit dem strahlend schönen Dom breitet sich im Norden des engmaschigen, regelmäßig angelegten Grundrisses aus, den die Römer in Como hinterlassen haben. Zu den bedeutendsten römischen Stadtbewohnern gehörten Plinius der Ältere (24–79 n. Chr.), Verfasser einer 37-bändigen Enzyklopädie ›Naturalis historia‹ und sein Neffe Plinius der Jüngere (62–113 n. Chr.). Im Mittelalter geriet Como ebenso wie das übrige Oberitalien zunächst unter die Herrschaft der Langobarden, denen die Franken folgten bis die Stadt zum Streitobjekt zwischen Ghibellinen und Guelfen wurde. Im 12. Jh. befestigte man Como mit einer imposanten Stadtmauer, von der noch größere zusammenhängende Teile erhalten sind.

Das frostige Klima zu dieser Zeit kann man eindrucksvoll an der Torre di Porta Vittoria ablesen, einem massigen, klobigen Tor-Turm, der fast 40 m aufragt. Zusammen mit der Torre San Vitale und der Torre Porta Nuova ergibt sich das Bild einer äußerst wehrhaften Befestigungsanlage. Die Visconti und die Sforza, denen Como nacheinander ab dem 14. Jh. unterstand, brachten der Stadt eine kulturelle Blüte, die 1521 ein Ende fand, als die kaiserlichen Truppen Karls V. Como besetzten und plünderten. Ganz Ober- und Mittelitalien geriet nun unter die Fremdherrschaft Spaniens und Österreichs bis sich, provoziert von Willkür, Auspressung und Korruption die Freiheitsbestrebungen des *Risorgimento* artikulierten. 1859 zog Garibaldi in Como ein; ein Jahr später führte der Befreiungszug zur Einigung Italiens.

Im 19. Jh. erwirtschaftete Como mit der Herstellung von Seide bereits einen beachtlichen Wohlstand. Die *pura seta di Como* war heiß begehrt und kleidete Könige und Adelige in ganz Europa. Den ersten Anstoß zur Seidenproduktion gab der Tuchhändler Pietro Boldoni, der 1510 eine Seidenmanufaktur in Como einrichtete. Dass sein Impuls einmal so große Bedeutung annehmen würde, hätte er sich wohl kaum erträumen lassen ... Como produziert täglich etwa 250 km Seidentuch und verarbeitet zusammen mit dem Umland etwa ein Viertel der Weltproduktion. Architektonisch findet der Wohlstand Ausdruck in einer Fülle von stattlichen Palazzi, nicht nur in Como, sondern natürlich auch in den umliegenden Uferorten. Ein Bild über die Seidenherstellung kann man sich in dem Seidenmuseum in der Via Valeggio 3 machen, das zwar leider etwas außerhalb des Stadtzentrums im Süden liegt, aber mit einer interessanten Sammlung alles Wissenswerte rund um den feinen Faden aufschlüsselt und dokumentiert.

Stadtrundgang

Zurück zur **Piazza 1: der Dom, das mittelalterliche Rathaus** *(broletto)* und die **Torre Comunale** fügen sich zu einem großartigen Platzensemble, das man am besten in einem der Straßencafés, etwa dem beliebten Café Commun, auf sich wirken lässt. Der Broletto mit seiner schwarz-weiß inkrustierten Fassade und dem zu Arkaden geöffneten Erdgeschoss ist ein Bau von 1215 und erinnert gleich wie der Stadtturm an die kurze Zeit der politischen Autonomie. Heute haben die beiden Bauten es schwer, sich gegenüber dem alles überstrahlenden Dom zu behaupten.

1396 begannen die Bauarbeiten am Duomo **Santa Maria Maggiore,** der erst 1744 mit der Vierungskuppel des genialen Barockarchitekten Filippo Juvarra seinen krönenden Abschluss fand. Doch obwohl der Bau in unterschiedliche Stilperioden fällt, ergibt sich an der Schaufront ein harmonischer Gesamteindruck. Die Fassade ist im wesentlichen ein Werk der *maestri comacini.* Die Bauplastik, die die Fassade geradezu verschwenderisch schmückt, trägt vor allem die Handschrift der Brüder Tommaso und Jacopo Rodari; von ihnen stammen die mittlerweile hinter Glas geschützten Figuren Plinius des Älteren und des Jüngeren, die das Portal flankieren und es wohl dem Humanismus zu verdanken haben, dass sie einen Platz in der Gesellschaft der Heiligen finden konnten.

1507 schufen die Brüder an der Nordseite die sogenannte *Porta della Rana* (Frosch-Tür), benannt nach einem Froschmotiv, das allerdings kaum noch in der linken Mauerseite neben der Tür zu erkennen ist. Das Portal selbst ist jedoch in seiner ganzen Pracht erhalten: Die Figuren in der Lünette stellen die Heimsuchung Mariä dar; die Sockel der vorderen Säulen sowie die Türflanken bevölkern Figuren der griechischen Mythologie. Das *Südportal,* das Tommaso Rodari schuf, ist wesentlich strenger aufgefasst und zeigt im Architrav die Flucht nach Ägypten. Nimmt man sich die Zeit, den Dom einmal zu umkreisen, fallen die einzelnen Bauteile schnell auseinander, vor allem bei der zentralen Apsis, deren Formensprache der Renaissance verpflichtet ist.

Como *1 Piazza Duomo mit Broletto, Torre Comunale und Duomo Santa Maria Maggiore 2 Palazzo Terragni 3 San Fedele 4 Palazzo Giovio (archäologische Sammlung) 5 Palazzo Oliganati (Civico Museo Garibaldi) 6 Palazzo Volpi 7 Santissima Annunziata 8 Sant'Abbondio 9 Castello Baradello 10 San Carpofaro 11 Tempio Voltiano 12 Brunate*

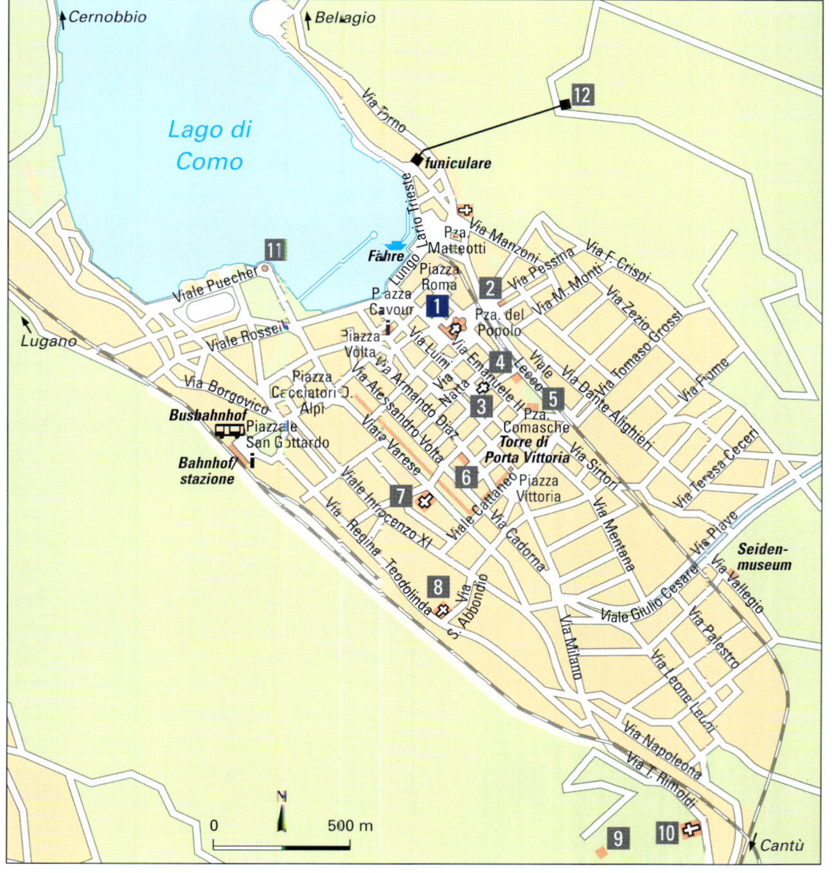

Im Innenraum muss man sich zunächst an das Dunkel gewöhnen, aus dem sich schemenhaft die Konturen und Kunstwerke herausschälen. Das Licht fällt nur spärlich durch die Buntglasfenster in den langgestreckten Raum, der zunächst mit seinen monumentalen Ausmaßen beeindruckt. Ungewöhnlich mag man die zwischen den Pfeilern des Mittelschiffs aufgehängten Gobelins empfinden, die gleichsam als Raumteiler funktionieren. Aus dem Vorgängerbau, der für das 9. Jh. belegt ist, stammen noch die beiden romanischen Weihwasserbecken neben dem Hauptportal, die von einem mächtigen Löwen und einer ihre Jungen säugenden Löwin getragen werden. Bernardino Luini schuf die Altarbilder des hl. Hieronymus und der Anbetung der drei Könige, Gaudenzio Ferrari malte den festlichen Aufzug der Flucht nach Ägypten.

Kaum noch zu erkennen: das ›Froschmotiv‹ an der Porta della Rana des Doms

Ein besonderer Schatz ist der *Altar der Maestri Campionesi,* der bereits im Vorgängerbau als Altar diente und erst 1964 wieder entdeckt wurde. Bis zu diesem Zeitpunkt war er in dem Barockaltar der Apsis eingeschlossen. Die Schauseite zeigt in der Mitte das Kruzifix mit der Gottesmutter und Johannes dem Täufer zu den Seiten. Daneben sieht man die hl. Liberata und die hl. Faustina mit Büchern. Interessant macht diesen Altar vor allem der Übergang von der Romanik zur Gotik, der sich auffällig im Dargestellten artikuliert. Während die Gestaltung der Figuren in ihrer Ruhe und Frontalität noch ganz dem Formenfond der Romanik entsprechen, bahnen sich in ihrer Umrahmung mit blumengeschmückten Bögen gotische Ziermotive an.

Hinter der Piazza del Popolo, die sich bei der Apsis des Doms öffnet, liegt der **Palazzo Terragni** 2, ein von Giuseppe Terragni im Stil des Rationalismus umgedeutetes Römisches Haus mit zentralem Hof. Terragni, einer der bedeutendsten Vertreter der italienischen Moderne, errichtete den Palazzo im Auftrag der faschistischen Partei, die 1936 hier ihren Sitz bezog. Auch wenn das Stadtbild von Como wenig bedeutende moderne Bauten aufweist und der Palazzo Terragni eher eine Ausnahme bildet, hat die Stadt einen bedeutenden Beitrag zur Architektur des 20. Jh. geleistet.

Como ist die Geburtsstadt des Architekten Antonio Sant'Elia (1880–1916), den die Futuristen zu einer mythischen Leitfigur ihrer Architektur-Vorstellungen machten, nachdem Sant'Elia erst 28-jährig im Ersten Weltkrieg auf einem der italienischen Schlachtfelder gefallen war. Er kam nicht dazu, seine Bauprojekte umzusetzen, aber er hinterließ eine Fülle von Skizzen und Entwürfen, die die spätere avantgardistische Stadtplanung, die Industrie- und Siedlungsgestaltung, die Vision von Kraftwerken, Fabriken, Bahnhöfen und einer monumentalen neuen Architektur der *città nuova* vorwegnehmen.

Auf dem Rückweg zum Domplatz findet man gleich neben dem protzenden Bau des Theaters das Ristorante Sociale, das zwar etwas schmuddelig anmutet, aber durchaus charmant und Treffpunkt eines sehr bunten Publikums ist. Am Domplatz nimmt die Via Vittorio Emanuele II. ihren Ausgang, eine der Haupteinkaufsmeilen Comos, in der die Vitrinen ebenso verlockend sind wie ein Besuch in der Pasticceria Carlo Belli Eredi Nr. 7, eine Institution für feinste Torten und kleine Leckereien. In Como heißt die Straße kurz *la vasca*, die Wanne, weil man zwischen den Fassaden altehrwürdiger Palazzi, die den Straßenzug dominieren, in der Menge und im Überfluss baden kann. Darunter versteht man in Como aber keineswegs ein lustvolles, chaotisches Treffen und Palavern wie etwa in Rom oder Neapel; das Bad in der Menge entpuppt sich in Como vielmehr als *corso,* als Auf und Ab im eleganten Einreiher und dezenten Kostüm.

Von der Pasticceria sind es nur wenige Schritte zur Kirche **San Fedele** 3, die recht vertrackt im Häusermeer des *centro storico* liegt und nur ihre Apsis mit der schönen Zwerggalerie der Via Vittorio Emanuele zuwendet. Die Kirche ist romanischen Ursprungs und wurde im 12. Jh. über den Resten eines karolingischen Vorgängerbaus errichtet. Im Grundriss – eine zentralisierende Anlage in Form eines Kleeblatts – zeigt die Kirche eine konzeptionelle Verwandtschaft zur Pfalzkapelle Karls des Großen in Aachen. Aus den Steinen des Nordportals wurden Frontalfiguren und Fabelwesen herausgearbeitet, die in ihrer expressiven Schlichtheit leicht als ein Werk der Romanik auszumachen sind. Links unten sieht man Daniel in der Löwengrube, darüber Habakuk mit einem Engel. Das Fabeltier auf der rechten Seite könnte entweder ein Drache sein oder ein geflügelter Löwe, der alles Unheil vor der Tür abwehren soll.

Der Innenraum von San Fedele gibt sich warm und freundlich, ein Eindruck, der vor allem dem zentralisierenden Grundriss geschuldet ist. Die schwelgerische Innenausstattung stammt größtenteils aus dem 15. Jh.; allein die Fresken wurden im 13. Jh. aufgetragen. Das Fresko von Maria in der von Engeln getragenen Mandorla (links von der Nordapsis) stammt noch aus der Entstehungszeit der Kirche. Vor dem Hauptportal San Fedeles öffnet sich eine kleine, gesellige Piazza gleichen Namens, auf der immer reges Treiben rund um das Café Aida herrscht. Gleich daneben sieht man noch ein schönes Wohnhaus aus dem 16. Jh.; in der Via Natta steht ein spätgotisches Fachwerkhaus, dessen aus Backstein gefügtes Fischgrätmuster eigentümlich fremd wirkt, hier hinter den Alpen.

Bündel von Wegweisern sitzen nun an den Straßenkreuzungen und zeigen in alle Richtungen; sie polstern das Image einer Kunststadt, das sich Como so gerne gibt. Folgt man der Via Vittorio Emanuele II. weiter, gelangt man zu den bedeutendsten Museen der Stadt. Im **Palazzo Giovio** 4 ist die **archäologische Sammlung** untergebracht, die von frühgeschichtlichen Funden über architektonische Versatzstücke aus der Romanik und Gotik bis hin zu Gemälden der Renaissance einen geschichtlichen Rundumschlag unternimmt. Das **Civico Museo Garibaldi** im **Palazzo Olginati** 5, in dem sich der heldenhaft verehrte Befreiungskämpfer im Juni 1866 ein paar Tage aufgehalten hat, widmet

Der Hafen von Como

sich ganz der Geschichte des *Risorgimento.*

Im Südwesten der Altstadt liegt die schönste Kirche von Como, Sant'Abbondio. Auf dem Weg dorthin sollte man dem **Palazzo Volpi** 6 noch einen Besuch abstatten, in dem die Pinacoteca mit lombardischer Malerei ihren Sitz hat. In dem Viale Varese, einer verkehrsumtosten Umgehungsstraße, trifft man außerdem auf die Kirche **Santissima Annunziata** 7, deren Wurzeln bis ins 12. Jh. zurückreichen. Die heutige Architektur ist jedoch unverkennbar barock geprägt; allein die Fassade ist ein Werk des Klassizismus. Der Innenraum gibt sich prachtvoll mit frühbarocken Stuckaturen und Fresken; das Kruzifix über dem Hochaltar wird als wundertätig verehrt.

Sant'Abbondio 8 liegt außerhalb des ummauerten Stadtkerns und muss sich in einer entkernten Gegend zwischen Bahnlinien, Industrieanlagen und Fabrikschloten behaupten. Die romanische Basilika wurde 1093 errichtet. Von Außen ergibt sich der Eindruck eines steil aufragenden, kompakten Baukörpers mit plastisch stark ausgebildetem Chor, der von Zwillingstürmen flankiert wird. Die Fensterrahmen sind kunstvoll und üppig mit Reliefs versehen und weisen eine stilistische Verwandtschaft zu den Fenstern des Doms von Speyer auf. Außer diesen Zierformen gibt sich die Fassade von geradezu unnachgiebiger Strenge, die auf die Schlichtheit auch im Innern der Kirche vorbereitet.

Obwohl ein heller Baustein verwendet wurde, wirkt der Innenraum der Basilika dunkel. Das Licht fällt nur spärlich durch die hohen Rundbogenfenster. Pfeiler teilen den Raum in fünf Schiffe. Alle Aufmerksamkeit zieht jedoch die Apsis auf sich, die Fresken aus dem 14. Jh. schmücken. Die Szenen widmen sich dem Leben Christi sowie den beiden Aposteln Petrus und Paulus und über allem wölbt sich ein azurblauer Himmel, auf dem golden die Sterne funkeln. Hinter der Basilika fügt sich ein Kreuzgang mit zweigeschossigen Arkaden an, dessen Architektur der Renaissance verpflichtet ist.

Im Süden thront hoch über der Stadt am Osthang des Monte della Croce das **Castello Baradello** 9, das leider nur noch in Ruinen erhalten ist. Friedrich I. Barbarossa hatte den Bau des mächtigen Kastells 1158 veranlasst, um Como gegen weitere feindliche Übergriffe von

den Mailändern zu schützen. Ohne Erfolg. Im 13. Jh. gelang es den Visconti, die Burg einzunehmen; sie ließen sie ausbauen und trieben hier offenbar viel Unheilsames. Überliefert ist die Geschichte von Ottone Visconti, der seinen Erzfeind und politischen Gegner Napo Torriani in einen Käfig sperrte und am Bergfried aufhängen ließ. 19 Monate soll der Unglückselige so auf seinen Tod gewartet haben ... Zu Füßen der Burgruine liegt die erste Kathedrale **San Carpofaro** 10 von Como, eine romanische Basilika, die über den Resten eines Vorgängerbaus aus dem 4. Jh. entstand.

Neben der Kunst ist man in Como ganz besonders stolz auf Alessandro Volta, Physiker und Entdecker, der 1745 in dem Stadtpalazzo in der Via Volta 62 geboren wurde. In der Nähe des Hafens gedenkt der **Tempio Voltiano** 11 dem Naturwissenschaftler, der sich vor allem mit Problemen der Elektrizität und Wärmeausdehnung befasste. Ein Museums-Tempel für Physiker! Zum Schluss das Gesamtbild von Como aus der Vogelperspektive: Comos Aussichtsterrasse **Brunate** 12 erreicht man mit der Zahnradbahn, deren Talstation an der Piazza Funicolare liegt. Der kleine Villenort hat sich einen Logenplatz an den Ausläufern des Monte Boletto gesichert und bietet einen schönen Ausblick auf Stadt, Berge und See.

Das Westufer

Die Straße, die am Westufer entlang von Como nach Sorico führt, dabei viele Villen und Gärten passiert und immer wieder stimmungsvolle Ausblicke auf das Ostufer bietet, ist die alte **Via Regina** (SS 340). In der Tat eine Königin unter den Straßen, die einige der schönsten Orte am Ufer des Lario miteinander verbindet. Angelegt wurde sie unter den Römern, die ihre Verbindungstrasse zwischen den Provinzen Raetien und Gallia cisalpina *Via Regia* nannten. Erst später behauptete sich ein ›n‹ im Namen. Die Via Regia führte über die Alpen bis nach Augsburg und war eine der wichtigsten Handelsstraßen im Römischen Reich. In den über 2000 Jahren ihrer Entstehung musste die Straße ihren Verlauf mehrfach geringfügig ändern; seit Auto-Zeiten hat man darüber hinaus zwischen Dongo und Gravedona einen neuen Abschnitt gebaut sowie einige Umgehungsstraßen.

Von Como nach Argegno

Tipps & Adressen: Como S. 282, Cernobbio S. 281

Vom Stadtzentrum Comos fährt man die westliche Uferpromenade zunächst in Richtung Cernobbio. Nach wenigen Kilometern sieht man einen Wegweiser zur **Villa dell'Olmo** 1. Die von Plinius dem Jüngeren gepflanzte Ulme, nach der das prachtvolle Anwesen benannt ist, gibt es schon lange nicht mehr, dafür aber einen herrlichen, öffentlich zugänglichen Park, der sich mit einer weißen Balustrade elegant vom See abgrenzt. 1782 gab der Marchese Innocenzo Odescalchi den Bau beim Tessiner Architekten Simone Cantoni in Auftrag, der einen stilreinen klassizistischen Palazzo mit vorspringendem Mittelrisalit und zwei Flügeln konzipierte. Blickfang der Villa ist die ionische Kolossalordnung aus Säulen und Pilastern, die optisch von Statuen auf der Dachbalustrade verlängert werden. Das Wappen der Viconti krönt die Mitte des Baus; sie waren die letzten Besitzer. Die Villa dell'Olmo hält in den Innenräumen, was die Fassade verspricht: prachtvolle Fresken und Stuck sorgen für eine exquisite Eleganz, die den Rahmen für das gesellschaftliche Leben der *nobili* abgab. Zu den Gästen zählte auch Napoleon, der in der Villa dell'Olmo Joséphine das erste Mal traf, die er später ehelichte. Heute ist die Villa dell'Olmo im Besitz der Stadtverwaltung, die die Räumlichkeiten für Konzerte und Ausstellungen sowie Kongresse zur Verfügung stellt.

Villen und prächtige Sommerresidenzen säumen auch den weiteren Weg nach **Cernobbio** 2, Comos Nobelvorort, der längst mit dem Weichbild der Stadt verschmolzen ist. Cernobbio, im Mittelalter noch ein Ort, der sich mit zahlreichen Klöstern ganz dem himmlischen Leben verschrieben hatte, hat eine lange Geschichte als Sommerfrische der *nobili,* die in der Überfülle an stattlichen Palazzi bis heute lebendig ist. Übertroffen werden sie alle von der *Villa d'Este,* die sich Kardinal Tolomeo Gallio 1568 nach Plänen von Pellegrino Tibaldi errichten ließ. Der Geistliche, der in den Diensten der Medici stand, bewies durchaus weltlichen Geschmack und

N
0
2 km
SCHWEIZ
ITALIEN
M. Marmontana
2316 m
M. Duria
2264 m
Val d. Sorico
Lago di Mezzola
Verceia
Carena
M. Albano
2027 m
Dosso del Liro
Liro
Peglio
Domaso
Trezzone
Gera Lario
Sorico
19
Nuova Olonio
Pian di Spagna
Dubino
Forte de Fuentes
Adda
18 Gravedona
Brenzeglio
Albano
Garzone
Colico
20
Delebio
Pzo. di Gino
2245 m
Val Dongana
M. di Tremezzo
1700 m
Dongo
17
Abtei von Piona
21
Villatico
Olgiasca
Fontaneto
Rusico
Scoggione
Alpe Legnone
Lago di Piona
16 Fianello del Lario
S. Nazzaro Val Carvagna
Cavargna
S. Bartolomeo V. Carvagna
Corenno Plinio
22
M. Legnone
2609 m
Val Rezzo
Cusino
Sta. Maria-Rezzonico
15
Dervio
23
Lago di Como
Varrone
Pagnona
M. Pidaggia
1528 m
M. Grona
1736 m
Breglia
Carlazzo
Ples o
M. Croce di Muggio
1754 m
Valle Varrone
Premana
Porlezza
L. di Piano
Bellano
24
Cima
Nobiallo
14
Vendrogno
Bene Lario
Menaggio
13
Taceno
Lago di Lugano
Osteno
M. di Tremezzo
1700 m
340
25
Varenna
Esino Lario
26
Cortenova
Val Sassina
Pioverna
12
Cadenabbia
Villa Carlotta
Monte Pedale
216 m
Fiumelatte
27
10 Mezzegra
Tremezzo
11
Bellagio
35
Villa Melzi
7 Ossuccio
Lenno
9
Introbio
32
Val d'Intelvi
Scaria
8
I. Comacina
Villa del Balbianello
Lierna
28
Pigra
Grigna Settentrionale
2410 m
Guello
Grumo
36
Pasturo
Barzio
Dizzasco
Argegno
Como
6
Lezzeno
Vassena
Oliveto Lario
Olcio
Schignano
S. Primo
M. S. Primo
1686 m
Magreglio
34
Grigna Meridionale
2184 m
Mandello del Lario
29
5 Brienno
Lago di Como
Nesso
36
Veleso
Onno
Valassina
Lago di Lecco
Abbadia Lariana
30
Careno
37
Nosè
Grotta Masera
Piana del Tivano
Ballabio-Inf.
M. Bisbino
1325 m
Laglio
Carate
4
Urio
Pognona Lario
Valbrona
583
Caglio
M. Palanzone
1436 m
M. Moregallo
1276 m
Versasio
Piani d'Erna
Acquate
Moltrasio
340
2
Cernobbio
Torno
38
Faggeto Lario
Asso
Malgrate
Lecco
31
Rovenna
3
Blevio
Brianza
Caslino d'Erba
Valmadrera
Punta di Spartivento
33
M. Barro
922m
Civate
36
1
Villa dell'Olmo
Brunate
Ponte Lambro
Casana Brianza
Lago di Annone
Lago Garlate
Vercurago
Como
Erba
639
Capolago Lugano
639
Lago di Pusiano
Anzano di Brianza
Garlate
533
L. di Montorfano
342
Lago di Alserio
Parco della Valle del Lambro
Lago di Olginate
Capiago Intimiano
Alserio
Anzano d. Parco
Garbagnate
Parco dell'Adda
Adda
Casnate
36
Airuno

sparte nicht an Pracht und Prunk bei der Ausstattung der Villa, die ihre Schaufassade dem See zuwendet. Nach dem Tod des Kardinals wechselte die Villa d'Este oft ihre Besitzer, die den Bau mehrfach verändern und erweitern ließen, was der Architektur nicht unbedingt zugute kam. Doch trotz der verschlungenen Geschichte ergibt sich heute das Bild baulicher Integrität. Seit 1873 dient die herrschaftliche Villa als Luxushotel und beherbergt illustre Gäste aus aller Welt.

Von Cernobbio schraubt sich eine kleine Straße mit großer Aussicht nach **Rovenna** 3. Der Ort ist ein großartiges Belvedere und vor allem im Sommer ein willkommenes Ausflugsziel am Abend – Ruhe darf man hier allerdings nicht erwarten ... Mit ein wenig Glück findet man aber noch einen Platz in dem Ristorante Bellavista. Etwas weniger Aussicht, dafür aber köstliches Essen bietet das Ristorante Terzo Crotto, Via Volta 21, auf halber Strecke nach Rovenna.

Die Uferstraße wird nun recht schmal und führt zwischen Mauern hindurch, hinter denen Zypressen aufschießen und Palmen mediterranes Flair verbreiten. Der Weg ist das Ziel auf diesem Fahrtabschnitt und man wird schnell verstehen, warum die Straße *Via Regina* heißt. Schmiedeeiserne Brücken mit verwitterten Statuetten und Amphoren, von denen Trompetenblumen, Efeu und Glyzinien auf die Fahrbahn hängen, schwingen immer wieder über die Straße und verbinden die Parks am See mit den Anwesen auf der anderen Seite. »Alles ist vornehm und sanft, alles erinnert an Liebe und nichts an die Hässlichkeit der Zivilisation«, lässt Stendhal die Herzogin Sanseverina in der ›Kartause von Parma‹ über den Comer See sagen; wahrscheinlich hatte er solche Bilder vor Augen.

Die Häuser von **Moltrasio** 4 klettern den Monte Bisbino (1325 m) ein Stück weit hinauf, an dem sich auch die Kirche *San Martino* erhebt. Im 17. Jh. wurde ihre ursprünglich romanische Architektur, von der noch der Campanile erhalten ist, barock umgedeutet. Das Ergebnis kann sich sehen lassen, vor allem der Innenraum überzeugt in seiner dezenten, spielerischen Ausstattung, zu der ein kunstvoller Hochaltar gehört. Die zweite Kirche von Moltrasio, *Sant' Agata,* ist auch romanischen Ursprungs. Da sie meist verschlossen ist, wird man sich mit der Betrachtung des Außenfreskos vom Thronenden Erlöser (12. Jh.) zufrieden geben müssen. Unten an der Straße liegt die *Villa Erker-Hocevar,* in der sich der Komponist Vicenzo Bellini (1801–35) oft aufhielt. Mehr als die wunderbare Gegend interessierte Bellini das Herz der schönen Hausherrin Giuditta Turina, die jedoch schon vergeben war – Stoff für die elegischen Töne in den beiden Opern ›La Sonnabula‹ und ›La Straniera‹, die Bellini in der Villa schrieb. Moltrasio war jahrhundertelang mit Torno am gegenüberliegenden Ufer verfeindet, da es im 16. Jh. zu einem unbegründeten Überfall seitens der Torneser kam. Bis heute, so heißt es, dürfe kein Mann aus Moltrasio eine Braut aus Torno wählen.

Urio und **Carate,** die beiden nächsten Orte an der Via Regina, sind administrativ zu einer Stadt verschmolzen (Carate-Urio) und gehen in der Tat beinahe ohne Zäsur ineinander über. Auch in der Geschichte haben Urio und Carate manches miteinander geteilt wie beispielsweise die Steinbrüche, die man hier seit dem 16. Jh. nutzt. Auf der Weiterfahrt nach **Brienno** 5 zieht eine 20 m hohe Granit-Pyramide bei Torriggia selbstsüchtig alle Blicke auf sich. Eigentümlich ortsfremd erinnert sie an den Mediziner Josef Frank (1771–1842), den die Sehnsucht nach dem Süden an den

Der Comer See bei Brienno

Comer See verschlagen hatte. In seinem Testament hatte er – nicht uneitel – diese der römischen Cestius-Pyramide nachempfundene Grabstätte ausdrücklich verfügt und da der Professor sein beachtliches Vermögen der Universität Pavia sowie einigen armen Studenten aus Como vermacht hatte, kam man seiner Bitte gerne nach …

Brienno ist noch ein altertümlich anmutendes Dorf, Como scheint nun weit weg zu liegen, die Straßen sind zurückgekehrt zu Handkarrenbreite, schmal und winkelig wirren sich die Gassen durch die eng aneinander geschmiegten hohen Häuser, zwischen denen Wäsche zum Trocknen hängt. Mal kann man einer aufgeregten Diskussion über die Themen des Tages lauschen, mal schallt Techno-Musik die schattigen Mauern entlang – Brienno hat sich nicht nur die alte Bausubstanz bewahrt, sondern auch einen ungeschminkten Alltag, in dem Touristen keine Rolle spielen. Die Fischerei hatte hier immer große Bedeutung, die Menschen waren mit dem See existenziell verschwistert, was sich auch in der Bauweise spiegelt. Die Fundamente der hohen Häuser steigen direkt aus dem See empor und wurden ins Wasser gebaut. Natürlich isst man bis heute in Brienno gut Fisch, der hier fangfrisch zubereitet wird. An der Via Regina liegt das Ristorante Crotto dei

Tal der Musen – Die Valle d'Intelvi

Da Argegno außer einer schönen Aussicht selbst nichts zu bieten hat, ist dem Ort das Schicksal eines Ausgangspunktes in die **Valle d'Intelvi** beschieden. Für eine Fahrt in die zerklüftete Hochebene werden vor allem Kunstliebhaber reichlich belohnt. Das Tal, das sich Richtung Norden zum nordöstlichen Arm des Luganer Sees und Richtung Südwesten nach Capolago zieht, ist berühmt für die vielen bedeutenden Künstler-Dynastien, die einst von Rom bis St. Petersburg den Städten sowie den weltlichen und kirchlichen Residenzen Gestalt gaben.

Ganze Familien von Steinmetzen, Baumeistern, Stuckateuren und Malern aus dem Zwischenseen-Tal prägten über Jahrhunderte die Architektur und Kunst der Lombardei und vieler angrenzender Gebiete. Die *maestri Intelvesi* waren ein Garant für handwerkliche Meisterschaft, die nachweisbar seit dem 11. Jh. über Generationen weitergegeben wurde. Einer der berühmtesten Meister aus dem Tal der Künste war Benedetto Antelami, der um 1220 das Baptisterium von Parma schuf und am Dom von Modena mitwirkte. In jedem Dorf der Talgemeinde lebte eine Künstlerfamilie und während die einen an den Domen von Mailand und Como bauten, arbeiteten die anderen jenseits der Alpen im Dienste verschiedenster Herrschaftshäuser.

In der bäuerlich geprägten Heimat indes fehlte es oft an Geld für repräsentative Bauten, daher trifft man in der Valle d'Intelvi eher selten auf die Werke der säumigen Künstler. In **Scaria** schmücken die Pfarrkirche *Santa Maria* Stuckaturen von Diego Carlone und Fresken von Carlo Carlone, Mitglieder einer Familie, die über ganz Europa zerstreut war, und in **Laino** sowie in **San Fedele Intelvi** deuteten Baumeister aus dem Tal die Innenräume der romanischen Pfarrkirchen barock um.

Platani, in dem man herrliche Tagliatelle mit Fischragout essen kann oder *Antipasti di Lago.*

Bei **Argegno** 6 gewinnt der Lago di Como plötzlich an Weite: Die Isola Comacina rückt ins Blickfeld und die Punta Balbianello schiebt sich weit hinaus in den See, gegenüber liegt der Monte San Primo, flankiert von Lezzeno und Nesso, deren kleine Häuser-Ansammlungen an den steilen Hängen kleben. Argegno liegt auf einem Schwemmkegel, den der Telo hier bei seiner Mündung in den Lario aufgeworfen hat. Großzügig verbreitet sich dennoch kein Raum und auch Argegno muss mit dem verfügbaren Platz haushalten. Die pseudo-romanische Pfarrkirche wurde 1929 geweiht – nicht allein ihre Architektur mutet aberwitzig an, auch die ›Anbetung der Könige‹ im Innenraum ist befremdend, da hier Dorfbewohner in die himmlischen Rollen geschlüpft sind und praktische Mitbringsel wie Käse im Gepäck haben.

Die Seemitte

Auf der Via Regina hat man bald nach Argegno die Mitte des Comer Sees erreicht, die zu den reizvollsten Landschaften des Sees gehört und manchmal **Riviera della Tremezzina** genannt wird. Alles scheint leicht und licht und wenn sich unter den schneeglitzernden Alpengipfeln im Frühjahr in den subtropischen Gärten und Parks die erste Blüte auftut, glaubt man, sich in einer Zauberwelt zu befinden. Kein Wunder, dass die Gegend seit dem 19. Jh. zu den beliebtesten Zielen des *dolce far niente* gehört.

Von Ossuccio nach Menaggio

Karte: S. 151
Tipps & Adressen: Lenno S. 294, Tremezzo/Cadenabbia S. 315, Menaggio S. 302

Ossuccio 7 setzt sich aus vier kleinen Ortschaften zusammen, die viel Fantasie beim Kirchenbau bewiesen haben. Gleich an der Straße liegt die kleine, eindrucksvolle Kirche *San Giacomo,* die mit ihrer außergewöhnlichen, steil aufragenden Glockenwand auf sich aufmerksam macht. Mit ihr wurde offenbar das Bedürfnis nach ein wenig gotischer Himmelsstürmerei gestillt. Schließlich konnte man auch die gotisch inspirierten Umbauten in der Nachbargemeinde Ospedaletto nicht unbeantwortet lassen. Den Kirchturm von *Santa Maria Maddalena* erhöhte man schon Mitte des 14. Jh. um einen mit Dreipassbogen, Felchtbändern und Bildnis-Medaillons geschmückten Glockenstuhl aus Backstein, der in seiner Originalität unübertroffen ist und zu den beliebtesten Fotomotiven der Gegend zählt. Neben der Kirche schließt sich das mittelalterliche Hospiz der Gemeinde an.

Von Ossuccio, das oberhalb der Straße liegt, kann man über einen steil ansteigenden Pilgerweg mit Kreuzweg-Kapellen zur Wallfahrtskirche *Madonna del Soccorso* hinaufsteigen, von der man eine prachtvolle Sicht auf den See genießt. Interessant sind in der überschwenglich barock ausgestatteten Kirche vor allem die Exvoti, Danksagungen an die Jungfrau Maria, die in höchster Not geholfen hat. Viele der Gläubigen verleihen ihren Votivbildern eine anschauliche Dramatik und farbliche Brisanz, die an Bilder eines Edvard Munch denken lässt oder an die expressiven Holzschnitte der Brücke-Maler.

Vor Ossuccio ragt die einzige Insel des Lario dicht bewaldet aus dem Wasser – die **Isola Comacina** 8. Gleich Kulissen schieben sich die Berge vor- und hintereinander und geben den majestätischen Rahmen für die kleine Inselwelt ab, in der sich große Geschichte abgespielt hat. Heute braucht man schon ein wenig Einbildungskraft, um sich das blühende Gemeinwesen vor Augen zu führen, das hier im Mittelalter den mittleren Seeabschnitt beherrschte. Die Insel war mit einer Zitadelle stark befestigt, darüber hinaus gab es fünf Kirchen. Eine erste Besiedlung der Isola Comacina ist bereits unter den Römern belegt. Während der Völkerwanderungszeit flüchteten zahlreiche Bewohner des Festlandes auf das dicht bewaldete Eiland, das zugleich ein gutes Versteck für Schätze abgab. Die Insel galt daher lange als *crisopoli,* als Goldene Stadt.

1169 bereitete ein Vernichtungsfeldzug der Stadt Como gegen die Insel der vielversprechenden Entwicklung auf der Isola Comacina ein jähes Ende. Como nahm mit dieser kriegerischen Aktion Rache an dem Pakt der Insel mit Mailand. Die Einwohner flüchteten nun wieder auf das Festland und die Natur eroberte sich im Lauf der Jahrhunderte die Ruinen zurück. Im 17. Jh. errichtete man allein über den Resten eines romanischen Vorgängerbaus die kleine Kirche *San Giovanni,* gleich nebenan stand einmal der Prachtbau von Sant'Eufemia.

In dem Restaurant der Insel, der Locanda dell'Isola, kann man gut Fisch unter freiem Himmel essen. Zuvor war schon viel illustre Gesellschaft da, die Fotos im Eingangsbereich geben ein Bild von der Gästeliste: Konrad Adenauer, Bruce Springsteen, Elton John, Kim Novak, Gina Lollobrigida, Sylvester Stallone …

Dass der Ertrag aus dem Reich Neptuns nach wie vor so üppig ausfällt, sei auch ein Ergebnis ihrer Wallfahrt, hört man viele Fischer der Insel sagen. Am letzten Samstag im Juni werden vor der

Die Villa del Babianello bei Lenno

Isola Comacina alljährlich die Fischerboote im Rahmen einer festlichen Prozession nach alter Sitte gesegnet. Höhepunkt der Festlichkeiten ist ein spektakuläres Feuerwerk am Abend und wenn sich die Lichtkaskaden von den Hügeln der Insel in den See ergießen, hat sicher auch Neptun seine Freude am Spektakel und sorgt für reiche Fanggründe.

Lenno 9 erinnert mit seinem Namen noch an die griechischen Kolonisten von der Insel Lemnos, die unter Julius Caesar am Ufer des Lario angesiedelt wurden. Es war nicht der schlechteste Platz, den Caesar den Griechen zuwies – der See zeigt sich hier von einer seiner schönsten Seiten, gibt sich weit und gefällig. Südlich des Städtchens schiebt sich der **Dosso di Lavedo** in den See, eine kleine Landzunge, auf der sich die *Villa del Babianello* einen exponierten Platz gesichert hat. Das prächtige Anwesen, das im 18. Jh. im Auftrag des Kardinals Angelo Maria Durini entstand, verteilt sich auf mehrere zypressenbestandene Terrassen, die in einem schönen Schwung zum See hin abfallen. Irdischen Vergnügungen sehr zugetan feierte der Kardinal rauschende Feste in der Villa Balbianello und wenn die Sonne das Geld der Mauern zum Leuchten bringt, legt sich noch heute eine festliche Heiterkeit über den Sommersitz. Im *Risorgimento* erlebte die Villa ernstere Zeiten, als sich hier Patrioten zum Kampf gegen die österreichische Fremdherrschaft versammelten. Von ihrem Park hat man einen prachtvollen Blick auf Bellagio und die Villa Melzi.

Bei einem Spaziergang an der schönen Uferpromenade von Lenno passiert man weitere prächtige Villen, vor denen sich großzügig mediterrane Gärten ausbreiten. Neben dem gebauten Wohlstand und der schönen Aussicht hat Lenno auch ein romanisches *Baptisterium* zu bieten. Die Pfarrkirche *Santo Stefano,* im Innenraum mit illusionistischer Malerei ausgestattet, ist ebenfalls romanischen, möglicherweise sogar langobardischen Ursprungs, woraufhin die Kapitelle in der dreischiffigen Hallenkrypta deuten.

Mezzegra 10, die nächste Ufergemeinde, erlangte Berühmtheit, weil in dem Ortsteil Giulino Mussolini und seine Geliebte Clara Petacci am 28. April 1945 erschossen wurden. Ein Kreuz erinnert daran. Der Duce war von Partisanen in Dongo erkannt und festgenommen worden, von wo aus man ihn nach Bonzanigo brachte. Gemeinsam mit Clara Petacci wurde der Diktator im Haus eines Bauern festgehalten bis aus Mailand der Schießbefehl kam.

Die Baugeschichte des italienischen Faschismus hält **Tremezzo** 11 wach, wo Ende der 1920er Jahre eine Kirche entstand, die in ihrer hochgetriebenen Monumentalität und in ihrem wilden Eklektizismus, gleichsam Ausdruck des schrankenlosen Willens zur Macht, die zu Mussolinis Zeiten vielbeschworene *italianità* in Szene setzt. Das Portal verunstaltet ein Keramikbild, das Jesus im Kreis seiner Jünger zeigt. Die heroischen Gesichtszüge und muskulösen Unterarme der Männer lassen jedoch eher an römische Krieger denken. An der linken Seitenwand erinnert eine lateinische Inschrift an Benito Mussolini – Italien pflegt einen eher lässigen Umgang mit der faschistischen Vergangenheit, wie man auch in Gardone am Gardasee (s. S. 246ff.) bemerken wird.

Über diese architektonische Untat trösten in Tremezzo jedoch prachtvolle Adelssitze aus dem 18. Jh. hinweg. Gleich am Ortseingang thront vor schroffen Felswänden die *Villa La Quiete,* deren Schauseite den Eindruck sicherer Proportionalität und Leichtigkeit vermittelt. 1786 wurde die Dreiflügel-Anlage vollendet. Ein wunderschö-

Über eine schöne Doppeltreppe betritt man den Eingangsbereich der Villa Carlotta

nes Gartentor schließt das Anwesen zur Straße hin ab, die die Ruhe der Villa leider ein wenig beeinträchtigt. Neben La Quiete führt sie denn auch neuerdings den Namen ›Sola‹, da sie im Privatbesitz der Familie Sola-Cabiati und daher auch leider nicht zu besichtigen ist. Dabei gäbe es eine kostbare Ausstattung mit Fresken, Stuck und einigen Gemälden zu sehen.

In Pracht und Ausstattung übertroffen wird die Villa La Quiete von der *Villa Carlotta,* der berühmtesten Villa am Comer See, obgleich nicht der schönsten. Etwas zu klobig und kompakt möchte man meinen, erhebt sich der 1747 errichtete Palazzo auf einer Anhöhe über dem Comer See. Ein wenig Leichtigkeit gewinnt der Villa die schön geschwungene Doppeltreppe ab, die über die fünf ansteigenden Terrassen verläuft. Die sehr auf Repräsentation bedachte Villa wechselte mehrfach den Besitzer; ihren Namen verdankt sie der Tochter von Prinzessin Marianne von Preußen, Charlotte, der man die Villa zum Hochzeitsgeschenk machte. Charlotte konnte sich offenbar sehr für die Botanik und die Gartenkunst erwärmen und ließ einen exotischen Park anlegen, der den Ruhm der Villa in alle Welt trug.

Die von duftenden Jasmin-Hecken, Palmen-Hainen, Lotus-Teichen, Kamelien- und Azaleen-Dickichten sowie Zitrusbäumen belebte Gartenarchitektur vereint in sich alle wesentlichen Elemente, die bereits Alberti 1450 von einem vollkommenen Garten verlangte: immergrüne Alleen aus Buchs und Lorbeer, Myrte und Zypressen, geometrisch angelegte, von Hecken gefasste Gartenfelder, kunstvoll geschnittene Bäume, Inschriften, Rosenspaliere, Säulen und Statuen. Stunden könnte man in diesem Arkadien nachempfundenen Garten verbringen, der in den Sommermonaten freilich kaum den wogenden Besuchermassen standhalten kann. Die repräsentativen Innenräume der Villa werden heute als Museum genutzt, dessen Sammlung Mobiliar, Uhren, eine kleine Pinakothek sowie einige Werke der Bildhauerkunst umfasst, darunter der Palmedes und die ›Büßende Magdalena‹ von Canova. Das berühmte Duo ›Amor und Psyche‹ ist eine Kopie von Adamo Todalini; das Original von Canova befindet sich in der Petersburger Eremitage.

In **Cadenabbia** 12 setzt sich das Aufgebot an Villen fort und die Welt scheint sich in all den herrschaftlich-noblen Bauten und den zauberhaften Parkanlagen allein nur der Schönheit zu widmen. Ein Ort der Musen, der Verdi, Liszt, Ponchielli und Rubinstein die schönsten Tondichtungen entlockte. Zum illustren Besucher-Publikum von Cadenabbia gehörte auch Altbundeskanzler Konrad Adenauer, der sich hier von Oskar Kokoschka 1966 malen ließ und seine Zeit ansonsten mit dem Boccia-Spiel vertrieb. In Cadenabbia sollte man der Straße nach **Griante** folgen, dem letzten Ortsteil von Tremezzo und großartigem Belvedere, das von einem Bergkranz umstanden wird.

Menaggio 13 gibt sich freundlich mit einer breiten Uferpromenade, über der Platanen ihre Äste verzweigen und Schatten spenden. Im Sommer herrscht hier viel Betrieb und die Verbindungsstraße nach Lugano, die hier abzweigt, beschert dem Ort mindestens einmal am Tag ein Verkehrschaos. Unberührt von der Blechlawine bleibt der Villenvorort **Loveno,** in dem sich noble Sommersitze an Pracht überbieten. Wer der Straße weiter folgt, gelangt nach einem Kurvenkarussell nach **Plesio** und **Breglia,** zwei kleine Orte auf Hügelkuppen mit herrlicher Aussicht über den See.

Alto Lario – Der Norden des Comer Sees

Hinter Menaggio gewinnt die Landschaft zunehmend an Dramatik, wenn Steilwände von manchmal vertikaler Position aufragen. Die Straße verschwindet nun immer öfter in dunklen Tunneln und auch die Orte haben wenig Platz zur Ausdehnung. Alpine Akzente treten an die Stelle mediterraner Heiterkeit und die beschwichtigten Anhöhen steigern sich allmählich zu schroffen Gebirgsprospekten. Der Norden des Lario kennt nicht mehr den Luxus der Tremezzina, die Straße säumen nicht mehr Villen und Parks, sondern einfache Wohnhäuser und Vorgärten mit Birken und Osterglocken. Auch Lagerhäuser, Tankstellen und Schnellrestaurants werden zu Wegbegleitern sowie Schilderwälder, die für den nächsten Supermarkt oder das Restaurant um die Ecke werben.

Von Menaggio nach Sorico

Karte: S. 151
Tipps & Adressen: Gravedona S. 283

Nobiallo 14 wartet mit einer architektonischen Besonderheit auf. Der Campanile des romanischen Kirchleins *Santi Bartolomeo e Nicola* weist mindestens einen ebenso großen Neigungswinkel auf wie der schiefe Turm von Pisa. Nur etwas kleiner ist der Kirchturm und weniger berühmt.

Santa Maria Rezzonico

Die Gemeinde **Santa Maria Rezzonico** 15 setzt sich aus verschiedenen kleinen Orten zusammen; Rezzonico selbst schließt sich zu einem pittoresken, weitgehend mittelalterlichen Ensemble, beschirmt von einem einst mächtigen Kastell, von dem heute leider nur noch ein Turm und zinnenbewehrte Mauern erhalten sind. Der See mutet in diesem Landstrich schon sehr dunkel an und während die Villen von Belaggio zwischen Zypressen herüber leuchten, säumen grüne Laubwälder das Ufer des Cremia.

In **Pianello del Lario** 16, einem bei Seglern und Surfern beliebten Ort – die kräftigen Winde am oberen Seeabschnitt sind berühmt – lohnt das *Museo Raccolta Barca Lariana* einen Besuch mit einer umfassenden Sammlung aller denkbaren Schiffe, Boote und Vehikel, die das Wasser des Lario trägt und getragen hat. Charakteristisch für den Schiffsverkehr auf dem Comer See sind die Kähne mit einer runden Dachwölbung über dem Rumpf, in die Zeltplanen eingespannt werden können. In Alessandro Manzonis berühmten Roman ›Die Verlobten‹ fliehen die Liebenden Renzo und Lucia in solch einem Lariana-Boot vor dem rüden Schlossherrn Don Rodrigo über den See – seither nennt sich der Kahn ›Lucia‹.

Über **Musso,** das für seine Marmorbrüche berühmt ist, aus denen auch das Baumaterial für den Dom in Como geschlagen wurde, gelangt man nach **Dongo** 17, einem Zentrum der Eisenindustrie. Die etwa 3000 Einwohner zählende Stadt liegt am Eingang der Val Dongana, in der seit dem 15. Jh. Eisenerz abgebaut wurde. Die Gruben sind heute längst verschlossen, das Eisen, das in Dongo verarbeitet wird, kommt aus anderen Regionen des Landes. Die

Industrie bietet vielen Menschen am oberen Lario einen Arbeitsplatz und so gehört Dongo zu den Orten, die eine wachsende Einwohnerzahl verzeichnen. Moderne Wohnbauten umschnüren denn auch das historische Zentrum mit seinem eleganten Rathaus – ein klassizistischer Palazzo von 1824, dessen Räume in der Originalausstattung erhalten sind. Am 27. April 1945 wurde Mussolini, der sich auf seiner Flucht als deutscher Offizier verkleidet hatte, in Dongo von Partisanen enttarnt und im Rathaus von Dongo festgesetzt, bevor man ihn am nächsten Tag zur Exekution nach Mezzegra brachte.

In der Via Lamberzoni lohnt die Kirche *Santa Maria in Martinico* einen Besuch, die man vor einigen Jahren wieder in den romanischen Urzustand zurückversetzte. Oberhalb von Dongo gibt es mehrere kleine Felsenkeller, in denen früher Wein und Käse gelagert wurden. Im August verwandeln sich die Vorratskeller zu kleinen, charmanten Restaurants mit ein paar Tischen, die man vor der Tür aufstellt und an denen Polenta, Salami und Käse zum Rotwein serviert werden.

Ungleich stimmungsvoller als Dongo gibt sich **Gravedona** 18, der Hauptort am Alto Lario. Die bedeutungsvolle Geschichte der Stadt am Rande eines Schwemmkegels, den der Liro-Fluss gebildet hat, belegen noch heute eine Fülle von kunsthistorischen Schätzen. Zeugnis aus den besten Zeiten als unabhängige Republik im Mittelalter ist die romanische Kirche *Santa Maria del Tiglio.* Der sparsame, in seiner Strenge majestätisch wirkende Bau am südlichen Ortsrand entstand Ende des 12. Jh. auf den Resten eines frühchristlichen Baptisteriums. Der hohe, weithin sichtbare Turm steigt direkt aus der Fassade empor – ein Bauprinzip, das auf dieser Seite der Alpen eher selten anzutreffen ist und auf Einflüsse der deutschen Romanik deutet. Der Innenraum wird von einer eigentümlichen Feierlichkeit getragen und selbst überzeugte Atheisten werden ergriffen vom Anblick des monumentalen Christus, der segnend seine Arme über die ganze Kirche auszubreiten scheint.

Gravedona: Fresken in Santa Maria del Tiglio

Die Nachbarkirche *San Vicenzo* ist auch romanischen Ursprungs, bekam jedoch im Barock eine neue Fassade. Dass die beiden Kirchen so dicht nebeneinander stehen, darf in Gravedona nicht verwundern, einst soll es hier 22 Kirchen gegeben haben. Den Beistand des Himmels hatte die Republik bitter nötig, denn Anfeindungen kamen von allen Seiten. Die Gravedoner waren jedoch bekannt für ihren kriegerischen Heldenmut, der selbst Barbarossa grimmigen Respekt abverlangte. Einer Legende zufolge soll eine Gruppe von Gravedonern sogar seine Krone gestohlen und in der Kirche Santa Maria del Tiglio versteckt haben: eine abenteuerliche Geschichte, die die Kühnheit der Gravedoner unterstreicht.

Das bedeutendste profane Gebäude der Stadt ist der *Palazzo Gallio,* 1583 nach Plänen von Pellegrino Tibaldi errichtet. In seiner wuchtigen Architektur finden sich noch Anklänge an das mittelalterliche Kastell, auf dessen Ruinen der Palazzo entstand. Beschirmt wird Gravedona von der Kirche *Santa Maria delle Grazie,* die einst den Mittelpunkt eines Augustinerklosters bildete. Im Innenraum sind prachtvolle Fresken lombardischer Meister erhalten. Nicht nur der Einblick ist reizvoll, auch der Ausblick von der Anhöhe über Gravedona und den See macht den Ausflug lohnenswert.

Hinter Gravedona beginnt Camper-Land. Das Seeufer bietet nun großzügige Weite, das Land wird flach vor der Kulisse der Alpen mit dem Monte Legnone und offeriert gutes Terrain für eine Fülle von Campingplätzen. Über **Domaso** und **Gera Lario,** ein Fischerstädtchen, das 1951 von einer verheerenden Hochwasserkatastrophe heimgesucht wurde, erreicht man schnell **Sorico** 19 am Haupt des Lario, wo die Mera in den See mündet. Im Zwischenmündungsgebiet der Mera und der Adda liegt eine sumpfige Fläche, die zahlreichen Pflanzen- und Tierarten, vor allem Vögeln, ein ökologisches Eldorado bietet. Der sogenannte **Pian di Spagna,** benannt nach den Heerlagern der spanischen Besatzer, die hier im 17. und 18. Jh. Posten bezogen hatten, ist vor einigen Jahren zum Naturschutzgebiet erklärt worden; die letzte Rettung für ein Naturreservat, in das der Mensch schon zum Teil vernichtend eingegriffen hat. Auch hier gibt es einen Campingplatz, der vor allem bei Naturfreunden beliebt ist.

Eine andere Art mit dem Sumpfland vertraut zu werden, bieten zwei Reitställe in Sorico an: man kann hier Pferde ausleihen und in Tagestouren eine pflanzen- und tierreiche Landschaft zwischen Wasser und Land durchstreifen. Wanderfreunde kommen in Sorico auch auf ihre Kosten, da hier u.a. die 120 km lange *Via dei Monti Lariani* ihren Ausgang nimmt. Der Weg führt auf den Spuren der Bergbauern am Comer See zurück nach Cernobbio. Da niemand auf die Idee kommen wird, die ganze Wegstrecke abzuwandern, kann man eine Teiletappe laufen und mit dem Schiff zurückfahren. Die lange, aber nicht sehr anstrengende Wanderung belohnen herrliche Ausblicke auf den See und die Bergwelt sowie der Besuch in kleinen altertümlichen Dörfern, die man ab und an passiert.

Im Norden von Sorico liegt der kleine Ableger des Lario, der **Lago di Mezzola.** Bis ins Mittelalter waren die beiden ungleichen Geschwister vereint; infolge der Verlandung wurde die Nordspitze des Lago di Como jedoch abgetrennt und bildet nun einen selbstständigen See, nicht von großer Schönheit, aber bei den Anglern wegen seines Fischreichtums beliebt.

Das Ostufer

Im Vergleich zu der majestätischen Via Regina, die das Westufer des Lario erschließt, ist die Straße am Ostufer ein Neubau. Noch zu Anfang des 19. Jh. konnte hier nicht einmal eine Kutsche passieren, da viele Dörfer und Städte nur durch Maultierpfade miteinander verbunden waren. Die Wege und Saumpfade verliefen hoch über den Dörfern und waren die einzige Verbindung zur Außenwelt. Diese jahrhundertelange Weltabgeschlossenheit meint man bis heute in einigen Dörfern zu finden. Erst die österreichischen Besatzer, die hier schwer kontrollierbares Gebiet vorfanden, bauten eine Straße am Ufer des Sees, die 1832 feierlich im Beisein von Erzherzog Rainer eingeweiht wurde. Inzwischen übertrumpft eine *superstrada* die Uferstraße, die abseits des Sees durch Tunnel und über Brücken verläuft und die Fahrzeit von Colico nach Lecco auf eine halbe Stunde verkürzt. Als Urlauber wird man die gemächlichere Variante der alten Uferstraße bevorzugen.

Von Colico nach Varenna

Karte: S. 151
Tipps & Adressen: Colico S. 282

Colico 20, der erste Ort des Ostufers, ist ein wichtiger Verkehrsknotenpunkt und war als dieser in zahlreichen Kriegen hart umkämpft. Die Österreicher bauten während der Besatzungszeit im 19. Jh. die Pass-Straßen über das Stilfserjoch, den Maloja und den Splügen-Pass und gaben Colico einen neuen städtischen Anstoß, der sich jedoch leider nicht in der Architektur des Städtchens niederschlug. Und da die alte Bausubstanz nahezu gänzlich in den Kriegen aufgerieben wurde, bleiben Colico heute nur die Berge als Attraktion, die sich majestätisch im Kranz um die Stadt erheben. Auf einem Hügel im Hinterland, dem Montecchio, erkennt man noch die Ruinen der Festung **Forte di Fuentes,** die die spanischen Besatzer Anfang des 17. Jh. zu ihrem Schutz sowie zur Grenzsicherung gegenüber der Eidgenossenschaft errichtet hatten.

Nur wenige Kilometer hinter Colico schiebt sich die schmale, von sanften Hügeln beschwingte **Halbinsel Olgiasca** in den See, die eine kleine Wasserfläche vom Lario abtrennt und nahezu zum eigenen See behauptet. Doch der **Lago di Piona,** auf dem sich an windigen Sonntagen aberwitzig viele Surfer drängen, macht mit seinem Namen mehr Eigenständigkeit glauben, als in Wirklichkeit ist. Im Norden gibt es eine breite Verbindung mit dem großen Bruder.

Im 6. Jh. entdeckten Benediktiner die Landzunge und bestimmten sie zum Ort eines Klosters. Im 11. Jh. war diese Anlage bereits wieder verfallen, denn die Cluniazenser, die nun hier sesshaft werden wollten, mussten alles neu bauen. Nach dem Vorbild von Cluny entstand am Zipfel der Halbinsel eine romanische Klosteranlage rund um die Kirche *San Nicolò*, ein in seiner Sparsamkeit äußerst bemerkenswerter Bau. Im Innenraum zieht das Fresko des thronenden Christus in der Mandorla alle Aufmerksamkeit auf sich – es stammt, wie die Fresken der Apostel, noch aus der Entstehungszeit der Kirche. Schmuckstück der **Abtei von Piona** 21 ist der kleine, quadratische Kreuzgang, der trotz Vielgestaltigkeit den Eindruck höchster Harmonie hinterlässt. Besonders kunstvoll gestaltete man die Kapitelle der grazilen, äußerst anmutig wirkenden Säulen, aus deren Blatt- und Blütenwerk Köpfe von Menschen und Fabelwesen schauen.

Das Kloster hat lange menschenleere Stille umfangen, nachdem es 1798 aufgelöst wurde. Erst seit 1935 wird es wieder von den Zisterziensermönchen genutzt, die hier einen florierenden Handel mit selbstgemachten Likören betreiben, die ganz offensichtlich reißenden Absatz finden – klösterliches Merchandising ... Die feierliche Atmosphäre der Abtei verbindet sich an dem kleinen Schiffsanleger der Halbinsel mit einem stimmungsvollen Ausblick auf das Panorama von Gravedona. Nur ungern wird man diesen Ort wieder verlassen.

Corenno Plinio 22, das nächste Städtchen am Ufer und traditionell von Fischern bewohnt, hat schon früh Image-Pflege betrieben und sein Selbstbewusstsein 1863 mit dem Beinamen Plinio aufgepolstert. Plinio erinnert an den römischen Schriftsteller und Naturphilosophen Plinius den Älteren, der von Como aus oftmals hierher kam. Heute kann sich Corenno Plinio zusätzlich eines wohlerhaltenen mittelalterlichen Stadtbildes rühmen mit schmalen, hohen Häusern, die nur Platz für steile Treppenstiegen lassen. Überragt wird das Häusergewirr vom *Castello Andreani* aus dem 14. Jh., von dem aber leider nur noch Ruinen erhalten sind. Während die mittelalterliche Festungsanlage verfiel, haben sich die Andreani mit prächtigen Fassadengräbern ewiges Leben gesichert. Die von Campionesischen Künstlern aufwendig gearbeiteten Gräber bereichern die Fassade der Kirche *San Tommaso* an der kleinen schattigen Piazza vor der Burg. Der Innenraum bewahrt qualitätvolle Fresken aus dem 14.–16. Jh.

Abtei von Piona: Die Mönche feiern Gottesdienst in der Klosterkirche San Nicolò

Dervio 23, ein Verbund mehrerer Orte, liegt an der Mündung des Varrone, der im Laufe der Jahrhunderte viel Erde und Geröll angespült hat, so dass sich ein breiter Küstenstreifen gebildet hat. Ein dankbares Stück Land für Campingplätze sowie eine Surf- und Segelschule. Dervio lebt jedoch nicht vom Tourismus allein, sondern schaut auf eine lange Tradition als Industrieort zurück, in dem die Produktion auf Papier und Chemie spezialisiert ist. Vorindustrielle Reservate hat Dervio mit seinem Ortsteil *Borgo* am See, dessen Bild Fischerhäuser bestimmen sowie mit der Fraktion *Castello* auf einer Anhöhe, benannt nach der mittelalterlichen Burgruine.

Auf der Suche nach Idylle kann man aber auch gleich in die **Valle Varrone** abbiegen, ein sonnenverwöhntes, fruchtbares Tal, in dem viel Obst und Wein angebaut wird. Im oberen Talabschnitt gehen die Anbauflächen in Kastanienwälder über, die die Menschen der Valle Varrone im Winter ernährt haben. Allein der letzte Ort im Tal, **Premana,** durchbrach den natürlichen Kreislauf und spezialisierte sich auf die Eisenverarbeitung – mit Erfolg, wie man an dem ganz offensichtlichen Wohlstand hier ablesen kann. Von Premana kann man herrliche Bergwanderungen unternehmen, auch der Monte Legnone (s. S. 168) lässt sich von hier aus besteigen.

Bellano 24 ist gut auf Besucher eingestellt und bereitet ihnen einen freundlichen Empfang. Einladend gibt sich der schöne Park am Ufer sowie die Cafés mit ihren Sonnenterrassen, auf denen sich die Vertrauten des *dolce far niente* niederlassen. Das prägt die Stimmung im Städtchen, in dem man ansonsten auch durch die Gassen bergauf, bergab schlendern kann: Der Blick erheischt immer wieder liebevoll gestaltete Innenhöfe oder den ein oder anderen hübschen Türstock. Die zentrale Piazza San Giorgio wird von der schwarz-weiß gestreiften Fassade der Kirche *Santi Nazaro e Celso* (14. Jh.) dominiert. Die eigentliche Attraktion von Bellano ist jedoch ein Naturspektakel, der *Orrido.* Die Pioverna, ein kleiner Flusslauf durch die Valsassina, stürzt mit viel Getöse oberhalb von Bellano in eine Felsenklamm. Die berauschende Dramatik dieses Ereignisses, für das man bezahlen muss, wird allerdings durch ein Kraftwerk und allerlei technische Einrichtungen nachhaltig gestört.

Ein Erlebnis: durch die mittelalterlichen Gassen von Corenno Plinio zu schlendern

Hoch über dem Ort liegt bei Lezzeno die Wallfahrtskirche *Madonna delle Lacrime.* Sie verdankt ihre Entstehung den blutigen (!), lebensbedrohlichen Tränen, die einer Madonnen-Statue angesichts der Verbreitung der lutherischen und Zwinglischen Häresien im Gebiet des Comer Sees kamen. Zu ihrem Trost gab der Mailänder Bischof im Jahre 1700 die Kirche in Auftrag, die eine Fülle von Votiv-Bildern enthält, darunter auch Fotografien von zerquetschten Autos und Motorradunfällen – auch *Exvoti* gehen mit der Zeit.

Varenna

Karte: S. 151
Tipps & Adressen: S. 319

Der schönste Ort am östlichen Seeufer ist **Varenna** 25, das sich an der weitesten Ausdehnung des Comer Sees und zu Füßen des Monte San Defente entwickelt hat. Dem doppelten Logenplatz sowie dem malerisch verschachtelten Stadtbild verdankt Varenna seine Anziehungskraft – an manchen Tagen im Au-

Dem Himmel nah – Aufstieg auf den Monte Legnone

Die Berge rund um Colico (s. S. 164f.) sind ein dankbares Revier für Wanderfreunde. Die größte Herausforderung stellt der **Monte Legnone,** der sich optisch schon am mittleren Seeufer immer wieder ins Bild schiebt, bis er die Landschaft des nördlichen Lario schließlich dominiert. Mit seinen 2609 m ist der Legnone der Gipfelstürmer am Lario, unübertroffen auch in seiner wahrhaft majestätischen Erscheinung. Eine Ehrensache für den Wanderer, dem Ruf des Bergs zu folgen.

Belohnt werden die Mühen des Aufstiegs mit einem grandiosen Naturerlebnis und weitreichenden Überblicken, unter denen sich eine der reizvollsten Landschaften ausbreitet. Der Weg auf den Berg ist der Weg in den Genuss eines großartigen Alpenpanoramas: freie Sicht auf die höchsten Gipfel Tirols, die Schweizer Hochgebirge mit dem Monte Rosa und dem Matterhorn, die Pyramide des Monte Viso sowie die Cottischen Alpen in der Ferne. Nur der Himmel muss wolkenlos sein.

Die Welt, die man über Villatico, Fontaneto, Rusico Scoggione und die Alpe Legnone ersteigt, ist kein Niemandsland; verlassene Bergdörfer und Almen zeugen von den aufgegebenen Existenzen der Bergbauern, die in unseren Zeiten keinen Platz mehr haben. Ein wenig Melancholie wird den Weg begleiten, wer langsam reist, wer den Berg erklimmt, hat Zeit zum Nachdenken. Und Zeit zum Schauen, Augen für Bäche und wilde Wasserstürze, schmale Rinnsale und schillernde Wasserflächen, Steine, Pilze, Bäume, Blumen, Moose, Flechten und Weiden. Einige Berghütten werden von Frühjahr bis Herbst bewirtet, ein Pausenangebot, das einem immer willkommen ist, auf dem Weg dem Himmel entgegen.

gust scheint das Städtchen dem Massenansturm an Besuchern jedoch kaum gewachsen zu sein.

Varenna empfiehlt sich von seiner charmantesten Seite im Herbst, wenn der Duft von Holzfeuer und gerösteten Maroni durch die Gassen zieht und die Stadt von einer melancholischen Verschlafenheit umfangen wird. Die Gunst des Ortes hatten schon die Kelten erkannt, die hier als erstes Volk siedelten. Ihnen folgten die Römer und im Mittelalter befand sich an dieser Stelle bereits ein blühendes Gemeinwesen, das allerdings Ambitionen bei den Nachbarn weckte: Varenna war somit in eine Folge von zahlreichen kriegerischen Auseinandersetzungen verwickelt und wurde dabei dreimal gänzlich von Como zerstört. Die eng zur Wehrgemeinschaft zusammengerückten hohen Häuser sind durch ein Netz von steil ansteigenden und abfallenden Treppen miteinander verbunden. Blumentöpfe mit Jasmin,

Kaktus-Säulen und Oleander verstärken die private Atmosphäre und an weniger stark besuchten Tagen fühlt man sich in dem Gassengewirr von Varenna geradezu wie ein Eindringling ins Wohnzimmer. Die Bewohner, die jahrhundertelang vom Fischfang lebten und heute Fisch in ihren Restaurants zubereiten, nehmen vom Fremden allerdings wenig Notiz, meist sind es ja mehr als sie selbst.

Das steil zum See abfallende Häusergewirr der Stadt überschirmt die Kirche *San Giorgio,* die man von den barocken Zutaten des 17. und 18. Jh. wieder bereinigt und in den mittelalterlichen Originalzustand zurückversetzt hat. Die Kapelle *San Giovanni Battista* gegenüber bewahrt noch romanische Fresken aus ihrer Entstehungszeit. Im Süden Varennas gründeten Nonnen, die von der Isola Comacina geflohen waren, zu Beginn des 13. Jh. ein Zisterzienserkloster. Die Damen führten hier offenbar ein allzu weltliches Leben, was ein Chronist mit dem »Zauber der Natur« zu erklären versuchte. Das unheilige Treiben der Nonnen hatte im 16. Jh. vor allem Carlo Borromeo beunruhigt, der in einem Gesuch an den Papst die Klosterschließung verlangte. Mit Erfolg. Die Nonnen wurden nach Lecco umgesiedelt und das Kloster erwarb der *nobile* Paolo Mornico. Er verwandelte den alten Konvent in die *Villa Monastero* und umgab sie mit einem vielgerühmten, üppigen Garten voller subtropischer und tropischer Pflanzen. Ihre prachtvolle, historistische Ausstattung verdankt die Villa, die heute Sitz des Hydrobiologischen Institutes ist, einem wohlhabenden Deutschen. Er erwarb die Villa zwar Ende des 19. Jh., musste sie aber im Ersten Weltkrieg wieder an den italienischen Staat abtreten. Der Park der Villa Monastero – heute Tagungsort für Wissenschafts- und Literaturkongresse – lädt zu ausgedehnten Spaziergängen zwischen Palmen, Agaven und Oleander ein und verwöhnt mit spektakulären Ausblicken auf den Lago di Lecco und das Westufer des Comer Sees.

Längst keine Idylle mehr, sondern vielbesuchte Sommerfrische ist das herausgeputzte Bergdorf **Esino Lario** **26** im gleichnamigen, engen Tal, zu dem in Varenna eine Straße abzweigt. Einen Besuch lohnt das *Museo Civico delle Grigne,* das die Vergangenheit des beeindruckenden Karstgebirges anhand von archäologischen Funden aufschlüsselt.

Fiumelatte **27** lockt schon im Namen mit seiner großen Attraktion, dem ›Milchfluss‹. Der kleine Flusslauf entspringt oberhalb des Ortes in einer Karstgrotte und führt ein ausgeprägtes Eigenleben, was ihm weithin Berühmtheit brachte. Im Winter verschwindet er und entzieht sich neugierigen Besucherblicken, gleichsam als begebe er sich in Winterschlaf, um im Frühjahr und Sommer um so kräftiger zu rauschen. Das Wasser schäumt in der warmen Jahreszeit milchig weiss – daher der Name. Das geheimnisvolle Auftreten des nur 250 m langen Fiumelatte, das schon große Geister wie Plinius den Älteren und Leonardo da Vinci zum Grübeln brachte, lässt sich aus dem mürben Kalkstein der Grigne erklären, der zahlreiche Zwischenräume und Klüfte in sich einschließt. Die Quelle des Flüsschens liegt in einem tief im Innern des Bergs verborgenen Hohlraum, der sich im Frühjahr und Sommer nach der Schneeschmelze mit Wasser füllt und im Winter austrocknet. Kalk, der sich im Wasser absondert, gibt dem Fiumelatte, den man an der Quelle tief im Berg glucksen und gurgeln hört, seine milchige Farbe.

Der Lago di Lecco

Hinter Fiumelatte breitet der Lario seine Arme auseinander. Auftakt des Lago di Lecco, wie sich der östliche Arm nach der bedeutendsten Stadt an seinem Ufer nennt. Die namentliche Unterscheidung folgt jedoch nicht allein formalen Gesichtspunkten, auch landschaftlich zeichnet sich am Lago di Lecco ein anderer Charakter ab. Der See wird deutlich schmaler und zu beiden Seiten erhebt sich eindrucksvolles, dunkelbewaldetes oder nackt-zerklüftetes Gebirge, das hier einen alpinen Akzent setzt. Alessandro Manzoni hebt in seinem berühmten historischen Roman ›Die Verlobten‹ mit einer Beschreibung des Sees an: »Jener Arm des Comer Sees, der sich nach Süden wendet und dessen Gestade zwischen zwei fortlaufenden Gebirgsketten so buchtenreich ihrem Vordrängen und Zurückspringen folgt, verengt sich fast urplötzlich und nimmt zwischen einem Vorgebirge (...) und einer weiten Uferhalde gegenüber Gestalt und Verlauf eines Stromes an.«

Von Fiumelatte nach Lecco

Karte: S. 151
Tipps & Adressen: Lecco S. 292

Von Norden kommend ist **Lierna** 28 der erste Ort am See. Archäologische Funde belegen, dass es hier schon in der Bronzezeit eine Siedlung gab und seither hat das milde, gefällige Klima, in dem die ganze mediterrane Pflanzenwelt gedeiht, immer Menschen angezogen. Der älteste Ortsteil, **Castello,** liegt auf einer Anhöhe. Die Festung gibt es nicht mehr, ihre Bausubstanz scheint vielmehr bei der Errichtung der Fischerhäuser Verwendung gefunden zu haben. Die kleine Kapelle *Santi Maurizio e Lazaro* ist romanischen Ursprungs. Neben den verwinkelten Fischerhäusern bestimmen in Lierna Villen mit großzügigen Gärten das Ortsbild. Die weiten Hänge des Monte Palagia bieten sich geradezu als Standort für das Haus im Grünen an und seit dem 19. Jh. entstanden hier eine Fülle von herrschaftlichen Palazzi, die gelb, rosa und weiß aus dem dunklen Grün der Zypressen leuchten.

Über **Grumo** und das schön an einer kleinen Bucht gelegene **Olcio** erreicht man nach wenigen Kilometern **Mandello del Lario** 29. Der Ort ist Musik in den Ohren aller Motorradfans: Hier produziert Moto Guzzi seit 1921 schneidige Zweiräder. Die Motorenfabrik ist der ganze Stolz der über 10000 Einwohner zählenden Stadt und neben der ortsansässigen Papier- und Elektroindustrie der wichtigste Arbeitgeber. Mandello ist daher unabhängig vom Fremdenverkehr geblieben und präsentiert sich als arbeitende Stadt, unsentimental und eigenständig.

Die lange Geschichte Mandellos, das im Mittelalter ein bedeutender und stark befestigter Ort war, bewahrt die Architektur leider nicht mehr – die älteste Bausubstanz findet man noch am Seeufer, das von Häusern mit Arkaden gesäumt ist. Nach Feierabend kommt man hierher zum Flanieren, taxiert die neuesten Anschaffungen der Nachbarn und Kollegen und genießt ansonsten den stimmungsvollen Ausblick. Die Kirche *San Lorenzo* winkt mit ihrem romanischen Campanile, dem einzigen Überbleibsel aus ihrer Entstehungszeit. Zu Beginn des 17. Jh. ergriff nachhaltig der Barock Besitz von ihr. Als barocker Glücksfall entpuppt sich die Kirche *Madonna del Fiume,* in der sich ein ganzes Feuerwerk an Stuck, Fresken, Gemälden und Statuen entzündet. Dritte im Kirchenbunde von Mandello ist *San Giorgio* im Südosten des Stadtgebietes mit einem prachtvollen, gut erhaltenen Freskenzyklus aus dem 16. Jh., der sich gleich einem Bilderteppich über alle Wände der Kirche zieht.

Bei Mandello, in dessen Hintergrund sich nahezu dramatisch die nackten Felsen der Grigne auftürmen, verengt sich der Lago di Lecco auf Flussbreite und das andere Ufer, das mit seinen steilen Felsküsten fast unbesiedelt geblieben ist, rückt in greifbare Nähe. Das Weichbild Mandellos ist längst mit dem Nachbarort **Abbadia Lariana** 30 verwachsen, der sich im Laufe der Jahrhunderte um eine Abtei entwickelt hat. Den Ort, der sich auf einer grünen, forsch in den See hineinragenden Landzunge erstreckt, kann man getrost durchfahren, es sei denn man stattet dem *Museo della Seta* einen Besuch ab, das seinen Sitz in der alten Seidenfabrik ›Monte‹ hat und stolz auf die alte, wasserbetriebene Seidenspinnmaschine mit 432 Spulen ist. Abbadia war schon im 19. Jh. ein Zentrum der Seidenproduktion, doch konnte es nicht Schritt halten mit der Zeit, wodurch der wichtigste wirtschaftliche Lebensnerv zum Erliegen kam.

Lecco und die Umgebung

Karte: S. 151
Tipps & Adressen: Lecco S. 292, Civate S. 282

Lecco 31, mit etwa 55 000 Einwohnern die größte Stadt am gleichnamigen See, ist fest von Industrie-Anlagen umgürtet. Dazwischen liegen Tankstellen, Ein-

Moto Guzzi: Klassiker im Werksmuseum von Mandello

kaufszentren und Gartencenter sowie Fußballplätze. Ganze Wälder von Schildern sitzen an den Straßenecken und empfehlen Restaurants, Fitness-Studios oder Büros und Firmen. Keine einladenden Bilder. In den Augen der Schriftstellerin Elisa Agosti sind sie jedoch charakteristisch für die Stadt: »Die große Liebe der Menschen in Lecco ist die Arbeit, ihr Mythos ist die Produktion. Hier arbeiten alle Männer und Frauen; jedes Haus hat eine Werkstatt (...)«.

Allein derjenige, der sich Lecco von Süden aus nähert, kommt in den Genuss eines ungleich glänzenderen Empfangs. Der Weg in das *centro storico* führt hier über eine Brücke, unter der die Adda dahinzieht. Der *Ponte Vecchio* mit seinen elf Bögen ist das Wahrzeichen von Lecco, das die Stadt Azzone Visconti verdankt, der sie im 14. Jh. in Auftrag gab. Mehrmals in Mitleidenschaft gezogen, geht die heutige Form der Brücke auf das frühe 17. Jh. zurück. Aus der Visconti-Ära überdauerte auch ein Turm, dessen imposante Erscheinung auf das leider nicht mehr erhaltene Kastell schließen lässt. In die *Torre Viscontea* an der Piazza XX. Settembre ist heute das *Museo Civico* eingezogen, dessen Sammlung sich dem *Risorgimento* und dem Ersten Weltkrieg widmet – ein möglicher Fluchtpunkt an Schlechtwettertagen.

Das historische Zentrum von Lecco ist auf wenige Straßenzüge zwischen der Piazza Garibaldi und der Piazza XX. Settembre beschränkt – die Schönheit der Stadt offenbart sich nur in einzelnen Baudenkmälern und Plätzen. Überall entdeckt man in dem Gepräge der Großstadt noch das Provinzielle, das bäuerliche Urgestein, auf dem die Stadt gewachsen ist und sich, so möchte man meinen, seit der Industrialisierung aufgebläht hat. Zu diesem Eindruck trägt wesentlich auch die Umgebung Leccos bei, die die vielgestaltigen, markant gezackten Felsen des Resegone prägen. Theatralisch erhebt sich vor dieser Kulisse der 96 m hohe Campanile der Kirche *San Nicolò.*

Neben Ausflügen zu den Orten aus Manzonis Roman ›Die Verlobten‹ locken in Lecco die Berge, vor allem der Resegone. Für weniger geübte Bergsteiger empfiehlt sich die Fahrt mit der Seilschwebebahn von Versasio zu den **Piani d'Erna,** einem Plateau unter der Zackenkrone, das als ›Balkon‹ der Stadt promotet wird. Leccos Aussichtsterrasse, auf der sich Restaurants, Bars, Andenken-Läden und Discos drängen, wird an sommerlichen Wochenenden heimgesucht wie die Akropolis. Doch wer Glück hat, kann hier beispielsweise an einem Montag ungestört die zweifellos imposante Aussicht genießen. Wem mehr nach Ruhe zumute ist, sollte sich jedoch lieber auf Wanderschaft in die **Valsassina** begeben. Hier lassen sich auch die Spuren Alessandro Manzonis weiter verfolgen, denn die Familie des Romanciers stammt aus dem kleinen Ort **Barzio,** in dem man die *Casa Manzoni* besichtigen kann.

Das reizvolle grüne Voralpental zieht sich östlich der Grigna Meridionale (2184 m) und der Grigna Settentrionale (2410 m) entlang. Während den südlichen Talabschnitt zerklüftete und bizarr gezackte Kalkberge prägen, dominieren in der oberen Valsassina Granitfelsen, die mitunter zu größeren Weideflächen auseinander rücken. Der Talboden wird intensiv für die Landwirtschaft genutzt, in der die Käseproduktion eine führende Rolle spielt. Die Valsassina ist neben der Bergamasker Val Taleggio die Heimat des Taleggio-Käse, einem weiß-cremigen Weichkäse, der längst auch jenseits der Alpen in Gourmet-Kreisen gefragt

Zuhause bei den ›Verlobten‹

Sie heißen zwar nicht Romeo und Julia, aber immerhin doch Renzo und Lucia und sind eines der berühmtesten Liebespaare der Weltliteratur. Der kecke Seidenspinner Renzo lernte das sittsame Bauernmädchen Lucia in der Gegend um Lecco kennen und hätte Manzoni die Handlung seines global gepriesenen Romans ›Die Verlobten‹ nicht hierher verlegt, würde Lecco sicher nur die Hälfte der Besucher zählen, die heute trotz der an einer Hand abzuzählenden Sehenswürdigkeiten kommen. Vormittags sieht man meist Schulklassen und Reisegruppen, die dem Weg der ›Verlobten‹ folgen. Nachmittags durchstreifen hingegen literarische Touristen mit einer Taschenbuchausgabe der ›Verlobten‹ die Stadt und vergleichen die Topografie im Roman mit der Wirklichkeit – Manzoni hat sich dabei ganz im Sinne des historischen Romans ziemlich genau an die realen Gegebenheiten gehalten.

Alessandro Manzoni

Lecco dankt es und hat alles getan, um sich als literarische Heimat Manzonis herauszuputzen. Auf der Piazza Manzoni thront ein monumentales Denkmal für den Schriftsteller und im *Museo Civico Villa Alessandro Manzoni* bewahrt man einige Dinge aus dem persönlichen Besitz des Romanciers sowie seine Manuskripte auf. Seit dem 200. Geburtstag Manzonis im Jahre 1985 bieten die Weichensteller des Literatur-Tourismus darüber hinaus Busfahrten auf den Spuren der Verlobten an und beim Fremdenverkehrsverein kann man sich den *Itinerario Manzoniano* abholen, der den Weg durch den Roman weist. Am Abend gilt es dann zu entscheiden, ob man im Ristorante Promessi Sposi speist oder das Don Abbondio vorzieht.

Geboren wurde Alessandro Manzoni, der neben Walter Scott zu den Wegbereitern des Historischen Romans gehört, 1785 in Mailand, doch zum Glück von Lecco wuchs der später weltberühmte Schriftsteller in der feudalen Villa des Großvaters in der Via Don Guanella auf, in der heute das Manzoni-Museum seinen Sitz hat. Die Gegend rund um den Lago di Lecco, die Manzoni noch als »eine der schönsten der Welt« beschrieb, wird später zum Schicksalsort der Liebe zwischen Renzo und Lucia, der sich eine Widrigkeit nach der anderen in den Weg stellt.

Am Ortsrand von Lecco im Dörfchen Olate hat man das Haus der Lucia ausfindig gemacht – gegen den Protest der Dörfer Aquate, Rancio, Laroca, Castello, Chiuso, Germaneddo und Maggianico. Doch die Literaturwissenschaft gab ihren Segen für das Haus mit dem Bogen in Olate, obgleich hier nicht mehr der von Manzoni beschriebene Feigenbaum steht, sondern ein Nussbaum. Aber in 300 Jahren kann sich ja auch manches verändern.

Das Unheil der beiden Protagonisten fing dort an, wo sich die Straße auf einer Anhöhe in Form eines Ypsilons teilt. Dort nämlich lauerten rüde Gesellen dem Dorfpfarrer Don Abbondio auf und verlangten, die Ehe zwischen Renzo und Lucia nicht zu schließen. Hinter der Forderung verbarg sich der allmächtige und gottlose Don Rodrigo, dem die Schönheit des Bauernmädchens zu Herzen gegangen war. Auch seine Burg konnte lokalisiert werden, ebenso wie man ›das Schloss des Unbekannten‹ bei Garlate fand. Don Abbondio, der nicht mit Großmut gesegnet war, gehorchte und Renzo und Lucia mussten fliehen. Am Uferrand erinnert ein Stein an diese Nacht-und-Nebel-Aktion, bei der Lucia das berühmte ›Addio Monti‹ entfuhr, ›Lebt wohl ihr Berge‹. Für die Liebenden begann mit diesem Abschied eine Odyssee, an deren Ende allen Intrigen und Schicksalsschlägen sowie aller Gewalt zum Trotz die Hochzeit in der Kirche San Vitale in Olate stattfand. Heute kann die kleine Dorfkirche die Trauungsanfragen von tausenden Verlobten jährlich längst nicht mehr bewältigen. In der Zeit des Wartens böte sich derweil die Roman-Lektüre an.

ist. König der Taleggi ist der Käse, der in der Ortschaft **Introbio** 32 hergestellt wird – er ist auch dort in der Käserei erhältlich.

In der Valsassina begibt man sich in altes Kulturland, dass jedoch seit dem Wirtschaftsboom in Oberitalien zu Beginn der 1980er Jahre den bei Touristen so beliebten Charme der Langsamkeit, der Einfachheit, der Verschlafenheit, ja der Rückständigkeit längst eingebüßt hat. Urwüchsige Berg- und Bauernwelt ist hier nicht mehr zu haben. Vielerorts sind die alten Dörfer an den Rändern ausgefranst, neue Siedlungen sind entstanden, deren belangloser Einheitsstil sich hartnäckig allen Anmutungen einer malerischen Idylle verweigert. Abseits der Straßen findet man jedoch eine Fülle von reizvollen Wanderwegen, die die Reservate landschaftlicher Schönheit der Valsassina erschließen.

Im Süden Leccos staut der Flusslauf der Adda zwei weitere Seen auf, den größeren, 10 km langen **Lago di Garlate** und den kleinen **Lago di Olginate.** Eine Dunstglocke aus Auto- und Lastwagenabgasen sowie den Emissionen aus den Fabrikschloten liegt über den beiden Seen, die längst zu Industriekloaken verkommen sind. Die Zugehörigkeit der Seen zum *Parco Adda Nord* ist wohl eher realitätssüchtig als realitätstüchtig. Auch um die Seen, die sich wie an einer Perlenschnur im südlichen Hinterland zwischen Como und Lecco, in der **Brianza** aneinander reihen, steht es schlecht, das Wasser ist stark verschmutzt, der Fischbestand stark gesunken und in seiner Artenvielfalt begrenzt.

Alle Orte an den Laghi entledigen sich ihrer Abwässer in den Seen der Brianza, die zusätzlich von Einleitungen aus der Industrie stark belastet werden.

Allein dem unwissenden Auge sind die Gewässer der Brianza noch eine Freude. Im Norden des **Lago di Annone,** dem größten der Brianza-Seen, liegt **Civate** 33. Der kleine Ort ist eines der wichtigsten Ziele von Kunstliebhabern in der Lombardei, denn von hier führt ein steil ansteigender Weg auf den Monte Pedale, an dessen Hang eine der schönsten romanischen Kirchen liegt, *San Pietro al Monte.* Die einsame Lage der Klosterkirche unter dem nackten Felsen des Monte Pedale verstärkt nur den suggestiven Eindruck des Bau-Ensembles, das den mühsamen, etwa einstündigen Aufstieg mehrfach belohnt.

Die Gründung der Kirche ist legendenumwoben, dabei hat sich die Geschichte von dem blinden Aldachis, Sohn des Langobardenkönigs Desiderius, am hartnäckigsten behauptet. Ein Eremit aus den Bergen oberhalb von Civate soll den Königssohn geheilt haben, der als Dank in dieser unwegsamen Gegend eine Kirche stiftete. Schon Mitte des 9. Jh. ist dann an diesem Ort ein Kloster belegt. Die Kirche ist prachtvoll mit Stuck ausgekleidet und erinnert an ein kostbares Schmuckkästchen. Neben dem üppigen Dekor sind die Wände mit gut erhaltenen Fresken aus dem 11. Jh. geschmückt, die noch ganz in der Tradition der byzantinischen Kunstauffassung stehen. In der Vorhalle der Kirche fabuliert ein großartiges Lünetten-Fresko den Kampf mit dem Bösen und zeigt ganze Himmelsscharen unter der Führung des hl. Michael, die den siebenköpfigen Drachen malträtieren. Im *Oratorio San Benedetto* haben sich ebenfalls romanische Fresken erhalten.

Abendstimmung am Lago di Lecco

Zwischen den Seen

Im Zwischenland des Lago di Como und Lago di Lecco, im sogenannten **Lariano-Dreieck** trifft man auf vielgestaltige Landschaftsformen und die Fahrt auf der schmalen Uferstraße von Lecco nach Como gleicht einem Kaleidoskop. Hinter jeder Wegbiegung eröffnen sich neue Bilder, mal sind es die schroffen Silhouetten der Felsen, die sich dramatisch auftürmen oder steil zum Wasser abfallen, mal sind es artistisch angelegte Gärten, aus denen der starke Geruch von Jasmin und Lorbeer dringt. Dazwischen liegen immer wieder Dörfer, deren Häuser sich um die Kirche gruppieren und in denen das Mittelalter atmosphärisch noch präsent ist. Und in der Mitte, auf dem Logenplatz empfängt den Besucher die *grandezza* von Bellagio, nichts für stille Genießer, vielmehr für Liebhaber des noblen Glamours.

Das Lariano-Dreieck

Karte: S. 151
Tipps & Adressen: Bellagio S. 273, Torno S. 313

Die Straße von Lecco nach Bellagio ist schmal und eng, umständlich in ihren vielen Kurven, in denen sie sich um die Felsen des Steilufers schlängeln muss. Der Blick auf Lecco und die Orte des Ostufers, hinter denen die beiden Grigne gleich einem Wall mächtig aufragen, begleiten den Weg. Manchmal holt er zu kleinen Parkbuchten aus – willkommene Einladungen für den ausführlichen Genuss des Panoramas. Wo kein Fels ist, säumen die Straße Misch- und Kastanienwälder – alle mediterrane Raffinesse wird an diesem Uferabschnitt von alpinen Landschaftsformen verdrängt. Unter den Steilabstürzen des Monte Moregallo verschwindet die Straße in Tunneln, wenige Kurven später erreicht man **Oliveto Lario,** eine Gemeinde, zu der sich mehrere Dörfer zusammengeschlossen haben. Noch vor dem eigentlichen Hauptort, in **Onno** zweigt eine Straße in die **Valassina** ab, in die bergige Mitte des Lariano-Dreiecks. Die Straße schraubt sich in vielen Kurven bis nach **Asso,** dem Hauptort des Tals, das der Lambro hier tief in die Felsen geschnitten hat. Wer die Fahrt im Landesinneren vorzieht, kann von Asso das ganze Tal durchfahren und gelangt nach einer aussichtsreichen Tour, die immer wieder kleine Orte passiert, nach Bellagio.

Auf der Uferstraße passiert man hinter Onno, einem kleinen Ort, der sich unter gewaltigen Felsen duckt, weitere unspektakuläre Dörfer, die ein ungestörtes Eigenleben führen und keine Zugeständnisse an den Tourismus machen. Allein im Villenort **Vassena** trifft man auf touristische Infrastruktur wie einen schön, unter schattigen Bäumen gelegenen Camping-Platz direkt am Kiesstrand, der bei Surfern beliebt ist.

Egal, aus welcher Richtung man sich **Bellagio** 35 nähert, die Stadt hat immer einen großen Auftritt. Die angemessenste Annäherung findet natürlich übers Wasser statt, denn dem See wendet Bellagio seine großorchestrierte Uferpromenade mit den herrschaftlichen Palazzi zu. Aber auch wer über Land an die Spitze des Dreiecks vorstößt, wird von der Noblesse Bellagios schnell umfangen. In Bellagio ist von

Segen für die Radfahrer – Die Kirche Madonna del Ghisallo

In **Magreglio** 34 sollte man nicht versäumen, der Kirche *Madonna del Ghisallo* einen Besuch abzustatten, die seit 1948 der Schutzpatronin der Radler geweiht ist und von Radfahrern als Heiligtum verehrt wird. Da versteht es sich von selbst, dass auch der *Giro d'Italia* durch Magreglio führt.

Die zündende Idee zu dieser genialen Marketing-Strategie kam dem Dorfpater Don Ermelindo Viganò. Enttäuscht über den kläglichen Zulauf seiner Kirche, ließ er sie kurzerhand von Papst Pius XII. zum Heiligtum der Radfahrer erklären – vorausschauend die Zeichen der Zeit erkennend. An Sonntagen drängen sich hier Radfahrer in Montur und beten für den Segen auf dem Zweirad, das hier ausnahmsweise auch mit in den Innenraum geführt werden darf. Nur Fahrradständer gibt es noch nicht.

Manche Radler bedanken sich für ein glücklich ausgegangenes Unglück mit *Exvoti,* so dass sich die Kirche mitunter wie ein Altwarenlager für den Fahrradbedarf ausnimmt: Da hängen Rennräder an den Wänden, Radlerhosen, Trikots, verbeulte Helme und Bilder erzählen von der wundersamen Rettung. Zum Kirchenschatz gehören darüber hinaus einige Devotionalien wie Trikots und Räder der Champions Coppi, Indurain oder Merckx. Vor der Kirche erinnern Gedenksteine an die ganz Großen des Radrennsports wie Fausto Coppi.

Frühjahr bis Herbst Hochsaison. Alle, mitunter auch frisierte Schönheit teilt man mit tausenden von Liebhabern, an manchen Sommertagen schieben sich so große Besuchermassen durch die steilen Gassen der Altstadt, dass einen Bellagio das Fürchten und anschließende Flüchten lehrt. Kommt man in den Wintermonaten auf die Gefahr hin, dass das eine oder andere Hotel und Restaurant geschlossen ist, das Klima aber immer noch mild, verzaubert Bellagio mit ungestörter Gemächlichkeit und Ruhe, in der die Schönheit zur vollen Entfaltung gelangt. Dann wird auch Bellagios Vergangenheit als Fischerdorf wieder greifbar.

Früher war Bellagio am ganzen Comer See berühmt für seine Fische. Alessandro Manzoni nahm dafür sogar 60 Meilen in Kauf. Seine Tochter Giuletta schrieb an einen Freund des Romanciers: »Sie (Manzoni und ein Freund, Anm. d. Verf.) werden also morgen um vier Uhr aufbrechen, und in Como eintreffen, um den See mit dem Dampfer zu überqueren, in Bellagio Fisch essen und sofort wieder zurückkommen. Sechzig Meilen für ein bisschen Fisch!« Bis heute spielen Fische natürlich die Hauptrolle auf der Speisekarte von Bellagio: Aal, Schleie, Hecht, Barsch oder Forelle – sie alle kommen fangfrisch auf den Tisch.

Die Römer nannten ihre Siedlung entsprechend der Topografie an der Gabelung zwischen dem Comer See und dem Lago di Lecco Bilacus, zwischen den Seen. Die Einwohner selbst prägten später jedoch das klangvollere Bellagio, eine Zusammenziehung aus *bello* und *lago.* Wie die Nachbarn war Bellagio lange Zeit ein Fischerdorf, doch bereits die Römer wussten um die Exklusivität des Ortes und Plinius der Jüngere ließ sich hier eine Villa errichten. Sie wurde von den einfallenden Völkern zerstört und steht dennoch am Anfang einer Tradition, die in der Renaissance wieder aufgenommen wurde. In Schwung kam die Villen-Kultur vor allem im 19. Jh. und für all diejenigen, die sich keinen Sommersitz leisten konnten, baute man prachtvolle Hotels. Noch heute bemüht sich Bellagio um einen gehobenen Tourismus, der weniger Gäste und mehr Geld bringt, doch musste sich die Stadt, die den ganz frühen Sehnsuchtszielen des Fremdenverkehrs zuzurechnen ist, längst auf den Massenbetrieb einstellen. Auch franst Bellagio an seinen Rändern immer weiter in einheitlichen Terrassenwohnblocks und Sommerapartments aus, die in den allgegenwärtigen Immobilienbüros angeboten werden.

Madonna mit Christuskind in der Pfarrkirche San Giacomo von Bellagio

Die Seepromenade säumen die Terrassen der traditionsreichen Cafés, von denen man einen herrlichen Ausblick auf Tremezzo am gegenüberliegenden Westufer des Comer Sees genießt. Das Grandhotel ›Grande Bretagne‹ ist schon seit Jahren dem Verfall preisgegeben, bis heute gibt es noch keine Pläne, wie man die einst noble Herberge wieder zu neuem Leben erweckt. Hinter der Schaufassade von Bellagio liegt das alte Fischerdorf mit bunt angemalten Häusern, die zur Wehrgemeinschaft zusammengerückt sind. Ein wenig aufdringlich wird hier die malerische Idylle inszeniert und Fischernetze hängen höchstens noch zur Dekoration, denn die Häuser sind fest in der Hand von Restaurant- und Boutiquen-Besitzern.

Die Pfarrkirche *San Giacomo* wurde von ihren barocken Zutaten wieder befreit und in romanischen Urzustand zurückversetzt – allerdings nur mit mäßigem Erfolg. Eher breitet sich eine museale Stimmung im Innenraum aus, die drei Mosaikbilder in den Apsiden entstanden denn auch erst in jüngster Zeit. Sehenswert ist jedoch die sehr bewegt, gleichsam expressiv aufgefasste ›Grablegung‹, die Perugino zugeschrieben wird. Die liegende Christusfigur unter dem Altar schenkte der Lario Bellagio; seine Fluten sollen sie aus der spanischen Festung de Fuentes bei Colico hierher geschwemmt haben.

Am südlichen Seeufer liegt die *Villa Melzi,* ein blendend weißer, stattlicher

Bau, der 1808 in den edlen, zurückhaltenden Formen des Klassizismus entstand. Die Innenräume der Villa sind leider nicht zur Besichtigung freigegeben, daher muss man sich mit dem großzügig angelegten Park trösten, was nicht schwer fällt: Vor allem im Frühjahr entzündet sich hier ein Feuerwerk der Farben, wenn die vielgerühmten Azaleen in voller Blüte stehen. Zwischen Zypressen leuchtet ein maurisch inspirierter Pavillon, ein intimes Plätzchen, dass Franz Liszt mit seiner Geliebten, der Gräfin d'Agoult, gerne aufsuchte. Das Paar war 1837 vor dem Pariser Klatsch nach Bellagio geflohen, wo sie glückliche Monate im Exil verbrachten und die Gräfin ihre Tochter Cosima gebar, die später die nicht minder skandalumwitterte Frau Richard Wagners wurde. »Wollen Sie einen günstigen Schauplatz für die Geschichte zweier glücklich Liebender, so wählen Sie die Gestade des Comer Sees«, schrieb Liszt aus Bellagio an einen Freund. Im Pavillon gegenüber sieht man eins der ewigen Liebespaare in Marmor: Dante und Beatrice. Der Figur Dantes wäre allerdings ein wenig mehr Stattlichkeit gut bekommen.

Im Osten der Villa Melzi liegt am Ufer des Lago di Lecco die klassizistische *Villa Giulia,* in der einmal Leopold I. von Belgien residierte: ein offenkundiger Gartenfreund, denn auf seine Initiative hin wurde der prächtige Park angelegt, der sich weit über die Halbinsel erstreckt. Königin im Kreis der Villen von Bellagio ist die *Villa Serbelloni.* Nicht nur weil sie die älteste ist, ihr gebührt wohl auch der Titel der Schönsten. Vor allem, wenn man sich Bellagio vom See aus nähert, bannt sie den Blick mit ihrer heiter-anmutigen Architektur, der stattliche Zypressen ringsum einen Zug ins Feierliche, ja sogar Theatralische verleihen. Eine Dramatik, die ansteckt und so notierte der ansonsten nicht so überschwengliche Flaubert bei seinem Besuch 1845: »Eine Aussicht auf drei Seen. Man möchte dort leben und sterben. Ein Schauspiel, zur Lust der Augen erschaffen: Gewaltige Bäume, in die Klippen verwurzelt, wachsen bis unter ihre Hände, ein schneebegrenzter Horizont mit reizenden Vordergründen, eine Shakespeare-Landschaft.«

Die Geschichte der Villa Serbelloni ist verschlungen und verworren, sie reicht aber von Plinius dem Jüngeren bis zur Rockefeller-Stiftung. Der heutige Bau geht in seinem Kern auf die Renaissance zurück und entstand an der Stelle, an der schon Plinius der Jüngere seine Villa hatte errichten lassen. Graf Serbelloni ließ das Anwesen im Stil der Zeit 1788 klassizistisch umbauen und legte den Park an, der sich nahezu über die ganze Spitze des Dreiecks von Bellagio ausdehnt und glücklicherweise die Zubetonierung der Langzunge mit weiteren Zweitwohnsitzen verhindert. Der Park der Villa ist im Rahmen von Führungen zugänglich.

Krönung eines Besuches in Bellagio ist der Ausblick vom nördlichsten Zipfel der Halbinsel, der *Punta di Spartivento,* dem Punkt, an dem die Winde sich teilen, wie die wortwörtliche Übersetzung lautet. Die Poesie des Namens verdankt sich dem großartigen Panorama, das sich hier bietet.

Hinter Bellagio, auf der Weiterfahrt nach Como wechselt die Landschaft plötzlich wieder ihren Charakter. Führte der Weg eben noch durch eine weite, heitere Villen-Gegend, treten nach wenigen Kilometern nahezu übergangslos wieder alpin anmutende, raue Landschaftsformen ins Bild. Birken säumen den Weg anstelle von Palmen und die üppigen Azaleen- und Rhododendren-Büsche sind einfachen, undefinierbaren

Besucher empfängt Noblesse: Bellagio

Sträuchern gewichen. Felsen fallen zur engen Straße hin ab und die ersten Orte, die man passiert, kennt man in dieser belanglosen, gleichsam entkernten Form auch aus der deutschen Provinz.

Urlaubserwartungen erfüllt erst wieder **Nesso** 36, ein mittelalterlicher Ort, der im Süden noch von den bescheidenen Resten eines alten Kastells überragt wird, das Francesco Sforza in diesen Zustand versetzt hat. Eigentliche Attraktion in Nesso ist die Klamm, der **Orrido di Nesso** mitten im Ort. Tosend und schäumend zwängt sich hier der Nosé durch enge Felswände, bevor er in die Tiefe fällt und dann in aller Ruhe in den See mündet. **Careno** 37, der nächste Ort, liegt an der schmalsten Stelle des Lario, zwischen den beiden Ufern liegen allein 650 m. Mehr noch als Nesso hat sich Careno sein mittelalterliches Erscheinungsbild bewahrt, zu dem steile Treppen gehören, die einzigen Verbindungswege in dem wirren Häuserhaufen.

Man sieht hier oft Männer und Frauen mit einer Kiepe auf dem Rücken, in der sie Heu für das Vieh transportieren, das gleich neben dem Haus im Stall untergebracht ist. Meist sind es nicht mehr als zwei, drei Ziegen und ein paar Kaninchen, die an Festtagen geschlachtet werden. Hochzeit und Tod sind die Fixpunkte des Lebens im Dorf geworden, Geburten gibt es so gut wie keine mehr, denn nach der Heirat verlassen die Jungen meist das Elternhaus und ziehen nach Como oder Lecco. Oberhalb von Careno liegt die **Grotta Masera,** eine der vielen Höhlen des Karstgebirges im Hinterland von Nesso.

Durch Kastanienwälder erreicht man nach vielen Kurven und schönen Ausblicken auf das gegenüberliegende Ufer als nächsten Ort **Torno** 38, der sich auch noch einen alten Kern bewahrt hat. Torno ist eine Gründung der Römer. Im Mittelalter erlebte die Stadt als freie Kommune eine außerordentliche Blütezeit und die hier ansässige Tuchverarbeitung bescherte Torno einen beachtlichen Wohlstand. Das erregte den Neid der potenten Nachbarn. 1522 zerstörten und plünderten die Truppen Comos das Städtchen und bereiteten der vielversprechenden Entwicklung ein Ende. Torno hat sich von diesem Rückschlag nie wieder erholt und versank in der Bedeutungslosigkeit.

Und wohl kaum ein illustrer Besucher hätte sich aufgemacht nach Torno, wenn es hier nicht die *Villa Pliniana* und eine seltsame Naturerscheinung, eine ›intermittierende Quelle‹ gäbe. Auch wenn der Name der Villa den römischen Dichter und Denker als Bauherrn naheliegt; die Pliniana ließ sich der Statthalter von Como 1575 bauen. Pellegrino Tibaldi lieferte die Pläne für den dreistöckigen, schlichten Bau, der in seiner

Monumentalität fast etwas aufdringlich wirkt. Die Villa Pliniana, die herrlich abgeschieden am Seeufer liegt, verdankt ihren Namen einer geheimnisvollen Quelle oberhalb des Anwesens, von der Plinius in einem Brief an seinen Freund Licinius berichtet: »Ich habe Dir statt eines kleinen Geschenks aus meiner Heimat eine Frage mitgebracht, die deiner großen Gelehrsamkeit würdig ist. Es gibt da eine Quelle auf einem benachbarten Berg, die aus dem Felsen entspringt; das Wasser wird in einem klaren Becken eine Weile aufgehalten und fließt dann in den Larischen See. Das Verhalten dieser Quelle ist sehr merkwürdig, sie steigt und fällt regelmäßig dreimal am Tage. Dieses Steigen und Fallen ist deutlich sichtbar und sehr vergnüglich. (...) Gibt es hier einen heimlichen Luftzug, der die Quelle öffnet und wieder schließt, wie man es bei Flaschen und ähnlichen Gefäßen sieht, die keine weite Öffnung haben? (...) Oder ist es hier das gleiche Prinzip wie bei Ebbe und Flut am Meer? (...)«

Plinius ist voller Fragen; sein von Forschergeist erfüllter Brief ist auf den Tafeln im Innenhof im lateinischen Original und in der italienischen Übersetzung in Marmor verewigt. Die wundersame Quelle, deren Auf und Ab durch eine Siphonwirkung im Felsinnern erklärt wird, beschäftigte auch Leonardo da Vinci und zog Dichter, Komponisten, Naturwissenschaftler und Staatsmänner an wie Shelley, Lord Byron, Stendhal, Volta, Napoleon, Bellini und Rossini, der in der Pliniana seine Oper ›Tankred‹ komponierte. Eine eigenwillige Stilkomposition ist Tornos Pfarrkirche *San Giovanni.* Ihre verschlungene Baugeschichte hält die Architektur offenkundig fest: Im Kern romanisch, wurde sie während der Renaissance umgebaut, der Innenraum hingegen fand zu seiner heutigen Form im 17. und 18. Jh. Über **Blevio,** einen schon im 19. Jh. begehrten Villenort am Westhang des Pizzo Tre Termini (1140 m), führt die Straße in weiteren Kurven schließlich bis nach Como.

Bergamo
Lago d'Iseo
Brescia

Bergamo – Die ›verehrungswürdige Unbekannte‹

Tipps & Adressen: S. 274

Es gibt Städte, die kennt man schon lange, bevor man überhaupt da war. Ihr legendärer Ruf eilt ihnen voraus und festigt eine Fülle von Bildern. Vor Ort hat man dann erst einmal genug damit zu tun, das Klischee der Prospekte abzuschütteln und den eigenen Blick zu schärfen. Aber zum Glück gibt es ja auch Städte wie **Bergamo,** auf die der Blick noch unverbraucht ist. Le Corbusier nannte sie die »verehrungswürdige Unbekannte« – seither sind mehrere Jahrzehnte vergangen, doch Bergamo ist bis heute den meisten Reisenden eine Fremde geblieben.

Das erklärt sich wohl vor allem aus ihrer Lage abseits der Touristen-Hochburgen etwa am Lago Maggiore oder am Lago di Garda. Aus touristischer Sicht liegt Bergamo im toten Winkel – empfangen wird man jedoch von einer quicklebendigen Stadt, die an Kunstschönem nicht spart und eigentlich alle Voraussetzungen für ein Highlight auf dem Tablett der Touren-Angebote hätte. Doch dann wäre Bergamo womöglich nicht mehr Bergamo ... Den Reiz der Stadt macht ja gerade ihre Konzentration auf sich selbst

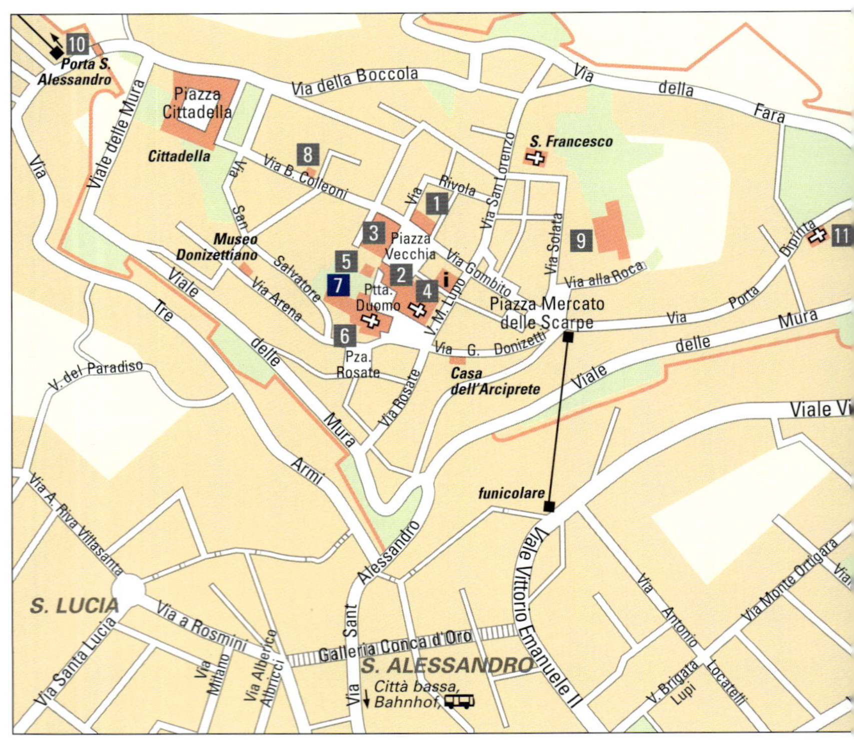

aus, das ausgeprägte Eigenleben, das den Tourismus absorbiert.

Der erste Eindruck der Stadt nach Verlassen der Autobahn – hier sieht man noch einen unter Mussolini errichteten Turm mit vielsagenden, heroisch überhöhten Reliefs – oder der Schnellstraße, die von Lecco durch eine nie abreißende Kette von Industrieanlagen führt, ist nicht gerade vielversprechend: die gesamte industrielle Energie Bergamos bannen die Randgebiete, die in ihrer monströsen Hässlichkeit, in ihrer schnöden Funktionalität keinen schönen Anblick bieten. Ein scheinbar planloses Häuser- und Straßengewirr begleitet den Weg in das Zentrum der Unterstadt, das im wahrsten Sinne des Wortes von der *Città Alta,* der Oberstadt (s. S. 182/83), gekrönt wird. Der Hügel, auf dem Bergamo von imposanten Stadtmauern eingefasst wird, ist alter Kulturboden – der Name ist keltischen Ursprungs.

Aus dem römischen Municipium Bergomum entwickelte sich unter den Langobarden ein Herzogssitz und die Franken erhoben den Ort zur Grafschaft. Vom 12. bis zum 14. Jh. war Bergamo in den Machtkampf zwischen Guelfen und Ghibellinen involviert, bis es 1428 in den Herrschaftsbereich Venedigs geriet. In dieser Zeit entstanden die mächtigen Befestigungsmauern, die an den Ecken mit Bastionen verstärkt wurden – Venedigs größter Rivale, Mailand, war nicht weit. Die größte städtebauliche Veränderung erfuhr Bergamo im späten 19. Jh., als Industrialisierung und wachsende Bevölkerung den noch mittelalterlich geprägten Rahmen der Oberstadt sprengten. In den Gärten zu Füßen der *Città Alta* wuchsen nun erste Fabriken und immer neue Wohnsiedlungen zogen die einst getrennten Orte Pignolo und San Lorenzo zusammen.

Das neue Zentrum wurde nun großzügiger angelegt, die Straßen sind breit und die Bauten des Klassizismus verschaffen sich viel Luft. Manches Kloster und manche Kirche wurden für dieses neue Raumgefühl – gleichsam Antwort auf die eng-verwinkelte Altstadt – geopfert. Geschäfte, Restaurants, Theater und Banken beleben die Unterstadt, in der sich der Alltag konzentriert; alle Kunst (bis auf wenige Ausnahmen) und alle Schönheit bewahrt hingegen die Oberstadt. Man kann das Auto in der Unterstadt abstellen und mit der Zahn-

Bergamo: *1 Biblioteca Civica 2 Palazzo della Ragione 3 Torre del Comune 4 San Vincenzo 5 Taufkapelle 6 Santa Maria Maggiore 7 Cappella Colleoni 8 Casa Colleoni 9 Rocca 10 San Vigilio 11 San Michele al Pozzo bianco 12 Accademia Carrara 13 Galleria d'Arte Moderna*

radbahn nach oben entschweben, aber auch die Anfahrt mit dem Auto über die in großen Kurven geschwungene Kastanienallee und durch die Porta Sant' Agostino hat ihren Reiz. Nur Parkplätze sind knapp ...

Bergamos *Città Alta* ist Liebe auf den ersten Blick: Gemächlichkeit legt sich über die eng aneinander gerückten Häuser, die keinen Platz für den Autoverkehr lassen – Terrain für Flaneure. Man erkundet die verwinkelten Gassen, die sich immer wieder zu kleinen Plätzen öffnen oder plötzlich vor einem Portal enden, denn auch nicht mit dem Plan, sondern lässt sich treiben, von einer kleinen Kirche zur anderen, von einem Durchblick in einen glyzinenbewachsenen Innenhof zu einem besonders schönen Portal, von einem bronzenen Türklopfer zu einer Fensterumrahmung der Renaissance – die Schönheit Bergamos liegt nicht zuletzt im Detail. Zwischendurch verlocken Bars zum Aperitif, im Al Donizetti in der zentralen Via Gombito gibt es kleine Leckereien zum Wein und die *pasticcerie* versüßen das Leben mit der Bergamasker Spezialität *polenta e usei,* einem gelben Zuckerberg, auf dem schwarze Schokoladenvögel gelandet sind.

Stadtrundgang

In der Mitte der *Città Alta* öffnet sich die **Piazza Vecchia,** der Salon der Stadt, der von Cafés und Restaurants, von dem klassizistischen Bau der **Biblioteca Civica** 1, dem mittelalterlichen **Palazzo della Ragione** 2 (13. Jh.) und der **Torre del Comune** 3 eingefasst wird. Die große Glocke des Stadtturms läutet noch heute mit 180 Schlägen allabendlich die Stunde des *coprifuoco* um 22 Uhr ein, die Stunde des ›Feuerbedeckens‹, die bei uns prosaisch Polizeistunde heißt. An Wochentagen gehen dann in der Oberstadt auch tatsächlich nahezu alle Lichter aus, denn seitdem Wohnen in alten Gemäuern wieder attraktiv ist, sind die Mietpreise für die betagten Palazzi derart ins Astronomische geschnellt, dass sich kaum jemand diesen Luxus leisten kann. Allein der Mailänder Manager oder der japanische Kunstfreund sind hier an Wochenenden oder im Urlaub zu Hause. Ein von Löwen und Sphingen umringter Brunnen, aus dem eine traurige Fontäne sprudelt, gibt der Piazza ihre Mitte.

Durch die weit geöffneten Arkaden des alten Rathauses gelangt man auf die kleine **Piazzetta del Duomo,** auf der sich große Kunst präsentiert. Das plötzliche Aufgebot prächtiger Bauten überrascht ein wenig und man fühlt sich leicht überwältigt von der Konzentration an Kirchen und Kapellen auf engstem Raum. Der Dom **San Vincenzo** 4 rückt sich mit einer neoklassizistischen Fassade, die dem im Kern romanischen Bau erst im 19. Jh. vorgeblendet wurde, aufdringlich ins Bild. Bis heute ist sie ein Störfaktor in dem harmonischen Platzensemble. Weitaus geglückter nimmt sich die Architektur der kleinen, achteckigen **Taufkapelle** 5 aus, auf der acht an den Ecken platzierte Figuren an die Tugenden erinnern. Das achteckige Taufbecken im Innern schmücken Bas-Reliefs aus der Entstehungszeit des Baptisteriums (Mitte 14. Jh.), die Episoden aus dem Leben Christi erzählen.

Die Südseite des Platzes nehmen die Flanke der Kirche Santa Maria Maggiore und die Colleoni-Kapelle ein, Bergamos architektonisches Juwel der Renaissance. **Santa Maria Maggiore** 6 liegt verschachtelt im Häusergewirr der Oberstadt, so dass man immer nur einzelne Ausschnitte von dem prächtigen Bau erheischt. Einen Gesamteindruck

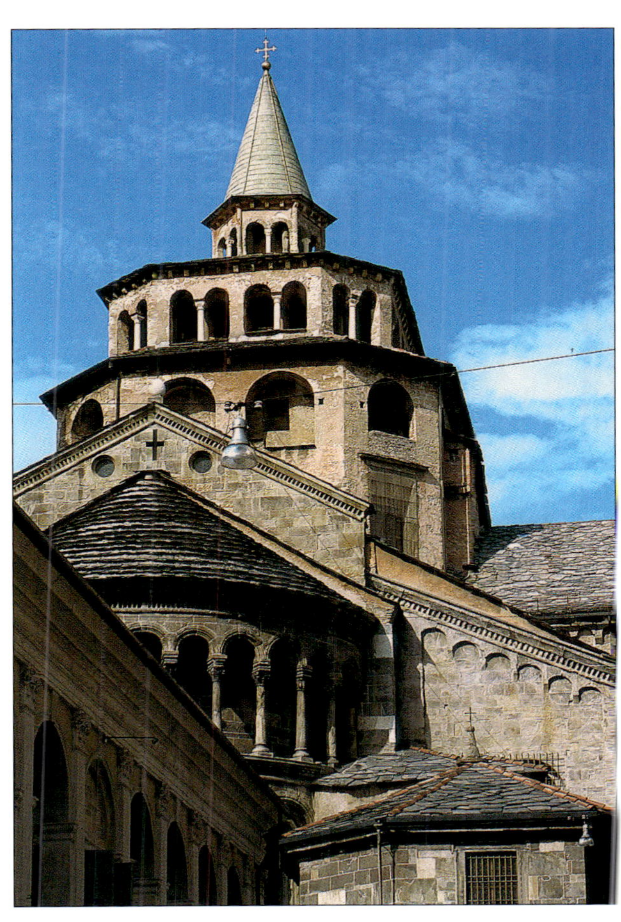

Bergamo: Santa Maria Maggiore

kann man sich allein aus der Vogelperspektive verschaffen, wenn man von der Galerie der Torre del Comune hinab blickt. 1210 war Bergamos bedeutendste Basilika vollendet. Mitte des 14. Jh. deuteten Meister aus Campione den romanischen Bau an einigen Stellen gotisch um und fügten Vorhallen an. Die nördliche Vorhalle ist besonders aufwendig mit einem Baldachin gestaltet, in dem das Reiterstandbild des hl. Alexanders sowie die Gottesmutter mit Kind von Heiligen flankiert werden. Das südliche Portal wurde ebenfalls sehr aufwendig mit Löwen und Telamonen geschmückt, die Säulen und Konsolen aus rotem Marmor tragen.

Der Innenraum von Santa Maria Maggiore ist beeindruckend in seiner Weite und Pracht. Seine deutlichste Prägung hat er unübersehbar während des Barock erfahren, doch haben sich im Querhaus glücklicherweise noch einige Fresken, darunter der ›Baum von Bonaventura‹ aus dem 14. Jh., erhalten (in der Nähe des Südportals und weiter an der nördlichen Wand). Neben einer Fülle von Gemälden und dem prachtvollen

Ein Schmuckkästchen für einen Söldnerführer: die Cappella Colleoni in Bergamo

Deckenfresko der ›Krönung der Jungfrau‹, das den Blick immer wieder in die Höhe zieht, gehören die Intarsien-Arbeiten des Chorgestühls zu den Schätzen der Kirche. Nach Entwürfen von Lorenzo Lotto sieht man hier fünf biblische Szenen: Der Zug durch das Rote Meer, die Sintflut, die Arche Noah, Judith und Holofernes und David und Goliath. Auf der Innenseite der Intarsien verbergen sich weitere Bilder.

Lorenzo Lotto hat in vielen Kirchen von Bergamo gearbeitet und hinterließ berühmte Altarbilder (San Bernardino, San Bartolomeo und Santo Spirito). Die Familie des 1475 in Venedig geborenen Malers stammte ursprünglich aus Bergamo, vielleicht fühlte er sich durch diese Bande der Stadt verpflichtet. Die beiden Grabmäler im hinteren Innenraum der Kirche sind den zwei größten Musikern von Bergamo gewidmet, dem Komponisten Gaetano Donizetti (1797–1848), in dessen Wohnhaus (Via Arena 9) ein Museum untergebracht ist, und Simone Mayr.

Die **Cappella Colleoni** 7 verankert die Frührenaissance im Stadtbild von

Bergamo. Sie entstand 1472 im Auftrag des Condottiere Bartolomeo Colleoni als Grabkapelle. Dabei schwebte dem Söldnerführer, der in den Diensten Mailands, Neapels und Venedigs stand, nichts Uneitles vor – sein üppig gepostertes Selbstbewusstsein spiegelt die prachtvolle Architektur, für die Giovanni Antonio Amadeo die Pläne lieferte. Die Fassade entzündet ein Feuerwerk an delikaten und exquisiten Schmuckformen und gleicht einem Wunderwerk kunstvoller Details. Charakteristisch für den Zeitgeist der Renaissance ist die harmonische Allianz von Heiligem und Profanem, Apostel sieht man neben Berühmtheiten der Antike, adelige Wappen prangen in Nachbarschaft mit den Allegorien der Tugenden.

Architektur und die Innenausstattung mit prächtigen Gemälden – Giambattista Tiepolo hinterließ die Fresken zur Geschichte Johannes des Täufers in der Kuppel – stimmen ein großorchestriertes Loblied auf den Condottiere an. Dieser schätzte seinen Rang sogar so hoch ein, dass er daran dachte, das alte Rathaus niederzureißen, damit seine Kapelle, für die immerhin die Sakristei der Basilika zerstört wurde, ungestört zur Geltung kommen konnte. Dazu kam es glücklicherweise nicht. Colleoni war eine schillernde Persönlichkeit, die ihre Eitelkeiten auch mit Wohltätigkeit fütterte. So gründete der Söldnerführer 1466 in seinem ersten Wohnsitz, der **Casa Colleoni** (8, Via Colleoni 9–11), eine Herberge für mittellose Mädchen. Hier sind noch Fresken des 15. Jh. erhalten und eine kleine Sammlung beleuchtet das abenteuerliche Leben Colleonis.

Ein Ausflug zur **Rocca** 9 von Bergamo, die an exponierter Stelle auf einem Felsplateau liegt und in der die jeweiligen Machthaber der Stadt Quartier bezogen, lohnt wegen des weiten Panorama-Blicks, der sich von hier über die Stadt und die sanft geschwungenen Hügelketten des Umlandes bietet – das hier untergebrachte Museum ist einmal mehr dem *Risorgimento* gewidmet. Ein schönes Belvedere ist auch der Hügel **San Vigilio** 10 mit dem **Visconti-Kastell,** zu dem eine Seilbahn ab dem Largo Porta Sant'Alessandro führt. Wer sich mit dem Ausblick von der Rocca zufrieden gibt, kann zur Piazza Mercato delle Scarpe gehen, wo die Antica Hosteria del Vino Buono nicht nur guten Wein führt, sondern auch traditionelle Gerichte aus Bergamo, darunter hausgemachte Pasta und köstliche Desserts. Anschließend kann über die schöne Via Porta Dipinta mit vielen Renaissance-Palästen, Antiquitätenläden und Galerien schlendern – ein Abstecher empfiehlt sich von hier zur Kirche **San Michele al Pozzo bianco** 11, in der Lorenzo Lotto die Madonna-Kapelle mit Szenen aus der Vita der Gottesmutter ausmalte. Durch die Porta Sant'Agostina stößt man links auf die Via della Noca, die zu Bergamos bedeutender Pinakothek, der **Accademia Carrara** 12 führt. Die reiche Kollektion, die in dem klassizistischen Palazzo des Grafen Giacomo Carrara untergebracht ist, versammelt die Größen der venezianischen Schule (Bellini, Carpaccio, Lorenzo Lotto, Tizian, Palma il Vecchio, Tintoretto, Tiepolo, Guardi) sowie Werke der florentinischen (Botticelli, Raffael, Perugino) und lombardischen Malerei. Die Sammlung wird von Gemälden der Flamen, Deutschen (Dürer) und Spanier ergänzt. Gegenüber der Pinakothek, der auch die Kunstakademie von Bergamo angegliedert ist wurde 1992 in einem ehemaligen Kloster die **Galleria d'Arte Moderna** 13 eröffnet, in der wechselnde Ausstellungen stattfinden.

Der Lago d'Iseo

Dem **Iseosee** geht es ähnlich wie Bergamo. Kaum einer kennt ihn, sein Name ruft Bilder von zypressenumstandenen Villen oder mediterranen Landschaften in Erinnerung und man muss erst einmal erklären, wohin man fährt, wenn man den Iseosee als Ziel der Reise angibt. Der Lago d'Iseo ist der große, kleine Unbekannte im Reigen der Oberitalienischen Seen. Und in der Tat dehnt sich der kleine See etwas schläfrig zwischen Bergamo und Brescia, eigentlich im Herzen der Lombardei aus, aber irgendwie Jahre entfernt vom touristisch aufgeklärten Gardasee oder eleganten Comer See. Eine Reise an den Iseosee ist gewissermaßen eine Reise zu den Anfängen des italienischen Fremdenverkehrs, denn noch nicht allzu lange bemüht man sich in dieser Gegend um den Tourismus und um den wirtschaftlichen Segen, den das Geschäft mit der Sehnsucht nach dem Süden mit sich bringt. Die Orte führen ein entsprechend ausgeprägtes Eigenleben, geben sich recht unfrisiert, mal ursprünglich, mal rein zweckorientiert. Am Lago d'Iseo existiert noch den Beruf des Fischers und auf der Monte Isola, der Insel in der Mitte des Sees, werden noch heute Fischernetze nach alter Tradition gefertigt, die in ganz Italien Absatz finden.

Provinziell gibt sich hier das Leben, im Sommer flaniert man vielleicht noch einmal am See auf und ab, geht früh zu Bett, um im Morgengrauen wieder aufzustehen. Wer nicht zum Fischen fährt, muss meist nach Brescia, Bergamo, in die stark industrialisierte Val Trompia oder die Valcamonica zur Arbeit, da die am See angesiedelte Industrie nicht ausreichend Arbeitsplätze bietet und der Tourismus eher noch in den Kinderschuhen steckt. Allein Iseo zeigt sich als Urlaubsstädtchen, an den Wochenenden kommen die Bergamasken und Brescianer und im Sommer ist der Ort von Holländern und Deutschen besucht.

Der Iseosee ist mit einer Länge von 25 km halb so lang wie der Gardasee, er wirkt jedoch sehr viel kleiner, da ihm die Weite des großen Nachbarn fehlt. An seiner breitesten Stelle misst er gerade 5 km – nichtsdestotrotz hat er Platz für die größte See-Insel Europas. Die Landschaft, die den Iseosee umschließt, hat alpinen Charakter mit dichten, dunkelgrünen Wäldern und den nackten Felsnasen der Alpen-Ausläufer. Um so mehr ist man verwundert, wenn man am lieblicheren Ostufer auf Olivenbäume trifft, die sich hier den Hang bis zu beachtlichen Höhen hinaufziehen. Im Norden mündet der Oglio-Fluss aus der Valcamonica in den See und sorgt für die Wasser-Zufuhr. Leider ist das Wasser, das er mit sich führt, stark durch Einleitungen aus der Industrie verschmutzt und belastet den See zusätzlich zu den Abwässern, die aus den angrenzenden Orten und der am See angesiedelten Industrie ohnehin schon in den Lago d' Iseo fließen. Es ist wohl unter anderem dem aufkeimenden Tourismus zu verdanken, dass man sich seit einigen Jahren am Lago d'Iseo mehr Gedanken über die Wasserqualität des Sees macht. Seine Anwohner baden selbst nur auf der Monte Isola – wahrscheinlich sollte man sich daran ein Beispiel nehmen.

Lago d'Iseo

Als natürliche Verkehrsachse zwischen den Ausläufern der Alpen und der Ebene war der Lacus Sebinus schon zu Zeiten der Römer besiedelt. Im Mittealter war der kleine See oft Zankapfel zwischen den Provinzen Brescia und Bergamo, heute teilt man ihn sich friedlich.

»Wo wollen Sie hin, auf die Bergamasker oder die Brescianer Seite?« ist eine Frage, mit der man häufig konfrontiert wird, und in der sich das Problem der zwei Herren des Iseosees abzeichnet. Sowohl die Provinz Bergamo, zu der das herbe, steil abfallende Westufer gehört,

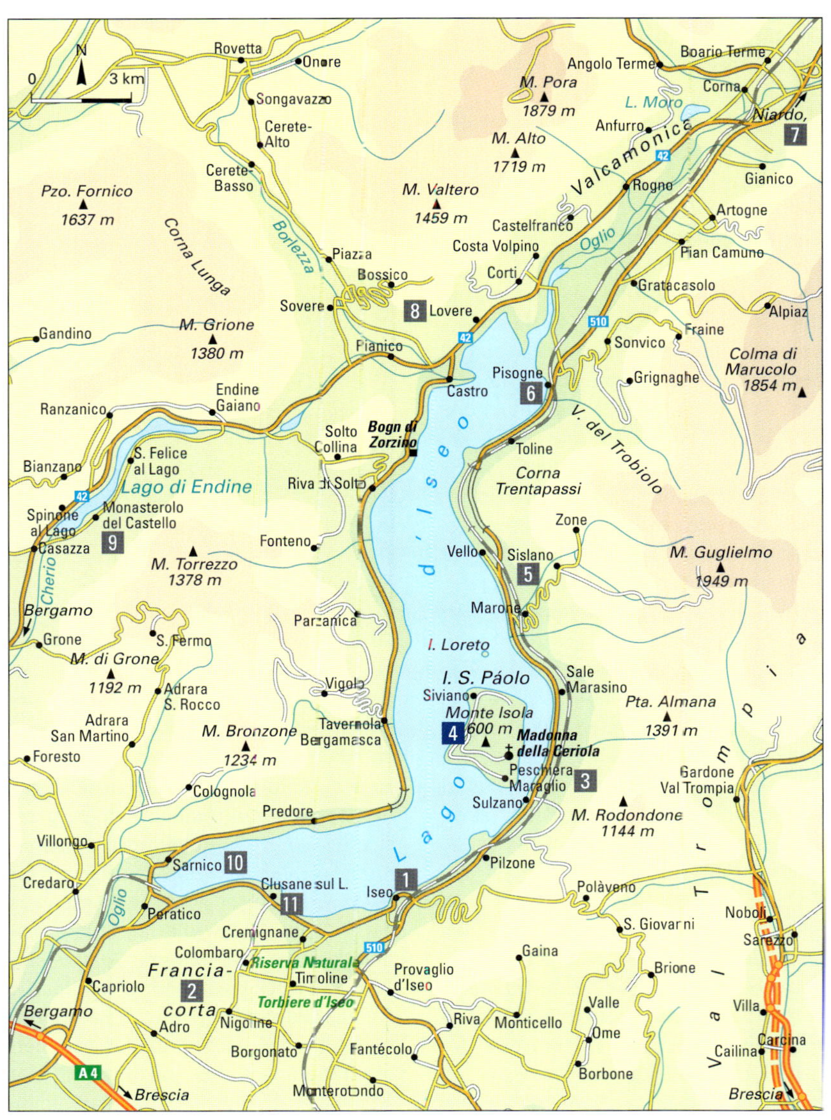

Der Hafen von Iseo

als auch die Provinz Brescia, der das lieblichere Ostufer mit kleinen Ortschaften zuzurechnen ist, beanspruchen den Titel des schönsten Ufers. Kulturhistorisch ergiebiger ist zweifellos das Ostufer, ursprüngliche Natur und weniger Zerstörung durch Industrie und Zersiedlung bietet das Westufer.

Iseo

Karte: S. 191
Tipps & Adressen: S. 289

Hauptort des Sees und sein Namenspatron ist das kleine Städtchen **Iseo** 1 – obgleich viele Bewohner den See noch bei seinem alten Namen Sebinus nennen. Iseo hat sich zwar mit Hotels und Restaurants sowie dem einen oder anderen Postkartenstand auf den Tourismus eingestellt, doch pflegt der Ort bis heute den eigenen Rhythmus eines Provinzstädtchens. Die Schaufenster der Läden bieten das, was man zum Leben braucht; Luxus und Überfluss sind eher unbekannte Größen. Die Vitrinen werden nicht von Designern gestylt, vielmehr stellt der Chef aus, was es so gibt. Gerade in Norditalien, wo die strengen Regeln der Ästhetik nahezu alle Lebensbereiche erfasst haben, sind solcherart Uneitelkeiten selten geworden. Freitags ist Markt in Iseo und dann scheint es, als seien die 8000 Einwohner alle auf den Beinen.

Der Samstagvormittag hingegen bleibt dem Flanieren vorbehalten, Treffpunkt ist vor allem die *Piazza Garibaldi,* der herausgeputzte Hauptplatz im Zentrum mit einem rührigen Denkmal für den Befreiungshelden Garibaldi, der auf einem bemoosten Felsen steht. Cafés und einige Läden unter den Laubengängen schaffen hier eine heimelige Atmosphäre, die von stattlichen Bürgerhäusern gerahmt wird. In der linken Ecke der Piazza gibt es einen Durchgang zur kleinen, von außen eher unscheinbaren Kirche *Santa Maria del Mercato* – im Innern wird man von schönen Fresken aus dem 14. und 15. Jh. überrascht, die man unlängst unter der barocken Ausmalung fand. Die Kirche wurde im 14. Jh. für die Familie Oldofredi errichtet, deren *Kastell* hoch über der Stadt thront. Heute beherbergt die imposante Trutzburg mit vier wuchtigen Ecktürmen die Stadtbiblio-

thek und ein Kulturzentrum. Die Modernisierung der Burg ist vielleicht etwas zu geschönt und funktional ausgefallen und bietet von außen ein verwunderliches Bild, wenn beispielsweise schnurgerade Treppen mit rotem Geländer, wie man sie von Messegeländen kennt, zur Festung führen.

Sein religiöses mittelalterliches Zentrum hat sich Iseo an der *Piazza del Sagrato* bewahrt. Man erreicht den kleinen Platz über die Via Mirolte, eine Geschäftsstraße, an der auch eine der besten Osterien der Region liegt, das Il Volto, und die Via Pieve. Der gepflasterte, handtuchgroße Platz, auf dem sich die Katzen in der Sonne räkeln, war schon unter den Römern sakraler Bezirk und wird von der Fassade der Kirche *Sant'Andrea* (11. Jh.) beherrscht. In ihrem Durcheinander an Stilen bewahrt die Schaufront ihre verschlungene Baugeschichte: Aus der Ursprungszeit stammt der wunderschöne, integrierte Glockenturm, der Scheinarkaden gliedern. Rechter Hand des Portals sieht man das Grab von Giacomo Oldofredi. Aus dem Dunkel des weitläufigen Innenraums schält sich nach einiger Zeit ein Altargemälde

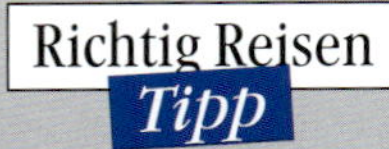

Ins Land der Reben – Die Franciacorta

Lange, sanft gewellte Hügelketten prägen die Landschaft der **Franciacorta** 2 (Tipps & Adressen S. 289), die sich im Hinterland des Iseosees ausbreitet. Bereits wenige Kilometer hinter Iseo geben Weingärten dem sonnenverwöhnten Land Struktur, sie ziehen die Hügel auf und ab, auf deren Kuppe meist das dazugehörige Weingut liegt. Seit einigen Jahren haben die Weine der Franciacorta, die bereits die Römer zu schätzen wussten, Hochkonjunktur. ›Terre di Franciacorta Bianco‹ nennt sich der vorzügliche, mindestens zwölf Monate gelagerte Weißwein, der vor allem aus Chardonnay-Trauben gewonnen wird, mitunter auch aus der Traube des Pinot bianco. Der Rotwein, ›Terre di Franciacorta Rosso‹, entsteht aus den Trauben Cabernet franc und Cabernet Sauvignon sowie aus der Traube des Barbera, Nebbiolo und Merlot. Er muss mindestens zwei Jahre lagern, damit sein herb-fruchtiges Aroma zur vollen Geltung gelangt.

Neben Rot- und Weißwein produzieren die Winzer in dieser Region den ›Franciacorta D.O.C.G.‹, einen leicht perlenden Spumante, der nach strengen Auflagen hergestellt wird und zum Aushängeschild der Franciacorte geworden ist. Die Franciacorta wirbt mit höchsten Qualitätsanforderungen, einem von Wertschätzung geprägten Miteinander und einem gemeinsamen Ziel erfolgreich für sich; daran könnten sich viele andere Regionen, die immer noch ihre Identität suchen, ein Beispiel nehmen.

Den Kern der Franciacorta, die auch an Kunstschätzen nicht spart und Villen, Klöster und Kirchen aufzuweisen hat, bilden vier kleine Dörfer. **Borgonato, Colombaro, Nigoline** und **Timoline,** die vier *Corte Franche* (Freie Höfe) entstanden in den Sümpfen. Für ihre Bereitschaft, sich in diesem unwirtlichen Gebiet niederzulassen, wurden die Bewohner mit Steuerfreiheit und anderen Privilegien entlohnt. Ein dichtes, geradezu verwirrendes Straßennetz erschließt heute das Weinparadies, das man am besten aufs Geradewohl entdeckt. In **Capriolo** hat die Grafenfamilie Ricci Curbastro ein Weinmuseum auf ihrem Anwesen eingerichtet, das man nach telefonischer Voranmeldung besichtigen kann. Da auch die Weine der alteingesessenen Familie zu den besten gehören, ist das Gut eine lohnenswerte Adresse.

mit illusionistischer Architektur und Christus als Weltenrichter.

Die winzige *Kapelle San Silvestro* kann man leicht übersehen – sie versteckt sich im Olivengarten eines Wohngebäudes. Falls sie geöffnet ist, lohnt ein Besuch im Innenraum, der makabere Fresken des 15. Jh. zeigt: den Tanz mit dem Tod. Gegenüber der Pfarrkirche liegt die Taufkapelle *San Giovanni,* deren romanische Architektur barock umgedeutet wurde. Zum Schluss kann man noch ein wenig durch die mittelalterlichen Gassen schlendern, in denen man viele vorbildlich restaurierte Palazzi findet sowie alte Geschäftshäuser. Zum Spaziergang lädt auch der Lungolago Marconi ein, eine breite Uferpromenade, von der man herrliche Blicke auf den See genießt. Am südöstlichen Ortsrand gibt es einen Badestrand, neben dem sich die Sportanlage ›Sassanabek‹ mit drei Schwimmbecken, Tennisplätzen sowie Segel- und Windsurfmöglichkeiten erstreckt.

Das Ostufer und die Monte Isola

Karte: S. 191
Tipps & Adressen: Monte Isola S. 304, Pisogne S. 307

Pilzone, den ersten Ort am Ostufer des Lago d'Iseo, kann man getrost durchfahren. In **Sulzano** rückt die Monte Isola, die wie ein bewaldeter Koloss aus dem Wasser aufsteigt, ins Bild. Nur etwa 1 km liegen zwischen Sulzano und dem malerischen Fischerdorf **Peschiera Maraglio** 3, zu dem eine Fähre viertelstündlich übersetzt. Die **Monte Isola** 4 ist 3 km lang, 2 km breit und steigt in der Mitte zu einem bewaldeten Berg von 600 m Höhe auf, auf dessen Gipfel die Wallfahrtskirche *Madonna della Ceriola* thront. Autos sind auf der Insel tabu und die mit diesem Verbot gewonnene Gemächlichkeit und Ruhe breitet sich wohltuend in allen Orten aus, die weitgehend vom Fischerwesen bestimmt sind.

Von Dorf zu Dorf reist man mit dem Bus, man kann aber natürlich auch zu Fuß gehen oder mit dem Fahrrad die Insel erkunden. Natürlich kommt man auch auf die Monte Isola, um Fisch zu essen, vor allem in Peschiera hat man dazu reichlich Gelegenheit. Darüber hinaus laden die Strände der Isola zum Sonnenbad ein, da aber auch das Wasser des Sebinus rund um die Insel sauber ist, kann man sich in die Fluten stürzen. Im Norden und im Süden sind der Monte Isola noch zwei kleine Inseln vorgelagert, gleichsam versprengte Ableger. Beide Eilande sind in Privatbesitz, die Isola San Paolo im Süden gehört dem italienischen Waffenfabrikanten Beretta.

Über Sale Marasino gelangt man auf der Seeuferstraße, die parallel zu den Zuggleisen verläuft, nach **Marone.** Der Ort hat keine nennenswürdigen Attraktionen, doch von hier aus führt die Via Valeriana, eine Straße, die schon unter den Römern die Valcamonica mit Brescia verband, im abenteuerlichen Kurvenkarussell mit prachtvollen Ausblicken nach **Sislano** 5, wo man auf Erosions-Pyramiden stößt, die in bizarren Formen gleich Türmen aus dem Boden zu wachsen scheinen und eine Höhe von über 30 m erreichen. Hinter der kleinen Kirche *San Giorgio,* ein mit Fresken (15. Jh.) des Giovanni di Marone innen und außen geschmückter Bau der Romanik, geleitet ein Wanderweg etwa 2 km in das Gebiet der eigenwilligen Naturformationen: Eiszeitliche Gletscher haben Reste von Moränen-Ablagerungen (Lehm und Kies) hinterlassen, die im Laufe von Jahrtausenden von Regen und Wind geformt wurden.

Hinter Marone gewinnt die bisher eher undefinierbare Uferstraße allmählich an Charakter. Am Ufer fallen steil die Felsen der Corna Trentapassi ab, die man in düsteren Tunnels durchfährt. **Pisogne** 6, ein Industriestädtchen mit 3000 Einwohnern, hat sich einen maleri-

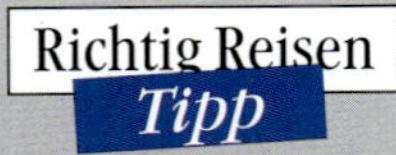

Tagebuch in Stein – Felszeichnungen in der Valcamonica

Von Pisogne führt eine gut ausgebaute Straße in die **Valcamonica,** deren Hauptort, **Boario Terme,** ein vielbesuchter Thermalort ist. Seit den 1970er Jahren hat sich in der Valcamonica, die sich über 70 km von Nord nach Süd zieht, viel Industrie angesiedelt, zwar nicht in der Dichte wie in der nahen Val Trompia doch vielerorts sind die Folgen der Umweltzerstörung und der Zersiedlung unübersehbar. Dennoch wird man in der Valcamonica auch noch Reservate einer heilen Welt finden, Schönheiten der Natur, vor allem aber Felszeichnungen der keltischen Camunen, die aus dem 7. und 6. vorchristlichen Jahrhundert datieren.

Die mehr als 100 000 gefundenen Felszeichnungen werden heute in verschiedenen Museen und archäologischen Parks gehütet, vor allem in der weit oben im Tal gelegenen Ortschaft **Capo di Monte** 7 sowie in **Niadro** und **Breno.** Auf den riesigen Felsplatten führten die keltischen Stämme, die sich rund um Capo di Monte angesiedelt hatten, gewissermaßen Tagebuch und verzeichneten zunächst mit Kieselsteinen, später mit Eisen alle Sorgen und Freuden des Alltags. Zum festen Motiv-Schatz gehören daher Jagdszenen, Handelsbegebenheiten und Handwerkstätigkeiten sowie Göttersymbole und Opferszenen.

1979 sind die camunischen Felszeichnungen von der UNESCO zum bedeutendsten Nationaldenkmal Italiens ausgerufen worden, seither hat man sich beständig um die Einrichtung von Nationalparks (Parco Nazionale delle Incisioni Rupresti, Capo di Monte) sowie um die museale Konservierung gekümmert.

schen Ortskern rund um die Piazza Umberto bewahrt. Die Häuser nehmen in ihrer beachtlichen Höhe und ihren schmiedeeisernen Balkonen, von denen sich Geranienkaskaden auf das Straßenpflaster ergießen, bereits die architektonischen und dekorativen Formen der nahen Alpen vorweg. Unübersehbar setzt sich die klassizistische Pfarrkirche *Santa Maria Assunta* in Szene, doch Pisogne hat ein viel bedeutenderes Juwel.

Beim Hospital von Pisogne liegt die spätgotische Kirche *Santa Maria della Neve,* die innen mit Fresken geschmückt ist. Sie tragen die Handschrift des Malers Girolamo di Romano, genannt Romanino, den Pier Paolo Pasolini wohl wegen seines Mutes zur Hässlichkeit und Groteske besonders verehrte. Romanino, der aus Brescia stammte, verstand sich auf eine besonders lebensnahe, pralle Darstellung und hinterließ 1532–34 in der Kirche die Passion Christi, in der auch die Einwohner Pisognes ihren Auftritt haben. Vielleicht war dem Maler manches seiner von Leiden gequälten Gesichter wirklich hier begegnet, denn 1510 hatten die grausamen

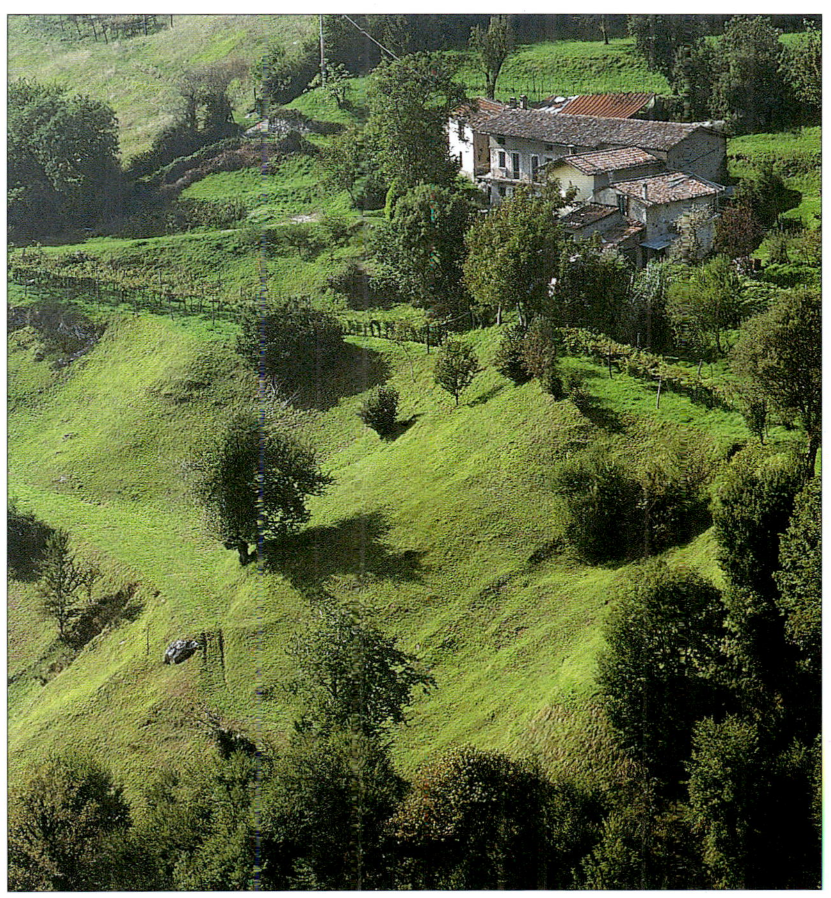

Auf Wanderungen kann man bei Sislane auch das grüne Hinterland entdecken

Glaubenshüter in Pisogne zahlreiche Frauen aus dem Ort und der Valcamonica als Hexen auf dem Scheiterhaufen verbrannt.

Hinter Pisogne macht die Uferstraße einen großen Bogen um das Delta des Oglio, der aus der Valcamonica kommend hier in den Iseosee mündet. Das Nordufer bietet in diesem Bereich mit vielen Buchten, Landzungen, kleinen Inseln und Halbinseln ein uneinheitliches, gleichsam zerzaustes Bild.

Das Westufer

Karte: S. 191
Tipps & Adressen: Lovere S. 297

Am Ufer des Lago d'Iseo erreicht man nach Umrundung der Nordspitze **Lovere** 8, den Hauptort des Westufers. Die Randgebiete des knapp 6000 Einwohner zählenden Ortes sind mit Industrieanlagen durchsetzt, doch im Kern hat sich Lovere sein mittelalterliches

Stadtbild erhalten. Von der schönen Uferpromenade, die stattliche Häuser säumen, steigen enge Gassen in das verschachtelte Häusergewirr, das sich um die Pfarrkirche *San Giorgio* legt. Ihr barocker Campanile mit der Zwiebelhaube überragt weithin sichtbar den *borgo.* Im Innenraum der barockisierten Kirche hinterließ Palma der Jüngere das Hochaltarbild, das das Martyrium des hl. Georg darstellt. Während der Sommermonate herrscht meist viel Betrieb in den Gassen der Altstadt, obwohl Lovere ein von der Industrie geprägter Ort ist, zieht es mit seiner reizvollen Lage, seiner einladenden Uferpromenade sowie mit seinem pittoresken Kern zahlreiche Urlauber an. Kommt man im Winter, liegt über den Straßen gespenstische Ruhe, Hotels, Restaurants und sogar manches Geschäft sind geschlossen, gleichsam als verfiele die Stadt mitsamt ihren Einwohnern in Winterschlaf.

Die Via Cavour öffnet sich in ihrem Weiterverlauf zu einem kleinen, lauschigen Plätzchen, das Vittorio Emanuele gewidmet ist – diesmal mit einem Brunnen. An der Piazza, um die sich eine Osteria, eine Enoteca, ein Bäcker und ein Tabakladen gruppieren, erhebt sich der imposante Stadtturm aus dem 14. Jh., dem man im 19. Jh. ein Glockengeschoss aufsetzte. Im Stadtbild Lóveres findet man noch weitere, wuchtige Türme aus dem Mittelalter, die später in andere Bauten integriert wurden. Die *Torre La Zucca* beispielsweise bildet heute das Fundament der Pfarrkirche San Giorgio und die *Torre degli Alghisi* wurde in ein Wohnhaus umfunktioniert.

Wieder an der Uferpromenade kann man den neoklassizistischen *Palazzo Tadini* leicht an seinen vielen *portici* ausmachen. In dem prachtvollen Palast des 19. Jh. hat neben vielen Läden und dem Fremdenverkehrsbüro die *Galleria dell'Accademia Tadini* ihren Sitz. Zur Sammlung gehören eine kleine Gemäldegalerie, Porzellan, Skulpturen und Gobelins. Im Westen der Uferpromenade findet man die in ihren Ausmaßen imposante Basilica *Santa Maria in Valverde,* ein Bau der Frührenaissance, in den leider der Barock eingriff, obgleich nicht ganz ohne Reiz. Samstag ist Markttag in Lovere, dann füllen sich die Straßen mit Ständen, an denen Gemüse und Obst ebenso wie Kupferkessel oder Jeans angeboten werden.

Von Lovere erreicht man schnell den kleinen, nur 6 km langen **Éndinesee,** der bereits alpinen Charakter hat und wegen seiner geringen Wasseroberfläche von 2 km^2 im Winter schnell zufriert. Am Ostufer findet man noch eine Fülle von lauschigen Plätzchen, darunter das kleine Städtchen **Monasterolo del Castello** 9 mit dem *Castello Suardi* aus dem 13./14. Jh. Das Westufer des kleinen Sees wurde seiner Ruhe und romantischen Ansichten weitgehend durch den Bau der SS 42 beraubt, die hier den Verkehr von der Valcamonica nach Bergamo leitet.

Wieder am Lago d'Iseo durchfährt man hinter Lovere ein weiteres stark von der Industrie beschlagnahmtes Gebiet, zu dem auch eine Betonfabrik direkt am See gehört. Doch plötzlich ist man weit weg von jeglicher Zivilisation, wenn sich die schmale Uferstraße ihren Weg durch die tief hinabfallenden Felsen des Monte Pendola bahnt. Auf den See eröffnen sich hier reizvolle Ausblicke. Vor Riva di Solto umfährt man die Bucht Bogn di Zorzino mit ihren bizarr aufgetürmten nackten Felsen, die sich jeglicher Bebauung dieses Uferabschnitts eindrucksvoll widersetzen.

Das Bergamasker Ufer lässt nur wenig Raum für eine Besiedlung und dort, wo sich Ortschaften befinden, hat

»Kuckuck, Kuckuck« ruft's aus dem Torf

Im Mai ruft der Kuckuck und abends stimmt die Flussnachtigall ihr schönstes Liedchen an – das klingt nach unberührter Natur. Sie liegt gleich hinter Clusane und breitet sich zwischen den Hügeln des Moränen-Gürtels Sebino und dem Monte Provaglio aus. Das 324 600 m² große Gebiet wurde 1984 zur **Riserva Naturale Torbiere d'Iseo** erklärt, einem Naturschutzraum, in dem früher Torf gestochen wurde und heute zahlreiche Vogelarten nisten, die anderswo selten geworden, wenn nicht gar ausgestorben sind.

Neben dem Kuckuck und der Flussnachtigall finden hier Stockenten und Wasserhühner einen optimalen Lebensraum; die Fischreiher können sich gleich an den vielen Teichen bedienen, in denen sich Hechte, Forellen, Karpfen, Flussbarsche, Schleien und Aale tummeln. (Angeln verboten!) Die amphibische Welt zwischen Wasser und Land ist auch für Mücken ein Paradies, und wer sich aufmacht, die Torbiere auf den beiden ausgeschilderten Wanderwegen zu entdecken, tut gut daran, sich mit Schutzmitteln auszurüsten.

man sich wenig um ihr ästhetisches Erscheinungsbild gekümmert. Man passiert allein einige austauschbare Banddörfer, die sich mit funktionalen Häusern an der Straße entlang ziehen. Erst **Sarnico** 10 im Südwesten des Sees, wo der Oglio wieder abfließt, lohnt einen Besuch. Das lebhafte Städtchen vor der Kulisse der dunkel bewaldeten Hänge der Bergamasker Alpen ist ein beliebtes Urlaubsdomizil, lebt aber in erster Linie von Handel und Industrie. Durch Produktion und Vertrieb kam auch die Familie Faccanoni zu beachtlichem Reichtum, von dem zu Beginn des 20. Jh. ein Teil in den Bau prachtvoller Jugendstil-Villen floss, denen Sarnico heute seinen schmeichelhaften Ruf als Zentrum des *stile liberty* am Lago d'Iseo verdankt.

Die Palazzi der Faccanoni (im Zentrum die Villa Passeri, im Westen gegenüber der Flusspromenade sowie an der Straße nach Predore) entstanden nach den Plänen des Mailänder Architekten Giuseppe Sommaruga, dem wir bereits auf dem Campo dei Fiori (Grand Hotel, s. S. 118) bei Varese begegnet sind. Im Ort sollte man darüber hinaus der kleinen Pfarrkirche *San Paolo* einen Besuch abstatten, die qualitätvolle Fresken aus dem 15. Jh. bewahrt. Wer donnerstags nach Sarnico kommt, findet sich auf einem schönen Wochenmarkt wieder, der sich rund um die Piazza XX. Settembre ausbreitet. Am Yachthafen gibt es einen Motorbootsverleih (auch Wasserski). **Paratico** liegt etwas landeinwärts am anderen Ufer des Oglio und wirkt in seiner bloßen Anhäufung von gesichtslosen Bauten wenig einladend. Zwecks Imagepflege muss in den Reiseprospekten daher oft Dante als einstiger Gast herhalten – ob das heute mehr Urlauber anlockt?

Predore: Abendstimmung am Bergamasker Ufer des Iseosees

Man kann getrost weiterfahren nach **Clusane** 11, ein altes Fischerstädtchen, dass sich heute ganz der Zubereitung von Fisch verschrieben hat. Ganze Wälder von Schildern preisen die Spezialität *tinca e polenta* an sowie die Restaurants, in denen dieses traditionsreiche Gericht zubereitet wird. Vielleicht nicht jedermanns Geschmack, aber doch eine Kostprobe wert: die in den Tiefen des Iseosees im Schlamm sitzenden Schleie werden mit Parmesankäse, Kräutern und Brot gefüllt und mit Polenta serviert. Früher war diese sättigende Kombination eher ein Arme-Leute-Essen, heute finden es die Brescianer schick, am Samstagabend nach Clusane zu fahren, zum *tinca-e-polenta*-Essen. Eine andere Spezialität Clusanes, das sich zu einem wahren Feinschmeckerdorf entwickelt hat, ist Aal in Tomatensauce. Der Fischzubereitung sind hier jedenfalls keine Grenzen gesetzt.

Brescia – Die lebendige Kunststadt

Karte: S. 203
Tipps & Adressen: S. 276

Dass Brescia, das römische *Brixia* nicht allein von Kunst lebt, merkt man schon bei der Anfahrt. Hemmungslos und ohne Rücksicht auf gewachsene urbane Strukturen haben Industrieanlagen und Gewerbebetriebe, Supermärkte, Straßen und Wohnsiedlungen seit Beginn der 1970er Jahre die Landschaft zersiedelt und die Dörfer und Kleinstädte in einer Massivität umgürtelt, die jede Ortsgrenze aufhebt. Neben Mailand ist Brescia das wichtigste Industriezentrum der Lombardei und eine der führenden Städte ganz Oberitaliens.

Der ökonomische Rang der Stadt verrät gleich auch einiges über die Verkehrssituation in Brescia, die man an vielen Tagen der Woche nur treffend mit Chaos umschreiben kann, obwohl das historische Zentrum schon verkehrsberuhigt ist. Doch die Stadt belohnt all die Mühen wie etwa die der Parkplatzsuche – nicht nur mit einem Anflug von kosmopolitischem Leben, mit feinen Mode- und Schuhgeschäften, vorzüglichen Restaurants, netten Bars und ausgesprochener Lebendigkeit. Vor allem empfiehlt sich Brescia als Kunststadt, in der Römer, Langobarden und Venezianer ihre Spuren hinterlassen haben. Die Kunst tritt in Brescia dabei nicht in musealer Vereinzelung auf, sondern integriert sich in einen zeitgemäßen Alltag und es ist nicht zuletzt das spannungsvolle Zusammenspiel von römischen Ruinen, Kirchen und Klöstern mit der Hochglanzwelt der Geschäfte und Bars, das den Reiz von Brescia ausmacht.

Produktion und Handel haben in Brescia Tradition. Gegründet war aller Wohlstand auf den reichen Metallvorkommen in den umliegenden Tälern, die in Brescia seit der Antike verarbeitet wurden. Jahrhundertelang war die Stadt eine berühmte Waffenschmiede, die den gesamten Mittelmeerraum belieferte. Der mit diesem Geschäft erzielte Reichtum floss auch ins Stadtbild, das sich nahezu alle Zeitstile in repräsentativen Bauten anverwandelte und von mehr als 100 Kirchen beherrscht wurde.

Da Brescia auch noch in der Neuzeit eine wichtige Produktionsstätte von Kriegsgerät war, das in den beiden Weltkriegen eingesetzt wurde, rangierte die Stadt unter den ersten Zielen der feindlichen Artillerie. Die Bombardements des Zweiten Weltkriegs zerstörten große Teile der Stadt und beraubten sie vor allem an den Randgebieten optisch ihrer Vergangenheit. Im Innenstadtbereich wurden die beschädigten Bauten nahezu alle wieder aufgebaut.

Stadtrundgang

Die beste Annäherung an das historische Zentrum beginnt auf der **Piazza Papa Paolo VI.,** auf der sich die weltliche und die religiöse Macht der Stadt konzentrieren. Das großartige mittelalterliche Bau-Ensemble des Broletto, in dem die Stadtregierung ihren Sitz hatte, sowie der zwei Kathedralen nimmt einen hier in Empfang, ein vielversprechender Auftakt für die Stadtbesichtigung. Nur mit Mühe kann sich der unvergleichlich schönere, alte Dom **Santa**

Maria Maggiore 1 gegenüber den gewaltigen, barock geformten Gebäudemassen des Nachfolgebaus behaupten, der erst 1821 vollendet wurde.

Die archaisch anmutende Rotunde des alten Doms geht auf das 11. Jh. zurück und entstand über den Grundmauern eines Vorgängerbaus aus dem 6. Jh., von dem noch die Reste des Mosaikbodens in der Krypta zu sehen sind. Die strenge Zurückhaltung der Formen ist charakteristisch für die Romanik, der runde Grundriss stellt hingegen eine Extravaganz dar, der man selten begegnet. Früher gab es auch einen Kirchturm, der jedoch leider einstürzte, als man das barocke Portal hinzufügte.

Der Innenraum beeindruckt in seiner Staffelung der Räume, der schwindelerregenden Höhe der Kuppel und birgt einige bedeutende Kunstschätze. Da die Kirche Grablege der Brescianer Bischöfe ist, findet man prachtvolle Gräber, unter denen besonders das des Bischofs Berardo Maggi gleich am Eingang herausragt. Die fünfschiffige Krypta bewahrt die Gebeine des heilig gesprochenen Brescianer Bischofs Filastrio (4. Jh.). Die Stützpfeiler der Krypta stammen aus römischen Bauten, die das Mittelalter ja bekanntlich gern als Steinbruch nutzte.

Einen guten Einblick in die lokale Maler-Schule bietet die Sakraments-Kapelle, die die beiden bedeutendsten, rivalisierenden Maler Brescias versammelt: Girolamo Romano, genannt Romanino (1484–1559), dem wir schon in den grotesk gesteigerten Fresken in Pisogne am Iseosee begegnet sind und Alessandro Bonvicino, genannt Moretto (1498–1554), von dem auch die ›Himmelfahrt Mariens‹ des Hochaltars stammt.

Kaum größer und schärfer hätten die Gegensätze zwischen altem und **neuem Dom** 2 ausfallen können. Schon von außen kontrastiert der grobe, lebendige Bruchstein mit dem carrarischen, glatten Marmor des Neuen Doms, dem stilistisch Sankt Peter in Rom Pate stand. Die Bauarbeiten zogen sich über mehr als zwei Jahrhunderte hin und gleichen einer baukünstlerischen Kriegsgeschichte, in der sich Architekten überwarfen und ausspielten, Pläne ausgetauscht wurden und finanzielle Engpässe den Bau immer wieder ins Wanken brachten.

Im Norden schließen sich die vom 12.–18. Jh. errichteten Trakte des **Broletto** 3 an, die sich um einen rechteckigen Hof gruppieren. Obwohl der Bau in mehrere unterschiedliche Stil-Epochen fällt, ergibt sich heute ein ingesamt harmonischer Eindruck. Überragt wird das Bau-Ensemble von der mittelalterlichen **Torre del Pégol,** dem Stadtturm, von dem noch heute die Glocke tönt, wenn der Stadtrat zusammentritt. Von dem der Piazza zugewandten Balkon zwischen den zwei schönen gotischen Fenstern wurden früher die Beschlüsse des Stadtrates bekannt gegeben.

Zwei Brunnen runden den Gesamteindruck der Piazza ab, die in der gleißenden Sonne immer gespenstisch leer ist, sich abends aber mit Flaneuren und Familien füllt. An der nahen Piazza del Vescovato, die sich unter schattenspendenden Bäumen erstreckt und vom Plätschern eines Brunnens erfüllt wird, kann man in der Osteria dell'elfo draußen sitzen bei einem Gläschen Wein und Leckereien; im Speiseraum kann man auch hervorragend essen.

Gleichsam eine Referenz an Venedig ist die **Piazza della Loggia,** in deren prachtvolle Bauten sich die venezianische Frührenaissance eingeschrieben hat. Die architektonische Hinterlassenschaft der *Serenissima,* in deren Herrschaftsbereich Brescia 1426 fiel, bietet einen der schönsten Anblicke. Beherrschend ist das ab 1492 entstandene neue Rathaus, die **Loggia** 4. Der stattliche Bau weist eine stilistische Verwandtschaft zu Palladios Basilika in Vicenza auf – eine Nähe, die vor allem das Kuppeldach evoziert, das die Loggia erst seit 1914 abschließt. Im Innern hält der venezianische Stadtpalast, was er von außen verspricht: Das Treppenhaus und die Säle sind reich geschmückt und wenn man Glück hat, kann man nach einem freundlichen Wort mit dem Pförtner einen Blick hinein werfen. Für den **Glockenturm** 5 gegenüber stand die Torre dell'Orologio in Venedig Modell.

Die Südseite des Platzes nehmen die Gebäude der **Monti di Pietà** 6 ein, ein harmonischer Dreiklang, der sich aus zwei langgestreckten Bauten zusammensetzt, die in der Mitte von einer Loggia zusammengefasst werden. Der Name bewahrt noch die Erinnerung an ein Pfandhaus, das hier u. a. seinen Sitz hatte. Von Venedig nach Rom geht man in Brescia über die Via dei Musei. Unterwegs passiert man die **Piazzetta Tito Speri,** an der man nicht das Eis der Gelateria Il Principe verpassen sollte.

Kurz danach tut sich ein mächtiges Ruinenfeld mit Säulen, Mauerresten,

Brescia: *1 Dom Santa Maria Maggiore 2 Neuer Dom 3 Broletto 4 Loggia 5 Glockenturm 6 Monti di Pietà 7 Kapitolinischer Tempel 8 San Salvatore/Santa Giulia 9 Pinakothek Tosio Martinengo 10 San Francesco 11 Museo Nazionale della Fotografia 12 Santi Faustino e Giovità*

Marmorbrocken und gemauerten Fundamenten auf – gleichsam ein Puzzle für die Sinne. Wenn man vor dem inneren Auge wieder alles zusammengesetzt hat, was das Mittelalter hier zerstörte, dann sieht man sich dem römischen Zentrum von Brixia mit dem **Kapitolinischen Tempel** 7 gegenüber. Die weißen Marmorstücke sind Originale, die man mit den dunklen Teilen wieder zu einer anschaulichen Rekonstruktion verband. Der Tempel entstand 73–74 n. Chr. unter Kaiser Vespasian, von seinem Vorgängerbau sind auch noch Reste erhalten. Hinter den korinthischen Säulen liegen drei *cellae,* die Kulträume mit noch erhaltenen Mosaik-Fußböden, in denen die höchsten römischen Gottheiten Jupiter, Juno und Minerva verehrt wurden.

Das **Museo Romano** hat hier heute seinen Sitz, in dem weitere Fundstücke verwahrt werden. Vor dem Tempel liegt das römische Forum, der Marktplatz der antiken Stadt, an den die *curia,* das Versammlungshaus anstieß, von dem auch noch Mauerreste erhalten blieben. Im Osten sieht man die Ruinen des *römischen Theaters,* dessen Halbrund in den Berghang integriert wurde.

Folgt man der Via dei Musei stößt man auf den Klosterkomplex **San Salvatore/Santa Giulia** 8, eine geglückte Synthese aller großen Stil-Epochen in Brescia. Die vertrackte Anlage veräußerlicht gewissermaßen die verschlungene Baugeschichte des Ensembles, das aus einem 753 gegründeten Benediktinerkloster hervorgegangen ist. Infolge üppiger Schenkungen stieg San Salvatore zu einem der führenden Klöster Norditaliens auf, auf dem über Jahrhunderte das Augenmerk der verschiedensten Herrscher der Region lag. Dabei gehörte es offenbar zum guten Ton, dem Kloster weitere Bauten anzufügen; als letzter Neubau entstand die Renaissancekirche Santa Giulia.

Die Säkularisierung richtete in dem 1797 aufgelösten Kloster Verheerendes an, denn anstelle von Mönchen wurden nun Soldaten in San Salvatore einquartiert – über 100 Jahre wurde das Kloster als Kaserne zweckentfremdet. Mit den Folgeschäden war man bis vor kurzem beschäftigt. Im Jahr 2000 wurde in dem Klosterkomplex, zu dem drei Kirchen und drei Kreuzgänge gehören, das Stadtmuseum eingerichtet, das die Geschichte San Salvatores und die Stadtgeschichte Brescias aufschlüsselt, die eng miteinander verwoben sind. San Salvatore, im Zentrum der Anlage, stammt aus der Karolingerzeit und wurde über dem Fundament eines römischen Palastes errichtet. Säulen und Kapitelle stammen teilweise noch aus der Römerzeit.

Von der einst prächtigen Ausmalung sind leider nur noch klägliche Reste erhalten. Besonders stimmungsvoll gibt sich die Krypta der Basilika, ein Säulenwald, der im 12. Jh. noch vergrößert wurde. Die Kirchen Santa Giulia und Santa Maria in Solario, ein romanischer Bau, konnten ihre Renaissance-Freskierung bewahren. Das neue **Stadtmuseum** verwahrt zahlreiche Fundstücke und Kunstschätze der 2000-jährigen Stadtgeschichte Brescias. Stolz der Sammlung ist das *Desideriuskreuz,* ein goldenes Kreuz mit über 200 funkelnden Edelsteinen und farbigen Glasmedaillons aus dem späten 8. Jh., in dem auch antike Kameen Eingang gefunden haben. Die berühmte, bronzene *Statue der Vittoria* gehört seit 2000 zur Sammlung des Stadtmuseums im Kloster-Komplex von San Salvatore. Die in ein faltenreiches Gewand gekleidete Frauenfigur aus dem 1. Jh. wurde ursprünglich als Venus geschaffen; nach Vespasians Sieg über Judäa (71 n. Chr.) wuchsen der Siegesgöttin jedoch durch Künstlerhand Flügel.

Brescias **Pinakothek Tosio Martinengo** 9 ist im Palazzo Martinengo da Barco im Südosten des Zentrums untergebracht und bietet einen umfassenden Überblick über die Malerschule der Stadt, in der vor allem Dingen die Künstler der Renaissance herausragen. Wer lieber mit dem Fahrrad hinfährt, kann sich in der Via dei Musei 30 eines ausleihen.

Folgt man der Via Pace mit ihren schönen Stadt-Palazzi gelangt man zu einer der schönsten Kirchen Brescias. **San Francesco** 10, die ihre Fassade einem lauschigen Plätzchen zuwendet, wurde Mitte des 13. Jh. als typische Bettelordenkirche errichtet; ihre Sparsamkeit im Dekor entspricht dem Armutsideal der Franziskaner, mit dem man in späteren Jahrhunderten aber sehr viel großzügiger umging. Die Architektur markiert den Übergang von der Romanik zur Gotik, die sich im Radfenster ankündigt. Der Raumeindruck im Innern ist vor allem der imposanten Größe der Kirche geschuldet. In der Ausstattung überbieten sich die verschiedensten Stilrichtungen, geradezu verschwenderisch zeigt sich vor allem die Rokoko-Kapelle. Erholung für die Sinne bietet im Anschluss der große gotische Kreuzgang aus dem 14. Jh.

Wem der Sinn eher nach irdischeren Dingen steht, kann einen Abstecher in die Geschäfte-Welt des Corso Mameli machen. Auch das **Museo Nazionale della Fotografia** 11, eine Rarität in Italien, lohnt einen Besuch.

Erkunden sollte man auch das sogenannte **Volksviertel** im Nordwesten der Piazza della Loggia. Kleine Läden, Obst- und Gemüsehändler sowie Handwerksbetriebe haben sich in dem Gassengewirr niedergelassen, dazwischen verstecken sich glyzinienbewachsene Innenhöfe hinter prachtvollen Portalen. Die Hausfrau huscht hier mal eben im Kittel zur Nachbarin und der Tischler trinkt einen Espresso am Tresen in seiner staubigen Schürze. Das Volksviertel machte auch politisch seinem Namen immer alle Ehre und ist eine Hochburg der kommunistischen bzw. sozialistischen Partei. In der Via San Faustino lohnt die Kirche **Santi Faustino e Giovità** 12 einen Besuch, die den beiden Stadtheiligen gewidmet ist. Der Innenraum birgt eine großartige illusionistische Gewölbe-Ausmalung, die den Blick in den Himmel freigibt.

Offenbar dem Verfall freigegeben ist die **Contrada del Carmine,** die im Westen der Kirche liegt und ein ungeschöntes Stück vom alten Brescia bewahrt. Das ganze Viertel rund um die Straße und die gleichnamige, spätgotische Kirche (prächtige Barock-Fresken) gibt sich ausgezehrt, der Putz blättert mehr als es sich mit der ästhetisch verklärten Morbidität verträgt und vielerorts ist auch der soziale Abstieg unübersehbar.

Beim Spaziergang durch Brescia, dessen Luft an hohen Feiertagen wie etwa zu Ostern ein einziges Bimmelbammel erfüllt, stößt man immer wieder auf Kirchen und auch wenn es heute keine 100 mehr sind, ist es noch eine erstaunliche Fülle. Man kann sich ein gutes Bild davon machen, wenn man auf den **Cidneo-Hügel** steigt, der die Stadt im Norden überragt und einen idealen Ort für Befestigungsanlagen der verschiedenen Herrscher über Brescia abgab. Von der Visconti-Burg (Waffenmuseum; Innenausstattung von Carlo Scarpa) und den venezianischen Bastionen gibt es noch Reste, aber unvergleichlich schöner ist der Blick über die Stadt.

YAMAHA
SUZUKI

Lago di Garda
Lago d'Idro
Verona

Der Lago di Garda

Kommt man von Norden, beginnt der Süden am Gardasee. Noch die steilen Felswände der Alpen vor Augen, noch das Rauschen der Gebirgsbäche im Ohr, findet man sich plötzlich nach einer scharfen Kurve auf der Höhe einer einzigartigen Landschaft wieder, in der sich lang und breit der Gardasee erstreckt. Rechts und links streben Zypressen in den blauen Himmel, Pinien schwingen zu weiten, schattigen Dächern aus, das Licht versilbert die Blätter der Olivenbäume, der Wind raschelt in den Fächerpalmen und die Luft ist erfüllt vom Duft der Lorbeerhecken, über denen die Bäume ihre Blüten raushängen. Süden. Zielort von tausenden Süd-Süchtigen.

Der Gardasee ist der Lieblingssee der Deutschen, der »bairische Südsee«. Doch nicht nur die Bayern machen hier ihren Einfluss bis zum Weißbier und zur Nürnberger Rostbratwurst geltend – sitzt man in Bardolino oder Torbole im Café, schwirren einem links und rechts deutsche Satzfetzen um die Ohren, hier sächselt es behäbig, dort schnottert es berlinerisch und dazwischen säuselt es linksrheinisch. Zahllose Campingplätze sowie Pizza und *panini* in Mengen erlauben anders als am Lago di Como oder am Lago Maggiore auch dem kleinen Geldbeutel den Aufenthalt am See.

Schon in den Nachkriegsjahren stieg der Gardasee neben Rimini und Riccione zur deutschen Urlaubs-Ikone auf. Wer nicht zur Adria fuhr, blieb am See. Glücklicherweise ersparte man dem Lago di Garda die architektonischen Auswüchse des Massentourismus – auch wenn die einst idyllischen Fischerdörfer längst durch die *zona industriale* sowie durch Gartencenter, Korbmöbellager und Sportanlagen zusammengewachsen sind. Aber es gibt keine Hotelgiganten, die sich wie am Meer zu Bas-

Am Westufer wird der felsige Charakter einiger Regionen am Gardasee deutlich

tionen zusammenziehen, keine Ketten von Spielsalons und anderen Vergnügungszentren. Und die blau-orange aus ihrer eher pastellgetönten Umgebung leuchtenden Plusmärkte sowie die grell gelb brüllenden McDonalds bilden eher eine Ausnahme.

Die Grundgestalt der Landschaft wurde am Gardasee weitgehend bewahrt, obgleich viele alte Einheimische die Veränderungen der letzten 30 Jahre beklagen und monieren, dass da, wo der See früher vielgestaltig an die Ufer schlug, monotone, kilometerlange Promenaden gebaut wurden. Die Spazierwege am See verlaufen jedoch häufig über den Abwasserrohren der Ringkanalisation, die Mitte der 1980er Jahre zur Rettung des Gardasees durchgeboxt wurde. Seither lädt der See auch wieder

zum Baden ein. Das profunde Fjordblau trügt nicht – der gewaltige Wasserleib des Gardasees ist sauber. Natürlich kann nicht die Rede von Trinkwasserqualität sein und wenn sich im Sommer an manchen Orten ein dünner Ölfilm der Bootsmotoren über das Wassr zieht, schafft das wenig Zutrauen in die Hygiene. In der heißen Saison kann es darüber hinaus vorkommen, dass mancher Strand nahe den Campingplätzen wegen Kolibakterien geschlossen wird – das italienische Gesetz sieht in diesem Punkt sehr strenge Auflagen vor. Doch darf man insgesamt der einladenden Klarheit des Wassers trauen und sich in den Fluten des Lago di Garda vergnügen, der, gemessen an den Nachbarn, ein Saubermann ist. Der Garten Neptuns fällt entsprechend üppig aus: Im Wasser tummeln sich Karpfen und Lachsforellen, Aale, Schleien, Saiblinge, Barsche und Barben.

Der Gardasee ist der größte im Bunde der Oberitalienischen Seen und misst 51,5 km in der Länge. In der Breite dehnt sich der See von nur 3 km im Norden auf stattliche 17,5 km im Süden aus. Den etwa 370 km^2 großen Wasserspiegel fasst ein bis zu 362 m tiefes Gletscherbett, in den südlichen Buchten erreicht der See jedoch nur eine Tiefe von etwa 30 m. Wichtigster Zufluss ist die Sacra, die aus dem Adamello-Gebirge kommend bei Torbole im Norden in den See mündet. Am Ostufer führen nur Bäche ihr Wasser dem See zu, im Westen bringen immerhin noch einige stattliche Flussläufe wie der Toscolano, die Albola oder der Varone Wasser. Einziger Abfluss ist der Mincio, der bei Peschiera den See verlässt und im Süden von Mantua in den Po mündet.

Drei Provinzen teilen sich den See: Das Ostufer gehört zu Venetien, das Westufer ist Teil der Lombardei und der Norden gehört zur autonomen Provinz Trentino-Alto Adige – Besitzverhältnisse, die in der Vergangenheit oft für Kämpfe gesorgt haben, vor allem zwischen den Skaligern aus Verona, den Visconti und später den Sforza aus Mailand sowie den Venezianern. Eine Fülle von Burgen und Festungen zeugen noch heute von den kriegerischen Zeiten. Doch sie belegen auch, dass es sich bei den Ufern des Lago di Garda um altes Kulturland handelt. Bereits die Römer schätzten die mediterrane Landschaft des *Lacus Benacus* zu Füßen und im Schutze des Alpenbogens und begründeten am Lago die Garda eine Villenkultur, die zwar erst spät, nämlich um 1900, doch dann um so nachdrücklicher Blüten trieb.

Die *villeggiatura* der Renaissance und des Barock, die in den Landschaften um den Lago Maggiore und den Lago di Como so viele Spuren hinterließ, ging am Lago di Garda vorbei. Denn bis ins 20. Jh. hinein waren weite Uferpassagen allein vom Wasser her zugänglich. Das rauhe, von Felsen zerklüftete lombardische Ufer zeigte sich zudem wenig einladend für eine Villen- und Gartenkultur, wie sie an den Nachbarseen entstanden war. Erst ab 1929 machte man sich unter schwersten Bedingungen an den Bau von Uferstraßen, die das Leben rund um den See grundlegend veränderten. Aus Fischerdörfern wurden Ferienorte, Olivenhaine verwandelten sich in Hotelanlagen und die Grenzen zwischen den Ortschaften hoben allmählich Einkaufszentren nach amerikanischem Vorbild auf. Doch auch heute durchfährt man am Ufer des Gardasees immer wieder wilde, ursprüngliche Regionen, die ihre Naturbelassenheit ihrem widerspenstigen, meist felsigen Charakter verdanken.

Lago di Garda

TRENTINO
LOMBARDEI
VENETIEN
Gardasee
M. Re di Castello 2891 m
Corno di Blumone 2830 m
Val di Daone
Chiese
Tione
Giudicarie Esteriori
Gaverdina 2047 m
Fiavè
Monte Granzoline 1549 m
Pietramurata
L. di Cavedine
Cavedine
Cornetto 2179 m
1545 m
Lago di Tenno
Canale di Tenno
Canale di Tenno
Tenno
Sarca
Arco
Monte Stivo 2059 m
Bozen, Brenner
Rovereto
Massangla
Cimego
Condino
Tiarno di Sopra
Tiarno di Sotto
Bezzacca
Pieve di Ledro
Riva del Garda
Varone
M. Brione 376 m
Marmitte dei Giganti
Nago
Lago di Loppio
Mori
Museo di Palafitte
Molina di Ledro
Lago di Ledro
Lago di Ampola
Val d'Ampola
Valle del Caffaro
Valli Giudicarie
Storo
Palvico
Ponale
Val di Ledro
Torbole
Monte Altissimo 2079 m
Brentonico
Bagolino
Lodrone
Ponte Caffaro
Bondone
Passo di Tremalzo
Monte Caplone 1977 m
Limone
Tremosine
Lago d'Idro
Rocca d'Anfo
Anfo
Navene
Campagnola
Malcesine
Castello di Sabbionara
Ala
Adige/Etsch
Pieve
Tignale
Campione
Valle di S.
Val di Sogno
Val di Sogno
Monte Baldo
Sabbionara
Avio
Idro
Lemprato
Capovalle
Valvestino
Madonna di Monte Castello
Lago di Valvestino
Isola Trimelone
Assenza
Cima Valdritta 2218 m
Valle Lagarina
Monti Lessini
Monte Zingla 1497 m
Valle Toscolano
Muslone
Brenzone
Magugnano
Castelletto di Brenzone
Toscolano
Gargnano
Bogliaco
San Zeno
Pai
Crero
Madonna d. Corona
Spiazzi
Toscolano-Maderno
Chiese
Gardone Riviera
Baia delle Sirene
Torri del Benaco
Caprino Veronese
Breonio
Salò
Isola di Garda
Via dei Castei
Broncolino
413 m M. Luppia
Forte Masua
Dolce
Gavardo
San Felice d. Benaco
Funtana
San Vigilio
Garda
Rivoli Veronese
Cavalo
Isola San Biago
Punta San Vigilio
Affi
Veroneser Klause
Valténesi
Manerba
Punta Belvedere
Bardolino
Volargne
San Giorgio di Valpolicella
Valpolicella
Porto Dusano
Moniga
Cisano
S. Maria
San Floriano
Padenghe
Grotta di Catullo
Lazise
Pastrengo
Sirmione
Adige/Etsch
Desenzano del Garda
Parco Caneva
Bussolengo
Verona
Lonato
Gardaland
Parco Natura Viva
Mailand
Rivoltella
Peschiera del Garda
Sona
San Martino d. Battaglia
Madonna del Frassino
Padua
Lugana
Pozzolengo
Sommacampagna
Castiglione delle Stiviere
Castellaro Lagusello
Monzambano
Custoza
Parco Giardino Sigurtà
Solferino
Carpenedolo
Cavriana
Volta Mantovana
Borghetto di Valeggio sul Mincio
Villafranca di Verona
Mantova
N
0
10 km
A 4
E 70
A 22
E 45
237
421
45bis
240
249
12
572
11
450
236
567
62
434
1
2
3
4
5
6
7
8
9
10
11
12
13
14
15
16
17
18
19
20
21
22
23
24
25
26
27
28

Der Süden

Im Süden holt der Gardasee zu einem weiten Becken aus. An manchen Tagen, wenn heißer Dunst die Sicht verklärt und das gegenüberliegende Ufer im Nichts verschwimmt, wähnt man sich am Mittelmeer. Lieblich und mediterran gibt sich auch die Landschaft mit ihren vielen Zypressen, Palmen und Blütenbäumen. Doch von Arkadien ist man hier weit entfernt. Da keine Berge wie am Westufer dem boomenden Tourismus natürliche Grenzen setzten, ist das Südufer teilweise zu hässlichen Zersiedlungen ausgewachsen. Gleichzeitig findet man im Süden des Gardasees jedoch auch einen der schönsten Orte, Sirmione, das sich auf einer in den See züngelnden Halbinsel in Szene setzt. Die Schönheit, die man hier findet, hält man sich am besten bis Lazise am Ostufer vor Augen.

Von Lonato nach Peschiera del Garda

Karte: S. 211
Tipps & Adressen: Lonato S. 297, Desenzano S. 284, Sirmione S. 310

Von Brescia kommend, hat man den Gardasee schnell erreicht, doch lohnt noch ein kleiner Abstecher nach **Lonato** 1, das schon von weitem mit seinem mittelalterlichen Stadtbild winkt. Die eng zusammengerückten Häuser werden von einer *Rocca* beschirmt, deren imposante Zinnenmauer potentielle Angreifer mächtig abgeschreckt haben mag. Lonato war der Außenposten der Mailänder Visconti und hat so manchen venezianischen Kanonen-Donner über sich ergehen lassen müssen. Der gut gefütterte Markuslöwe, der die Piazza Centrale stolz beherrscht, deutet indes auf das militärische Übergewicht der *Serenissima,* in deren Herrschaftsbereich das bis heute eher ländliche Städtchen 1516 fiel und bis zu ihrem Untergang 1798 verblieb.

Die venezianischen Statthalter residierten in der *Casa del Podestà* gleich neben der Burg. Das von außen eher unscheinbare, von einigen wenigen venezianischen Details durchsetzte Häuschen überließ man nach dem Fall der Republik dem Verfall. 1906 ersteigerte der Brescianer Rechtsanwalt Ugo da Como die ruinösen Hausreste zum Preis von 1000 Lire. Ugo da Como (1869–1941) pflegte neben seiner Advokaten-Tätigkeit einer Fülle von Beschäftigungen nachzugehen, er war Abgeordneter der Nationalliberalen im Parlament, leidenschaftlicher Kunstsammler, Historiker aus Passion und begeisterter Literaturfreund. All diesen Herzensangelegenheiten gab der Kunstfreund nun ein Haus. Er ließ die mittelalterliche Immobilie restaurieren und trug antike Möbel aus ganz Italien zusammen, um das ursprüngliche Wohnambiente wieder herzustellen.

Darüber hinaus ließ er eine Bibliothek anbauen, die seine wertvolle Sammlung von Büchern, Manuskripten, Inkunabeln und Kodexen aufnahm. Nach seinem Tod wurde das Kunsthaus in eine Stiftung überführt, die die Casa del Podestà als Museum für die Öffentlichkeit zugänglich machte. Zum Haus gehört auch ein malerischer, vielgestaltiger Garten, von dem man einen schönen Blick über das von Kuppeln und dem mittelalterlichen Zinnenturm beherrschte Stadtbild von Lonato genießt. Die mächtigste Kuppel krönt den riesigen *Dom,* der Mitte des 18. Jh. nach einigen neidvollen Blicken auf den neuen Dom in Brescia entstand. Für eine ebenso prachtvolle Ausstattung reichten dann offenbar nicht mehr die Mittel, daher muss man sich bei einem Besuch mit der beeindruckenden Weite des Raums begnügen.

Nur wenige Kilometer trennen Lonato vom Ufer des Gardasees, wo man schnell **Desenzano del Garda** 2 im Südwesten erreicht. Mit knapp 23 000 Einwohnern ist Desenzano die größte Stadt am See. Neben den Einnahmen aus dem Fremdenverkehr tragen auch Erträge aus der Kleinindustrie und dem Handel zum Wohlstand des Städtchens bei. Meist braucht man ein wenig Geduld, um endlich im wahrsten Sinne des Wortes ins Zentrum vorzustoßen, denn die Autos stauen sich zu jeder Tageszeit. Doch Desenzano ist nicht nur für Pkws ein verkehrsreicher Ort; die Stadt ist Ausgangs- und Endpunkt der Schifffahrtslinien sowie vieler Buslinien und wird neben Peschiera von der Zugstrecke Verona–Milano berührt.

Durch seinen großen Hafen erlangte Desenzano auch in der Geschichte Bedeutung. Die Venezianer wickelten hier zahlreiche Geschäfte ab: Die Güter wurden über Desenzano nach Riva im Norden geschifft und weiter über die Alpen bis nach Deutschland transportiert. Heute gehört ein Spaziergang am großen Yachthafen mit den klappernden Segelmasten zum Schönsten, was Desenzano neben dem herrlichen Ausblick auf das weite südliche, teilweise von Bergen eingefasste Seebecken zu bieten hat.

Wenn stürmische Winde, von denen es am Gardasee viele gibt, wieder hohe Wellen über die Uferpromenaden jagen, tut man gut daran, in der windgeschützten Fußgängerzone zu flanieren, die parallel zum Lungolago verläuft. Schuhgeschäfte und kleine, etwas provinziell angehauchte Modeläden werben hier um Kundschaft, die sich jedoch offenbar mehr von den Straßencafés unter Arkaden angezogen fühlt. Dienstag ist Markttag in Desenzano, dann breiten die Händler in der Stadt rund um den alten Hafen ihre Verkaufsstände aus und bieten eigentlich alles an, was man zum Leben so braucht.

In der Pfarrkirche *Santa Maria Maddalena* an der zentralen Piazza Malvezzi hinterließ Giambattista Tiepolo ein sehr bewegt aufgefasstes, lebensnahes ›Letztes Abendmahl‹. Über die Via Crocefisso gelangt man zum größten Kunstschatz der Stadt, der *Villa Romana.* Die Reste der einst prächtigen römischen Villa findet man heute in einer entkernten, eilig hochgezogenen Siedlung, die einen scharfen Kontrast zu den geschichtsträchtigen Mauern formuliert. Erst 1921 waren sie durch einen Zufall zum Vorschein gekommen, als der Handwerker Emanuele Zamboni das Fundament für sein Haus ausheben wollte. Unter der Erde tauchten plötzlich römische Mosaiken auf, die den Boden einer Villa aus dem 3. Jh. gebildet hatten. Dazu gehörten auch Thermen und ein frühchristlicher Andachtsraum. Die Motive der Mosaiken, darunter Fischerszenen, Amoretten, Jagdszenen und mythologische Motive, sind charakteristisch für die spätantike Wohnkultur und verdichten sich zu einer vertrauten, aber eigentümlich weit entrückten Welt. Das der Villa angeschlossene Museum bewahrt weitere römische Fundstücke und schlüsselt die Geschichte der Anlage auf.

Mit seinem Vorort **Rivoltella** ist Desenzano längst zusammengewachsen und so begleiten Lagerhäuser, Supermärkte und Ödland den Weg nach Sirmione. Einst flößte ein tiefer Wald mit lauter schauerlichen Gestalten, von denen man sich erzählte, den Bewohnern in dieser Gegend Furcht ein. Heute umweht das Ufer kein Geheimnis mehr und der üppige Baumbestand ist auf einige wenige, hartnäckige Exemplare zusammengeschrumpft.

Sirmione 3 eilt der Ruf der schönsten Stadt am Lago di Garda voraus. »Perle der Inseln und Halbinseln«, stimmte der römische Dichter Catull sein Loblied auf die Schöne am Logenplatz des Lago di Garda an, in das später auch Dante, Montaigne und Stendhal, Lord Byron und D. H. Lawrence, Rilke, Trakl oder Loerke einfielen. Der schwärmerische Gesang verfehlte nicht seine Wirkung und trug unter anderem dazu bei, dass Sirmione dem Ansturm seiner Liebhaber heute kaum noch gewachsen ist. Kilometerlang stauen sich die Autos auf der Pinienallee, die die Halbinsel durchläuft, und die riesigen Flächen, die die Parkplätze vor dem autofreien *centro storico* einnehmen, reichen schon lange nicht mehr aus. Sirmione kann an solchen Tagen, zu denen generell der Sonntag gehört, eine Qual sein. Günstig ist es, um die Mittagszeit in die Stadt zu fahren, denn die ist den Italienern heilig, daher wird man auf weniger Verkehr treffen.

Die Landzunge, an deren Spitze sich das historische Zentrum Sirmiones ausbreitet, stößt etwa 4 km weit in den See. Hotels, Restaurants, Campingplätze, Sportanlagen und Ferienbungalows haben jeden Flecken des schmalen Landstrichs besetzt und man kann sich heute nur noch mit Mühe die einst duftenden Pinienwälder und Olivenhaine vorstellen, durch die Dante noch nach Sirmione reiste. Touristen können sich indes über die schöne Lage ihres Feriendomizils freuen.

Sirmione war schon früh entdecktes Terrain, erlebte jedoch erst unter den Römern eine außerordentliche Blütezeit. Gleich zwei Häfen stellten den Zugang zum Wasser sicher und zwei Kastelle beschirmten die Villensiedlung, wo sich reiche Römer ganz den schönen Seiten des Lebens hingaben und in der zwischen den Uferfelsen gefundenen heißen Schwefelquelle kurten. Die Thermalquelle, die man erst im 19. Jh. wieder fand, ist bis heute nicht versiegt und fördert den Heilungsprozess bei Haut- sowie Lungenkrankheiten. Die Langobarden bauten auf der Halbinsel Kirchen und Klöster, die jedoch nicht erhalten blieben. Im Mittelalter fiel die Stadt an die Skaliger, die den Osthafen zu einer zinnenbekrönten, wehrhaften Festungsanlage ausbauten, wohingegen der Westhafen zu einer Piazza eingeebnet wurde. 1404 gelangte Sirmione in den Herrschaftsbereich Venedigs, wo die Stadt bis zum Fall der Republik verblieb.

Der auf einer der Landzunge vorgelagerten kleinen Insel gelegene Ort hängt nur mit zwei Brücken am Festland: Die eine führt zum Kastell der Skaliger, die andere in den Ort, der schon aus räumlichen Gründen gegen die expansiven Anfechtungen des Tourismus gefeit ist. Die fotogene *Festung der Skaliger,* die mit kurzen und hohen Türmen ein vielgestaltiges, äußerst bewegtes Bild abgibt, entpuppt sich im Innern als düstere Festung. Hier landeten nicht nur äußere Feinde, sondern auch die Bewohner von Sirmione selbst. Es ist die Gewalt des Krieges und kriegerischer Zeiten, die vor allem im Innern architektonisch anschaulich wird. Der Weg führt über eine Zugbrücke und durch ein Portal, über dem der geflügelte Löwe neben dem Wappen der Skaliger, einer Leiter, prangt.

Fotogen: Die Festung der Skaliger in Sirmione

Beim Rundgang durch die wehrhafte Anlage des Castello Scaligero sucht man die Spuren eines Wohn- und Repräsentationsbaus vergeblich – das Kastell stand ganz im Zeichen von Verteidigung, Verschanzung und Einkerkerung. Schießscharten öffnen sich auch zu den Häusern der Bewohner, die sich dicht an dicht im Schatten der Festung ducken. Die Sammlung des kleinen Museums im Castello bewahrt römische Funde sowie einige Ausstattungsstücke aus einem heute nicht mehr erhaltenen langobardischen Kloster.

Zurück im Ort umfängt einen touristischer Rummel – Pizza-Verkäufer hier, Gelaterien dort, überfüllte Café-Terrassen überall. Dazwischen Postkartenstände und Andenkenläden, die sich längst auf die Zeichen der Zeit verstehen und das alte Sortiment an Deckchen, Kugelschreibern, Püppchen und Schlüsselanhängern gegen Kulinaria ausgetauscht haben. Da gibt es die typischen *biscotti* aus Sirmione und der ursprünglich in Sorrent beheimatete *Limoncello* trägt hier das Etikett »di Sirmione« – auf dass man sich Sirmione auch auf der Zunge zergehen lassen kann.

Beschaulichkeit und Ruhe sind den Seitengassen vorbehalten, die noch der Geist des alten Sirmione, des Fischerdorfs umweht. Die Via Dante geleitet den Weg zur Pfarrkirche *Santa Maria Maggiore,* die im 15. Jh. an der Stelle eines langobardischen Vorgängers entstand. Der von außen schlichte gotische Bau entfaltet im Innern barocke Pracht. An der Südwand ist jedoch auch ein Kreuzigungsfresko der Entstehungszeit erhalten. Folgt man der Via Vittorio Emanuele und ihrer Fortführung stadtauswärts führt die Via San Pietro in Mavino zur gleichnamigen Kirche auf einen der drei Hügel des Ortes. Den sanft über dem See ansteigenden Colle Mavino überziehen knöchrige Olivenbäume, zwischen denen man nur allmählich das graue Gemäuer der Kirche *San Pietro in Mavino* ausmacht. Drei bauchige Apsiden und eine Zypressengruppe empfangen den Besucher, der sich plötzlich – fern allen Rummels – in Arkadien angekommen glaubt und in der Fantasie noch ein paar Schafe unter den Olivenbäumen weiden lässt.

In welcher Richtung auch immer, der einsame Ort beflügelt die Einbildungskraft, vor allem, wenn man das Glück hat, ihn nicht mit allzu vielen Gleichgesinnten teilen zu müssen. Die Römer hatten hier bereits ein Heiligtum errichtet, dem im 8. Jh. die Kirche folgte. Im 11. und 14. Jh. wurde sie zu ihrer heutigen Form erweitert und ausgemalt. Den beeindruckenden Innenraum beherrscht das Fresko von Christus als Weltenrichter in der Mandorla, flankiert von Maria und Johannes dem Täufer sowie Posaune blasenden Engeln. Zu seinen Füßen steigen Tote aus den Gräbern – das eingelöste Versprechen der Auferstehung. Das Fresko entstand 1312 und trägt die Handschrift eines Veroneser Malers, der jedoch noch stark unter byzantinischem Einfluss stand.

Zu Füßen des Colle Mavino liegt der *Lido delle Bionde* (Strand der Blondinen), der mit seinem langen Steg und dem weißen Kies, über den das azurblaue Wasser schwappt, zu den beliebtesten Badeplätzen in Sirmione gehört. Die Farbe des Gardasees wirkt rund um Sirmione besonders verlockend in ihren Türkis-Grün- und Blau-Schattierungen, in denen das Wasser breite Lichtbänder einschließt. Der See erreicht hier teilweise nur eine Tiefe von einem halben Meter und bleibt transparent für die Kalkstein-Brandungsterrasse, die dem azurblauen Wasser immer neue Farbnuancen abgewinnt.

In unmittelbarer Nähe des Blondinen-Strands, an den man sich aber auch mit dunklem Haarschopf wagen darf, sprudelt die *Boiola-Quelle* in den See, deren 70 °C heißes Wasser wegen seines Jod-Gehalts zu therapeutischen Zwecken eingesetzt wird. Die Spitze der Landzunge von Sirmione nimmt eine weit ausgedehnte Ruinen-Landschaft ein, die so genannte *Grotte di Catullo.* Der Name ist irreführend, denn der römische Dichter Catull stammte zwar aus einer wohlhabenden Familie, doch seine Versdichtungen hätten ihm niemals erlaubt, in einer derartig riesigen und prachtvollen Villa zu residieren. Vielmehr bürgerte sich der Name durch einen venezianischen Gesandten ein, der das neu eroberte Land erkundete und an dieser Stelle die Grotten des Catull gefunden zu haben glaubte.

Welche Funktion die enorme Anlage innehatte, ist bis heute umstritten. Dabei pendeln die Meinungen zwischen einem Militärlager, einem Gästehaus und einem Imperatoren-Palast, wofür die kostbare Ausstattung spricht, von der man Reste gefunden hat, sowie die Größe. Über 20 000 m² nimmt die Ausgrabungsstätte ein, in der man bis heute die Spuren der Vergangenheit sichert und immer noch neue Funde macht. Der Ort, an dem die Villa etwa um 150 n. Chr. entstand, könnte schöner nicht sein. Bevor die Landzunge in steilen Felsen zum See abfällt, erhebt sich noch einmal ein kleiner Hügel gleichsam zwischen Himmel und Wasser, übersät mit alten Gemäuern und bepflanzt mit Olivenbäumen und Rosmarinhecken – eine Landschaft, deren Zauber im schmeichelhaften Abendlicht am mächtigsten wirkt.

Bei einem Spaziergang am Strand entlang versteht man, warum die Anlagen als Grotten bezeichnet werden. Um einen ebenmäßigen Grundriss zu erreichen, wurden ganze Reihen von einst unterirdischen Hallen angelegt, die das

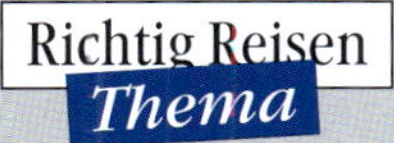

Von leidenschaftlicher Poesie – Catull

Catull? Catull! Hotels, Straßen, Bars, Thermalbäder und eine archäologische Ausgrabungsstätte tragen seinen Namen. Catull ist in Sirmione allgegenwärtig, obgleich der Dichter in Verona geboren wurde und nie in der römischen Villa am nördlichsten Zipfel der Landzunge gelebt hat. Doch seit die Grotten nach ihm benannt sind, ist sein Name fest an Sirmione gebunden – angesichts der schwärmerischen Verse, die er dem Ort widmete, hätte der Dichter wohl auch nichts dagegen einzuwenden.

»Mit welcher Freude und welcher Glückseligkeit sehe ich dich wieder,
Sirmione, Juwel unter den Inseln und Halbinseln,
unter all denen, die Neptun in den klaren Seen
und weiten Meeren aufnimmt!«

Catull, der eigentlich Gaius Valerius Catullus hieß, stammte aus einem wohlhabenden Veroneser Haus. In den Sommermonaten zog sich die Familie oft nach Sirmione ins Landhaus zurück. Catull verbrachte hier einige unbeschwerte Sommer seiner Jugendjahre, in denen seine Liebe zur Poesie heranreifte. Später suchte Catull in Sirmione Zuflucht vor der unglücklichen Liebe zu Clodia Pulcer. Die unerwiderte Zuneigung des Dichters zu der Schwester des berühmt-berüchtigten Cicero-Feindes Publius Clodius Pulcer geht in den Lesbia-Gedichten auf, die zu den 116 Gedichten der Sammlung *Carmina* gehören.

»O, ich hasse und liebe! Weshalb ich es tue, du fragst's wohl.
Weiß nicht! Doch dass es geschieht, fühl ich – unendlich gequält.«

Clodia war eine der schillerndsten Frauengestalten des antiken Roms. Sie stellte eine – auch für die damalige, bereits recht emanzipierte Zeit – einzigartige Verbindung von Schönheit und Geist, von Laszivität und Kunstsinn dar, der sich die Dichter, die in ihrem Haus verkehrten, nicht entziehen konnten.

Zahlreiche Klatschgeschichten und Skandale ranken sich um ihre Person, die Catull als ewig unerreichbarer Traum vor Augen schwebte. In seiner Poesie tritt sie nie unter ihrem wirklichen Namen auf, sondern immer nur unter dem Pseudonym ›Lesbia‹, unter dem sie eine frühe Schwester von Dantes Beatrice und Petrarcas Laura werden sollte. Wieweit Dichtung und Wirklichkeit in den sich verzehrenden Lesbia-Gedichten übereinstimmen, sei dahingestellt – Catull, der 54 v. Chr. erst 30-jährig starb, gelang es in einzigartiger Weise, auch feinste Facetten der Liebe mit all ihren Regungen in Poesie zu verwandeln. Im Vordergrund steht dabei die Intensität eines subjektiven Gefühls – das macht Catull bis heute modern.

Terrain ebnen. Heute sind noch die Bögen erhalten – nur eines von vielen Beispielen für die komplizierte und ästhetisch ausgereifte Bauweise unter den Römern. Neben den Überresten einer überdimensionierten Säulenhalle, eines Thermalbads, einer Ladenreihe und einem großen Saal, der *Aula di Giganti* kann man im *Museum* Reste der Ausstattung bestaunen, zu denen fein gearbeitete Mosaiken und Fresken gehören.

Im Süden der Halbinsel von Sirmione dehnt sich eine heitere Hügellandschaft aus, in der ländliche und kleinstädtische Formen einander abwechseln. Schmale Straßen führen durch Weinberge und Olivenhaine, dazwischen sitzen eingesprengt kleine Ortschaften, die oft von einer Burg auf der Hügelkuppe beschirmt werden. Der Blick gleitet weitläufig über das Land, das in seinen artistischen Bepflanzungsmustern wie ein gewirktes Gewebe erscheint. Die **Moränenlandschaft der Lugana** ist ein bedeutendes Weinbaugebiet, in dem man sich neben der Produktion des begehrten *Bianco di Custoza* auch auf Kulinarisches versteht. Die Restaurants der Ortschaften haben sich auf einen traditionsverbundenen, unverfälschten und sehr gastlichen Stil verständigt, der weit über Verona hinaus einen guten Ruf genießt, und vor allem am Wochenende zahlreiche Schlemmer in die Gegend lockt.

Valeggio sul Mincio: Über den Visconti-Damm gelangt man zur Skaliger-Burg

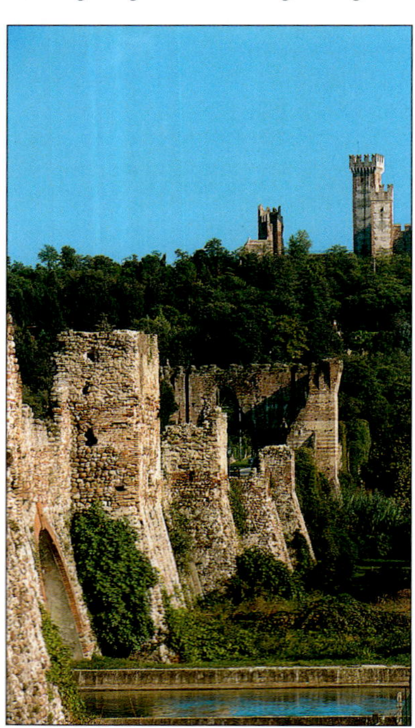

Doch dass die Lugana nicht immer im Zeichen des Wohllebens stand, erkennt man schon von weitem, wenn man sich **San Martino della Battaglia** 4 nähert. Im Beinamen steckt die Schlacht, die hier zwischen italienischen und österreichischen Truppen 1859 stattfand und tausende von Opfern forderte. Ein riesiger Turm auf dem Hügel sowie ein Kriegsmuseum mit Beinhaus halten die blutigen Schlachten des *Risorgimento* in Erinnerung. In deren Verlauf erlangte Italien seine Unabhängigkeit – und nur vor diesem Hintergrund kann man wohl das Pathos der Gedenkstätten verstehen.

Ein weiteres Schlachtfeld verbindet sich mit **Solferino,** heute ein stimmungsvolles, freundliches Städtchen. Die SS 236 verbindet Solferino schnell mit **Borghetto di Valeggio sul Mincio** 5. Die mittelalterliche Stadtbefestigung der Skaliger, die schon von weitem ins Blickfeld rückt, schirmt sich auf dem Hügel gegen das Land ab, das der azurblaue Mincio vor den Füßen von Valeggio geebnet hat. Unvermittelt ragen hier riesige Ruinen eines Damm-Baus auf, der von einer mittelalterlichen Brückenfestung verstärkt wird. Der berühmte *Ponte Visconteo* entstand 1393 im Auftrag von Giangaleazzo Visconti.

Der Herrscher Mailands und der Lombardei hatte mit diesem gigantischen Konstrukt kein Bewässerungssystem der Landwirtschaft im Sinn, wie die Wasserkanäle glauben machen könnten, vielmehr wollte er den Gonzaga in Mantua den Wasserhahn abdrehen und die Stadt gewissermaßen trockenlegen.

Darüber hinaus sollte der Damm als Bollwerk gegen Venedig dienen und der *Serenissima* den Wasserweg zum Gardasee abschneiden. Für seine Expansionspläne scheute Giangaleazzo Visconti keine Mittel: 300 000 Goldgulden gab der Herrscher für den 600 m langen, 26 m breiten und 10 m hohen Damm aus, der zwar nie das Wasser auf dem Weg nach Mantua staute, die Venezianer 1438 aber immerhin dazu bewog, ihre Kriegsflotte auf dem Landweg an den Gardasee zu schaffen, um sie gegen das feindliche Brescia einzusetzen. Mit dem Ponte Visconteo hat die Militärgeschichte in Valeggio ein Denkmal hinterlassen, dessen massive Monumentalität von dem kühnen Flug der planenden Idee ebenso wie von seiner geschichtlichen Vergänglichkeit zeugt. Ebenso wird in diesem Bauwerk ein monströser Herrschaftsanspruch anschaulich.

Zu menschlichen Dimensionen kehrt das Festungsdorf Borghetto di Valeggio zurück, das in seinen alten Ursprüngen fast unberührt blieb. Das mittelalterliche Erscheinungsbild zieht viele Urlauber und Ausflügler an, doch macht Borghetto wenig Zugeständnisse an den Tourismus und pflegt die guten alten Traditionen. Auf eine lange Geschichte blickt auch die berühmte Antica Locanda del Mincio zurück, die seit 1919 ihre Gäste am Ufer des Mincio mit unverfälschter regionaler Küche bewirtet. Das Kastell der Skaliger ist heute Teil des *Parco Giardino Sigurtà,* der auf einer Fläche von 50 ha eine mediterrane und exotische Pflanzenpracht im Stil eines englischen Landschaftsgartens entfaltet. Der Eingang bzw. die Einfahrt in den Park befindet sich bei der Villa Maffei, einem prächtigen Bau aus dem 17. Jh., den Graf Carlo Sigurtà erwarb. 1978 machte er seinen Garten der Öffentlichkeit zugänglich, um mit den Eintrittsgeldern die Kosten für den Erhalt der Pflanzenpracht zu decken.

Am Austritt des Mincio aus dem Gardasee liegt **Peschiera del Garda** 6, ein Ort von einst großer strategischer Bedeutung, was bis heute in den Befestigungsanlagen anschaulich wird. In der Geschichte war Peschiera immer stark umkämpft: Derjenige, der im Besitz der Stadt war, hatte über den Mincio und den Po freien Zugang zur Adria. Diese strategische Schlüsselposition weckte die Begierden der verschiedensten Völker und Herrscher. Eine längere, friedlichere Periode erlebte die Stadt, deren Einwohner vom Fischfang lebten, ab 1516, nachdem die Venezianer das Gebiet erobert hatten. Bis zum Fall der Republik verblieb Peschiera unter der Herrschaft Venedigs, das die Stadt mit einer den technischen Neuerungen des 16. Jh. entsprechenden Befestigungsanlage umgab, die unter den nachfolgenden Österreichern erweitert wurde.

Bis heute dominieren die mittlerweile heruntergekommenen Festungsbauten die Stadt, obgleich sie Peschiera nicht gerade gut zu Gesichte stehen. Schon in Desenzano werben Schilder an der Straße für das **Gardaland,** ein Ableger des Disneyland, der etwa 3 km hinter Peschiera Wochenende für Wochenende Tausende von Besuchern anzieht und für ein regelmäßiges Verkehrschaos sorgt. 2 km weiter liegt der Wasservergnügungspark **Caneva** mit einer Fülle von Attraktionen und nicht minder überlaufen als das Gardaland.

Das Ostufer – Gardesana Orientale

Das Ostufer des Gardasees, das sich in 65 km Länge von Peschiera im Süden nach Torbole im Norden zieht, ist erst seit 1926 durchgehend mit einer Straße erschlossen. Der Bau der **Gardesana Orientale** stellte die Ingenieure vor einige Herausforderungen, so mussten allein durch die Felsen des Monte Baldo neun Tunnel gesprengt werden. Zwischen Torbole und Navene hingegen waren Schutzwälle gegen den Steinschlag notwendig sowie eine Fülle von Brücken über die Alpenflüsse und Bäche, die hier in den See münden. Eine Perlenschnur von Orten säumt die Straße, reich an Palästen und romanischen Kirchen, befestigt mit Burgen, in deren Schatten sich die Häuser der Fischer ducken.

Doch nicht nur Fisch, sondern auch Öl und Wein bildeten jahrhundertelang die Lebensgrundlage der Menschen am Ostufer, das sich ungleich lieblicher ausnimmt als das Westufer. In sanften Kurven windet sich die Straße am Ufer entlang und beim Blick auf die zerklüfteten Felsen des Westufers, die mitunter dramatisch in den blauen See fallen, beim Genuss der Weite des südlichen Seebeckens, das dem See seinen Glanz verleiht, wird sich mancher Goethes Glücksseufzer zu eigen machen: »Auch ich in Arkadien!«. Wie Tausende, müsste man heute dazusetzen.

Von Lazise zur Punta San Vigiglio

Karte: S. 211
Tipps & Adressen: Lazise S. 292, Bardolino S. 271, Garda S. 286

Lazise 7 kündigt sich weithin sichtbar mit seinem mittelalterlichen Stadtbild an. Der Ort ist einer der wenigen Festungsstädte der Skaliger, die am Ufer des Gardasees nahezu unversehrt erhalten blieben. Die Stadtbefestigung mit zinnenbekrönten Wehrgängen und sechs Türmen stammt aus der Zeit um 1370 und bietet ein beeindruckendes Bild mittelalterlichen Festungsbaus. Das dazugehörige Kastell (14. Jh.) ist heute in Privatbesitz und wurde in den Park der *Villa Bernini* einbezogen, der sich bis an die Stadtmauern ausdehnt.

Am Hafen findet man die *Dogana,* die alte Zollstation, die von den Venezianern im 16. Jh. als Arsenal errichtet wurde. Die *Serenissima* hatte Lazise zu einem militärischen Hafen ausgebaut, der der Verteidigung gegen die Machtansprüche und Angriffe Mailands in dieser Region diente. Zu Beginn des 17. Jh. nutzte man den imposanten Bau mit offener Loggia für friedliche Zwecke und richtete eine Zollstation ein, die den Warenverkehr zwischen Venetien und der Lombardei kontrollierte. Heute finden hier wechselnde Ausstellungen statt. Die Kirche *San Nicolò* nebenan geht im Kern auf das 12. Jh. zurück. Sie wurde aber vielfach Opfer von Zerstörungen und konnte erst 1953 in ihren heutigen Zustand versetzt werden. Bei der Restaurierung legte man auch die Fresken frei, deren Mal- und Kompositionsweise sie als Werk des 14. Jh. ausweisen.

Bardolino 8 hat sich mit seinem leichten Rotwein einen Namen gemacht. Doch die Touristen schwärmen nicht allein wegen des Bardolino hierher, der quirlige, rausgeputzte Ort bietet alles, was man für die Ferien so braucht:

Auf der Strada del Vino

Rebstöcke soweit das Auge reicht. In der Gegend zwischen Bardolino, Affi, Garda und Lazise bestimmen neben Olivenbäumen Weinreben die leicht auf- und abtauchende Landschaft. Sie geben ihr Struktur. Nicht zuletzt hat der Wein des Gardasees, vor allem der hell-rubinrote Bardolino, seinen Ruhm in alle Welt getragen. Unter Kennern ist er ein begehrter Wein, den man wegen seiner Leichtigkeit und vollmundigen, dabei unkomplizierten Note schätzt. Produziert wird der Bardolino aus den Trauben der Sorten Corvina, Molinara, Negrara und Rondinella, die in einem speziellen Verhältnis gemischt werden. Das Prädikat *Classico* wird erteilt, wenn der Wein aus den Trauben des Ursprungsgebiets, also der Gegend um Bardolino gekeltert wird, die Auszeichnung *Superiore* verdient ein Wein, wenn er mindestens ein Jahr abgelagert wurde. Der frische, junge *Chiaretto* ist die rosé-farbene Version des Bardolino.

Die **Strada del Vino** verbindet etwa 40 Weingüter, auf denen man seinen Lieblings-*vino* ausfindig machen kann. Den Auftakt macht das Weingut Zeni in Bardolino, Via Costabella 9. Die Adressen und Telefonnummern aller weiteren Kellereien, bei denen man sich telefonisch anmelden muss, kann man im Fremdenverkehrsamt von Bardolino beziehen sowie beim Consorzio Tutela Vino Bardolino (s. S. 272).

Badestrände und Berge, eine Vielzahl von Restaurants und Hotels, Cafés, Bars und *paninoteche* sowie eine Fußgängerzone, durch die sich an lauen Sommerabenden die Menschenmassen auf und ab schieben – wer nach Ruhe im Urlaub sucht, ist im Hinterland von Bardolino besser aufgehoben.

Neben dem Rummel gibt es aber auch zwei Kirchen, die einen Besuch lohnen. Im Norden der Altstadt liegt die Kirche *San Severo,* deren Markenzeichen der hohe Campanile ist, dem eine rote Tonhaube aufsitzt. Der Natursteinbau der romanischen Kirche entstand im 11. Jh. anstelle einer lombardischen Vorgängerin, von der noch die hinter dem Hochaltar gefundene Krypta sowie einige Säulen und Pfeiler mit dem charakteristischen Flechtband erhalten sind. Die fabulierfreudigen Fresken des dreischiffigen Innenraums datieren ins 12. Jh. Das Mittelschiff schmücken Szenen der Apokalypse sowie der Passion Christi. Darüber hinaus haben weltliche Kampfszenen mit Rittern Eingang in das Bildprogramm gefunden.

Im Südosten von Bardolino liegt die Kirche *San Zeno,* ein kleiner, anmutiger Bau aus karolingischer Zeit. Die Quer-

Bardolino: Das Hinterland bietet viel Ruhe und einen schönen Blick auf den See

schiffe des Innenraums bergen noch Fresken der Gottesmutter mit Kind und des hl. Petrus. Beachtenswert sind auch die grob gefertigten, karolingischen Kapitelle, die sich durch große Unmittelbarkeit auszeichnen.

In Bardolinos wenig ansprechendem Nachbarort **Cisano** 9 lohnt die Pfarrkirche *Santa Maria* einen Besuch. Vor dem ursprünglichen Bau blieb leider nur die Fassade von den neo-klassizistischen Eingriffen des 19. Jh. verschont. Die Flusssteinfront gibt einige Rätsel auf, so sind über den Biforien-Fenstern karolingische Reliefplatten eingemauert, auf denen aber langobardische Motive wie das Flechtband, der Drache, die Schlange mit Trauben sowie Blätter und Vögel eingemeißelt sind.

Garda 10 ging aus einer Festung hervor, die hoch über der Stadt thront und ein vorzügliches Belvedere ist. Mehr als 200 m über den See erhebt sich der Festungsberg, dessen ebenes Plateau sich geradezu für den Bau einer Zitadelle anbot. Die erste ist für das 5. Jh. belegt und diente Theoderichs Heerführer Hildebrandt als Beobachtungsposten. Im 10. Jh. herrschte hier Berengar II. von Ivrea, der die Witwe König Lothars, Adelheid, gefangen hielt, um sie mit seinem Sohn zu vermählen. Doch Adelheid fand wenig Gefallen an dem ihr zugedachten Langobarden und flüchtete nach Canossa. Ein Jahr später, 951, willigte sie in die Ehe mit Otto dem Großen ein. In späteren Jahrhunderten gelangte die Burg in den Besitz der Skaliger, verlor aber zunehmend an Bedeutung, so dass sie von den Venezianern im 16. Jh. geschleift wurde.

Garda entstand rund um die Rocca am Rande einer weit ausschwingenden Bucht, die von den südlichen Ausläufern des Monte Baldo im Rücken vor kalten Winden geschützt wird. Das milde Klima begünstigt neben der mediterranen sogar eine subtropische Vegetation: Oleander, Pinien, Magnolien, Myrten, Rosmarin, Zypressen und Zedern sowie eine Fülle von Blütenbäumen fügen sich zum Bild einer mittelmeerischen Zauberwelt. Seit den 1950er Jahren wird die einstige Idylle jedoch von kräftigen Schatten verdunkelt – Garda trägt allerorts die Spuren der Zersiedlung, Hotels haben die Landschaft parzelliert und tragen mit

Öl von der Riviera

Wie Öl produziert wird, erfährt man im Öl-Museum von Cisano

Das venezianische Ostufer des Gardasees erstreckt sich über weite Passagen an silbern aufblitzenden Olivenhainen entlang, die sich weit die sandigen Hängen der Moränen hinaufziehen. Den jahrhundertealten knöchrigen Ölbäumen, die die Römer an den Gardasee exportierten, verdankt das Ostufer den klingenden Beinamen **Riviera degli Olivi.** »Eigenartige Pflanzen sind die Ölbäume, beinahe ähneln sie den Weiden, verlieren auch sie – durch Erkrankung – die innere Härte und die Rinde spaltet sich, aber ohne Zweifel haben sie ein solides Aussehen. Man sieht, dass das Holz langsam wächst und von außergewöhnlich feiner Struktur ist, die Blätter erinnern an Weiden und jeder Zweig hat nur wenige davon«, notierte Goethe nüchtern

ihren funktionalen, einfallslosen Architekturen nicht gerade zu einem ansprechenden Ortsbild bei. Dabei hatten die vergangenen Jahrhunderte mit prachtvollen Villenbauten in Garda architektonische Maßstäbe gesetzt.

Das Erscheinungsbild des einst verschlafenen Fischerörtchens, das sich in

seinen naturkundlichen Eindruck von den Olivenbäumen, die der Landschaft am venetischen Ufer ihren unverwechselbaren Charakter geben.

Der Ölbaum stellte vor dem Ansturm der Touristen über Jahrhunderte eine wichtige Lebensgrundlage für die Menschen am Gardasee dar und prägte ihren Alltag. 20–25 Jahre braucht ein Olivenbaum, bis er das erste Mal Früchte trägt – damit sagt er dem Gedanken des schnellen Konsums ab und verpflichtet die Menschen vielmehr auf Beharrlichkeit, Geduld und Ausdauer. Das Olivenöl, das am Gardasee seit Jahrhunderten gewonnen wird, gehört mit zu den feinsten Sorten. Gerühmt wird vor allem der ausgeprägt fruchtige Geschmack, der einem schon in feinen Duftzügen entgegen weht, wenn man eine Flasche öffnet.

Das Prädikat *extravergine* garantiert einen geringen Säuregehalt, der unter 1 % liegen muss. 1978 haben sich die Ölbauern an der Riviera degli Olivi zu einer Genossenschaft zusammengeschlossen, zum *Consorzio Tutela Olio,* das die Ölproduktion am Gardasee auf Herkunft und unverfälschte Produktion überwacht. Dabei achtet man auf die kalte Pressung, einen niedrigen Säuregehalt sowie auf Rückstände der Schädlingsbekämpfung, von denen das Öl nahezu frei sein muss. Im **Ölmuseum von Cisano** (südliches Ortsende, Tipps & Adressen S. 272) kann man sich über die Herstellung von Olivenöl kundig machen und sich bis zum nächsten Sommer mit Olivenöl eindecken.

ein Urlauber-Eldorado verwandelt hat, prägten die Venezianer. Am Hafen entstand im 15. Jh. der *Palazzo del Capitano* im Stil der venezianischen Gotik. Den *Palazzo Carlotti* konzipierte Sanmicheli, doch spätere Umbauten haben wenig von der ursprünglichen Architektur bewahrt. Im Norden der Altstadt liegt die dekorativ mit Türmen und Zinnen bewehrte *Villa Albertini,* die sich mit ihrem rotbraunen Anstrich effektvoll von dem dunklen Zypressen- und Piniengrün des sie umgebenden Parks abhebt. Gardas Pfarrkirche *Santa Maria Maggiore* vor dem südlichen Stadttor geht im Kern auf das 15. Jh. zurück, erhielt ihre heutige Architektur jedoch unverkennbar in der Zeit des Barocks. Im ehemaligen Kreuzgang schmückt ein lombardisches Flachrelief (7. Jh.) mit Ähren, Trauben und Pfauen einen Türbogen im ersten Stock.

Alle Schönheit des Sees steigert sich bei einer Fahrt zur **Punta San Vigilio** **11**, der gleich einer Nase in den Lago di Garda ragenden, felsigen Halbinsel. Der kühn vorspringende Ausläufer des Monte Baldo kündigt bereits die nun immer enger werdende Begegnung zwischen Gebirge und See an. Hinter der Punta San Vigilio büßt der Gardasee seine glanzvolle Weite des südlichen Beckens zunehmend ein, die Landschaft gewinnt an Dramatik und der See nimmt allmählich die Form eines Fjords an. Doch noch umgibt uns Großzügigkeit »Ich möchte, dass Eure Exzellenz zur Kenntnis nehmen, dass San Vigilio der schönste Platz der Welt ist«, schrieb der Humanist Agostino Brenzone umwegslos und bündig in einem Brief von 1540 an seinen Freund. Warum sich in umständlichen Beschreibungen verlieren, wenn alles so klar auf der Hand liegt.

Natürlich mischte sich in die Begeisterung für die Spitze der Landzunge, an der sich zu beiden Seiten kleine Buchten öffnen, auch ein egozentrisches Moment, denn Brenzone hatte soeben bei dem Veronesischen Baumeister Sanmi-

Engardina und der Gott des Wassers

Das alles ist ein Märchen sei, gab Novalis in seiner Weltsicht kund, der man nur beipflichten kann beim Anblick des märchenhaften Gardasees, der in der weiten Bucht von Garda in allen Schattierungen des Blaus funkelt und glitzert. Die Welt verdankt den See einem Wink mit dem Zauberstab und einer fulminanten Liebes-Liaison zwischen Nymphe und Wassergott.

In alten Zeiten, wo das Wünschen noch geholfen hat, lebte die blauhaarige Bergnymphe Engardina in einem verwunschenen kleinen Reich, dessen Mittelpunkt ein noch kleinerer See voller köstlichen Wassers war. Eines Tages kam aus heiterem Himmel ein junger Wassergott in ihr Nymphenreich und es sollte sich begeben, dass Benacus und Engardina sofort Feuer fingen. Doch wo diese Liebe leben? Der Wassergott appellierte unermüdlich an das große Gefühl und verlangte von Engadina, ihm zu folgen, doch die Nymphe war nicht gewillt, ihren Bergsee zu verlassen. Da versprach Benacus ihr einen viel größeren See, schlug mit seinem Dreizack an den Felsen des Tafelberges von Garda und siehe da: Wassermassen stürzten hinab und füllten das einst felsige Tal zum See.

Engardina war überglücklich und stürzte sich sogleich in die neuen Fluten, denen ihr Haar jenes Azurblau verlieh, das das Wasser des Gardasees bis heute so unverwechselbar macht. Benacus war begeistert und nannte seine Nymphe zärtlich *Garda* – ein Kosename, der sich später auf den Ort des Geschehens und den See übertragen sollte. Und folgt man den feinen Abstufungen des zwischen Grün und Blau changierenden Wassers in der Bucht von Garda, das die Sonne gleichsam von innen heraus zum Leuchten bringt, wird man nur hoffen, dass niemals ein Wassergott kommen möge, der den Gardasee der Welt mit dem Zauberstab womöglich wieder entreißt.

cheli eine *Villa* an der Punta in Auftrag gegeben. Dennoch hat man hier sicher einen der schönsten Plätze des Gardasees erreicht, an dem die Natur, das Zusammenspiel von Wasser, Land und Bergen, eine heitere Harmonie erreicht, die Brenzone ideale Voraussetzungen bot, um seine Vorstellungen eines klassischen Lebens zu verwirklichen: ein »Leben in Schönheit und Einsamkeit«. Und so verschmilzt das stattliche Anwesen, zu dem eine prächtige Zypressen-Allee führt, denn auch mit der umgebenden Landschaft, gleichsam als Zusammenklang zwischen Mensch und Natur.

◁ *Die Bucht von Garda bei Sonnenuntergang*

Baia delle Sirene, Sirenenbucht, vervollkommnet der Name diesen ohnehin poetischen Ort, der seinen ganzen Zauber entfaltet, wenn man sich ihm vom Wasser aus nähert. Die Nachfahren Brenzones unterhalten auf der Landzunge ein kleines Gästehaus, die Locanda San Vigilio, in dem sieben noble Suiten für betuchte Genießer zur Verfügung stehen. Man kann aber auch Abendessen oder bei einem Prosecco an einem der Tische auf der Mole der Sonne dabei zusehen, wie sie langsam hinter den Bergen verschwindet.

Die Schönheit dieser Gegend kann man sich auch auf einer Wanderung von Garda zum Nachbarort Torri del Benaco zu Gemüte führen. Die *Via dei Castei*, die noch bis zu Beginn des 20. Jh. die einzige Verbindung zwischen den Fischerdörfern war, führt oberhalb des Straßenniveaus durch Olivenhaine und bietet imposante Ausblicke auf die Baia delle Sirene. Darüber hinaus findet man an dem steinigen Hang des Monte Luppia oberhalb von Brancolino **Felszeichnungen,** die zwischen der Jungsteinzeit und dem Mittelalter entstanden sind. Es waren wahrscheinlich Hirten, die sich die Zeit damit vertrieben, Boote, Tiere, Olivenbäume sowie alles, was in ihrem Leben von Bedeutung war, wie etwa auch die Sonne, in die blank geschliffenen Felsen zu ritzen.

Von Torri del Benaco nach Torbole

Karte: S. 211
Tipps & Adressen: Torri del Benaco S. 314, Brenzone S. 276, Malcesine S. 301, Torbole S. 313

Torri del Benaco 12 beschreibt schon im Namen sein altes Stadtbild, das eine Fülle von Türmen dominierte Die Römer hatten den Ort stark befestigt und zum Castrum erhoben. Hier tagte der Consiglio Grande, der Allgemeine Rat, der über 18 Uferorte zu entscheiden hatte. Auch unter den Langobarden nahm Torri del Benaco eine herausragende Stellung ein, als sich der von Feinden bedrängte König Berengar I. aus seiner Burg in Verona hierher zurückzog. Zu seinem Schutz ließ er die Stadt mit Mauern und Türmen stark befestigen und zwei Kastelle errichten, die er besser nicht mehr verlassen hätte. 924 gelang es seinen Gegenspielern, ihn in Verona zu ermorden.

Teile der Festung, darunter die *Torre di Berengario* neben der Pfarrkirche haben die Jahrhunderte überdauert. Über den Resten des Kastells entstand unter den Skaligern die bis heute in Teilen erhaltene Burg, die den Ortsnamen mit ihren Zinnen bewehrten Mauern, die von Türmen verstärkt werden, bis heute rechtfertigt und Torri del Benaco einen pittoresken Zug verleiht. Im Windschutz der Mauern blieb eine *Limonaia* erhalten, ein am Gardasee selten gewordener Zitronenhain, in dem auch Mandarinen und Orangen wachsen, über die sich im Frühjahr der schwere, aromatische Duft der Argrumen legt.

Die Burg der Skaliger hatte vor allem den Hafen zu sichern, der sich zu einem weiten Wasserbecken öffnet. Dahinter rahmen mittelalterliche Häuser den Hauptplatz, die *Piazza Calderini,* deren stimmungsvolles Fluidum am besten im Café zu genießen ist. Kinder spielen hier unter den Olivenbäumen Fangen, während die Alten die neuesten Bootsmodelle im Hafen bestaunen – so mancher Gardesaner ist trotz der modernen Zeiten, die mit dem Tourismus angebrochen sind, noch in der bäuerlichen, provinziellen Welt verhaftet. Die Nordfront des Platzes nimmt das *Hotel Gardesana* ein, von dessen Fassade, die von einem langen Laubengang aufgelockert wird,

Geranien auf den Platz hinabhängen. Während der venezianischen Herrschaft kamen in dem Palazzo die Vertreter von zehn Gemeinden am Ostufer zusammen, denen die *Serenissima* eine gewisse Autonomie zugestanden hatte.

Der Gedenkstein unter den Lauben erinnert an Domizio Calderini, der aus Torri stammte und sich einen Namen mit dem Übersetzen lateinischer Dichter gemacht hatte. Erst 34-jährig, raffte ihn 1478 die Pest dahin. Die kleine, gelb leuchtende Kirche *Santissima Trinità* dient unübersehbar als Kriegerdenkmal, bewahrt aber im Innern noch Fresken aus der Zeit um 1400, die gerade restauriert werden. Aus der mittelalterlichen Häuserreihe am Kopf des Platzes hebt sich besonders die *Ca'Bertera* mit Außenfresken und einer Loggia ab. Das schmucke Haus stammt noch aus dem 14. Jh. Trotz seines stimmungsvollen Stadtbildes und seiner schönen Lage blieb Torri del Benaco wundersamerweise von den großen Wellen des Tourismus verschont; in der Altstadt findet man nicht nur Andenkenläden, sondern auch einen Bäcker und einen Metzger, sogar ein Schuster arbeitet hier noch in seiner Werkstatt – alles Gründe, die einen Aufenthalt hier angenehm machen.

Brenzone 13 ist ein Zusammenschluss aus sechs kleinen Uferorten, die ihre Schönheiten nicht gerade an die Straße stellen, sondern sorgsam in den alten Kernen hüten, die man nur zu Fuß erkunden kann. Manche verwinkelte Gasse und manche lauschige Piazza atmen hier noch den vor-touristischen Geist, als die Netze der Fischer zum Trocknen über die Straße gespannt wurden und der Geruch von zerkochten Tomaten mit Basilikum durch die Straßen zog – *bella Italia* aus dem Bilderbuch.

Noch vor Castelletto di Brenzone erhebt sich linker Hand im Schutz einer

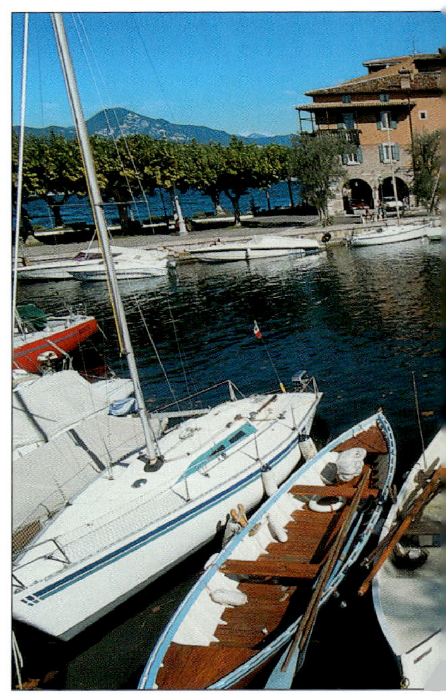

Mauer die romanische Kirche *San Zeno,* ein aus behauenem Quaderstein errichteter Bau aus dem 12. Jh., der zu den ältesten am Gardasee gehört. Neben der eindrucksvollen Fassade lohnt auch der Innenraum einen Besuch, der einen ungewohnten Anblick von nur zwei Schiffen bietet. Die Fresken aus dem 13. Jh. mussten verschiedene Übermalungen über sich ergehen lassen, doch erkennt man an einigen Stellen noch die Originale, die Szenen aus dem Leben Johannes des Täufers erzählen.

Oberhalb von Castelletto ziehen sich Olivenhaine weit an den sonnigen Abhängen bis zu den Felsen des Monte Baldo hoch und werden noch von alten Bruchsteinmäuerchen gefasst – ein Spaziergang in diesem Ölbaumwald ist reich an arkadischen Bildern. Bei Assenza rückt die nur wenige Meter dem Ufer vorgelagerte **Insel Trimelone** ins

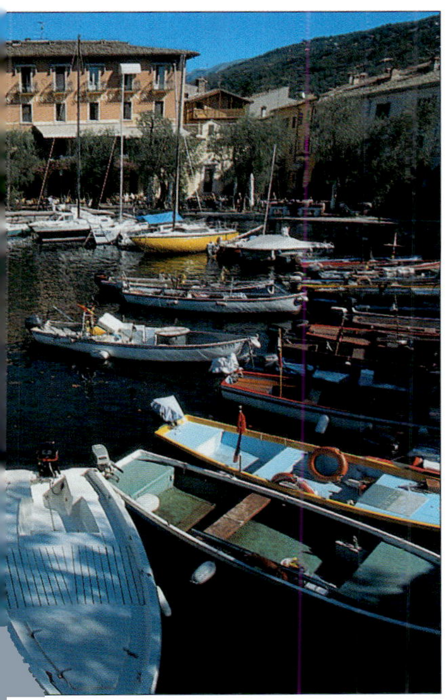

Torri del Benaco, Hotel Gardesana: Verhandlungsort schon unter der Serenissima

Blickfeld, die mit der verkommenen österreichischen Festung keinen einladenden Eindruck macht. Von außen unscheinbar, im Innern aber ein wahres Schatzkästchen ist die gedrungene Pfarrkirche von Assenza *San Nicolà di Bari.* An den Mauern haben sich Fresken aus der Zeit um 1400 erhalten, die das Spannungsverhältnis zwischen spätromanischer Tradition und frühgotischer Neuerung eindrucksvoll zum Ausdruck bringen.

Der unbekannte, provinzielle Künstler hat die Jünger beim Abendmahl dargestellt, wobei man Zeuge einer unterhaltsamen, ja gar fröhlich anmutenden Tisch-Gesellschaft wird. Dabei verleiht der Maler den noch schematisch, unplastisch aufgefassten Gesichtern, die eindeutig der romanischen Kunsttradition zuzuordnen sind, einen lebendigen Ausdruck, wie ihn die Frühgotik herausbildete. Noch hatte sich der Künstler nicht ganz hinreißen lassen zu den revolutionären Neuerungen, obgleich sie doch ganz unerhörte Möglichkeiten in der Malerei eröffneten.

Hinter Brenzone nehmen die Berge des Westufers dramatisch an Höhe zu. Am Ostufer hat man bei **Malcesine** 14 einen der höchsten Punkte des Monte Baldo erreicht, dessen langer Kamm die Landschaft der Gardesana Orientale über weite Passagen dominiert. Das Massiv des **Monte Baldo** lässt sich bequem mit einer Seilbahn ab Malcesine erreichen – an klaren Tagen ein äußerst lohnenswertes Unterfangen, denn die Sicht, die sich einem von oben bietet, ist atemberaubend und reicht über den See sowie über die sich hoch auftürmenden Gebirgsprospekte der Alpen. Über den Hauptkamm des Monte-Baldo-Massivs führen eine Fülle von gut erschlossenen Wanderwegen – Karten bekommt man beim Fremdenverkehrsamt in Malcesine.

Goethe traf am 12. September 1786 in Malcesine ein. Nach fünf Kutschentagen von München über die Alpen hatte der Dichter zunächst in Torbole Quartier bezogen, von wo aus er sich nach Malcesine herüber rudern ließ. Goethe war begeistert über die »herrliche Naturwirkung« und begann gleich, das sich ihm malerisch darbietende Kastell der Skaliger in seinem Skizzenbuch festzuhalten, woraufhin der Geheimrat nur knapp einer Festnahme als österreichischer Spion entkam.

Heute hat der Dichter einen festen Platz im Museum, das in der Festung eingerichtet wurde. Darüber hinaus hat Malcesine ihm zu Ehren eine Bronzebüste auf einen Sockel gestellt, was sich wohl kaum als späte Wiedergutmachung eines Missverständnisses deuten lässt, sondern vielmehr als Zugeständnis an seine Landsleute, die heute in Scharen kommen und sich bei ›Kaffee und Kuchen‹ in guter Gesellschaft ihres größten Dichters wissen. Goethe überstand seine drohende Einkerkerung im übrigen »mit gutem Humor« und fand es »in der Erinnerung lustig«. Dass man in Malcesine schon früh den Profit witterte, der sich mit dem Fremdenverkehr machen ließe, belegt eine Eintragung Goethes über seinen geschäftstüchtigen Vermieter: »Der Wirt, bei dem ich eingekehrt war, gesellte sich nun zu uns und freute sich schon auf die Fremden, die ihm zuströmen würden, wenn die Vorzüge Malcesines erst recht ans Licht kämen«.

Die nicht unentdeckt gebliebenen Vorzüge der etwa 3600 Einwohner zählenden Stadt bieten sich dem Besucher vor allem, wenn er sich wie Goethe Malcesine vom Wasser aus nähert. Hoch über einem Kalkfelsen thront die *Burg der Skaliger,* deren Bau sich in drei Abschnitten bis zur Höhe des Turms steigert. Während sich vom Wasser aus ein harmonisches Bild ergibt, ragt die Burg im mittelalterlichen Ortsbild von Malcesine unvermittelt auf. Man betritt die um drei Höfe angeordnete Festung durch das Sarazenen-Tor. Im unteren Hof ließen die Venezianer 1620 den *Palazzo Inferiore* errichten, in dem die hierher abkommandierte Garnison stationiert war. Heute ist die *Casermetta* Sitz des *Museo del Baldo* und des *Museo del Garda* mit naturkundlichen Sammlungen.

In der alten österreichischen Pulverkammer ist das *Goethe-Museum* untergebracht und im dritten Hof hat man den Kern des Castello Scaligeri mit

Palas und Bergfried erreicht. Den besten Überblick über die Anlage sowie über die roten Dächer des Ortes und den See erlaubt die Aussichtsplattform des 70 m über einem fünfeckigem Grundriss aufragenden Turmes, in den noch Teile eines langobardischen Wehrturmes Eingang fanden – die Festung bewahrt in

ihrer Architektur nahezu alle Epochen der Geschichte Malcesines.

Die neue Geschichte des Ortes hat sich hingegen im Stadtbild deutlich festgeschrieben – Boutiquen neben Eisdielen neben Schmuckläden neben Souvenirs neben Pizza-Buden neben Schuhläden. Malcesine ist einer der beliebtesten Urlaubsorte am Gardasee, die Strände sind entsprechend überlaufen und alles andere als einladend. Leider hat die Stadt dem Fremdenverkehr alle Zugeständnisse gemacht und darüber ihr Eigenleben gänzlich verloren. An manchen Tagen, wenn sich die Einwohnerzahl Malcesines durch die

Windgetrieben – Die Surfer

Surfen: in Torbole Volkssport Nr. 1

An manchen Tagen wimmelt es geradezu vor bunten Segeln und Gestalten in Neoprenhäuten auf dem See, die pfeilschnell den Südwind abreiten. Wer nach Torbole fährt, lässt sich nur bei Flaute zum Kreuzworträtseln oder Eis essen hinreißen. Und wenn dem Wind gleich mehrere Tage die Puste ausgeht, wird die Stimmung in Torbole zunehmend angespannt – glücklich nur der, der neben dem Brett auch das Bike im Gepäck hat. Nach Torbole fährt man zum Surfen.

Kilometerlang reihen sich die parkenden Autos mit Gepäckträger am Ufer, während draußen auf dem See die Segel kreuz und quer tanzen. »So manches hat sich verändert, noch aber stürmt der Wind in den See«, beobachtet Goethe auf seiner Italienischen Reise, als er in Torbole ankam und Zeuge eines ihn verwundernden Aktionismus wurde: »Da winden sie sich Kautschuk-Stränge um den Leib und stürzen sich voll Eifer in die tiefsten Tiefen; da nageln sie sich allerhand Rollen und Rädchen an die Stiefel, um wie die Kugelblitze durch die Gassen zu sausen; da stellen sie sich auf bunte Bretter, um wie die Delphine auf Wellen zu reiten (...)«.

Sport hat in Torbole offenbar eine lange Tradition. Dass sich seit den 1980er Jahren vor allem die Surfer und Segler durchgesetzt haben, liegt an den Winden des Gardasees, »der wie das Meer aufbraust mit tosenden Fluten« (Vergil). 38 verschiedene Winde toben sich über dem See aus, manche nicht mehr als eine laue Brise, manche als fauchender Orkan. Dabei gehört es zu den Eigenarten des Gardasees, dass die Winde von einer zur anderen Minute jäh umspringen können, was selbst routinierte Segler und Surfer schon in so manche Verlegenheit gebracht hat.

Jeder Wind hat seine Richtungen und seine Buchten: aus dem Norden kommt die ›Sácra‹, zwischen Torri und Malcesine wirbelt die ›Boscaröla‹, die ›Gardesána‹ ist eine Schönwettergarantie, die ›Lisentina‹ hingegen bringt Regen; ›Ora‹ und ›Tramontana‹ sind die beständigsten Winde und blasen von Nord nach Süd oder umgekehrt den Surfern in die Segel. Tückische Fallwinde und einige laue Brisen ergänzen das Winde-Spektrum, das den süchtigen Sportlern einen Geschwindigkeitsrausch nach dem anderen beschert. Nur manchmal sieht man sie eben auch mühsam auf ihrem Brett paddeln, wenn sich die ›Pontiröla‹ wieder mal nur zu einem Luftzug hinreißen lässt – Zeit für Kreuzworträtsel.

Sommergäste vervierfacht und verfünffacht, gibt es kaum ein Durchkommen in den engen, verschachtelten Gassen des *centro storico* und alle Schönheit, aller pittoresker Reiz verkehrt sich in ihr Gegenteil.

Dem ganzen Rummel kann man in der **Val di Sogno** entfliehen, im Tal des Traumes, das im Süden Malcesines bei der kleinen Landzunge mündet. Hier öffnet sich eine wunderschöne Badebucht, in der man zwar nie alleine träumt, doch da es keine Parkplätze gibt, reduziert sich die Zahl der Sonnenanbeter bereits erheblich. Am Abend lohnt noch ein Besuch im *Palazzo dei Capitani,* in dem die venezianischen Statthalter residierten. Der Bau geht im Kern auf das 13. Jh. zurück, wurde unter den Venezianern aber erweitert und umgebaut. Über die Säulenhalle betritt man einen kleinen Palmengarten, in dem sich zu dem Rascheln der schlanken Blätterschäfte das leichte Schwappen der Seebrandung gesellt – akustische Romantik für laue Sommerabende. Die Repräsentationsräume der Capitani sind noch erhalten, doch da hier das Rathaus seinen Sitz hat, ist der Piano Nobile nicht zu besichtigen.

Die Straße nach **Torbole** 15, dem letzten Ort am Ostufer, verschwindet nun immer häufiger in Tunneln, steil in das Wasser abfallende Felsen dominieren die Landschaft. Und auf dem See tanzen die bunten Segel der Surfer. Torbole, einst ein verschlafenes Fischernest, ist zu einer Bastion der Surfer geworden. Es ist wohl auch der beste Zeitvertreib in Torbole, das windgefüllte Segel vor Augen zu haben und das Brett über den gekräuselten See zu führen. Die Stadt bietet wenig Sehenswertes und hat sich ganz auf den ›Après-Surf‹ mit einer Fülle von Cafés und Restaurants eingestellt.

Das Westufer – Gardesana Occidentale

Eine Fahrt entlang der Straße am Westufer gehört sicherlich zu den schönsten Erlebnissen einer Reise an den Oberitalienischen Seen. Man passiert eine Landschaft, die über weite Strecken nur aus blauem See und weißen Kalksteinfelsen zu bestehen scheint, über die sich – meist auch blau – der Himmel spannt. 74 Mal verschwindet die Strecke in dunklen Tunneln, nach denen man das sich plötzlich wieder neu eröffnende Panorama um so mehr genießt. Von den 50 Brücken fällt der Blick in tiefe Felsschluchten, in denen sich das azurblaue Wasser des Sees sammelt und von innen heraus erleuchtet wird. Dazwischen erheischt der Blick auch das gegenüberliegende Ostufer, über dem sich das imposante Massiv des Monte Baldo erhebt.

So sehr die Straße von November bis Februar eine einzige Freude ist, wird sie während der Saison am Gardasee zur Hölle. Vor allem am Wochenende staut sich der Verkehr, enge Kurven in dunklen Tunneln lassen manchen unerfahrenen Autofahrer scharf abbremsen, wodurch es immer wieder zu Auffahrunfällen auf der Strecke kommt. Auch die schönen Ausblicke können gefährlich werden, denn die Straße erfordert alle Aufmerksamkeit. Ungezählt sind wohl die Flüche, die auf die Gardesana Occidentale herabgeprasselt sind. Wer klug ist, nimmt im Juli/August die Reisegewohnheiten von vor dem Straßenbau wieder an und steigt vom Auto aufs Schiff um – die atemberaubende Fahrt spart man sich am besten für die hier immer noch warmen Wintermonate auf.

1931 war die in weiten Abschnitten in den Fels gebaute Straße fertiggestellt. 2000 Arbeiter waren mit diesem schwierigen Bau beschäftigt, von dem Mussolini sich militärische Vorteile versprach und bereitwillig 31 Mio. Lire locker machte – eine enorme Summe für die damalige Zeit. Heute profitieren vor allem die Städte am Westufer von der Straße, die ihnen die Touristen in Scharen zubringt und damit ihre wirtschaftliche Existenz sichert. Doch ist das lombardische bzw. trentinische Westufer etwas weniger frequentiert als das Ostufer, nicht zuletzt in Ermangelung von Raum, denn die Felsen im Nacken erlauben den Orten keine große Ausdehnung. Viele Städte haben sich daher ihr ursprüngliches Erscheinungsbild weitgehend erhalten.

Riva del Garda

Karte: s. S. 211
Tipps & Adressen: S. 307

An der äußersten Spitze im Norden des Gardasees liegt **Riva** 16, umgeben von dicken Felsbrocken, die der Landschaft einen dramatischen Zug verleihen. An der im Westen aufragenden Rocchetta droht eine im 16. Jh. von den Venezianern errichtete Bastion allen potenziellen Angreifern schon von weitem. Vielleicht war es ja die gleichsam raue, alpin wirkende Umgebung, die die Stadt dazu veranlasste, sich einen heiteren, freundlichen Anstrich zu geben. Riva leuchtet – auch wenn die Sonne längst weitergezogen ist – gewissermaßen aus sich selbst heraus mit zitronengelben, kaisergelben, himbeer- und orangefarbenen

Im Hafen von Riva del Garda

Lajadira

sowie rostrot gestrichenen Häusern. »In Riva war ich des Südens Gast, der mir nie wieder so liebenswürdig und großartig begegnete«, notierte der sonst eher reservierte Franz Kafka begeistert.

Das Stadtbild ist zum Wasser ausgerichtet, denn Riva hatte in seiner Geschichte vor allem Bedeutung als Hafen und Handelsort zwischen Norden und Süden. Die ökonomische Bedeutung weckte die Begehrlichkeiten der verschiedensten Herrscher und während des ganzen Mittelalters war Riva Zankapfel zwischen den Scaligeri, Visconti, Venezianern, den Tiroler Fürsten und Trienter Fürst-Bischöfen, denen es gelang, die Stadt ab 1510 über nahezu drei Jahrhunderte in ihrem Machtbereich zu halten. Danach wurde Riva bis 1918 Teil des Habsburger Kaiserreichs. Unverkennbar ist denn auch im Stadtbild der österreichische Einfluss etwa im barocken Fassadenschmuck.

Rivas Wahrzeichen ist die *Torre Apponale* (13. Jh.), ein gewichtiger Uhrturm, der die Dächer der Stadt überragt und zur Sicherung des Hafens diente. Er gefiel Nietzsche so sehr, dass er sich bei seinem Besuch in Riva ein Leben als Eremit in den grauen Gemäuern vorstellen konnte. Zu Füßen des Turms breitet sich Rivas zentrale Piazza zwischen Arkadenhäusern im Norden, dem *Palazzo Pretorio* (1375), dem *Palazzo del Provveditore* und dem venezianischen *Palazzo del Comune* (15. Jh.) aus. Cafés und einige Läden beleben das mittelalterliche Bauensemble. Das schwer befestigte Tor, das von den Visconti 1406 bei Kämpfen um Riva in Brand gesteckt wurde und seither den Namen *Porta bruciata* (verbranntes Tor) trägt, führt zur kleinen *Piazza San Rocco* mit der gleichnamigen Kirche.

Die Uferpromenade von Riva hat sich ganz dem süßen Nichtstun verschrieben, in den Café-Terrassen trifft man sich beim Cappuccino während die Surfer ihre durchtrainierten Körper am Lungolago zur Schau stellen. Die *Rocca* von Riva, eine Wasserburg, entstand im 12. Jh. im Auftrag der Scaligeri und steht wie das Kastell in Sirmione ganz im Zeichen der militärischen Verteidigung und Verschanzung. Die Bischöfe von Trient gestalteten später alles etwas freundlicher, ließen die Innenräume mit Fresken ausschmücken und Gärten mit Fischteichen anlegen. Den Geist des Humanismus vertrieben leider wieder die österreichischen Habsburger, die die pittoreske Wasserburg zur profanen Kaserne umfunktionierten. Heute hat das *Stadtmuseum* seinen Sitz in der Rocca, das eine sehenswerte Sammlung von archäologischen Funden umfasst. Dazu gehört eine lokal geprägte Pinakothek.

Der kleine Park der Rocca geleitet den Weg zu einem der alten Stadttore, der *Porta San Michele* und zur massigen Barockkirche *dell'Assunzione della Beata Vergine,* einen wenig ansprechenden Bau, der sowohl in der architektonischen Ausgewogenheit, vor allem aber in seiner Innenausstattung von der nahen Kirche *dell'Inviolata* übertroffen wird. Die fast schmucklose Fassade der Inviolata täuscht – im Innern entfaltet die Kirche überschwenglich barocke Pracht. Wände, Kuppel sowie Kapellen sind mit Stuck überzogen, der den Rahmen für die Fresken von Martino Teofilo und Palma dem Jüngeren bildet.

Lago di Tenno

Karte: S. 211
Tipps & Adressen: Tenno S. 312

Ein kleiner Bergsee – vielleicht der alte Aufenthaltsort Engardinas – mit der verlockendsten Wasserfarbe, die man sich nur vorstellen kann, lohnt einen kurzen Umweg. Der **Lago di Tenno,** über den sich ein Zauber der Stille und Abgeschiedenheit legt, liegt gleichsam als Krönung aller Naturschönheiten in dem gleichnamigen Tal, das sich seine liebliche Ursprünglichkeit inmitten der Bergwelt weitgehend bewahrt hat. Die Val di Tenno, die der Flusslauf des Varone in die Felsen geschnitten hat, ist altes Kulturland. In **Fiavè** brachten Ausgrabungen die Reste einer Pfahlbausiedlung wieder ans Tageslicht, die hier etwa um 2000 v. Chr. existierte.

Am Eingang des Tals hat der Varone einen imposanten Auftritt. Mit lautem Getöse und Gebrause stürzt der Fluss aus etwa 100 m in eine tiefe Klamm, was Thomas Mann bei seinem Besuch Angst machte sowie »Halluzinationen des Gehörs« verursachte. Heutige Besucher sind eher berauscht von diesem Wasserspektakel, das man von zwei übereinander liegenden Brücken beobachten kann.

Schönste Landschaftsformen begleiten den Weg zum Hauptort des Tals, **Tenno** 17. Im Schatten der mittelalterlichen Burg, die im 19. Jh. zerstört wurde, ducken sich die alten Häuser eng aneinander und fügen sich zu einem stimmungsvollen Stadtbild, das noch ganz auf die Lebensgemeinschaft verpflichtet ist – nicht zuletzt auch auf die zwischen Mensch und Tier, denn oft liegen die Ställe gleich neben den Wohneinheiten. Das Leben ist in den gepflasterten Gassen allerdings fast ausgestorben, die alten Bewohner sind weggezogen, weil das Dorf ihnen keine Lebensgrundlage mehr bieten kann. Einige Häuser erwachen aber durch Zuzügler aus dem Norden zu neuem Leben – jedenfalls in den Sommermonaten. Die Pfarrkirche *San Lorenzo,* ein Bau der Romanik, bewahrt in ihrem Innern noch Fresken aus der Entstehungszeit, darunter die Enthauptungen der hl. Laurentius und hl. Rochus. Der Christus in der Mandorla sowie die Szenerie des Jüngsten Gerichts entstanden im ausgehenden 14. Jh.

Oberhalb von Tenno hängen weitere kleine Dörfer am Felsen, darunter auch **Canale,** in dessen Natursteinhäuser eine Künstlerkolonie eingezogen ist. Einen schönen Abschluss findet ein Besuch im Tenno-Tal in der Trattoria von Pié di Castello in Tenno, in der sich Giorgio Benini bestens auf die Zubereitung der Spezialität des Tales versteht: *carne salada e fasoi,* in hauchdünne Scheiben geschnittenes Rindfleisch, das über mehrere Tage in Salz, Knoblauch und mediterranen Kräutern eingelegt wird. Gekocht oder gegrillt wird es anschließend mit Bohnen und roher Zwiebel serviert – eine Köstlichkeit!

Lago di Ledro

Karte: S. 211
Tipps & Adressen: Molina di Ledro S. 303

Am Flusslauf des Ponale öffnet sich im Süden des Tenno-Tals die **Val di Ledro,** in deren oberen Abschnitt sich der Palvico zum kleinen **Lago d'Ampola** staut und im unteren Talgrund der Ponale den ungleich größeren **Lago di Ledro** bildet. Das Zwei-Seen-Tal ist für all jene, die mehr Ruhe suchen, als der Gardasee sie bieten kann, nicht nur ein lohnenswertes Ausflugsziel, sondern ein schöner Urlaubsort. Zwei Campingplätze, ein Strand, ein Restaurant am See und ein Parkplatz mit Souvenirstand bieten die notwendige Infrastruktur.

Bis vor ein paar Jahren führte die an Panorama so reiche, berühmt-berüchtigte Ponale-Straße gleich einer Riesenschlange zum Lago di Ledro – heute wird man durch einen langen Tunnel geleitet, durch den die Unfallquote erheblich herabgesetzt wurde. Am Ledrosee hat man die Alpen erreicht: Auf saftigen Weiden grasen Schafe und Ziegen, die dazugehörigen Bauernhöfe liegen vereinzelt in der Landschaft. Wirtschaftlich ist bis heute der Holzabbau im Ledro-Tal von Bedeutung, von dem die Landschaft so manche Narbe davonträgt.

Holz bildete schon immer die Lebensgrundlage im Ledro-Tal, in dem man 1937 in **Molina** 18 die Reste eines **Pfahlbaudorfs** fand. Über 10 000 Pfähle aus der Zeit um 1700 v. Chr. konnten im kalten Wasser des Ledro-Sees gesichert werden. Die Holzstümpfe dienten als Stelzen für die kunstvollen Strohhütten, die die Menschen in dieser Region errichteten. Am Seeufer hat man neben dem *Museo di Palafitte* eine bronzezeitliche Behausung rekonstruiert – das Leben, das sich darin abspielte, veranschaulicht die Sammlung des Museums, zu der Gefäße, Schmuck, Dolche und Keulen gehören.

Dass die Ufer des kleinen, von dunkel bewaldeten Bergen gerahmten Ledro-Sees schon unsere frühen Vorfahren zur Besiedlung einluden, ist heute noch nachvollziehbar. Heller Kalkstein auf dem Grund des Sees lässt das Wasser zwischen türkisgrün und kobaltblau flimmern, dazu gesellt sich das saftige, kräftige Grün der Wiesen, das sich gegen das grüne Dunkel der Nadelbäume ringsum behauptet – darüber wildes Himmelblau. Die Natur erwies sich wieder als farbsicherer Künstler.

Von Limone nach Salò

Karte: S. 211

Tipps & Adressen: Limone S. 295, Tremosine S. 316, Gargano S. 288, Toscolano-Maderno S. 315, Gardone S. 287, Salò S. 308, San Felice del Benaco S. 309

Gelato steht überall am Gardasee hoch im Kurs

Am Ufer des Gardasees entlocken atemberaubende Blicke auf der Fahrt von Riva nach Limone ›Ohs und Ahs‹ nach jeder neuen Wegbiegung. Man fährt zwischen blauem Himmel und türkisfarbenem Wasser, vorbei an halsbrecherisch ins Wasser abtauchenden Felsen. Außer der Straße und den entgegenkommenden Autos zeigen sich lange keine Zeichen der Zivilisation in dieser urwüchsigen Landschaft. Das Land scheint gerade vom Wasser geschieden, elementar wie am ersten Schöpfungstag – allein die Straße zeugt von menschlichen Spuren. Fussgänger sind auf ihr nicht vorgesehen.

Verheißungsvoll kündigt sich **Limone** 19 an, doch vor Ort ist die Enttäuschung meist groß: Von den vielen Limonaren, die die wirtschaftliche Existenz der Menschen hier bildeten, konnten sich nur einige wenige gegen den Baumboom von Hotels, Pensionen, Restaurants und Andenkenläden behaupten, der Limone nach dem Zweiten Weltkrieg mit ungewöhnlicher Wucht nachhaltig veränderte. Über Limone kann man heute nicht mehr sprechen, ohne die Sünden des Geschäfts mit der Schönheit aufzuzählen, der alle Schönheit dann zum Opfer fiel. Der Tourismus hat aus Limone einen verwechselbaren Ort gemacht und ihm allen Zauber geraubt.

Im Winter sind die engen Gassen, die sich vertrackt und verwinkelt den Hang hochziehen, ausgestorben und jeder Schritt hallt in den Gassen wider, als ginge ein unheimlicher Riese durch den Ort. Alles gleicht einer Geisterstadt, in die ein riesiger Parkplatz für Busse und Pkws ein häßliches Betonloch gefressen hat. Im Sommer glüht hier eine Blechlawine, während sich die Massen durch den Ort wälzen. Bis zu 10 000 Besucher werden täglich mit Bus und Boot hierher gebracht – Platz hat Limone eigentlich höchstens für einen Bruchteil davon.

Vielleicht wird man Limone inzwischen tatsächlich am meisten gerecht, wenn man sich ein Andenken kauft, denn im Gedenken und in der Erinnerung lebt der Ort ungleich schöner fort als in der Wirklichkeit. Über Jahrhunderte wurden hier in den offenen Gewächshäusern, die man im Winter überdachen konnte, Limonen und andere Zitrusfrüchte angebaut, die in dem kleinen Hafenbecken verschifft und bis nach Nordeuropa transportiert wurden. Zitronenanbau und Fischfang sicherten den Einwohnern Limones ein gutes Auskommen; zu Beginn des 19. Jh. explodierte die Nachfrage nach den Vitamin-C-reichen Früchten gar derart, dass unerwarteter Wohlstand die Stadt aufblühen ließ.

Das Glück war jedoch nur von kurzer Dauer, denn schon in der zweiten Hälfte des 19. Jh. machten die sizilianischen Zitronen den Limonen vom Gardasee das Leben schwer. Der Anbau im äußersten Süden Italiens war weniger aufwendig, daher unterboten die Sizilianer die Preise. Der Winter 1928/29 bereitete der mediterranen Vegetation in Limone schließlich ein jähes Ende – bei ungewöhnlich hohen Minus-Temperaturen erfroren alle Zitronenbäume und die Bauern waren wenig couragiert, wieder neue zu pflanzen. Der Bau der Straße war bereits geplant und der damit verbundene Fremdenverkehr winkte mit ganz anderen Gewinnen. Spricht man heute in Limone mit den Hotel- und Restaurant-Besitzern, erzählen viele, dass noch der Großvater eine *limonaia* hatte.

Hinter Limone zweigt bei Campione in einem langen Tunnel die Straße nach **Tremosine** 20 ab, einer verstreuten Gemeinde auf einer Hochfläche über dem Gardasee. Schon der Weg wird zum

Ziel, wenn man im Kurvenkarussell die zügig an Höhe gewinnende Straße durch die ungestüme Brasa-Schlucht passiert. Zwischen dunklen Felsentunneln eröffnen sich immer wieder großartige Panoramablicke auf den See und das Ostufer. Nach ungezählten Kehren und Galerien erreicht man **Pieve,** den Hauptort im Tremosine-Verbund, der sich waghalsig an der Kante eines senkrecht in den See stürzenden Felsen festhält.

Es muss denn wohl auch so etwas wie Nervenkitzel gewesen sein, was die Bewohner im 14. Jh. zum Bau der Pfarrkirche *San Giovanni Battista* auf einem Felsvorsprung bewog. Zu Beginn des 18. Jh. wurde sie barock umgestaltet – vor allem im Innenraum kann sich das Ergebnis sehen lassen. Auf der Weiterfahrt in die Hochebene begleiten bald Ölbaum-Haine den Weg, die später von Kastanien- und Eichenwäldern abgelöst werden. Und während am Ufer des Sees die Mimosen blühen, gedeiht in Tremosine eine vielfältige Alpenflora und bedeckt im Frühjahr die sanften Wellen der Ebene.

Noch mehr als in Pieve forderte man Natur und Baukunst in **Tignale** 21 heraus, eine kleine Ortschaft, die man durch die wildromantische Valle di Campione erreicht. In Schwindel erregender Höhe krönt die Landschaft die Wallfahrtskirche *Madonna di Monte Castello,* unter der der Felsen 700 m in die Tiefe stürzt. Die Einwohner der Hochebenen, die sich gleich Königslogen über dem Gardasee ausnehmen, haben offenbar etwas übrig für theatralische Effekte. Der Kirche war bereits eine Burg der Scaligeri vorausgegangen, die bis ins 15. Jh. heftig umkämpft war. Auf den Ruinen entstand ein Jahrhundert später die Kirche in dieser exzentrischen Position, die einen atemberaubenden Blick auf den Monte Baldo und den sich in weiter Ferne verlierenden Seeverlauf gibt.

Immer bergab geht es von Tignale nach **Gargnano** 22, dem Auftakt des Südens am Westufer. Südlicht fällt auf Palmen, Zedern, Bougainvillea-Kissen und weit ausgefächerte Agaven. In Gargnano endet die Tunnelgalerie der Gardesana Occidentale und mit ihr die dramatische, spektakuläre Felsenwelt. Die Landschaft gewinnt ebenso wie der See an Weite und gibt sich heiter-beschwingt. In Gargnano hat man die vornehme Welt des Gardasees erreicht, denn die **Brescianer Riviera** zwischen Gargnano und Salò zog schon früh die *nobili* aus der Region an, die sich hier prachtvolle Sommervillen errichten ließen. Noch heute liegt ein Hauch *grandezza* über manchen Orten, an denen die bekannten Bilder vom Lago Maggiore und vom Comer See mit ihrer *vita in villa* wiederkehren.

Gargnano hat sich seine Geschichte als kleines Fischerdorf im Stadtbild trotz aller Zugeständnisse an den Fremdenverkehr bewahrt. Das Stadtbild ist zum Wasser ausgerichtet und alle bedeutenden Bauten gruppieren sich um das schöne Hafenbecken, in dem ungeduldig die Segelmasten klappern. Vor den schnell aufsteigenden Waldhügeln im Hintergrund reihen sich stattliche Häuser aneinander: Kürbisgelb neben Ochsenblut, Gewürztöne und zartes Rosa – auch in seiner farblichen Präsenz ist das Ortsbild ansprechend. In die Beschaulichkeit platzt mit großer Gebärde die Pfarrkirche *San Martino,* ein düsterer Bau des italienischen Historismus, dem das römische Pantheon Modell stand.

Der in seiner Pracht aus dem Stadtbild herausragende *Palazzo Feltrinelli* dient der Mailänder Universität als Außenstelle, in der Sprach- und Kultur-

Über den Lago di Valvestino zum Lago d'Idro

Im Westen Gargnanos hat der Gardasee zwei weitere, kleinere Brüder: den bizarr in einem tiefen Tal verzweigten Stausee **Lago di Valvestino** und den von dunklen Wäldern gerahmten **Idrosee.** In scharfen Haarnadelkurven schraubt sich die Straße, die in Richtung Valvestino abzweigt, durch die Valle Toscolano, die nach wenigen Olivenhainen plötzlich alpinen Charakter annimmt. Wälder flankieren die Straße und sind vor allem im Sommer eine willkommene Abkühlung. Sie boten den vielen Papiermühlen, die sich seit dem Mittelalter am Toscolano niedergelassen hatten, den Grundstoff für die Papierherstellung. Der einst reißende Flusslauf trieb die Mühlen an, in denen Bütten gefertigt wurden, die in ganz Europa und sogar im Orient gefragt waren. Heute kann man im Tal der Papiermühlen die Reste der Manufakturen *Le Garde* und *Maina di Sotto* besichtigen.

Mit mehreren verzweigten Armen schmiegt sich der Lago di Valvestino mit seinem dunkelgrünen Wasser in eine imposante Gebirgswelt. Seinen Reiz verdankt der See, zu dem der Toscolano-Fluss aufgestaut wird, dem Zauber der Einsamkeit und der Ruhe, die nur von einigen bimmelnden Kuhglocken unterbrochen wird. Fast könnte man glauben, man befände sich im Niemandsland, da am See jegliche Anzeichen der Zivilisation fehlen.

Kurvenreich geht es weiter zum **Lago d'Idro** (Tipps & Adressen S. 289). An den Südhängen kleben gleich Adlerhorsten einige kleine Dörfer, um die sich die Felder der hier wohnenden Bauern legen. In Capovalle hat man das gleichnamige Hochtal erreicht, eine sattgrüne Almenlandschaft. Von hier führen weite Kurven hinab zum Idrosee, der mit 368 m der höchstgelegene Oberitalienische See ist. Der nur 10 km lange und etwa 2 km breite See, der sich im Süden stark verengt, während er im Norden zu einem weiten Becken ausholt, döst meist einsam zwischen dunkelgrünen Wäldern, die sich die steilen Bergflanken emporziehen.

Nur im Sommer kommen Touristen und lassen sich auf einem der Campingplätze nieder. Die Bars und Trattorien erfüllt dann für kurze Zeit wieder Leben, bevor im Oktober dann alles zur ernsten Ruhe zurückkehrt. Doch auch während der Saison kennt der Idrosee keinen Massenansturm, auch dann geht es hier gemächlich zu. Der Lago d'Idro zählt zu den saubersten oberitalienischen Gewässern und ist entsprechend fischreich. Angler, von denen es hier natürlich entsprechend viele gibt, treffen am Idrosee auf paradiesische Zustände und fischen die Forellen, die am Gardasee auf den Teller kommen. In **Idro** kann man sie gut in der Trattoria Due Più essen, Via 3 Capitelli 73.

kurse für ausländische Studenten angeboten werden. Zwischen 1943 und 1945 war hier Mussolinis Staatskanzlei untergebracht, während der Duce zu Zeiten der Repubblica di Salò mit seiner Familie in der zweiten Villa Feltrinelli im Norden Gargnanos Quartier bezogen hatte. Hier ist heute ein Hotel untergebracht, in dem wahrscheinlich auch so mancher Mussolini-Pilger sein Haupt bettet – es gibt ihrer ja noch genug. Seinen schönsten Ort versteckt Gargnano hinter Mauern: Der Kreuzgang des Klosters *San Francesco,* das vom hl. Franziskus laut Chronik höchstpersönlich gegründet wurde, hat sich im Gegensatz zur Kirche seine ursprünglichen romanisch-gotischen Bauformen bewahrt und ist bis heute ein Ort der Kontemplation und Versenkung. Bemerkenswert sind die mit Zitrusfrüchten, Laubwerk und Forellen geschmückten Kapitelle, die gleichsam die Freude der Mönche über die fruchtbare Region veranschaulichen.

Bogliaco 23 ist die Adresse der prunkvollen *Villa Bettoni,* die die Straße heute leider von ihrem großzügig angelegten Park abschneidet. Die Villa entfaltet zum See ihre ganze barocke Eloquenz, die auf einen Entwurf des Veroneser Architekten Adriano Cristofali zurückgeht. Blickfang der dreiflügeligen Anlage sind die nahezu lebensgroßen Skulpturen auf dem Dach, die hier einen feierlichen Auftritt haben und die bedeutende Gemäldesammlung in den Innenräumen ergänzen. Der Palazzo ist jedoch leider in Privatbesitz und daher nicht zu besichtigen. Auftakt des weitläufigen Gartens, der sich in mehreren Terrassen den Hang hinaufzieht, ist eine prachtvolle, verspielt anmutende Treppenanlage, deren Stufen sich in einem beschwingten Rhythmus kreuzen. Balustraden und mythologische Skulpturen vervollständigen die heitere Anmut, die neugierig auf den dahinter liegenden Garten macht. Aber auch dieser ist leider nicht der Öffentlichkeit zugänglich.

Am Ufer des Gardasees hat man nach Bogliasco schnell den Doppelort **Toscolano-Maderno** 24 erreicht. Die beiden Siedlungen liegen im breiten Mündungs-Delta des Toscolano, über den zwei Brücken Toscolano mit Maderno verbinden. Das Gebiet ist altes Kulturland, das schon die Etrusker urbar gemacht hatten. Zu römischen Zeiten bestand hier eine blühende Siedlung, die ein gewaltiger Bergsturz im Jahre 243 unter sich begrub. Legenden bringen die untergegangene Stadt in einen Zusammenhang mit der sagenumwobenen, römischen Stadt Benacum, von der der See seinen antiken Namen ableitet. Doch beanspruchen auch Torbole, Garda und Salò die Nachfolge der bis heute verschollenen Stadt für sich.

Sowohl Toscolano als auch Maderno haben im Zuge des florierenden Tourismus zahlreiche Veränderungen über sich ergehen lassen müssen; der Fremdenverkehr stellt die bedeutendste wirtschaftliche Quelle der beiden Orte dar. In Toscolano bietet darüber hinaus eine der wenigen Fabriken am Gardasee, eine Papierfabrik, Arbeitsplätze. Die Papierherstellung blickt am Gardasee auf eine lange Tradition, bereits im Mittelalter wurde hier Büttenpapier geschöpft, das von so feiner Qualität war, dass man es für Bibelabschriften und später auch für den Druck verwendete.

Die Cartiera di Toscolano liegt in unmittelbarer Nähe der Pfarrkirche *Santi Pietro e Paolo,* ein Renaissance-Bau von 1584, dessen Innenraum sich gleich einer Pinakothek des venezianischen Malers Andrea Celesti (1637–1712) ausnimmt. Celesti war aus seiner Heimatstadt verbannt worden, weil er den Dogen Andrea Grimani nach dem Vor-

Toscolano: Der Altar von San Pietro e Paolo

bild des mythologischen König Midas mit Eselsohren gemalt hatte. Ein neues Betätigungsfeld fand er am Gardasee, vor allem in der Kirche der hll. Peter und Paul, in der er 22 großformatige Gemälde hinterließ, die eindrucksvoll Celestis Meisterschaft im spannungsvollen Bildaufbau veranschaulichen. Darüber hinaus tränke der Maler seine Bilder mit dem Licht des Gardasees, wie es einmal ein Historiker formulierte.

Maderno empfängt seine Gäste mit einer einladenden Geste, die sich dem stets belebten, in einem schönen Schwung sich öffnenden Lungolago verdankt. Cafés, Restaurants und Hotels sowie kleine Geschäfte ziehen von morgens bis nachts Publikum an und sorgen für die lebhafte Stimmung, die das Wasser abends weit über den See trägt.

Aus den vielen gesichtslosen Bauten, die das Zentrum heute dominieren, hebt sich die romanische Kirche *Sant'Andrea* ab, die im 12. Jh. über den Resten eines römischen Tempels errichtet wurde. Die Kirche hat bis heute ihre Gestalt weitgehend bewahrt und zählt zu den schönsten Kirchenbauten der Romanik in Ober-

italien. Die aus weißem, grauem und rotem Stein gemauerte Fassade vermittelt den Eindruck eines lebendigen Baukörpers, was sich vor allem ihren bewegten Linien verdankt, den gleichsam auf- und abtauchenden Flächen sowie den organisch eingefügten Schmuckelementen, die durch ihre feine Ausarbeitung auffallen. Den Weg in den Innenraum geleitet ein prachtvolles, mit Flechtwerk, Blattmotiven und Arabesken geschmücktes Stufenportal, in das auch Steine des römischen Vorgängerbaus eingearbeitet wuden. Die Motive kehren im Innenraum an den Kapitellen wieder, die ebenfalls von lombardischen Steinmetzen geschaffen wurden. In der Krypta von Sant'Andrea wurden die Gebeine San Ercolanos verehrt, bevor Carlo Borromeo 1580 ihre Überführung in die neue Pfarrkirche gegenüber veranlasste. Der Heilige wird darüber nicht glücklich gewesen sein, denn die neue Kirche von Maderno ist ein fahler, wenig ansprechender Bau.

Gardone 25 war einmal in aller Welt bekannt. Jedenfalls in ihren gehobenen Kreisen, in denen es *en vogue* war, vor

Am Lungolago von Maderno

dem windigen Herbst, dem kalten Winter und dem regnerischen Frühjahr nach Gardone zu entfliehen. Das Fischerdorf, das sich zu Beginn des 20. Jh. zum mondänen Ferienort aufplusterte, zeigt sich recht privilegiert von der Natur und hat sich gleich mit drei Bergen, dem Monte Larino, dem Pizzòcolo und dem Monte Spino zum Schutz vor kalten Winden umstellt. In dieser klimatisch verwöhnten Gegend gedeiht eine herrliche Mittelmeerflora, in der im ausgehenden 19. Jh. stattliche Hotels aufblühten – das Savoy, das Grand Hotel de Louis Wimmer, das Hotel Rosenhof, das Grand Hotel Fasano und das Hotel la Torre Ruhland.

Initiator des bourgeoisen Fremdenverkehrs war der deutsche Louis Wimmer, der in Gardone das erste Gran Hotel baute, dem bald eine Fülle von zypressenumstandenen Villen im Gründerzeitstil folgen sollten. Geld- und Geistesadel gaben sich die Hand in Gardone, zu dessen illustren Gästen Kafka und Max Brod, Heinrich und Thomas Mann, Christian Morgenstern und Sigmund Freud sowie Paul Heyse zählten. Sie alle kamen auf der Suche nach Erholung und waren entzückt von der landschaftlichen Schönheit, die sich ihnen hier offenbarte. Die Diskrepanz zwischen den ortsansässiger Olivenbauern und Fischern und den fremden Gästen muss indes groß gewesen sein, doch die Tatsache, dass Louis Wimmer 1881 sogar zum Bürgermeister von Gardone bestimmt wurde, belegt ein offenbar von großer Akzeptanz geprägtes Verhältnis.

Heute steht Gardone ganz im Zeichen des Massentourismus und will man noch etwas von der Exklusivität des 19. Jh. erahnen, muss man in den Wintermonaten kommen, wenn es hier immer noch warm ist und die Khakibäume ihre Früchte tragen. Gardone besteht aus einem unteren, dem Fremdenverkehr verschriebenen Ortsteil und einem oberen Bereich, der sich noch ein wenig von seiner ursrpünglichen Urbanität bewahrt hat, im Sommer aber von den Besuchern des Vittoriale überrannt wird.

Gardone di sotto liegt am Ufer des Sees, der sich hier bereits auf die Weite des südlichen Seebeckens einstimmt. Eine kurze Seepromenade führt am

Wasser und an den schmucken Villen vorbei, die ihre herrschaftlichen Parks stolz herzeigen. Die Promenade, auf der einst die Berühmtheiten Europas entlangstolzierten, umweht am ehesten noch ein Hauch *grandezza,* die dem Ort ansonsten leider abhanden gekommen ist.

Den **oberen Teil Gardones** bestimmt architektonisch die Pfarrkirche *San Nicolà,* ein wohl proportionierter, zitronengelber Barockbau auf Gardones Aussichtsbalkon. In den Blick schiebt sich hier die in Azurblau gefasste *Isola del Garda,* die größte unter den Eilanden des Sees. Schlanke Zypressen ragen auf der langgezogenen Insel in den Himmel und umstehen die historistische Villa, die noch heute – ebenso wie die Insel – in gräflichem Besitz ist.

Die meisten Besucher kommen heute nach Gardone, um den *Vittoriale degli Italiani* zu besuchen, eine der großsüchtigen Fantasie des italienischen Dichters Gabriele D'Annunzio entsprungene Gedenkstätte. »Alles hier ist geprägt von meinem Stil, so wie ich Stil verstehe. Meine Liebe zu Italien, mein Kult der Erinnerungen, mein Streben nach Heldentum, meine Ahnungen des künftigen Vaterlandes manifestieren sich in jedem Linienzug (...) Bluten hier nicht die Reliquien des Krieges?«, sinnierte der Dichter selbst über sein Anwesen in einer Sprache, die unverkennbar von faschistischem Blut-und-Boden-Gedankengut geprägt ist.

D'Annunzio war gut mit Mussolini befreundet und so kann man denn auch in der kleinen Bar gegenüber dem Vittoriale neben Zigaretten, Seifen, Zeitschriften und Kaugummi Postkarten erwerben, die die beiden Männer in einträchtigem Beisammensein zeigen, sei es bei Flugversuchen, sei es auf der Parkbank oder im Salone. Zur Bestürzung vieler Opfer des italienischen Faschismus geht man in Italien mit Mussolinis Erbe versöhnlich um, denn, so formulierte es einmal ein Abgeordneter der Sozialdemokraten, wolle man so unerbittlich mit der Geschichte abrechnen, könne man auch gleich das Colosseum abreißen.

Die Erinnerung auf italienisch ist dennoch mitunter mehr als befremdlich, vor allem seit den 1980er Jahren, seit denen der Duce-Kult überraschend an neuer Popularität gewann. Ein bis heute gehegtes und gepflegtes Denkmal aus dem Geist des Faschismus ist das ›Siegesdenkmal der Italiener‹, das der Dichter nach seinem Tode dem italienischen Staat vermachte. Von dem hatte D'Annunzio das in herrlicher Aussichtslage platzierte Anwesen auch erhalten. Der kriegsbegeisterte Poet hatte am 9. August 1918 über Wien mit einer Fliegerstaffel Tausende von Flugblättern in den italienischen Nationalfarben abgeworfen, auf denen die verblüfften Wiener lesen konnten: »Wiener! Wir könnten tonnenweise Bomben abwerfen. Wir werfen euch aber nur einen Gruß zu.«

Diese zynische Aktion brachte ihm die Freundschaft Mussolinis ein und die Villa am Gardasee, die man von dem Dresdner Kunsthistoriker Henry Thode konfisziert hatte. Ungehemmt lebte D'Annunzio seine verquasten Vorstellungen einer *italianità* hier aus und verwandelte Haus und Park in eine mit militärischen Symbolen angereicherte Gedächtnisstätte für die eigene Person. Der Doppeldecker, mit dem er Wien überflog, hängt in der Kuppel des Auditoriums, der alte Fiat, mit dem er in Fiume (Rijeka) einfuhr, das er zuvor mit einigen Schwarzhemden erobert hatte, steht in der Garage neben dem Museum und

Wenn das Leben Attrappe wird – Gabriele D'Annunzio

Kunst, Kitsch, Plüsch und Prunk: das Schlafgemach D'Annunzios im Vittoriale

Berthold Brecht brachte die Persönlichkeit des Gabriele D'Annunzio bündig auf den Punkt: »Er eroberte Fiume, die Duse und eine Villa am Gardasee«. Viel mehr lässt sich über die Errungenschaften eines der eher problematischen Dichter des modernen Italien nicht sagen. Von seinen Versen jedenfalls spricht heute kaum jemand mehr. D'Annunzio ist in aller Munde wegen seiner Selbststilisierung zum Dandy und seiner übersteigerten Geltungssucht.

Dabei fing alles ganz bodenständig an. 1863 wurde er als Sohn eines wohlhabenden Bauern in Pescara geboren. Doch schon als 16-jähriger durchschaute er so manchen Marktmechanismus, streute in Zeitungen das Gerücht seines tödlichen Unfalls beim Ausritt, um publikumswirksam die Herausgabe seines zweiten Gedichtbandes ›United Colours of D'Annunzio‹ vorzubereiten. Die Gedichte hätten wohl nicht viel Aufmerksamkeit erzeugt, denn selbst den an weihevolle Gefühlsschwelgereien des Fin-de-siècle gewöhnten Zeitgenossen erschienen die poetischen Draperien aus gefärbten Fellen und antiken Gemmen, die sich mit dem Lobpreis eines guten Propellers oder Zwei-Takt-Motors verbanden, weit entlegen. Immerhin hatte D'Annunzio als Heranwachsender mit der spektakulären Veröffentlichung schon viel von dem erreicht, an dem ihm gelegen war: Als Dichter und Lebemann ging er fortan durch die Klatschspalten. Später sollte man über ihn noch in der Funktion eines Journalisten und Abgeordneten, Stadtkommandanten, Oberst, Fürsten, Nationalhelden, des Liebhabers der Duse und Freundes Mussolinis reden.

Als 20-jähriger heiratete der frisch gebackene Dichter Maria Hardouin di Gallese, die ein Kind von ihm erwartete. Die junge Gräfin, die von Zuhause fliehen musste, da die Hochzeit gegen den Willen ihrer Familie stattfand, gebar D'Annunzio noch zwei weitere Söhne und zog nach der Scheidung die bittere Bilanz: »Ich hätte lieber ein Buch kaufen sollen, als den Dichter selbst zu heiraten.« Anderen erging es wahrscheinlich ähnlich. Die Galerie seiner Liebhaberinnen, zu denen auch die berühmteste Schauspielerin und Diva der damaligen Zeit, Eleonora Duse gehörte, hängt im Auditorium der Villa.

So oft wie er die Frauen wechselte, änderte D'Annunzio auch seinen Wohnsitz auf der Flucht vor seinen Gläubigern, denn seine geschwätzige Lyrik, Thomas Mann sprach von »Schönheitsgroßmäuligkeit«, konnte seinen überheblichen Lebensstil keineswegs finanziell abpolstern. Was sich mit der Lyrik nicht machen ließ, ermöglichte der Erste Weltkrieg. Mit seinem Ausbruch trat D'Annunzio in die Politik ein, redete rechts das Wort, dann wieder links, immer aber für den Krieg. Mit ihm begann sein Aufstieg zum hausgemachten Helden.

1938 starb D'Annunzio im Vittoriale, das heute von einer Stiftung verwaltet und unterhalten wird, die sich auch um die Herausgabe seiner Schriften kümmert.

das Vorschiff des Kreuzers Puglia liegt im Garten auf dem Trockenen zwischen Olivenbäumen und Zypressen.

Gleich am Eingang öffnet sich das große, von der faschistischen Architektur inspirierte Halbrund eines zum See ausgerichteten Amphitheaters, von dem sich ein herrlicher Blick auf den in schillernden Blautönen strahlenden See und die Berge eröffnet – Eleonora Duse sollte hier ihren Auftritt haben. Die große Schauspielerin verliebte sich in D'Annunzio und ließ eine Fülle von Erniedrigungen immerhin sieben Jahre über sich ergehen. An höchster Stelle des Anwesens inszenierte D'Annunzio seinen Tod. Hier ließ er ein pompöses Mausoleum errichten, in dem er im Kreise von gefallenen Kriegskameraden über alle Vergänglichkeit zu triumphieren sucht, – was ihm mit seiner Poesie im Übrigen nicht gelang.

Die Innenräume der Villa erinnern an Filmszenarien eines Peter Greenaway. D'Annunzios Innenleben vertrug sich nicht mit dem Tageslicht, daher betritt man eine Flucht kleiner, abgedunkelter Räume, in denen der *horror vacui* vom Boden bis zur Decke sowie an allen Wänden Regie führt: Kunst und Kitsch, Plüsch und Prunk überbieten sich gegenseitig und verschmelzen zu einem Gesamtkunstwerk eines aufgeblähten Ego. Allein im Badezimmer drängen sich 900 Objekte. Buddhas, Marienskulpturen, venezianische Löwen, Chi-

Vittoriale degli Italiani, Gardone: Hier demonstrierte D'Annunzio, was er unter Stil verstand

noiserien, römische Krieger, Bergkristalle, japanische Dosen, syrische Gefäße, preußische Adler, griechische Gipsabdruücke – D'Annunzio holte sich die Welt in ihren Objekten nach Hause und feierte sich – meist nur in Gesellschaft einer seiner Frauen – als ihr Herrscher.

Die Fremdenführer durch das Anwesen scheinen sich dem Bann der problematischen Persönlichkeit D'Annunzios mitunter offenbar kaum entziehen zu können und verfallen in den Flüsterton, wenn es in das Totenzimmer geht, in dem D'Annunzio sich gern auf eine Totenbahre legte, um über das Leben zu sinnieren. Nicht ohne Genugtuung tragen sie hingegen vor, dass der Dichter den Duce 1925 vor einem Empfang zwei Stunden in der *Camera del maschera* warten ließ – ein zweifelhafter Triumph, wenn er denn der Wirklichkeit entspricht.

In unmittelbarer Nachbarschaft des Vittoriale liegt der als *Giardino botanico* ausgeschilderte Garten des tschechischen Arztes Artur Hruska. Auf seinem nicht allzu großen, zum Hang ansteigenden Grundstück verfolgte der Doktor das ehrgeizige Projekt, die ganze Schöpfung der Flora anschaulich zu machen und Alpen- und Tropenpflanzen zu vereinen. Das Klima des Gardasees und in Gardone im besonderen verhieß dem Unterfangen ein gutes Gelingen. Jahrelang studierte Hruska den Sonnenhunger und das Schattenbedürfnis der Pflanzen, ihre Vorlieben für Feuchtigkeit oder Trockenheit, für felsigen oder sandigen Untergrund. Und schließlich fanden über 2000 Pflanzenarten im Garten seiner Villa optimale Lebensbedingungen – die Welt der Gewächse und Blüten im Kleinen.

Salò 26 zu Füßen des Monte Bartolomeo, eines freundlichen Bergs mit Weinreben und Olivenbäumen, ist der Hauptort der Brescianer Riviera und spielte auch schon in der Geschichte eine bedeutende Rolle. Zu römischen Zeiten blühte hier ein prosperierendes Gemeinwesen, von dem aber leider keine Bauten erhalten blieben. Das Ortsbild zeigt sich vielmehr der jahrhundertelangen Zugehörigkeit Salòs zur *terra ferma* Venedigs verpflichtet. Am 30. Oktober 1901 brachte ein Erdbeben die Westküste des Gardasees ins Wanken. Besonders hart traf es Salò, das nur noch in Trümmern dalag. Beim Wiederaufbau der Stadt auf den alten Fundamenten richtete man sich auch nach den Zeichen der Zeit und baute eine lange, breite Uferpromenade, die erste am ganzen Gardasee.

Der *Lungolago Giuseppe Zanardelli* ist bis heute die weitläufigste Flaniermeile am Seeufer, viele sprechen ihr auch den Titel der Schönsten zu, zumal sie noch den anmutigen Schwung der Bucht von Salò, der *Conca d'Oro* nachvollzieht. Auf der Stadtseite der Seepromenade geben ihr die Arkaden des alten venezianischen Rathauses (14. Jh.) sowie die sich daran anfügenden Kolonnaden des *Palazzo della Magnifica Patria* einen schönen, von zahlreichen Lichtspielen belebten Rhythmus.

In Salòs römische Geschichte führt die Sammlung im *Museo Civico Archeologico* zurück, die im Rathaus untergebracht ist. Zur süßen Pause am Lungolago verführt die Pasticceria Vassalli (Nr. 14), deren himmlische Düfte schon von weitem die Besucher locken. Die Vassalli sind in Salò eine Institution und kein runder Geburtstag, keine Taufe und keine Hochzeit findet ohne Vassalli-Torte statt. Wer nicht gleich zur Torte greifen möchte, findet auch eine große Auswahl an Gebäck und Küchlein. Zum Bummeln lädt die Geschäftszeile in der Via San Carlo ein, in der sich neben den vielen Schuhgeschäften und Modeboutiquen auch noch das ein oder andere Haushaltswarengeschäft behauptet. Die 10 000 Einwohner zählende Stadt lebt nicht ausschließlich vom Tourismus, was sich spätestens in den Wintermonaten zeigt, in denen das Leben in Salò keineswegs versiegt. Von Salò aus, wo es keine Industrie gibt, ist Brescia schnell erreicht und die zu den Stoßzeiten ständig verstopfte Straße belegt, dass viele tagtäglich zur Arbeit pendeln.

Am nördlichen Ende des Lungolago stößt man auf den Dom *Santa Maria Annunziata,* dessen zurückhaltende Fassade allein von einem prächtigen Marmor-Portal geschmückt wird. Die Baugeschichte zog sich ab 1493 über mehr als 150 Jahre hin, daher zerfallen Architektur und Innenausstattung in unterschiedliche Stil-Phasen. Im dunklen Innenraum gewinnen die vielen Kunstwerke nur langsam an Kontur. Zu den schönsten Ausstattungsstücken gehört ein Holzretabel der venezianischen Frühgotik von Paolo Veneziano, über dem die ›Gottesmutter mit Kind‹ von Girolamo Romanino hängt. Von demselben Maler stammt auch das Bildnis des hl. Antonio

Salò: Santa Maria Annunziata

von Padua, in dem Romanino unverhohlen seine Antipathie gegenüber dem Stifter zum Ausdruck bringt, einer mürrisch dreinblickenden Figur im rechten unteren Bildraum, von dem sich die Engel mit verzogenen Gesichtern abwenden. Blickfang des Chores ist der spätgotische, goldene Altaraufsatz, eine besonders kunst- und prachtvolle Schnitzarbeit. Die barocken Fresken hinterließ Palma il Giovane in der Kirche. Gemälde von Celesti und Zenon Veronese ergänzen die erlesene Ausstattung.

In der prächtigen *Jugendstil-Villa Simonini* am Viale Landi, heute Sitz des Luxushotels Laurin, hatte Mussolini das Außenministerium seiner Repubblica di Salò untergebracht. Von hier wurden Verbindungen vor allem zu den Deutschen unterhalten, mit deren Hilfe der Duce seine »Faschistische Sozialrepublik« überhaupt gründen konnte. Der Zusammenbruch der deutschen Front in Norditalien bereitete auch dem Marionetten-Staat in Salò nach nur 20 Monaten ein schnelles Ende (s. S. 28f.).

Hinter Salò nimmt die Gardesana Abschied vom See. Die Straße schneidet die liebliche Hügelwelt der **Valténesi** ab, eine fruchtbare Gegend, in der zahllose Weinberge und Olivenhaine der Landschaft Struktur geben. Dazwischen ragen schlanke Zypressen auf und geben der Natur einen weihevollen, eleganten Zug. Auf den Hügelkuppen thronen kleine Ortschaften – ein friedliches Bild. Umfährt man die Küste der Valténesi auf dem See, bietet sich eine ungleich dramatischere Aussicht, denn hier fallen plötzlich die steilen Felsen der **Rocca di Manerba** in den Lago di Garda, wo sie sich als unterseeisches Gebirge in vielen Verästelungen und bizarren Gebilden fortsetzen. Mancher Bergrücken ragt dabei als kleine Insel aus dem Wasser. Als Urlaubsdomizil empfiehlt sich beispielsweise das kleine Eiland **San Biago** 27 mit einem schönen Campingplatz, auf dem Zypressen lange Schatten spenden.

In **San Felice del Benaco** 28, einem alten, stimmungsvollen Ort, den eine schlichte Pfarrkirche beschirmt, lohnt die etwas außerhalb gelegene, 1452 errichtete Wallfahrtskirche *Madonna del Carmine* einen Besuch. Auch sie zeigt sich von außen in strenger Zurückhaltung, doch im Innern bewahrt der Bau einen Freskenzyklus, der den Übergang von der Gotik zur Renaissance markiert. Während die Figurenauffassung noch weitgehend den gotischen Prinzipien gehorcht, tragen die Schein-Architekturen alle Züge der Renaissance – anstelle des gotischen Spitzbogens sind streng symmetrische Säulenaufbauten getreten. Die große Präsenz der Heiligen in der Kirche verdankt sich der einfachen Rechnung: je mehr Heilige, desto umfassender und reicher die Fürsorge.

Auf der Weiterfahrt nach Manerba, Moniga und Padenghe, kleinen Orten auf verschiedenen Hügelkuppen, rücken leider immer mehr Spuren der Zersiedlung dieser einzigartigen Küstenlandschaft ins Bild. Apartmenthäuser und Campingplätze wurden hier in die Landschaft geklotzt ohne dass man auf gewachsene Strukturen Rücksicht nahm. Mancherorts sieht man noch die Reste von Befestigungsanlagen, die die kriegerische Geschichte der Valténesi veranschaulichen. Das Gebiet war in der Vergangenheit stark umkämpft, da es einen direkten, unbeschwerten Zugang zum See eröffnet, was am Gardasee mit seinen häufigen Felsenufern ein seltener Vorzug war. Die Begehrlichkeiten waren entsprechend groß und jeder, der sich im Besitz der Valténesi befand, schützte seinen kostbaren Boden mit trutzigen Festungen, wie man in Moniga und Padenghe noch sehen kann.

Verona – Am Schnittpunkt des Südens mit dem Norden

Karte: S. 256/57
Tipps & Adressen: S. 322

Seit dem großen Reiseverkehr am Gardasee ist auch Verona ein Urlaubsort. Früher rangierte die Stadt im Schatten der Alpen, auf die aber schon das Licht des Südens fällt, als Geheimtipp südsüchtiger Bildungsbürger: *Dolce Vita,* erlesene Kunstschätze, aber nicht so viel Rampenlicht und Rummel wie in Florenz, Venedig oder Rom. Kein *menu turistico,* nirgends Souvenirstände. Seither ist viel Zeit vergangen und der Zauber Veronas ungezählte Male vor Japanern und Texanern mit Sonnenhüten zerredet. Doch ganz so bereitwillig wie die berühmten Schwestern hat sich Verona dennoch nicht dem Fremdenverkehr hingegeben. Man bietet seine Kunst an und drum herum Andenken-Kitsch, manchmal auch die schnelle Pizza, doch im Kern geht Verona seinem Eigenleben nach.

Die Hektik der Brescianer oder gar der Mailänder ist den Veronesen fremd; Verona unterstand Jahrhunderte der Republik Venedig, in der man, an umständliche Wasserwege gewöhnt, mehr Zeit hatte als anderswo. So richtig beginnt der Tag denn auch erst am Vormittag, nachdem man etwa in *Veronetta* auf der anderen Seite der Etsch eine Goten-Tour hinter sich gebracht hat. *Andar per goti* ist ein tägliches Ritual der Veronesen, bei dem man von einer schummrigen Weinschenke in die nächste zieht und beim *goto,* einem Gläschen Wein, die neuesten Fußball-Ergebnisse, die Benzinpreiserhöhung und die neuen Töne des Papstes beredet

Über den Dächern von Verona: die Piazza delle Erbe

Der Umgang ist ungezwungen und heiter, feine Herren in Anzügen unterhalten sich mit dem Gemüsehändler von nebenan. Beim *goto,* der noch an die Herrschaft der trinkfreudigen Goten an der Etsch erinnert, erfährt man schon viel von Veronas Wesen. Die erste Berührung mit einer Stadt hinterlässt bekanntlich immer den nachhaltigsten Eindruck – das gilt für Verona in doppeltem Sinne. Denn viele Reisende aus dem Norden begegneten in Verona erstmals auch dem städtischen Italien. Verona ist gewissermaßen der urbane Auftakt der Apennin-Halbinsel. Diesem Umstand, aber natürlich auch der unbestrittenen Schönheit ihrer selbst, verdankt die Stadt eine Fülle von literarischen Liebesbekundungen. So glaubte sich Heinrich Heine im Fiebertraum beim Anblick der »altertümlichen Gebäude« und des »gottblauen Himmels«.

Seinen Charme verdankt Verona nicht zuletzt der Vorzugslage in einer Schleife der Etsch zu Füßen der Lessinischen Alpen. Ihre erste große Sternstunde erlebte die Stadt unter den Römern. Verona prosperierte zu einer wichtigen Handelsstadt am Schnittpunkt der Via Claudia Augusta, einer Nord-Süd-Achse, und der Via Postumia, die in ostwestlicher Richtung verlief. Der schachbrettartige Grundriss der Stadt, den man besonders gut aus der Vogelperspektive erkennt, sowie einige Baudenkmäler, darunter die weltberühmte Arena, stammen noch aus dieser Zeit. Bis heute spielt auch der Handel eine große Rolle, vor allem der Vertrieb von Agrarprodukten bietet der 250 000 Ein-

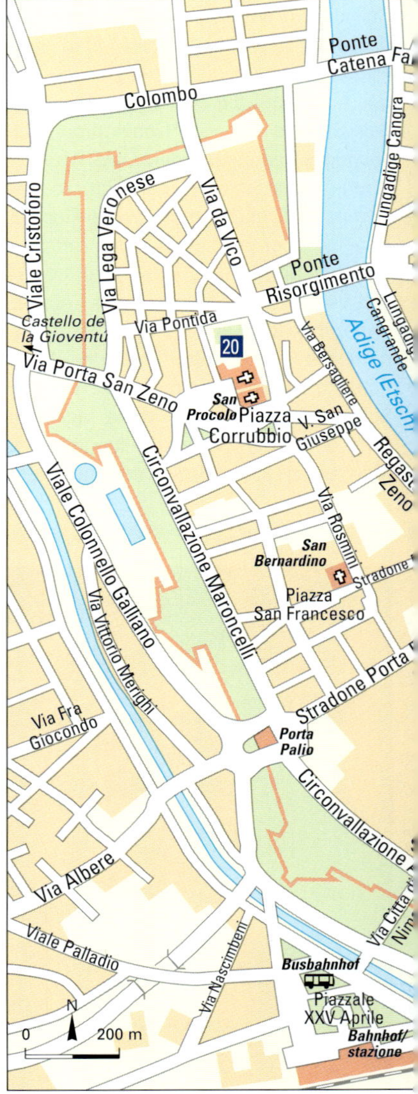

Verona: *1 Palazzo della Gran Guardia 2 Arena 3 Torri dei Lamberti 4 Casa dei Mazzanti 5 Palazzo del Comune 6 Palazzo Maffei 7 Casa dei Mercanti 8 Madonna Verona 9 Palazzo Nr. 23 (Casa di Giulietta) 10 Caffè Dante 11 Palazzo dei Tribunali 12 Palazzo del Governo 13 Loggia del Consiglio 14 Palazzo del Giudice 15 Santa Maria Antica 16 Sant'Anastasia 17 Santa Maria Matricolare 18 Teatro Romano 19 Castelvecchio 20 San Zeno Maggiore*

wohner zählenden Stadt eine wichtige Existenzgrundlage.

Ab Mitte des 5. Jh. war Verona Residenz des Ostgotenkönigs Theoderich. 1136 schüttelte die Stadt alle fremden Machthaber ab und erlangte kommunale Selbstständigkeit. Aus den erbitterten Kämpfen um die Vorherrschaft unter den Adelsfamilien, gingen 1262 die Scaligeri siegreich hervor, die eine Treppe *(scala)* im Wappen trugen. Verona wurde während ihrer Regierungszeit stark befestigt, doch konnte es den massiven Eroberungsattacken seitens Vene-

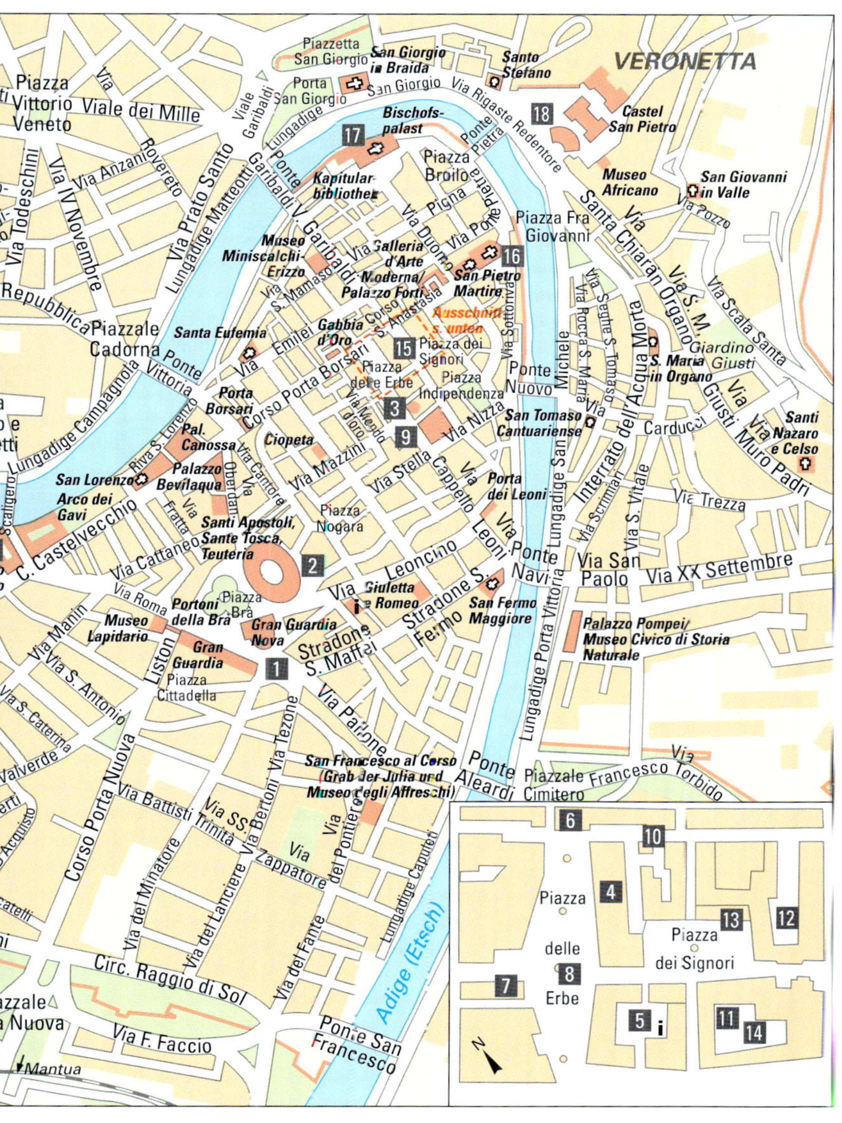

Zum Einkaufsbummel empfiehlt sich die Via Mazzini

digs nicht wiederstehen und fiel 1405 an die Repbulik, deren Herrschaft es bis 1797 unterstand. Wie überall in Oberitalien folgte den Venezianern zunächst Napoleon, der von den österreichischen Habsburgern abgelöst wurde, die das Land bis zur Unabhängigkeit 1866 fest im Griff hielten.

Stadtrundgang

Veronas *centro storico* betritt man meist über die **Piazza Brà,** einen weitläufigen Platz, in dessen Bebauung die Stadtgeschichte anschaulich wird. Die Piazza Brà ist Promenade und Auffangstelle der Stadtenergie. In den Café-Terrassen des **Liston,** der marmornen Flaniermeile, treffen sich die Reisenden zum Postkarten schreiben und Capuccino trinken. Man genießt hier einen schönen Blick auf das Oval der römischen Arena, die den Platz dominiert und ihn mit ihren schmetternden Chören auch heute noch zum Beben bringt. Der Stadtturm am oberen Ende des Liston stammt noch aus dem Mittelalter, der Barock ist an der Piazza mit dem **Palazzo della Gran Guardia** 1 im Osten vertreten, an den sich das neoklassizistische Rathaus anschließt.

Dem nicht sehr ansprechenden Bau, der unter den österreichischen Besatzern entstand, musste das zwielichtige Viertel Saint-Agnese weichen, das vor den Toren der Stadt lag und allerhand lasterhaftes Publikum anzog. Das kleine Quartal mit den Garküchen, Gaunern und Geldverleihern hatte sich im Schatten der Arena entwickelt, da die *Serenissima* die unteren Gewölbe an Prostituierte vermietet hatte. Diesen eher friedlichen Jahren waren Jahrhunderte skrupellosen Treibens vorausgegangen, angefangen bei blutigen Gladiatoren-Spielen und Tierhetzen über Hinrichtungen und Ketzer-Verbrennungen bis hin zu Zweikämpfen und Ritterspielen.

Die **Arena** 2, eines der ältesten Amphitheater Italiens, wurde im Jahre 30 n. Chr. fertiggestellt. Ihre heutige Form kann nur noch eine Ahnung von der einst prächtigen Anlage geben, die mit einer Ringmauer gefasst war und deren 44 Sitzreihen 25 000 Schaulustige aufnehmen konnten. Ein Erdbeben im 12.

Jh. erschütterte die Arena und verwandelte sie in weiten Teilen in einen Trümmerhaufen, in dem das Mittelalter willkommenes Baumaterial fand. Alle nachfolgenden Herrscher nutzten die Reste der Arena für eigene Zwecke bis die Venezianer – wohl unter dem Eindruck der Renaissance – das Oval restaurieren ließen und es den Kurtisanen verpachteten. Mit der Aufführung von Verdis Aida im Jahre 1913 wude erstmals Oper in der Arena gespielt – ein überwältigender Erfolg und Auftakt einer neuen Nutzung des römischen Theaters.

Zum mittelalterlichen Stadtzentrum, der **Piazza delle Erbe,** führt die **Via Mazzini,** in der die Vitrinen der Geschäfte zum Einkaufsbummel locken. Dabei sollte man den Kopf ab und an heben, um die schönen Fassaden der alten Häuser nicht zu verpassen. In der kleinen Seitenstraße Via Mondo d'Oro kommen auch lukullische Genießer auf ihre Kosten, denn in der gleichnamigen Osteria gibt es zu gutem Wein köstliche Kleinigkeiten.

Handel bestimmte auch die Piazza delle Erbe, deren rechteckige Anlage mit

der des römischen Forums 4m unterhalb der Erdoberfläche korrespondiert.

Mit der 83m ins Himmelblau vorstoßenden **Torre dei Lamberti** 3 und mit der mittelalterlichen **Torre dell'Orologio** hat sich der Platz noch einen wehrhaften Zug bewahrt; alle anderen Bauten zeugen jedoch von höchster zivil-urbaner Blüte: die freskengeschmückten **Case dei Mazzanti** 4, der imposante **Palazzo del Comune** 5, dem allerdings eine klassizistische Fassade vorgeblendet wurde, der prunksüchtige, barocke **Palazzo Maffei** 6, auf dessen Dach-Balustrade weiße Marmorfiguren tänzeln sowie die **Casa dei Mercanti** 7 mit ihren offenen Handelsarkaden. Wenn auch der geflügelte Löwe der Republik Venedig auf der hohen Colonna di San Marco anderes glauben machen will: die Herrscherin der Piazza ist die **Madonna Verona** 8, meist zwischen den bunten Marktschirmen verborgen. Ihre Gestalt krönt einen fröhlich vor sich hin plätschernden Brunnen, der der Piazza ihre Mitte gibt.

Hinter der Colonna del Mercato, die die kurze Herrschaft der Mailänder Visconti an der Etsch dokumentiert, zieht sich die Piazza zur **Via Cappello** ein, Veronas Adresse für alle Herzensangelegenheiten. Im **Palazzo Nr. 23** 9 hat man das Haus der Julia mit dem berühmten Balkon gefunden; Romeo, der Sohn einer mit den Cappeletti aufs Messer verfeindeten Familie, wohnte nur ein paar Straßen weiter. Wie oft er sich wohl durch die Tordurchfahrt gedruckst hat, bevor er Julia endlich sein Herz ausschüttete und zu ihr über eine Leiter auf

den Balkon kletterte. Historisch verbürgt ist diese Geschichte, aus der Shakespeare wohl eines der ergreifendsten Liebesdramen der Weltliteratur schuf, nicht – aber Fakten interessieren die zahllosen Besucher, die tagtäglich zum Haus der Julia pilgern, ohnehin nicht, wo es um ein so großes Gefühl geht. Anstatt zu forschen stellt man sich doch in Gedanken lieber selbst auf den Balkon. – »Was soll ich tun? Mein Romeo ist sich meiner Liebe nicht bewusst, und ich kann sie ihm nicht gestehen«, schreibt Olga aus St. Petersburg. Früher gab es für flehentliche Hilfsanrufe in Sachen Liebe eine Kassette beim Kustoden der Casa di Giulietta – seit 1991 beantwortet der **Club di Giulietta** die Sorgenpost.

Das administrative und politische Zentrum des mittelalterlichen Verona

Blick auf die Colle di San Pietro

erreicht man von der Piazza Erbe durch den **Arco della Costa** beim Lamberti-Turm. Die **Piazza dei Signori,** ein kleiner Platz, für den die Fassaden der ihn rahmenden Bauten etwas zu monumental ausgefallen sind, umfängt eine seltene Eleganz und Exklusivität, die ihn zu den schönsten Saalplätzen Italiens macht. Eine denkbar ehrwürdige Umgebung für Dante, der hier streng und edel von seinem Sockel blickt. Der Dichter hatte nach seiner Vertreibung aus Florenz 1303 bettelarm in Verona Asyl gefunden. Nur folgerichtig, das sich das **Caffè Dante** 10 an der Piazza, das älteste in der Stadt, um die Wende zum 20. Jh. zu einem beliebten Literatencafé entwickelte, in dem dauernde Debatten zwischen Symbolisten und Futuristen ausgetragen wurden.

Die romanische Ostfassade des Palazzo del Comune fügt sich mit dem von einem Wehrturm beschirmten **Palazzo dei Tribunali** 11, dem zinnengekrönten **Palazzo del Governo** 12, der wunderbar leichten **Loggia del Consiglio** 13 und dem **Palazzo del Giudice** 14 im Westen zu einem Platzensemble, das seine nachhaltigste Prägung unter den Scaligeri und Venezianern erfahren hat. Das System sich ausbreitender und wieder einziehender Plätze, das immer einen Wechsel zwischen Flanieren und Verweilen bedingt, gehört im Übrigen zu einem der schönsten Stadterlebnisse in Verona. Der sich an die Piazza anschließende Kirchhof um **Santa Maria Antica** 15, einen suggestiven romanischen Bau, steht ganz im Zeichen der Scaligeri, die hier in prunkvollen, äußerst kunstvoll gearbeiteten Grabmonumenten über alle Vergänglichkeit triumphieren – sicher der schönste und versöhnlichste Friedhof der Welt. Neben den Plätzen lohnen vor allem Veronas großartige Kirchenbauten mit reicher Ausstattung einen Besuch.

Den größten unter ihnen, **Sant'Anastasia** 16, erreicht man über den gleichnamigen Corso. Die Kirche entstand im Kern im 13. Jh., einer Periode kriegerischer Auseinandersetzungen zwischen den verschiedenen Veroneser *nobili.* Möglicherweise inspirierten diese blutigen Fehden ihr festungsartiges Erscheinungsbild. Den vielschichtigen und kunstreichen Innenraum betritt man durch das schöne Stufenportal. Das berühmteste Kunstwerk von Sant'Anastasia ist das Fresko von Pisanello über dem Eingangsbogen der Cappella Pellegrini, das den ›Aufbruch des hl. Georg zum Kampf mit dem Drachen‹ (1433) zeigt. Pisanello behandelt das konventionelle Thema mit einer großen Fabulierfreude und gewinnt ihm einen neuen Sinngehalt ab, indem sein Interesse am Thema nicht dem Kampf mit dem Drachen gilt, sondern dem Abschied Georgs von der Prinzessin. Neben Pisanello arbeitete auch der Veroneser Maler Altichiero in der Kirche, von dem das Votiv-Fresko in der Cappella Cavalli stammt.

Veronas Dom **Santa Maria Matricolare** 17 entstand 1139–87 in einer Schleife der Etsch. Hinter der romanischen, aus Tuff und Backstein gemauerten Fassade, an der das von Figuren bevölkerte Portal alle Aufmerksamkeit auf sich zieht, öffnet sich ein gotischer Innenraum, in dem Tizians ›Himmelfahrt Mariens‹ den Höhepunkt der kostbaren Ausstattung bildet. Hinter der Piazzetta Briolo spannt sich der römische **Ponte Pietra** über die Etsch, der man auch in Verona noch ansieht, dass es sich um einen Gebirgsfluss handelt.

Die fünfbogige antike Brücke verbindet Verona mit **Veronetta,** wie die Einwohner das Viertel am anderen Etschufer liebevoll nennen. Überragt wird dieses wenig touristische Stadtgebiet von der zypressenbestandenen **Colle di San Pietro,** zu deren Füßen die Ränge des **Teatro Romano** 18 liegen, das um die Zeitenwende entstand und zur Aufführung von Tragödien und Komödien genutzt wurde. Dem Theater ist ein **Archäologisches Museum** angeschlossen, das zahlreiche Fundstücke bewahrt.

Folgt man dem Verlauf der Etsch, vorbei an den Kirchen San Stefano, die romanischen Ursprungs ist, und San Giorgio in Braida, die dem Stadtbild ihre gewaltige Kuppel beisteuert und im Inneren erstklassige Malerei bewahrt, gelangt man zum **Ponte Scaligero,** der ein Bauensemble mit dem **Castelvecchio** 19 bildet.

Heute verleiht das mittelalterliche Kastell Verona eine malerische Note mit Ziegelmauern, Zinnen und Türmen. Seine Entstehungsgeschichte gleicht jedoch eher einer Schauergeschichte. Cangrande della Scala II. hatte die Trutzburg 1354 eiligst gegen innere Feinde hochziehen lassen, um Schutz vor innenpolitischen Spannungen und Kämpfen zu finden. Doch trotz der Mauern und Zinnen gelang es seinem Bruder Cansignorio 1359, ihn zu ermorden und den Weg zur Macht für sich freizuräumen. Die Festung, die den verschiedensten Machthabern Veronas als Residenz diente, hat sich im Innern heute zum humanistischen Gedanken bekannt und ist, nach Umbauten des Stararchitekten Carlo Scarpa, Sitz des **Museo Civico.** Nahe beim Castelvecchio liegt am Corso Cavour mit seinem römischen Triumphbogen die Locanda del Castelvecchio, in der man herrlich speisen kann.

Veronas schönste Kirche, zugleich eine der bedeutendsten Kirchen Oberitaliens, steht in der Neustadt. **San Zeno Maggiore** 20 bildete einst das

Die schönste Kirche Veronas und eine der bedeutendsten in Oberitalien: San Zeno Maggiore

Zentrum eines Benediktinerklosters, das jedoch nach der Säkularisierung im 18. Jh. verfiel. Neben der Kirche bestehen nur noch der Kreuzgang und der Abteiturm. 1135 war die Kirche vollendet; dabei ist es ein Glücksfall, dass San Zeno bis auf eine gotische Umdeutung des Chors in ihrer ursprünglichen Gestalt erhalten ist. Die Dreiteilung der Fassade nimmt bereits die Struktur des Innenraums vorweg, zu dem ein prachtvoll gestaltetes Portal führt. Berühmter sind jedoch die Bronzereliefs der Türen, die zwischen 1100 und 1200 entstanden und Begebenheiten aus dem Alten und Neuen Testament erzählen. Darüber hinaus wird die Vita des hl. Zeno thematisiert, des Stadtheiligen, dessen Gebeine in der Krypta der Kirche ruhen. Die Krypta, die die gesamte Breite der drei Schiffe einnimmt, gleicht einem Säulenwald, der unter dem Gewölbe zu kunstvollen Kapitellen erblüht. Den gotischen Chor schmückt das Marien-Triptychon von Andrea Mantegna, einem der Meister des 15. Jh. Die Fresken stammen von einem nicht überlieferten Maler der höfischen Gotik.

 Information

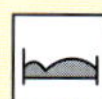 Unterkunft

 Restaurant

 Sehenswert

 Museen

 Einkauf

 Nachtleben

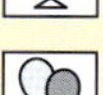 Feste

 Aktivitäten

 Verkehr

Tipps & Adressen

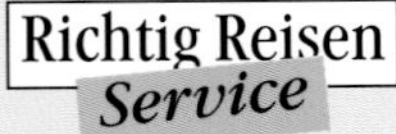

Inhalt

Tipps & Adressen von Ort zu Ort

Reiseinformationen von A bis Z

Tipps & Adressen von Ort zu Ort

Preiskategorien Hotels
(für zwei Personen im Doppelzimmer ohne Frühstück)
günstig: bis 56 €
moderat: bis 110 €
teuer: bis 140 €
sehr teuer: 140 €

Preiskategorien Restaurants
günstig: bis 16 €
moderat: bis 32 €
teuer: ab 32 €
(ein Hauptgericht mit Vorspeise und Getränken/wahlweise Wasser oder Wein)

Zurechtfinden/Orientierung
Bei Städten sind Touristeninformation, Sehenswürdigkeiten sowie Bahnhöfe im jeweiligen Stadtplan im Reiseteil eingetragen.

Öffnungszeiten
... von Kirchen: Kirchen sind mit großer Sicherheit meist vormittags geöffnet; bei etwas abseits liegenden Kirchen muss man allerdings mit Unregelmässigkeiten rechnen und auf sein Glück vertrauen.
... von Geschäften: gewöhnlich 8.30/9–12.30 und 15/15.30–19.30 von Nov.–Feb. oft nur bis 18.30 Uhr. Diese Zeiten gelten auch samstags, dafür sind aber ausser den Lebensmittelläden montags morgens alle Läden geschlossen. Montags nachmittags schließen hingegen die Lebensmittelläden; alle anderen Geschäfte sind dagegen wieder geöffnet.
...von Restaurants: Im Allgemeinen sind Restaurants von 12–14.30 und 19–22 Uhr geöffnet. Jedoch sind die Zeiten und auch die Ruhetage in Sommer- und Wintermonaten meist unterschiedlich.
Hauptferiensaison: Anfang April–Ende Sept. Viele Museen, Villen und Burgen haben dann längere Öffnungszeiten. Im Winter sind viele Gärten geschlossen und die Museen sind teilweise nur am Wochenende zu besichtigen. Größere Städte wie Bergamo, Brescia, Como oder Verona sind von dieser Regelung ausgenommen.

Angera (Lago Maggiore)

Lage: C 6
PLZ: 21021
Beschreibung: S. 109ff.

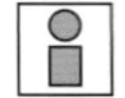
Rathaus/*municipio*
Piazza Garibaldi 19
Tel. 03 31 96 02 07
nur in den Sommermonaten geöffnet

Hotel Lido Angera
Viale Libertà 11
Tel. 03 31 93 02 32, Fax 03 31 93 06 56
Moderat
Strandhotel an der Straße nach Ranco, einfache Zimmer, aber schönes Restaurant mit Aussichtsterrasse.
Dei Tigli
Via Paletta 20
Tel. 03 31 93 08 36, Fax 03 31 96 03 33

Günstig–moderat
Ganz in der Nähe des Lungolago gelegenes Hotel, mit einfachen, aber trotzdem komfortablen Zimmern.
Nette Atmosphäre.

Vecchia Capronno
Piazza Matteotti 7
Tel. 03 31 95 73 13
Günstig
Bodenständige Küche in nettem Ambiente.

Rocca Borromeo
Via della Rocca
Tel. 03 31 93 13 00
Geöffnet 27. März–31 Okt., März–Sept. 9.30–12.30 und 14–18, Okt. 9.30–12.30 und 14–17 Uhr
U. a. sind in der Burg ein Kindermodemuseum und ein Puppenmuseum untergebracht.

Destilleria Rossi
Via Mazzini 93
Hier werden neben dem legendären ›Grappa Rossi‹ eine Vielzahl an Likören hergestellt.
Fiera del Borgo: Trödelmarkt an jedem zweiten Sonntag im Monat.

Busse fahren von der Via Provinciale aus zweimal täglich nach Mailand; am Seeufer entlang bis Ispra.
Schiffsverbindungen von der Piazzale della Vittoria ganzjährig nach Arona und Ranco, April–Sept. auch zu allen größeren Uferorten bis nach Locarno.

Arona (Lago Maggiore)

Lage: C 5
PLZ: 28041
Beschreibung: S. 95ff.
Tipps auch für Belgirate, Lesa, Meina

IAT, Piazzale Duca d'Aosta
Tel./ Fax 03 22 24 36 01

Hotel Giardino
Corso Repubblica 1
Tel. 033 24 59 94,
Fax 03 32 24 94 01
Moderat
Zentral gelegenes Hotel mit Garten, in dem man allerdings Straßenlärm in Kauf nehmen muss.
Albergo Ristorante San Carlo
Via Verbano 4
Tel./Fax 033 24 53 15
Günstig
Gleich neben Carlone kann man in diesem einfachen, aber sauberen Hotel übernachten; besonders stimmungsvoll sind die Zimmer mit Seeblick. Zum Essen braucht man nur die Treppe hinunter zu gehen, denn das Restaurant wird von einem guten Koch geführt, der vor allem Fisch köstlich zubereitet.

Taverna del Pittore
Piazza del Popolo 39
Tel. 03 32 24 33 66
Teuer
Beim feinsten Fischessen hat man Seeblick, alles ist köstlich und hat seinen Preis.
Campagna
Via Vergante 12, im Ortsteil Campagna
Tel 033 25 72 94
Moderat
Mittags kann man in einem kleinen Garten inmitten schattiger Wälder zu einem Glas Barbera Kleinigkeiten essen; abends werden die Kochkünste ausgespielt, etwa bei Fischrisotto oder Tortelloni mit Kaninchenragout.
La Vecchia Arona
Lungolago Marconi 17

Tel. 03 32 24 24 69
Moderat
Alte Fotos an den Wänden sorgen für die nostalgische Atmosphäre. Die Küche konzentriert sich auf regionale Spezialitäten, die gut zubereitet werden, vor allem die hausgemachten Desserts sind ein Genuss.

Carlone/Kolossalstatue
Geöffnet Mitte März–Okt., 8.30–12.30 und 14–17, in den Wintermonaten nur Sa, So und feiertags 9–12.30 und 14–17 Uhr
San Martino
Piazza San Martino/Lesa
Meist vormittags geöffnet
Santa Maria
Piazza Santa Maria/Begirate
Unregelmäßige Öffnungszeiten
Santa Maria Nascente
Via San Carlo
Meist vormittags geöffnet
Santi Martiri
Via San Carlo
Die Kirche ist meist verschlossen, den Schlüssel hütet der Pfarrer der Kirche Santa Maria
Villa Faraggiana
am Lungolago von Meina
Keine Innenbesichtigung

Museo Civico
Piazza San Graziano 36
15. Juni–15. Sept. Di–So 16.30–19.30 Uhr

Dienstag ist **Markttag** in Arona, dann findet man unter bunten Sonnenschirmen alles, von den Socken bis zur Ledertasche.

Ascona (Lago Maggiore)

Lage: D 9
Stadtplan S. 62
PLZ: 6612
Beschreibung: S. 61ff.

Ente turistico Ascona e Losone
Casa Serodine
Tel. 091/791 00 90, Fax 091/792 10 08
ascona@etlm.ch

Castello
Piazza Motta
Tel. 091/791 01 61, Fax 091/791 18 04
Teuer
Schmucke Schlosszimmer im mittelalterlichen Kastell, das direkt an der Uferpromenade liegt. Besonders begehrt sind die Zimmer im mittelalterlichen Turm, von denen man einen herrlichen Ausblick auf den See genießt.
Castello del Sole
Via Muraccio 142
Tel. 091/791 02 02, Fax 091/792 11 18
Teuer
Fünfsterne-Hotel mit Gourmet-Restaurant. Beliebter Treffpunkt für Berühmtheiten und Schaulustige in deren Gefolge.
Pergola
Via Borgo 42
Tel. 091/791 38 48, Fax 091/791 01 39
Moderat
Zeitgemäßes Wohnen in einem von Designer Tita Carloni durchgestylten Hotel. Sehr Minimalismus-orientiert, Erholung für die Sinne garantiert.
Al Porto
Piazza Motta
Tel. 091/791 13 21, Fax 09 17 91 30 40
Moderat
Familiär geführtes Mittelklassehotel mit allem Komfort. Innenhof, Garten und Terrasse mit Seeblick verlocken dazu, auch einmal einen Tag ›Zuhause‹ zu verbringen.

Ascolago
Via Albarelle
Tel. 091/791 20 55
Teuer
Feinste internationale Küche, die mit einem Michelin-Stern ausgezeichnet ist. Im Sommer wird auf der Terrasse am See serviert.

Grotto Raffael
Losone
Vicolo Canaa 12
Tel. 091/791 15 29
Moderat
Traditioneller, bei Berühmtheiten sowie bei Tessinern gleichermaßen beliebter Grotto, in dem man schön unter alte Kastanien sitzt.

Ristorante della Carrà
Galleria della Carrà
Tel. 091/791 44 52
Moderat
Fisch und Fleisch werden auf dem heißen Stein gegrillt sowie man sich insgesamt auf die einfache, aber sehr schmackhafte Zubereitung von Gerichten konzentriert. Das Ambiente ist sehr ansprechend, meist ebenso wie das Publikum. In der Altstadt gelegen.

Casa Serodine
Piazza San Pietro

Madonna della Fontana
Monte Verità
Derzeit geschlossen

Santa Maria della Misercordia/ Collegio Papio
Via Papio
Geöffnet Mo–So 9–18 Uhr

Santi Pietro e Paolo
Piazza San Pietro
tgl. geöffnet.

Casa Anatta
Monte Verità
Tel. 091/791 03 27
Geöffnet April–Juni und Sept./Okt. Di–So 14.30–18, Juli/Aug. 15–19 Uhr

Museo Comunale d'Arte Moderna/Palazzo Pancaldi
Via Borgo 34
Tel. 091/791 67 57
März–Dez. Di–Sa 10–12 und 15–18, So 10–12 Uhr

Museo Ignaz e Mischa Epper
Via Albarelle 14
Tel. 091/791 19 42
Geöffnet März–Juni und Sept.–Okt. Di–Fr 10–12 und 15–18, Juli/Aug. Di–Fr 10–12 und 20–22, So 20–22 Uhr

Mittwochs verkaufen Kunsthandwerker ihre Arbeiten in der **Altstadt,** allerdings zu sehr touristischen Preisen. In den Gassen der Altstadt findet man eine Fülle von exklusiven Boutiquen, Parfümerien und Galerien.

Karnevals-Umzüge Ende Februar/März mit traditionellem Risotto-Essen auf der Piazza;
New Orleans Festival Ende Juni/ Anfang Juli, Südstaaten-Atmosphäre;
Musikfestwochen Aug.–Okt., internationale Besetzung.

Busse nach Locarno und Brissago sowie in die Täler, Abfahrt vor der Post, Via Papio.
Mehrmals am Tag **Schiffsverbindungen** zu allen großen Uferorten, Schiffsanleger Piazza Motta, Tel. 091/791 20 74.

Bardolino (Lago di Garda)

Lage: Q 3
PLZ: 37011
Beschreibung: S. 220ff.
Tipps auch zu Cisano

APT
Lungolago Lenotti
Tel. 04 57 21 00 78
IAT
Piazza Matteotti 53
Tel. 04 57 21 08 72, Fax 04 57 25 67 20

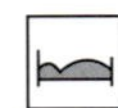

Hotel San Pietro
Via Madonnina 15
Tel. 04 57 21 05 88, Fax 04 57 21 00 23, Teuer
Komfortable Unterkunft, zentral gelegen inmitten eines schönen Gartens, Zimmer mir Seeblick.
Hotel Kriss Internazionale
Lungolago Cipriani 3
Tel. 04 56 21 24 33, Fax 04 57 21 02 42, Moderat–teuer
Funktionales Vier-Sterne-Hotel direkt am See, eigener Strand und schattiger Garten.

Osteria Solferino
Via Solferino 18
Tel. 04 57 21 10 20
Moderat
Gute, bodenständige Küche in angenehmer Atmosphäre. Zu den Spezialitäten des Hauses gehört *trippa in umido,* Kutteln in einer raffiniert zubereiteten Sauce.
Aurora
Piazzetta San Severo
Tel. 04 57 21 00 38
Teuer
Kaninchenrücken in Olivenblättern, getrüffeltes Filet oder köstliche Fischspezialitäten – ein Ort zum Schlemmen, am schönsten auf der Dachterrasse.

San Severo
Piazza Matteotti
In den Sommermonaten tagsüber durchgehend geöffnet
San Zeno
Geöffnet April–Sept. tagsüber durchgehend

Öl-Museum Cisano
Direkt an der Gardesana
Geöffnet Mi–Sa März–Okt. 8.30–12.30 und 15–19, So 9–12 Uhr

Festa del Vino Chiaretto im Mai;
Festa dell'Uva: ausgelassenes Fest zur Weinlese im Okt. auf der Piazza Matteotti.

Cantina Zeni
Via Costabella 9
Tel. 04 57 21 00 22
Geöffnet März–Okt. Mo–Fr 8–13 und 14–18 Uhr
Weingut und Weinmuseum, in dem man sich über die Produktion des Bardolino kundig manchen kann. Auch Verkauf.
Guerrieri-Rizzardi
Piazza Guerrieri 1
Tel. 04 57 21 00 28
Weinprobe und Besichtigung sowie Verkauf nur nach telefonischer Voranmeldung. Einer der besten Bardolino-Produzenten.
Donnerstags wird Obst, Gemüse, Käse und Wurst auf dem kleinen **Markt** in der Altstadt nahe dem Hafen verkauft.

Busverbindungen zu allen Orten am Ostufer sowie nach Peschiera; Busbahnhof an der Ecke Via Marcone/Via Croce.
Schiffsverbindungen in den Sommermonaten mehrmals tgl. zu allen größeren Orten am See; Schiffsanleger Piazza Matteotti.

Bellagio (Lago di Como)

Lage: G 7
PLZ: 22021
Beschreibung: S. 176ff.
Tipps auch zu Magreglio

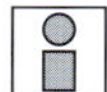

IAT
Piazza della Chiesa 14
Tel./Fax 031 95 02 04.

Grand Hotel Villa Serbelloni
Via Roma 1
Tel. 031 95 02 16, Fax 031 95 15 29
Teuer
In seiner Prachtentfaltung steht das Hotel kaum der Villa Serbelloni nach, viel *grandezza,* die den Gast von morgens bis abends umschmeichelt. Der Park ist mit seinem alten Baumbestand und den Blumenrabatten Balsam für die Seele. Das alles hat natürlich seinen Preis.

Hotel Belvedere
Via Valassina 31
Tel. 031 95 04 10, Fax 031 95 01 02
Moderat
Traditionshotel, durch das frischer Wind geweht ist. Der Park grenzt an den See und der Name hält, was er verspricht: Der Ausblick ist herrlich.

Giardinetto
Via Roncati 12
Tel. 031 95 01 68
Günstig
In den Gassen von Bellagio gelegen, urige Atmosphäre, herrlicher Seeblick. Die Zimmer sind fast alle renoviert.

Hotel-Restaurant Silvio
Via Carcano 32
Loppia di Bellagio
Tel. 031/ 95 03 22, Fax 031/ 95 09 12
Günstig
Gut gelauntes Familienhotel mit privater Atmosphäre, in der sich angenehme Tage verbringen lassen. Gepflegte Zimmer.

Ristorante Barchetta
Salita Mella 13
Tel. 031 95 13 89
Teuer
Die Speisekarte verspricht einen wahren Gaumengenuss, den Koch hat wahrlich die Muse des guten Geschmacks geküsst. Pittoreskes Ambiente auf dem blumengeschmückten Dachgarten. Unbedingt reservieren!

Ristorante Bilacus
Salita Serbelloni 9
Tel. 031 95 04 80
Moderat
Schöner Terrassengarten, die Küche ist auf die Zubereitung von Fischen spezialisiert, sehr fein!

Café/Bar

Pasticceria/ Bar Rossi
Feines Café an der Uferpromenade, innen Stuckdecke und Holzvertäfelung sowie wundervolle Bar, draußen Korbstühle, die auch noch abends besetzt sind.

Madonna del Ghisallo
Magreglio
Meist vormittags geöffnet

San Giacomo
Via Garibaldi
Meist vormittags geöffnet sowie zu den Abendmessen

Villa Giulia
Via Valassina
In Privatbesitz, daher für die Öffentlichkeit unzugänglich

Villa Melzi
Ortsteil Loppia
Tel. 031 95 03 18
Garten, Museum, Kapelle geöffnet März–Okt. tgl. 9–18.30 Uhr

Villa Serbelloni
Via Garibaldi
Besuchern steht nur der Garten offen, nur mit Führung, März–Okt. Di–So

11–16 Uhr, Anmeldung beim Fremdenverkehrsbüro s. o.

La Divina Commedia
Salita Mella 43/45
Schicke Cocktailbar unter dem Motto ›sehen und Gesehen werden‹.

Mehrmals täglich **Busse** nach Como, Lecco, Valassina. Busstation am Lungolago Marconi, gegenüber dem Schiffsanleger.
Schiffsverbindungen zu allen größeren Uferorten, Autofähren nach Varenna, Cadenabbia, Rundfahrten. Schiffsanleger Lungolario Marconi.

Bergamo

Lage: J 5
Stadtplan: S. 184/85
PLZ: 24129
Beschreibung: S. 184ff.

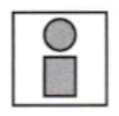

APT
– Viale Vittorio Emanuele 20
Tel. 035 21 02 04, Fax 035 23 01 84
– Vicolo Aquila Nera 2 (gleich an der Piazza Vecchia in der Oberstadt)
Tel. 035 24 22 26, Fax 035 24 29 94
www.apt.bergamo.it
aptbg@apt.bergamo.it
Internet-Cafés: Internet Adsl, Via Piccinini 2, Tel. 035 23 37 49; **Internet Point,** Via Locatelli 54/56, Tel. 035 21 19 70

San Lorenzo
Piazza Mascheroni 9a
Tel. 035 23 73 83, Fax 035 30 83 08
Moderat–teuer
Sympathisches, kleines Hotel mit allem Komfort zum angenehmen Wohnen.
Agnello D'Oro
Via Gombito 22
Tel. 035 24 98 83, Fax 035 23 56 12
Moderat
Charmante Unterkunft in der Hauptstraße der *città alta,* in der es abends aber ruhig ist. Viel theatralischer Pomp.
Sole
Via Rivola 2
Tel. 035 21 82 38, Fax 035 24 00 11
Günstig–moderat
Kleines, freundliches Hotel in der Oberstadt, untergebracht in einem alten Palazzo, der innen aber auf den neusten Stand der Dinge gebracht wurde.

Da Ornella
Via Gombito 3
Tel. 035 23 17 36
Moderat
Die Küche konzentriert sich auf die deftige Hausmannskost von Bergamo, dazu werden hervorragende Weine kredenzt. Sehr gastliche Atmosphäre.
Antica Trattoria della Colombina
Via Borgo Canale 12
Tel. 03 57 26 14 02
Moderat
Im Speisesaal hat der Jugendstil seine Spuren hinterlassen, im Sommer kann man auf der Terrasse sitzen und den Blick auf die Hügel des Umlandes genießen. Die Küche konzentriert sich auf die Tradition, sie ist deftig, aber raffiniert. Probieren sollte man den Bergkäse Branzi, den man in Bergamo gern mit Sardellen isst.
La Cantina
Via Ghislanzoni 3
Tel. 035 23 71 46
Günstig
In unkompliziertem, freundlichem Ambiente sitzt man an urigen Holztischen mit Geschichte, denn sie wurden aus dem Tresen eines alten Arzneimitteldepots gefertigt. Die Osteria ist eine der ersten Adressen für den guten Geschmack in Bergamo, daher sind die

Tische auch wochentags meist besetzt. Die Küche bietet unverfälschte Spezialitäten aus Bergamo und Umland. Als wahre Gaumenfreude entpuppen sich hier auch einfache Gerichte wie Omlette, die aber mit frischen Kräutern zur kleinen Köstlichkeit erhoben werden.

Osteria di Via Solata
Via Solata 8
Tel. 035 27 19 93
Günstig
Das Restaurant ist in einer mittelalterlichen Lagerhalle untergebracht. An das sehr aufmerksame, gastliche Ambiente sowie an die Köstlichkeiten der Küche wird man sich noch lange erinnern.

Gelateria Marianna
Via Colle Aperto 4
Köstliches, hausgemachtes Speiseeis.

Battistero
Piazzetta del Duomo
Zur Zeit geschlossen

Cappella Colleoni
Piazzetta del Duomo
Geöffnet März-Okt. Di–So 9–12.30 und 14–18.30, Nov.–Feb. Di–So 9–12.30 und 14–16.30 Uhr

Casa Colleoni
Via Colleoni 9/11
Besichtigung nur nach telefonischer Voranmeldung unter Tel. 035 21 71 85

Casa Natale di Donizetti
Via Borgo Canale 14
Geöffnet Sa und So 11–18.30 Uhr, Mo–Fr nur unter telefonischer Voranmeldung (mindestens eine Woche vor Besuch) unter Tel. 035 24 44 83

Castello di San Vigilio
Geöffnet April–Sept. 9–20, Okt.–Feb. 10–16, März 10–18 Uhr

San Michele al Pozzo bianco
Via Porta dipinta
Tgl. 8–18 Uhr

San Vincenzo
Piazzetta del Duomo
Geöffnet tgl. 7.30–12 und 15–18.30 Uhr

Santa Maria Maggiore
Piazzetta del Duomo
Okt.–April 9–12 und 15–16.30, Mai–Sept. 9–12 und 15–18 Uhr

Torre Civica
Piazza Vecchia
Geöffnet April–Sept. 9–12, Fr, Sa 9–23, So 9–20 Uhr

Accademia Carrara
Via dell'Accademia 82 a
Geöffnet Mi–Mo 9.30–12.30 und 14.30–17.30 Uhr

Galleria d'Arte Moderna
Via San Tommaso 53
Nur während der Ausstellungen geöffnet , Infos bei APT, Vicolo Aquila Nera, s. o.

Museo Civico Archeologico
Piazza della Cittadella 9
Geöffnet Di–So 9–12.30 und 14.30–18 Uhr

Museo Donizettiano
Via Arena 9
Geöffnet Di–So 10–13, Sa und So auch 14.30–17 Uhr

In der Via Gombito, der **Hauptstraße der Oberstadt,** gibt es einige kleine Mode- und Schuhgeschäfte, Andenkenläden sowie zahlreiche Delikatessengeschäfte. Auf gutes Essen legt man in Bergamo viel Wert. In der **Unterstadt** findet man große Kaufhäuser, Design- und schöne Papierläden, Schuhgeschäfte und exklusive Modeboutiquen – Bergamo ist ein sehr gutes Shopping-Revier, zumal auch die Preise deutlich niedriger ausfallen als in den Touristenhochburgen. Antiquitäten und Kunst kann man in der Gegend um die Accademia kaufen.

Barrier
Via Pignolo 23

Tel. 035 21 25 37
Geöffnet Do–So
Hip-Hop und Black-music, wechselndes Programm.

Busse nach Brescia und Verona sowie zu den umliegenden Orten; Busstation in der Piazzale Giugelmo Marconi.
Züge mehrmals tgl. nach Mailand, Lecco, Brescia, Venedig; Zug-Information unter Tel. 14 78 8 80 88 oder 035/ 24 79 50.
Internationaler Flughafen,
Aeroporto di Bergamo
Via Aeroporto 13
Tel. (Information) 035 32 63 23.

Brenzone (Lago di Garda)

Lage: Q 5
PLZ: 37010
Beschreibung: S. 230f.
Adressen auch zu Trimelone

San Nicolà di Bari
Isola Trimelone
Meist vormittags geöffnet
San Zeno
oberhalb der Gardesana,
Castelletto di Brenzone
Unregelmäßige Öffnungszeiten

Schiffsverbindungen zu allen großen Uferorten. Die Isola Trimelone wird allerdings nicht mehr angesteuert, da der Zutritt verboten ist.

Brescia

Lage: N 3
Stadtplan: S. 203
PLZ: 25121
Beschreibung: S. 201ff.

APT
Corso Zanardelli 38
Tel. 03 04 50 52, 03 04 50 53
Fax 030 29 32 84
www.bresciaholiday.com
aptbs@ferriani.com
Ufficio Turistico della Città
Piazza Loggia 6
Tel. 03 02 40 03 57
Internet-Cafés: Black Rose, Via Cattaneo 22 a, Tel. 0302807704; **Brixia Web,** Via Antiche Mura 6 a, Tel. 0303 759331

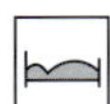

Ai Ronchi Motor Hotel
Via Bornata 22
Tel. 030 36 20 61, Fax 030 3 36 63 15
Moderat
Vier-Sterne-Hotel mit allem Komfort.
Alabarda Hotel
Via Labirinto 6
Tel. 030 3 54 13 77, Fax 030 3 54 13 00
Moderat
Charmante Unterkunft im Zentrum.
Capri Meublé
Via Sant'Eufemia
Tel./Fax 03 03 76 10 69
Moderat
Nahe der Porta Venezia gelegenes Mittelklassehotel.

Il Ciacco
Sant'Eufemia delle Fonte (6 km von Brescia entfernt)
Via Indipendenza 23–24
Tel. 030 36 17 97
Teuer
Köstliche Küche in modernem, schlichtem Ambiente – der warme Hechtsalat ist ebenso gut wie der Hecht in Safran oder der Aal mit Kräutern. Ein lukullischer Hochgenuss.
Mezzeria
Via Trieste 66
Tel. 03 04 03 06
Moderat

Lokale Küche und eine ungezwungene Atmosphäre machen diese Trattoria zum Dauerbrenner bei den Brescianern.

La Bettola del Pincio
Vicolo Sant'Urbano 4
Tel. 030 44 29
Günstig
Nette Osteria in der Nähe des Castello, in der sich die Küche stark nach den Jahreszeiten richtet, im Sommer kann man leichte Gerichte auch draußen mit Blick über die Stadt genießen. Sehr feine, bodenständige Küche.

Pasticceria Zilioli
Piazza Arnaldo da Brescia
Raffinierte Patisserien sowie feinste Kuchen und Torten.

Duomo Nuovo
Piazza Paolo VI.
Geöffnet Mo–Sa 7.30–12 und 16–19.30, So 8–13 und 16–19.30 Uhr

Duomo Vecchio Santa Maria Maggiore/Rotonda
Piazza Paolo VI.
Geöffnet 9–12 und 15–19, April–Okt. Di geschlossen

San Francesco
Via San Francesco
Geöffnet Mo–So 7–11.30 und 15–18, Kreuzgang Mo–Sa 8–12 und 14.30–18.30 Uhr

Santi Faustino e Giovita
Via San Faustino
Geöffnet Mo–Mi, Fr, Sa 7.30–11 und 15–19, Do 7.30–10, So 7.30–12 und 15.30–19 Uhr

Tempio Capitolino
Via Musei 57 a
Bis auf unbestimmte Zeit geschlossen

Museo della Città/ Santa Giulia/
Via dei Musei 81 b
Geöffnet Okt.–Juli Di–So 9.30–17.30, Juli–Sept. Di–So 10–20, Mi 10–22 Uhr

Museo Nazionale della Fotogafia
Corso Matteotti 16b
Geöffnet Sa 10–12 und 15–21, So 10–12 und 15–18 Uhr

Pinacoteca Civica Tosio Martinengo
Via Martinengo da Barca 1
Geöffnet Okt.–Mai Di–So 9.30–13 und 14.30–17, Juni–Sept. Di–So 10–17 Uhr

Wie Bergamo bietet Brescia eine Fülle von Geschäften, in denen man italienische Mode, Schuhe und alles andere bekommt, was das Leben ein wenig veredelt. Haupteinkaufsstraße ist der **Corso Zanardelli.** Samstag Vormittag ist **Markt** auf der Piazza della Loggia.

City Club
Via Vergnano 65
Tel. 03 03 54 50 45
Ganzjährig Disco-Musik

The Blade
Via Dalmazia 127
Tel. 030 34 81 07
House, wechselnde Gruppen mit Live-Musik.

Busse in die Umgebung; Auskunft Tel. 03 03 77 42 37; Abfahrt ab Busbahnhof Viale Stazione 14 und Via Solferino 6.
Zugverbindungen nach ganz Italien; Bahnhof in Viale Stazione 7, Zug-Auskunft Tel. 147 88 80 88.

Brissago (Lago Maggiore)

Lage: D 8
PLZ: 6614
Beschreibung: S. 68ff.

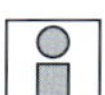

Ente turistico Brissago
Via Leoncavallo
Tel. 091/793 11 70, Fax 091/793 32 44

Villa Caesar
Via Gabietta 3
Tel. 091/793 27 66, Fax 091/793 31 04
Teuer
Luxusherberge mit vielen goldgerahmten Spiegeln, in denen sich die feine Gesellschaft gern ihrer Eleganz versichert.

Hotel Mirto au Lac
Via Lungolago 2
Tel. 091/793 13 28, Fax 091/793 13 33
Moderat
Direkt am See gelegenes Hotel, Garten und Schwimmbad befinden sich auf dem Dach und bieten einen entsprechend ungestörten Ausblick auf Berge und See.

Ristorante Isole di Brissago
Isole di Brissago
Tel. 091/791 43 62
Teuer
Feinste Tessiner Küche und köstliche Salate. Für das stimmungsvolle Ambiente stehen schon die Inseln mit ihrem Namen ein.

Grotto Borrei
Via Ghiridone
Brissago/Piodina
Tel. 091/793 01 95
Moderat
Hervorragende Küche, die noch von einem herrlichen Seeblick gekrönt wird.

Fabbricha Tabacchi Brissago S. A., Besichtigung nach Anmeldung im Fremdenverkehrsbüro s. o.

Santa Maria del Ponte
Am südlichen Ortsausgang
Vormittags geöffnet.

Santi Pietro e Paolo
Gegenüber dem Hafen
Meist vormittags geöffnet

Isole di Brissago
Information zu Ausflügen im Fremdenverkehsverein s. o. sowie unter Tel. 091/791 43 61.

San Pancrazio
tgl. 9–19 Uhr

Busse nach Ronco und Ascona sowie nach Cannobio; Busstation Via Leoncavallo vor der Post.

Schiffsverbindungen zu allen größeren Uferorten; von Porto Ronco mehrmals tgl. Verbindungen zu den Brissago-Inseln; Schiffsanleger Lungolago Brissago, Tel. 091/793 11 87.

Cannero Riviera/Ghiffa (Lago Maggiore)

Lage: C 8
PLZ: 28821
Beschreibung: S. 73f.
Adressen auch zu Novaglio, Panizza

Pro Cannero
Via Orsi 1
Tel./Fax 03 23 78 89 43

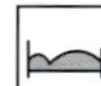

Hotel Cannero
Piazza Umberto I. 2
Tel. 03 23 78 80 46, Fax 03 23 78 80 48
Teuer
Luxusherberge am Hafen, von den Zimmern zum See genießt man einen herrlichen Ausblick.

Park Hotel Italia
Viale delle Magnolie 19
Tel. 03 23 78 84 88, Fax 03 23 78 84 98
Teuer
Die Anschrift verrät schon viel von der Lage und vom Charme des Hotels in einer stimmungsvollen Villa an der Seepromenade. Freizeitangebot im Garten mit Tennisplatz und Pool, abends kann man hier auch dinieren.

La Rondinella
Via Nazionale 50

Tel. 03 23 78 80 98
Fax 03 23 78 83 65
moderat
Kleines Hotel mit freundlicher Atmosphäre, unbedingt Zimmer zum Hinterhof wählen.

Ca' Bianca
Via Casali 1 (Hauptstraße zwischen Cannobio und Cannero)
Tel. 03 23 78 80 38
Moderat
Man sitzt herrlich auf einer Terrasse mit Blick auf die Räuberruinen. In der Küche mag man es rustikal und kann seine Gäste durchaus überzeugen.

Kirche von Novaglio
Unregelmäßige Öffnungszeiten
Santuario della Trinità
Cannero
Meist vormittags geöffnet

Museo dell'arte del Cappello
Corso Belvedere 279, Panizza
Tel. 032 35 92 09
April–Sept. Sa und So 15.30–18.30 Uhr

Busse fahren stündlich nach Intra und Cannobio, nach Erissago etwa alle 2 Std.; Busstation in der Via Nazionale.
Schiffsverbindungen mehrmals tgl. mit den Uferorten; Schiffsanleger am Lungolago.

Cannobio und Val Cannobina (Lago Maggiore)

Lage: D 8
PLZ: 28822
Beschreibung: S. 71f.

Ufficio Turistico Pro Cannobio
Viale Vittorio Veneto 4
Tel./Fax 032 37 12 12
Man kann hier auch Fahrräder leihen.

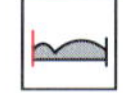

Pironi
Via G. Marconi 35
Tel. 032 37 06 24, Fax 032 37 21 84
Teuer
Charmante Unterkunft in einem Kloster des 15. Jh. Zentral gelegen. Die Zimmer sind rustikal eingerichtet, manche haben Seeblick.
Antica Stallera
Via Paolo Zaccheo 7
Tel. 032 37 15 95, Fax 032 37 22 01
Moderat
Gediegenes Hotel in alten Gemäuern, nur zwölf Zimmer und entsprechend private Atmosphäre. Im Restaurant mit Garten kann man gut essen.
Villa Belvedere
Via Casali Cuserina 2
Tel. 032 37 01 59, Fax 032 37 19 91
Moderat
Kleine luxuriöse Herberge, die von einem schönen Garten umgeben wird. An heißen Tagen kann man sich im Pool abkühlen.

Del Lago
Via Nazionale 2,
(Ortsteil Carmine Inferiore)
Tel. 032 37 05 95
Moderat
Eines der besten Restaurants am See, in dem man an lauen Sommerabenden auch herrlich auf der Terrasse sitzen kann, während sich die piemontesische Küche von ihrer besten Seite zeigt.
Scalo
Piazza Vittorio Emanuele 32
Tel. 032 37 14 80
Moderat
Beliebtes Restaurant in der Altstadt, schnörkellose, bodenständige piemontesische Küche. Unbedingt reservieren.

Santa Pietà
Viale delle Rimembranze
Vormittags geöffnet
San Vittore
Piazza San Vittore
9–12 und 16–18 Uhr
Sant'Anna
Val Cannobina
Unregelmäßige Öffnungszeiten

Museo di Gurro
Gurro/Val Cannobina
April-Sept. Do–So 10–12 Uhr

Jeden Sonntag Vormittag ist **Markt** an der Seepromenade – vom Regenschirm bis zu italienischen Schnulzen auf CD bekommt man alles. Donnerstag Vormittag findet in Cannobio ein reiner **Lebensmittelmarkt** statt mit herrlichen Spezialitäten (Käse, Trockenpilze, gute Weine) aus dem Piemont. Wer keine Zeit hat, findet auch in der zentralen **Via Umberto I.** ein großes Angebot an Feinkostläden. Darüber hinaus bietet die Stadt gute Einkaufsmöglichkeiten für Kunsthandwerk (Holz und Schmiedeeisen). Im Juli und August findet Donnerstag abends ein **Antiquitätenmarkt** in den Altstadtgassen statt.

Busse fahren stündlich nach Intra, alle 2 Std. nach Brissago (bis 19 Uhr).
Schiffsverbindungen mit allen größeren Uferorten, häufiger Transfer nach Luino; Schiffsanleger am Lungolago.

Centovalli und Valle Onsernone

Lage: B–D 8/9
Beschreibung: S. 65ff.
Adressen zu Ponte Brolla, Intragna, Russo, Palagnedra, Comologno und Loco

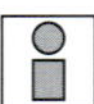

Ente Turistico di Locarno e Valli
Largo Zorzi 1
Tel. 091/751 03 33

Albergo Centovalli
Ponte Brolla
Tel. 091/796 14 44, Fax 091/796 31 59
Moderat
Renoviertes Traditionshotel mit einem vorzüglichem Restaurant.
Stazione da Agnese
Intragna
Tel. 091/796 12 12
Moderat
Unverfälschte Tessiner Küche.
Albergo Antico
Intragna
Tel. 091/796 11 07, Fax 091/796 31 15
Günstig
Eine Unterkunft an der zentralen Piazza.
Della Posta
Russo
Tel. 091/797 11 66
Günstig
Gemütliches Gasthaus, in dem man auf traditionelle Tessiner Küche setzt.

San Michele
Palagnedra
Unregelmäßig geöffnet, meist nur So
San Giovanni Battista
Comologno
Unregelmäßig geöffnet, meist nur So

Museo Onsernone
Loco
Geöffnet April–Okt. Di–So 14–17 Uhr
Museo delle Centovalli e del Pedemonte
Intragna
Geöffnet Ostern–Okt. Di–So 14–18 Uhr

Zwischen den Orten in den Tälern verkehren **Postbusse** sowie die Busse des Unternehmens

FART, Informationen unter
Tel. 091/751 87 31.
Die Centovalli kann man am besten mit der **Centovalli-Bahn** erkunden – für Romantiker und Nostalgiker gleichermaßen ein Hochgenuss. Sie fährt von Locarno nach Domodossola und zurück und hält dabei in Ponte Brolla und den anderen größeren Orten der Centovalli.

Ceresio (Lago di Lugano)

Lage: E/G 7/8
Beschreibung: S. 134ff.
Adressen zu Gandria, Oria, Osteno

Cantine di Gandria
Ab Gandria mit dem Schiff
Casa Fogazzaro
Piazza Fogazzaro, Ovia
Keine Innenbsichtigung
Santi Pietro e Paolo
Osteno
Geöffnet tgl. 9–12 Uhr, nachmittags unregelmäßige Öffnungszeiten
Santuario della Madonna della Caravina
Oberhalb der Staatsstraße
Geöffnet tgl. 9–18 Uhr

Museo delle Dogane Svizzere (Schmugglermuseum)
Gandria
Geöffnet April–Okt. 13.30– 17.30 Uhr
Schiffsverbindungen ab Lugano, Paradiso oder Gandria

Cernobbio (Lago di Como)

Lage: F 6
PLZ: 22012
Beschreibung: S. 150ff.
Adressen auch zu Rovenna, Brienno, Moltrasio

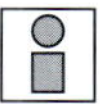

Via Regina 33
Tel. 031 51 01 98

Grand Hotel Villa d'Este
Via Regina 40
Tel. 031 34 81, Fax 031 34 88 44
Teuer
Könige und Prominente betteten ihre Häupter in der eleganten Villa, die Übernachten zum höchsten Luxus verklärt. Die Räume sind teilweise noch in ihrer Ausstattung des 18. und 19. Jh. erhalten.

Trattoria Gatto Nero
Via Monte Santo 69
Tel. 03 17 51 20 42
Teuer
Eines der besten Restaurants am Lario. Die vorzüglicher Küche hat sich vor allem mit Fisch aus dem See profiliert. Spezialität ist der Fisch in grüner Sauce *(pesce in salza verde)*, ein Gericht bei dem der Lavarello unter einer köstlichen Marinade mit viel Petersilie verschwindet. Nettes Ambiente.
Ristorante Bellavista
Rovenna
moderat
Ristorante Terzo Crotto
Rovenna
moderat
Ristorante Crotto dei Platani
Via Regina, Brienno
günstig
Einfache, lebendige Atmosphäre, gute *antipasti.*

San Martino
Moltrasio
Unregelmäßig geöffnet
Sant'Àgata
Moltrasio
Unregelmäßig geöffnet
Villa Erker Hocevar
Moltrasio

Civate (Lago di Como)

Lage: G 6
PLZ: 21003
Beschreibung: S. 175

San Pietro al Monte
Geöffnet tgl. 9–12 und 15.30 Uhr
Oratorio San Benedetto
San Pietro al Monte
Unregelmäßig geöffnet

Colico (Lago di Como)

Lage: H 8/9
PLZ: 23823
Beschreibung: S. 164ff.
Adressen auch zu Piona, Corenno Plinio, Bellano

Risi
Lungo Lario Potti 1
Tel. 03 41 94 01 23, Fax 03 41 27 03 05
Moderat
Komfortables Mittelklassehotel an der Uferstraße im Süden der zentralen Piazza. Garten und Restaurant.
Belvedere
Via Abbazia 53
Tel. 03 41 94 03 30
Günstig
Einfache, aber saubere Unterkunft für den kleinen Geldbeutel, in ruhiger Lage.
Camping Lido im Süden von Colico schön am See gelegen und **Camping Communale** im Norden.

La Vecchia Osteria
Via Mazzini 18
Tel. 03 41 94 17 39
Günstig
Nette, gastliche Atmosphäre, die Speisekarte richtet sich nach den Jahreszeiten, fantasievolle, sehr gute Küche.

Abtei von Piona
Olgiasca
Geöffnet tgl. 9.30–12 und 15.30–18 Uhr
San Tommaso
Piazza Castello, Corenno Plinio
Meist vormittags geöffnet
Madonna delle Lacrime
Über dem Ort an der Straße nach Lezzeno, Bellano
Unregelmäßig geöffnet

Busse nach Gravedona und Menaggio;
Busstation Piazza Roma.
Züge nach Chiavenna, Sondrio, Lecco
Bahnhof Piazza Roma,
Tel. 03 41 94 17 95.
In den Sommermonaten **Schiffsverbindungen** zu allen größeren Uferorten, Rundfahrten; Schiffsanleger Via Al Pontile 1, Tel. 03 41 94 08 15.

Como (Lago di Como)

Lage: F 6
Stadtplan: S. 145
PLZ: 22100
Beschreibung: S. 143ff.

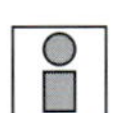

APT
Piazza Cavour 16
Tel. 031 26 97 12, Fax 031 24 01 11
www.lakecomo.com
Internet-Cafés: Black Panther, Via Garibaldi 59, Tel. 031 26 65 35; **Como Bar,** Via Volta 51, Tel. 031 26 20 51

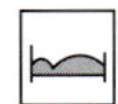

Le Due Corti
Piazza Vittoria 15
Tel. 031 32 81 11, Fax 031 32 88 00
Teuer
Die unscheinbare Fassade täuscht: In der ehemaligen Poststation von Como ist eines der angenehmsten Hotels der Stadt eingerichtet, die Zimmer sind

individuell und teilweise mit alten Möbel ausgestattet.

Villa Flori
Via Cernobbio 12
Tel. 031 57 31 05, Fax 031 57 03 79
Teuer
Der Blick auf See und Berge sind die Krönung höchsten Wohnkomforts.

Marco's
Via Lungo Lario Trieste 62
Tel. 031 30 36 28, Fax 031 30 23 42
Moderat
Der Blick auf den See entschädigt für die etwas beengten Zimmer, in denen man aber nicht unbedingt den ganzen Abend zubringen muss, da auch das Restaurant gut ist.

Tre Re
Via P. Boldoni 20
Tel. 031 26 53 74, Fax 031 24 13 49
Günstig–moderat
Einfache Unterkunft im Stadtzentrum.

L'Angelo del Silenzio
Viale Lecco 25
Tel. 03 13 37 21 57
moderat
Exzellente lombardische Küche zu erstaunlich niedrigen Preisen. Das zieht auch viele Italiener in den »Winkel der Ruhe«.

Osteria al Giardino
Via Monte Grappa 52
Tel. 031 26 50 16
moderat
Man sitzt unter einem Platanen-Dach und wird von Glyzinien umgeben, während man zwischen Seesaibling und der *costoletta alla milanese* entscheiden muss.

Ristorante Crotto del Lupo
Via Pisani Dossi 17
Tel. 031 57 08 81
moderat
Hervorragende Küche in nettem Ambiente; vor allem im Herbst werden hier die feinsten und fantasievollsten Pilz- und Wildgerichte zubereitet.

Palazzo Terragni
Piazza del Popolo

San Carpofaro
Meist vormittags geöffnet

San Fedele
Piazza San Fedele
Geöffnet tgl. 9–12 und 15–17 Uhr

Sant'Abbondio
Via San Abbondio
Geöffnet tgl. 9–12 und 15–17 Uhr

Santa Maria Maggiore
Piazza Duomo
Geöffnet tgl. 9–18 Uhr

Santissima Annunziata
Meist vormittags geöffnet

Tempio Voltiano
Viale Marconi
Geöffnet April–Sept. Di–So 10–12 und 15–18, Okt.–März Di–So 10–12 und 14–16 Uhr

Villa dell' Olmo
Via Cantoni 1
Tel. 031 25 24 43
Villa und Garten geöffnet Mo–Sa 9–12 und 14–18 Uhr

Civico Museo Archeologico im Palazzo Giovio-Olginati
Piazza Medaglie d'Oro 3
Geöffnet Di–Sa 9.30–12.30 und 14–17, So 10–13 Uhr

Museo Didattico della Seta
Via Valleggio 3
Geöffnet Di–Fr 9–12 und 15–18 Uhr

Pinacoteca im Palazzo Volpi
Via Diaz 84
Geöffnet Di–Sa 9.30–12.30 und 14–17, So 10–13 Uhr

Como ist ideales Terrain für Shopping-Liebhaber, eine Fülle von exklusiven Geschäften bieten feinste italienische Schuhe, Mode und all das, was den Alltag schöner macht. Darüber hinaus gibt es natürlich die Möglichkeit, Seide sowie andere Stoffe bei den Produzenten direkt einzukaufen, auch in kleinen Mengen.

Emporio Made in Como
Via Canturina 83 b
Tel. 031 34 19 91
Geöffnet Mo–Sa 9–20 Uhr

Emporio della Seta
Via Canturina 190
Tel. 031 59 14 20
Mo–Sa 9–12.30 und 14.30–19 Uhr

Seterie Martinetti
Via Torriani 41
Tel. 031 26 90 53
Geöffnet Mo–Sa 8.30–12.30 und 14.30–18.30 Uhr

Seterie Ratti
Via Cernobbio 17
Tel. 031 23 32 62
Geöffnet Mo–Sa 9–12.30 und 14–18 Uhr

Blumen, Gemüse, Kleider und Schuhe gibt es jeden Di und Do Vormittag sowie an jedem Sa bis 17 Uhr auf dem **Markt** an der alten Stadtmauer.

Am **Karnevals-Sonntag** ziehen festlich geschmückte und allegoriereiche Wagen durch die Stadt und werfen Bonbons über die Schaulustigen;
Mitte Mai–Mitte Juni findet das Festival **Arte e Musica sul Lario** mit zahlreichen Konzerten und Ausstellungen statt. Infos beim APT s. o.;
Sept.–Dez. lockt der **Musikalische Herbst** wieder in die Konzertsäle. Infos beim APT s. o.

Privater Motorboot-Verleih:
Tel. 031 30 40 84

Fahrradverleih:
Montagna Sport,
Via Regina
Tel. 031 24 08 21

Busse nach Menaggio, Bellagio, Varese sowie in die Orte der Umgebung; Busstation Piazzale San Gottardo.
Mehrmals tgl. **Züge** nach Mailand, Chiasso-Lugano, Lecco; Abfahrt von der Stazione Centrale, Piazzale San Gottardo, Tel. 14 78 88 088.
Schiffsverbindungen zu allen größeren Uferorten, Rundfahrten ab Hafen an der Piazza Cavour, Tel. 031 30 40 60; Navigazione Sul Lago di Como, Via per Cernobbio 18, Tel. 031 57 92 11.

Desenzano (Lago di Garda)

Lage: O/P
PLZ: 25015
Beschreibung: S. 213

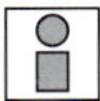

APT/Palazzo del Turismo
Porto Vecchio 27
Tel. 03 09 14 15 10

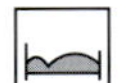

Park Hotel
Lungolago Cesare Battisti 17
Tel. 03 09 14 34 94, Fax 03 09 14 22 80
Teuer
Die Lage am See lädt zum Träumen ein, stundenlang möchte man den Blick über den schönen Garten, hinter dem sich der See öffnet, schweifen lassen. Die Zimmer sind anspruchsvoll möbliert und laden zum längeren Aufenthalt ein, der allerdings seinen Preis hat.

Hotel Piroscafo
Via Porto Vecchio 11
Tel. 03 09 14 11 28, Fax 03 09 91 25 86
Moderat
Das Hotel befindet sich in einem renovierten Palazzo der Altstadt, kein Luxus, aber aller notwendiger Komfort und viel Charme, der beim Frühstück auf der Terrasse beginnt.

Cavallino
Via Gherla 30
Tel. 03 09 12 02 17
Moderat
Hervorragende Küche, die sich an der lokalen Tradition orientiert. Viele, sehr fantasievoll zubereitete Fischgerichte.

Santa Maria Maddalena
Piazza Malvezzi
Geöffnet ab April Di–So 10–12 und 16–18 Uhr
Villa Romana
Via Crocefisso 22
Tel. 03 09 14 35 47
Geöffnet April–Sept. tgl. 9–18.30, Okt. und März tgl. 9–17.30, Nov.–Feb. tgl. 9–16 Uhr

Busverbindungen nach Verona und zu den Uferorten, Busstationen Piazza Einaudi und Piazza Matteotti;
Nahverkehrszüge nach Brescia und Venedig sowie nach Mailand, Bahnhof Piazza Einaudi, Tel. 147 88 80 88;
Schiffsverbindungen mit allen größeren Uferorten; Schiffsanleger Piazza Matteotti, Tel. 0 30 09 14 95 11.

Gambarogno (Lago Maggiore)

Lage: D/E 8/9
Beschreibung: S. 98ff.
Adressen auch zu Vira, Idemini, Gerra, Magadino, Fogano

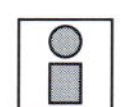

Ente Turistico del Gambarogno
Via Cantonale/Vira
Tel. 091/795 18 66

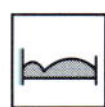

Sass da Grün
San Nazzaro
Tel. 091/794 28 50, Fax 091/794 28 51
Moderat
Ein außergewöhnliches Hotel in 660 m Höhe, in dem man die Tage im Einklang mit der Natur verbringt. Vollwertküche sowie Bestrahlungen und Massagen aller Art. Man kann das nach baubiologischen Prinzipien errichtete *albergo* nur zu Fuß ab Vairano erreichen und kehrt als neuer Mensch zurück.
Ostello la Genziana
Indemini
Tel. 091/795 12 22
Günstig
Einfache Unterkunft im alten Schulhaus, herrlicher Ausblick auf den Monte Lema.

Ristorante Rodolfo
Via Cantonale/Vira
Tel. 091/795 15 82
Teuer
Hervorragende Tessiner Küche in alten Gemäuern, am Wochenende empfiehlt es sich, zu reservieren.
Al Pescatore
Via Cantonale (Hauptstraße)/ Gerra
Tel. 091/794 21 23
Moderat
Man sitzt gut und man isst gut. Die Küche ist vor allem auf die Zubereitung von Fischen aus dem See spezialisiert und läßt ihren lombardischen Einfluss leicht erkennen.
La Fosanella
Vira-Fosano
Tel. 091/795 16 16
Moderat
Im Sommer sitzt man auf einer Terrasse und kann beim Essen noch den Ausblick auf den See genießen. Die Küche ist bodenständig und pflegt Tessiner Traditionen.

Eisenhut-Garten
Vairano/Piazzogna
Tel. 091/795 18 67
www.parcobotanico.ch
Geöffnet tgl. 9–19 Uhr
San Carlo
Via Cantonale/Magadino
Meist vormittags geöffnet sowie zu den Messen
San Pietro
Vira
Vormittags und nachmittags geöffnet
Santa Maria degli Angeli
Fosano
Meist vormittags geöffnet

Jedes Jahr im Juli findet in Magadino ein international besetztes und vielbeachtetes **Orgel-Festival** in der Pfarrkirche statt, Infos: www. organ-festival.ch.

Bolle di Magadino
Magadino
Info unter Tel. 091/795 18 66
www.bolledimagadino.com

Von Vira fährt der **Postbus** nach Indemini.
Die **Bahnlinie** Bellinzona-Luino verbindet – wenn auch nur wenige Male am Tag – die Orte des Gambarogno. **Linienschiffe** verkehren zu allen Anliegerorten am See während der Hauptsaison; Schiffsanleger in Magadino, Tel. 091/795 17 17, und San Nazzaro, Tel. 091/794 22 84.

Garda (Lago di Garda)

Lage: Q 4
PLZ: 37016
Beschreibung: S. 223ff.
Adressen auch zu Punta San Vigilio

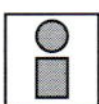
IAT
Lungolago Regina Adelaide
Tel. 04 57 25 51 94, Fax 045 72 55 67 20

Hotel Regina Adelaide
Via XX. Settembre 32
Tel. 04 57 25 59 77, Fax 04 57 25 62 63
Moderat–teuer
Klassisches Viersternehotel, etwas betagter Charme.
Hotel Bel Sito
Largo Pisanello
Tel. 04 56 27 00 60, Fax 04 56 27 01 42
Moderat
Komfortables Mittelklassehotel.
Piccolo Hotel
Piazza Catullo 11/12
Tel. 04 57 25 52 56
Moderat
Hotel in einem alten Palazzo an Gardas Hauptplatz.

Ai beati
Via Val Mora 57/59
Tel. 04 57 25 57 80
Moderat
Rustikales Ambiente, gute Küche und viele Besucher. Unbedingt reservieren.
Locanda San Vigilio
Punta San Vigilio
Tel. 04 57 25 66 88
Moderat
Enoteca alle Calle
Calle dei Sottoportici
Günstig
Nette Weinbar, in der man zum Bardolino auch kleine Häppchen bekommt.
Trattoria La Val
Costermano
Tel. 04 57 20 01 88
Günstig
Abseits des Trubels, schönes Restaurant am See.

Santa Maria Maggiore
Piazzale Roma

In den Sommermonaten tgl. geöffnet; Mittagspause von 12–15 Uhr

Herrliche Wanderung über die **Via dei Castei** nach Torri del Benaco.

Linienbusse ab Corso Italia in der Ortsmitte; Verbindungen zu den Orten am Ostufer sowie in den Süden des Sees, Tel. 04 57 25 58 33. **Schiffsverbindungen** mit allen größeren Uferorten; der Hafen liegt bei der Villa Albertini, Via Marconi, Tel. 800 55 18 01.

Gardone Riviera (Lago di Garda)

Lage: P 4
PLZ: 25083
Beschreibung: S. 246ff.

APT
Corso Repubblica 35
Tel. 036 52 03 47

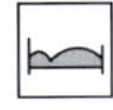

Grand Hotel Gardone
Via Zanardelli 84
Tel. 036 52 02 61, Fax 036 52 26 95
Teuer
Viele illustre Gäste haben hier die Wintermonate verbracht. Das Grand Hotel hat sich seine *grandezza* durchaus bewahrt, es geht elegant zu, sei es am Swimming-Pool, an der privaten Seepromenade oder beim Frühstücksbuffet.

Hotel Fiordaliso
Via Zanardelli 132
Tel. 036 52 01 58, Fax 03 65 29 00 11
Moderat–teuer
Nur sieben Zimmer stehen in diesem eleganten und charmanten Haus zur Verfügung, in dem man auch vorzüglich essen kann. Herrlicher Garten.

Albergo Monte Baldo
Corso Zanardelli 100
Tel. 035 62 09 51, Fax 035 62 09 52
Moderat
Auch hier logiert man an der Seepromenade, in einer alten Villa, die von einem Garten umgeben wird. Unbedingt Zimmer zum See reservieren, an der Straße wird es laut.

Trattoria da Marietta Belvedere
Via Montecucco 62
Tel. 036 52 09 60
Moderat
Nette Trattoria hoch über Gardone, die Küche ist exzellent, das Ambiente heimelig.

Trattoria Riolet
Via Fasano Sopra 75
Tel. 036 52 05 45
Günstig
Terrassen-Restaurant, in dem immer Hochbetrieb herrscht, daher unbedingt reservieren. Sehr gutes Preis-Leistungsverhältnis.

Vittoriale degli Italiani
Geöffnet Okt.–März tgl. 9–12.30 und 14–17, April–Sept. tgl. 8.30–20 Uhr

Giardino Botanico
Via dei Colli
Geöffnet März–Okt. tgl. 9–19 Uhr

San Nicolà
Piazza San Nicolà
tgl. 9–12 und 15–18 Uhr

Enoteca Zanini
Corso Repubblica 38
Reiche Auswahl an Weinen und Grappe.

Im Juli und August finden jeden Donnerstag auf der Piazza Marconi oder der Piazza Wimmer **Kon-**

zerte statt, von denen man allerdings nicht zuviel Qualität erwarten sollte. Bei schlechtem Wetter dient die Villa Alba als Konzertsaal.

Linienbusse am Westufer; Busbahnhof Corso Zanardelli 12, Tel. 036 52 10 61.
Regelmäßige **Schiffsverbindungen** nach Peschiera, Desenzano und Riva; Anleger am Lungolago D'Annunzio, Tel. 800 55 18 01.

Gargnano (Lago di Garda)

Lage: P 5
PLZ: 25084
Beschreibung: S. 242f.

Pro Loco Gargnano
Piazza Feltrinelli 2
Tel. 036 57 12 22

Villa Giulia
Viale Rimembranza 20
Tel. 036 57 10 22, Fax 036 57 27 74
Teuer
Romantische Villa mit Garten und wunderschöner Seeterrasse, der Aufenthalt ist gewiss unvergesslich.

La Tortuga
Via XXIV. Maggio 5
Tel. 036 57 12 51
Teuer
Eines der besten Restaurants am Gardasee und eines der teuersten. Italienische Küche vom Feinsten; ein Abend bei Maria Filippini wird nachhaltig den Gaumen entzücken. Unbedingt vorbestellen.

San Martino
Piazza San Martino
Meist vormittags sowie am späten Nachmittag geöffnet

San Francesco
Piazza San Francesco
Meist vormittags sowie am späten Nachmittag geöffnet

Gravedona (Lago di Como)

Lage: G 9
PLZ: 22015
Beschreibung: S. 162f.
Adressen auch zu Nobiallo, Rezzonico, Pianello del Lario, Dongo

Pro Loco
Information in der Comune di Gravedona
Tel. 034 48 96 37 oder 034 48 58 01

Regina
Via Regina Ponente 10a
Tel. 034 48 94 46, Fax 034 49 00 98
Moderat
Nette, gleich an der Hauptstraße gelegene Unterkunft, Zimmer mit Aussicht.
La Villa
Via Regina Ponente 17
Tel. 034 48 90 17, Fax 034 48 90 27
Moderat
Familiäres, sehr freundliches Hotel, das in einer alten Villa untergebracht ist. Gutes Restaurant.

Ca' di Matt
Via Castello 10
Tel. 034 48 56 40
Günstig
Trattoria, die sich auf die Küche des nördlichen Lario versteht.
Trattoria Garbatona
Viale Stampa 13
Tel. 034 48 54 73
Günstig
Neben Pizza kann man auch Fischgerichte und lokale Spezialitäten bekommen.

Santa Maria del Tiglio
Geöffnet tgl. 9–12 und 15.30–18 Uhr

Santa Maria delle Grazie
Unregelmäßige Öffnungszeiten, leider oft geschlossen

Santa Maria in Martinico
Dongo
Unregelmäßige Öffnungszeiten

Santi Barolomeo e Nicola
Nobiallo
Unregelmäßige Öffnungszeiten

San Vincenzo
Geöffnet tgl. 9–12 und 15.30–18 Uhr

Museo Raccolta Barca Lariana
Pianello del Lario
März–Okt. 10–12 und 16–18 Uhr

Busse zweimal täglich nach Sorico, von dort Anschluss nach Chiavenna; Busstation in Gravedona/Castello, Strada Regina.
Schiffsverbindungen zu allen größeren Uferorten; Schiffsanleger Piazza Garibaldi.

Idro/Lago d'Idro

Lage: O/P 5/6
PLZ: 25074
Beschreibung: S. 243

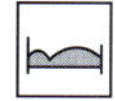

Camping Belvedere
Via Capovalle, Vantone
Tel. 036 58 33 03
Moderat
Herrlich gelegener Campingplatz, der gern von Familien mit Kindern aufgesucht wird.

Camping Rio Vantone
Via Capovalle, Vantone
Tel. 036 58 31 25
Fax 03 65 82 36 63
Neue Campingplatz-Anlage mit allem Komfort.

Alpino
Via Lungolago 20
Tel. 036 58 31 46
Moderat
Die Küche hat sich auf die klassischen Fischrezepte spezialisiert und orientiert sich am allmorgentlichen Fang.

Due Più
Via 3 Capitelli 73
Moderat
Feine Fischküche in nettem Ambiente.

Iseo/Lago d'Iseo

Lage: L/M 4–6
PLZ: 25049
Beschreibung: S. 190ff.
Adressen auch zur Franciacorta

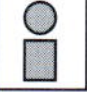

APT
Via Duomo 17
Tel. 030 98 11 54, Fax 03 09 82 17 42

IAT
Lungolago Marconi 2
Tel. 030 98 02 09, Fax 030 98 13 61

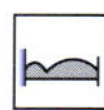

Iseo Lago Hotel
Via Colombera 2
Tel. 03 09 88 91, Fax 03 09 88 92 99
Teuer
Neu eröffnetes, sehr komfortables Hotel, in dem man angenehm wohnen und seine Zeit verbringen kann, etwa im Außenschwimmbad oder im Fitness-Studio. Für längere Aufenthalte am See stehen Apartments zur Verfügung.

I Due Roccoli
Via San Bonomelli/Ortsteil Invino
Tel. 03 09 82 29 77, Fax 03 09 82 298 80
Teuer

Schöne Unterkunft in einem alten Landgut, in der man ein wenig in Luxus und Wohlergehen schwelgen kann.

Milano

Lungolago Marconi 4

Tel. 030 98 04 49, Fax 03 09 82 19 03

Günstig

Direkt am See gelegenes Familienhotel, die meisten Zimmer haben einen kleinen Balkon mit herrlichem Blick auf den See und den Marone. Geräumige, saubere Zimmer, einfach, aber komfortabel.

Osteria il Volto

Via Mirolte 33

Tel. 03 098 14 62

Moderat-teuer

Eine Osteria der Superlative: Das Essen ist hervorragend, die Speisekarte fantasievoll und das Ambiente volkstümlich und sehr gastlich zugleich. Die Auswahl an Weinen ist außergewöhnlich und sorgt für manche Überraschung – das il Volto bereitet unvergessliche Gaumenfreuden und ist auch einen Umweg unbedingt wert. Am Wochenende kommen die Brescianer, daher auf jeden Fall reservieren.

Trattoria Al Castello

Via Mirolte 55b

Tel. 030 98 12 85

Moderat

Schön eingerichtete Trattoria, in der man dem Chef Giorgio Donnini bei der Zubereitung mancher Gerichte über die Schulter schauen kann. Aus der Küche kommen vorzügliche, hausgemachte Pasta mit Artischocken, Fisch sowie eine exquisite Auswahl an *antipasti*. Gastliches, sehr ansprechendes Ambiente.

Osteria Ai Nidri

Via Colombera 2

Tel. 030 98 08 60

Günstig

Etwas außerhalb gelegenes Restaurant, das sich auf die Zubereitung von Fischen aller Art spezialisiert hat, Schleie mit Polenta gibt es ebenso wie in Öl eingelegte Forellen und Sardinen und herrliche, mit Fisch gefüllte Ravioli. Ungezwungene, fröhliche Atmosphäre.

Castello Oldofredi

Via Madonna della Neve

Bibliothek geöffnet tgl. 9–12.30 und 15.30–18 Uhr

Pieve di Sant'Andrea

Piazzetta del Sagrato

Meist vormittags geöffnet

San Giorgio

Piazza San Giorgio, Cislano

Unregelmäßige Öffnungszeiten

San Giovanni

Meist Vormittags geöffnet

Santa Maria del Mercato

Vicolo Borni

Tgl. vormittags geöffnet

San Silvestro

Piazzetta del Sagrato

Meist Vormittags geöffnet

Santa Maria della Neve

Pisogne

Unregelmäßige Öffnungszeiten

Museo del Vino

Via Evelina/

Via Adro 37, Capriolo

Nur nach telefonischer Voranmeldung unter Tel. 030 73 60 94

Weinkauf in der Franciacorta:

Figli Berlucchi

Borgonato

Tel. 030 98 44 51

Il Mosnel

Camignone

Tel. 030 65 31 17

Azienda Agricola Longhi de Carli

Capriolo

Tel. 03 07 76 02 80

La Montina
Monticelli
Tel. 030 65 32 78
Villa Gradoni
Monticelli Brusati
Tel. 030 65 23 29
Azienda Agricola Villa
Monticelli Brusati
Tel. 030 65 23 29

Zugverbindungen mit allen größeren Orten des Ostufers sowie mit Brescia; Busstation in Iseo, Via Vittorio Veneto.
Schiffsverbindung mit den größeren Uferorten; Abfahrt ab Porto G. Rosa.

Isole Borromee (Lago Maggiore)

Lage: B/C 7
PLZ: 28838
Beschreibung: S. 80ff.

Isola Bella

Palast und Garten
Tel. 032 33 05 56
Geöffnet Ende März–Ende Sept. 9–12 und 13.30–17.30, Okt. bis 17 Uhr

Isola Pescatori

Hotel Verbano
Tel. 032 33 04 08,
Fax 032 33 31 29
Teuer
Romantische Unterkunft mit besonders stimmungsvollen Ausblicken.

Isola Madre

Palast und Garten
Tel. 032 33 12 61
Geöffnet Ende März–Ende Sept. 9–12 und 13.30–17.30, Okt. bis 17 Uhr

In den Sommermonaten verkehren etwa halbstündig **Schiffe** zwischen den Inseln, von der Isola Bella fahren darüber hinaus zahlreiche Schiffe nach Stresa. Auch Boottaxis.

Laveno (Lago Maggiore)

Lage: C 7
PLZ: 21014
Beschreibung: S. 150ff.
Adressen auch zu Casalzuigno, Cerro, Santa Caterina del Sasso

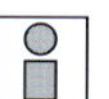

APT
Via degli Angeli 18
Tel. 03 32 66 66 66

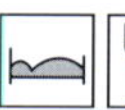

Bellevue Il Porticciolo
Via Fortino 40
Tel. 03 32 66 72 57, Fax 03 32 66 67 53
Teuer
Modernes Hotel am See mit wenigen Zimmern und entsprechend ruhiger, privater Atmosphäre. Das Restaurant ist das beste am Platze.

Santa Caterina del Sasso
Tgl. 8.30–12 und 14–18 Uhr
Villa della Porta Bozzolo
Viale Bozzolo/Casalzuigno
Tel. 03 32 62 41 36
Geöffnet Di–So Feb.–Dez. 10–13 und 14–17, Juni–Sept. bis 18 Uhr

Keramikmuseum
Via Perabò 5/Cerro
Tel. 03 32 66 65 30
Geöffnet Di–Do 14.30–17.30, Juli/Aug. 15.30–18.30, Fr–So 10-12 Uhr

 Di vormittags ist **Markt.** Im Juli findet eine **Keramikmesse** statt, auf der man Vasen, Schüssel und Gefäße erstehen kann.

 **Seilbahn** zum **Monte Sasso del Ferro**
Talstation Via Tinelli 15
Tel. 03 32 66 80 12

 **Busse** nach Besozzo, Cittiglio, Luino, Ispra von der Piazza Europa.
Zugverbindungen nach Luino und Gallarate sowie weiter nach Mailand, mehrmals tgl. Züge nach Novara; Bahnhof Via A. Diaz 21, Tel. 03 32 66 71 58.
Schiffsverbindungen mit den größeren Uferorten, Autofähre alle 20 Min. nach Intra ab Hafen, Piazza Europa 1, Tel. 03 32 66 71 28.

Lazise (Lago di Garda)

Lage: Q 3
PLZ: 37017
Beschreibung: S. 220

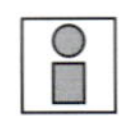 **APT**
Via F. Fontana 14
Tel. 04 57 58 01 14

 **Albergo alla Grotta**
Via F. Fontana 8
Tel. 04 57 58 00 35
Moderat
Kleines, im Zentrum gelegenes Hotel, die Zimmer sind ordentlich, obgleich ihnen ein wenig mehr Komfort gut zu Gesichte stehen würde.
Sirena
Via Roma 4/6
Tel. 04 57 58 00 94, Fax 04 56 47 05 97,
Günstig–moderat
Hotel in zentraler Seelage, freundlicher Familienbetrieb, kleiner Frühstücksgarten.

 **Ristorante Botticelli**
Via Rocca 13
Tel. 04 57 58 11 94
Moderat
Fisch aus dem See und venetische Spezialitäten, hausgemachte Pasta und eine gute Weinkarte versprechen einen gelungenen Schlemmerabend.

 **San Nicolò**
Geöffnet tgl. 9–12 und 15–18 Uhr

 **Azienda Agricola Benciolini**
Via Palù della Pesenata 5/ Ortsteil Colà
Tel. 04 57 59 01 37
Die erste Adresse für alle, die es süß mögen – der kleine Laden führt eine große, erlesene Auswahl an Honig aus der Region des Gardasees und des Monte Baldo.

 **Linienbus** am Ostufer; Busbahnhof an der Via Gardesana.
Schiffsverbindungen zu allen größeren Orten am Ufer; Schiffsanleger Lungolago Marconi.

Lecco (Lago di Como)

Lage: H 6
PLZ: 23900
Beschreibung: S. 171ff.
Adressen auch zu: Castello, Mandello, Barzio, Abbadia Lariana

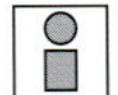 **APT**
Via Nazario Sauro 6

Tel. 03 41 36 23 60,
Fax 03 41 28 62 31

Moderno
Piazza Amando Diaz 5
Tel. 03 41 28 65 19, Fax 03 41 36 21 77
Günstig
Die Zimmer haben den Charme der 1960er Jahre konserviert – mit dem richtigen Blick wirkt alles etwas kultig

Antica Osteria Casa di Lucia
Via Lucia 27/Ortsteil Acquate
Tel. 03 41 49 45 94
Günstig
Weil Acquate allen Bemühungen zum Trotz nicht das echte Haus der Lucia nachweisen konnte, schuf man sich mit dieser sympathischen Osteria-Enoteca eben selbst das Haus der Verliebten. Das Ambiente mutet entsprechend altertümlich an, im Sommer kann man unter einer schönen Pergola auch draußen essen. Die unverfälschte Küche richtet sich nach den Jahreszeiten.
Trattoria di Montalbano
Via Montalbano 30/Ortsteil Montalbano
Tel. 03 41 49 67 07, Di geschl.
Günstig
Nette Trattoria in grüner Waldeinsamkeit mit Blick auf Lecco. Volkstümliche Atmosphäre, auch wegen der Boccia-Bahnen. Die Küche ist deftig, die hausgemachte Pasta in Nuss-Sauce eine Köstlichkeit. Unbedingt reservieren.

Bars und Cafés
Colonne Commercio
Piazza XX. Settembre 8
Charmantes Café, man sitzt an alten Holztischen unter Kristallleuchtern. Auch abends beliebter Treffpunkt.
Frigerio
Piazza XX. Settembre
Traditionsreiche Pasticceria unter den Lauben an der zentralen Piazza. Hier werden Zuckerspezialitäten aus Lecco angefertigt – Köstlichkeiten, die man probieren sollte.

Casa Manzoni
Via Manzoni, Barzio
Unregelmäßig geöffnet
Madonna del Fiume
Mandello
Unregelmäßig geöffnet
San Giorgio
Piazza San Giorgio, Mandello
Unregelmäßig geöffnet
San Lorenzo
Piazza San Lorenzo, Mandello
Santi Maurizio e Lazaro
Piazza Santi Maurizio e Lazaro, Castello
Unregelmäßig geöffnet

Museo Civico/ Villa Alessandro Manzoni
Via Don Guanella
Geöffnet Di–So 9.30–14 Uhr
Museo della Seta
Abbadia Lariana
Geöffnet So 10–12 Uhr oder nach telefonischer Voranmeldung,
Tel. 03 41 73 12 41

Nuova Casa del Formaggio
Via Roma 81
Spaccio del Parmigiano
Via Roma 13
Zwei hervorragende Adressen für Käsespezialitäten, auch aus den umliegenden Tälern.
Saverio Frutta e Verdura
Piazza XX. Settembre 47
Italienische Spezialitäten.

Seilschwebebahn zu den **Piani d'Erna**
Tel. 03 41 49 73 37
Stündlich bzw. ab 3 Personen alle 30 Min.

Busse in die Valsassina, nach Garlate und Belaggio; Abfahrt Piazza Lega Lombarda, Tel. 03 41 36 31 46, oder Piazza Bione, Tel. 03 41 36 37 13.
Mehrmals tgl. **Züge** nach Colico-Sondrio/Chiavenna, Mailand; Bahnhof Piazza Diaz 6, Tel. 03 41 36 41 30.
Schiffsverbindungen mit allen größeren Uferorten, Rundfahrten; Schiffsanleger Lungolario Cesare Battisti, Tel. 03 41 36 40 36.

Lenno (Lago di Como)

Lage: F/G 7
PLZ: 23900
Beschreibung: S. 155ff.
Adressen auch zu Isola Comacina, Ossuccio

Hotel San Giorgio
Via Regina 81
Tel. 034 44 04 15, Fax 034 44 15 91
Teuer
Alte Villa, in der man charmant inmitten altem Mobiliar residiert. Ums Haus legt sich ein schöner mit kleiner Badebucht.
Albergo Ristornate Plinio
Via Lomazzi 3
Tel. 034 45 51 58
Günstig
Einfaches, familiäres Hotel direkt an der Seepromenade mit einem einladenden Restaurant, in dem man sehr gut essen kann.
Ferienhäuser/-wohnungen rund um den Comer See vermittelt **La Breva,** Tel. 081 78/37 64, www.labreva.com.

Locanda dell'Isola Comacina
Tel. 034 45 50 83
Teuer

Ristorante Grifo
Via Riccio 17
Tel. 03 44 55 16
Moderat
Hausgemachte Pasta und Fischgerichte bestimmen die erlesene Speisekarte.
Trattoria Santo Stefano
Piazza XI. Febbraio 3
Tel. 034 45 54 34
Moderat
Gleich neben dem Baptisterium gelegene Trattoria, in der vor allem Fischgerichte die Speisekarte zieren. Köstlich sind die Renken in *salsa verde* sowie die Fischterrine. Nettes Ambiente – zum Wohlfühlen.

San Giacomo
Via Regina, Ossuccio
Unregelmäßig geöffnet
San Giovanni
Isola Comacina
Unregelmäßig geöffnet
Santa Maria Maddalena
Via Regina, Ossuccio
Unregelmäßig geöffnet
Santo Stefano
Piazza Santo Stefano, Lenno
Meist vormittags geöffnet
Villa del Balbianello
Tel. 03 37 38 45 72 oder
034 45 61 10
Garten und Loggia geöffnet
März–Nov. Di, Do–So 10–12.30 und 15.30–18.30 Uhr
Nur mit dem Boot zu erreichen!

Oleificio Vanini
Via San Pellico 10
Tel./Fax 034 45 51 27
Mo–Sa 9–12 und 14–19 Uhr
Nov.–Jan. wird in dieser Ölmühle die Olivenernte aus Lenno und Umgebung zu hochwertigem kaltgepressten Olivenöl verarbeitet, das man hier auch kaufen kann.

Fest-Prozession der **Fischer von Comacina** am letzten Samstag im Juni

Busse nach Sala Comacina und den Orten am Westufer; Abfahrt in der Via Regina
Schiffsverbindungen mit allen größeren Uferorten und der Isola Comacina, von Sala Comacina auch Fährverkehr zur Insel; Anleger Via Lomazzi 3.

Limone (Lago di Garda)

Lage: Q 6
PLZ: 25010
Beschreibung: S. 241

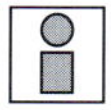

IAT
Via Gomboni 15
Tel. 03 65 95 40 70, Fax 03 65 95 46 89

Hotel du Lac
Via Fasse 1
Tel. 03 65 95 44 81, Fax 03 65 95 42 58
Teuer
Vier-Sterne-Hotel direkt am Strand, wo man nach dem Rummel auch Momente der Ruhe findet. Abends kann man in guten Hotelrestaurant speisen.
Le Palme
Via Porto 36
Tel. 03 65 95 46 81, Fax 03 65 95 41 20
Teuer
Feines Hotel in einer venezianischen Villa aus dem 17. Jh.; Zimmer mit Seeblick.
Monte Baldo
Via Porto 29
Tel./Fax 03 65 95 40 21
Günstig
Familiäres Hotel, einfache, aber saubere Zimmer, Duschen auf dem Gang.

Tovo
Via Tamas/oberhalb des Ortes, Günstig
Vor allem Pizza kann man hier gut essen, wenn man noch einen der heißbegehrten Plätze erheischt.

Mezzaquaresima – nach der Hälfte der Fastenzeit zwischen Karneval und Ostern schmaust man einmal herzhaft Polenta und Fisch unter freiem Himmel in der Altstadt. Auch Wein darf nicht fehlen bei diesem kleinen Volksfest.

Linienbusse am Westufer; Abfahrt Via Gardesana Occidentale.
Schiffsverbindungen zu allen größeren Uferorten, Tel. 036 58 91 40 00.

Locarno (Lago Maggiore)

Lage: D 9
Stadtplan: S. 48/49
PLZ: 6601
Beschreibung: S. 47ff.

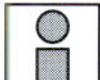

Ente turistico Locarno e Valli
Largo Zorzi 1
Tel. 091/751 03 33, Fax 091/751 90 70

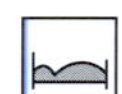

Grand Hotel
Via Sempione 17
Tel. 091/743 02 82, Fax 091/743 30 13
Teuer
Der Charme der Wende zum 20. Jh. hat sich bewahrt und wurde noch nicht überall wegrestauriert. Hotel mit viel Geschichte und Geschichten, die man sich im schönen Park zu Gemüte führen kann.
Nessi Garni
Via Varenna 79/Locarno-Solduno
Tel. 091/751 77 41, Fax 091/751 92 09
Moderat

Dieses Hotel ist nach den Plänen der Neuen Tessiner Schule gebaut und gestylt und verspricht zeitgemäßes Wohnen. Man bekommt ein neues Raumerlebnis.

Vecchia Locarno
Via Motta 10
Tel./Fax 091/751 65 02
Moderat
Altstadthotel mit viel Charme, der darüber hinwegblicken lässt, dass die Zimmer ohne Bad sind. Dafür wurde jedes Zimmer anders, immer aber mit Geschmack eingerichtet.

Jugendherberge Palagiovani
Via Varenna 18
Tel 091/756 15 00, Fax 091/756 15 01
Günstig
Modernes Wohnen für moderates Geld in der 1997 eröffneten Jugendherberge mit 2- und 4-Bett-Zimmern.

Centinario Giner et Perriard
Lungolago Motta 17
Tel. 091/743 82 22
Teuer
Eine der ersten Gourmet-Adressen der Schweiz. Feines, etwas steifes Ambiente.

Boccalino
Via Rusca 4
Tel. 091/751 96 81
Moderat
Feine vegetarische Küche inmitten der Altstadt, manchmal gibt es auch Fischgerichte.

Costa Azzura
Via Bastoria 13
Tel. 091/751 38 02
Moderat
Idyllisch gelegener Grotto am Ufer der Maggia; köstlicher Risotto aus dem Kupferkessel.

Basilica San Vittore
Via della Collegiata/Muralto
Geöffnet tgl. 9–12 Uhr, nachmittags unregelmäßige Öffnungszeiten.

Giardini Jean Arp
Lungolago Giuseppe Motta
Frei zugänglich

San Francesco
Via San Francesco
Geöffnet 8-17 Uhr

Santa Maria in Selva
Via Valle Maggia
Geöffnet Sommer 8–18.30,
Winter 8–17 Uhr.

Santa Maria Assunta
Via Cittadella
Geöffnet tgl. 8–17 Uhr
Madonna del Sasso
Geöffnet April–Okt. Di–So 10–12 und 14–17 Uhr

Sant'Antonio Abate
Piazza San Antonio
Geöffnet tgl. 8–17 Uhr

Casa Orelli
Via Franchino Rusca
Geöffnet April–Okt. Di–So 10–12 und 14–17 Uhr

Museo Civico/ Castello Visconteo
Via Franchino Rusca
Geöffnet April–Okt. Di–So 10–12 und 14–17 Uhr

Pinacoteca Comunale/Casa Rusca
Piazza San Antonio
Geöffnet Di–So 10–12 und 14–17 Uhr

Jeden zweiten Do Vormittag findet auf der Piazza Grande ein bäuerlich geprägter **Wochenmarkt** statt.
An jedem zweiten Samstag füllen sich die Straßen der Altstadt mit Ständen des **Flohmarktes;** viele Antiquitätenhändler, hohe Preise.
Die meisten Geschäfte und Kaufhäuser sowie himmlische Confiserien reihen sich unter den ***portici*** aneinander; in

der Altstadt findet man Läden mit weniger konventionellem Sortiment.

Klassische Musikwochen mit internationaler Besetzung März–Mai;
American Music-Festival im Juni, Infos bei der Ente turistico s. S. 295
Internationales Filmfestival auf der Piazza Grande, auf der eine der weltgrößten Filmleinwände aufgespannt wird; der beste Film wird mit dem Goldenen Leoparden ausgezeichnet. August. Auskunft Tel. 091/751 02 32.

Busse fahren ab Bahnhof nach Verbania und zu anderen Uferorten; Infos unter Tel. 091/751 00 31. In die Täler der Umgebung fahren Postbusse, Info unter Tel. 091/743 61 15.
Mehrmals täglich **Züge** nach Bellinzona sowie nach Domodossola (Centovalli-Bahn); Bahnhof in Muralto, Piazza Stazione, Tel. 091/743 88 33.
Schiffsverbindungen mit allen größeren Uferorten, Hafen am Lungolago Giuseppe Motta, Infos unter Tel. 091/751 18 65.
Fahrradverleih am Bahnhof.

Lonato (Lago di Garda)

Lage: O 3
PLZ: 25074
Beschreibung: S. 212f.

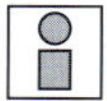

Casa del Podestà
Via Rocca 2
Geöffnet in den Sommermonaten Sa und So 10–12 und 14.30–19 Uhr. Frühjahr, Herbst und Winter nach telefonischer Voranmeldung unter Tel./Fax 03 09 13 00 60

Dom San Giovanni Battista
Piazza Vittorio Emanuele
Geöffnet tgl. 8–19 Uhr
Rocca
Frei zugänglich

Casa del Podestà
Via Rocca 2
Geöffnet s. o. unter Information S. 295

An jedem dritten Sonntag in den Sommermonaten findet in Lonato ein schöner **Antiquitätenmarkt** statt.

Lovere (Lago d'Iseo)

Lage: M 6
PLZ: 24065
Beschreibung: S. 197ff.
Adressen auch zu Monasterolo del Castello, Sarnico

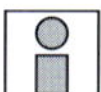

Pro Lovere
Im Municipio
Tel. 035 98 36 23

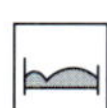

Hotel Continental
Viale Dante
Tel. 035 98 35 85, Fax 035 98 36 75
Moderat
Modernes, leider etwas seelenlos geratenes Haus, in dem es sich jedoch eine komfortable Nacht verbringen lässt.
San Antonio
Piazza 13 Martiri 2
Tel. 035 96 15 23, Fax 035 96 15 23
Günstig–moderat
Nettes, einfaches, aber ausreichend komfortables Mittelklassehotel an der zentralen Piazza; von der Panorama-Terrasse kann man den Blick auf Lovere und über den Lago genießen.

Ristorante Almici
Piazza 13 Martiri 5
Tel. 035 96 04 20
Moderat
Nettes, gastliches Ambiente in einem schönen, stattlichen Restaurant. Hier kann man auch Pizza essen.

Castello Suardi
Monasterolo del Castello
San Paolo
Piazza San Paolo, Sarnico
Unregelmäßig geöffnet

Galleria dell'Accademia Tadini/Palazzo Tadini
Lungolago
Geöffnet April–Mitte Okt. Mo–Fr 15–18, Sa 15–18 und 20–22, So und feiertags 10–12 und 15–18 Uhr

Schiffsverbindungen mit allen größeren Uferorten, Anleger am Lungolago.

Lugano (Lago di Lugano)

Lage: E 7/8
Stadtplan: S. 124/25
PLZ: 6901
Beschreibung: S. 123ff.

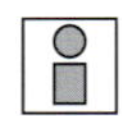

Ente turistico Lugano und Umgebung
Riva Albertolli 5
Tel. 091/921 46 64, Fax 091/922 76 53

Villa Principe Leopoldo
Via Montalbano 5
Tel. 091/985 88 55, Fax 091/985 88 25
Teuer
Feinste Adresse zum Übernachten in der Villa der Hohenzollern hoch über der Stadt.

Ceresio
Via Balestra 19,
Tel. 091/923 10 44, Fax 091/923 79 30
Moderat
Postmodernes Wohnen im Bankenviertel. Das Haus wurde von Tita Carlini 1970 entworfen, der u. a. Mario Botta das Bauen lehrte.
Montarina
Via Montarina 1
Tel. 091/966 72 72, Fax 091/966 12 13
Günstig
Charmante, aber einfache Unterkunft in einer alten Villa.

Parco Saroli
Viale Franscesini 8
Tel. 091/923 53 14
Teuer
Das ist Lugano: Man speist in dem von Mario Botta entworfenen Bau der Gotthard-Bank gleich neben den Tresors und Nummernkonten und wird von Irene Vanini, eine der besten Köchinnen des Tessins mit Köstlichkeiten verwöhnt.
La Tinèra
Via dei Gorini 2
Tel. 091/923 52 19
Moderat
Im Herzen der Altstadt versprüht dieses bei den Luganesen außerordentlich beliebte Restaurant viel lokalen Charme. Gute Tessiner Küche.
Osteria Trani
Via Cattedrale 12
Tel. 091/922 05 05
Moderat
Sehr schlicht durchgestylte Osteria, in der die unverfälschte Tessiner Küche bewahrt wird, zu denen man gute Weine ausschenkt. Nettes Ambiente.
Grotto dell'Ortiga
Manno (7 km nördlich von Lugano)
Tel. 091/605 16 13
Moderat

Antonio Mazzoleni hat seinen Architektenberuf aufgeben und inmitten des kleinen Dorfes eine alte Scheune zur Osteria umgebaut, in der bäuerliche Kost serviert wird. Ein Glücksfall!
Bottegone del Vino
Via Magatti 3
Tel. 091/922 76 89
Günstig
Nette Weinbar, in der man auch kleine Gerichte sowie Schinken und Käse bekommt.

Banca del Gottardo
Viale San Franscini 12
Tel. 091/808 19 88
Galleria geöffnet Di–Fr 10–17 Uhr
Catedrale San Lorenzo
Via Cattedrale
Geöffnet tgl. 8-18 Uhr
Chiesa di Cristo Risorto
Via Brentani 1
Meist vormittags geöffnet
Palazzo Ransila
Via Pretoria
Santa Maria degli Angioli
Piazza B. Luini
Geöffnet tgl. 8–18 Uhr

Museo Cantonale d'Arte
Via Canova 10
Geöffnet Di 14–17, Mi–So 10–17 Uhr
Museo Civico di Belli Arti/ Villa Ciani
Parco Civico
Geöffnet Di–So 10–17 Uhr
Museo d'Arte Moderna/ Villa Malpensata
Riva A. Caccia 5
Geöffnet Di–Fr 10–12 und 14–18, Sa, So 10–18 Uhr
Museo delle Culture Extraeuropee/ Villa Helenum
Via Cortivo 24
Geöffnet 1. März–31. Okt. Di–So 10–17 Uhr

Sammlung Thyssen-Bornemisza/ Villa Favorita
Castagnola
Geöffnet April–Okt. Fr–So 10–17 Uhr

Lugano ist ein gute Stadt zum Einkaufen, die Auswahl ist groß und exklusiv. Haupteinkaufsstraße ist die **Via Nassa** mit einer Fülle an Designerboutiquen und Juwelieren.
Im Stadtteil Caslano hat die Schweizer Schokoladenfirma **Alpenrose** ihren Sitz (Via Rompada). Man kann hier einkaufen und sich im Museum über die Fertigung der Schokolade ein Bild machen.
Dienstags und freitags vormittags ist auf der Piazza della Riforma **Markt,** jeden Samstag Vormittag findet 8–17 Uhr im Stadtteil Canova ein **Antiquitätenmarkt** statt.
Gabbani
Via Pessina 12/13
Ein legendäres Feinkostgeschäft, das vor Köstlichkeiten überquil t.

Klassische Musikwochen
März–Mai;
Estival Jazz auf der Piazza della Riforma im Juli;
Festa della Vendemmia (Winzerfest) Anfang Oktober.

Busse ab Viale Gottardo in die Orte der Umgebung sowie nach Luino, Varese, Menaggio.
Züge nach Bellinzona-Gotthard, Mendrisio-Chiasso-Como, Agno-Ponte Tresa; Bahnhof in der Viale San Gottardo.
Schiffsverbindungen bestehen zu allen größeren Uferorten am Lago di Lugano, im Hochsommer auch nachts; Anleger am Lungolago, Tel. 091/971 52 23.

Der **Flughafen Lugano-Agno** wird täglich aus München angeflogen, von anderen Städten mit Zwischenstopp in Basel oder Zürich. Von dort bestehen mehrmals täglich Verbindungen mit der Cross-Air nach Lugano.

Luino (Lago Maggiore)

Lage: D 7
PLZ: 21016
Beschreibung: S. 103ff.
Adressen auch zu Brezzo do Bedero, Castelveccana

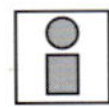

Tourismusbüro
Via Dante Alighieri 6
Tel. 03 32 53 00 19

Camin
Via Dante Alighieri 35
Tel. 03 32 53 01 18, Fax 03 32 53 72 26
Teuer
Feinste Unterkunft in Luino in einer Villa der Wende zum 20. Jh., die von einem schönen Park umgeben wird. Zentral gelegen mit Blick auf den See.
Albergo/Ristorante del Pesce
Via del Porto 6
Tel. 03 32 53 23 79
Günstig
Zentrale Unterkunft in einem kleinen Familienhotel mit Restaurant, in dem man gut essen kann, beispielsweise *antipasto misto.* Auch vegetarische Gerichte.

Pizzeria Sibilla
Corso XXV. Aprile 81
Tel. 03 32 53 10 01
Günstig
Gute Pizza aus dem Holzofen.
Ristorante Pizzeria Nuova Italia
Via XV. Agosto 8
Tel. 03 32 53 03 35
Günstig
Gutes Essen für wenig Geld, Pizza aus dem Holzofen.
Pasticceria Rota
Via XV. Agosto 26

Madonna del Carmine
Viale Dante
Unregelmäßig geöffnet
San Giorgio
Sarigo/Castelveccana
Unregelmäßig geöffnet
San Pietro in Campagna
Unregelmäßig geöffnet
San Vittore
Brezzo di Bedero
Geöffnet Sa, So 10.30–18 Uhr

Museo Civico
Viale Dante 6
Tel. 03 32 53 20 57
Unregelmäßig geöffnet

Jeden Mittwoch ist **Markttag,** der Massen anlockt, vor allem aus der benachbarten Schweiz.
In der **Altstadt** gibt es eine Reihe von Kunsthandwerkern, die Lederwaren sowie Keramik anbieten. Daneben findet man Delikatessenläden sowie eine Cantina mit sehr gutem Weinsortiment.

Diskothek Lido di Luino
Via Lido
Tel. 03 32 53 12 50
Nur in den Sommermonaten Sa Abend ab 20 Uhr
Tanztempel mit Tanzfläche am See.

Busse nach Agra, Bredero, Cittiglio, Curiglia, Laveno, Maccagno, Varese, Mailand.
Mehrmals tgl. **Züge** nach Mailand, Novara und Bellinzona ab Bahnhof an der Piazza Marconi, Tel. 03 32 53 03 93.

Regelmäßige **Schiffsverbindungen** zu allen größeren Uferorten. Anleger an der Piazza Libertà, Teil. 03 32 53 01 89.

Maccagno/Valle Veddasca

Lage: D 8
PLZ: 21010
Beschreibung: S. 101f.

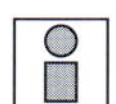

Pro Loco
Via Garibaldi 1
Tel. 03 32 56 20 09, Fax 03 32 56 24 28

Albergo Ristorante Italia
Via Matteotti 15
Tel. 03 32 56 01 82
Günstig
Einfache, aber saubere Unterkunft; im Sommer sitzt man an Steintischen unter Glyzinien.
Camping-Park
Via Corsini 3
Tel. 03 32 56 02 03, Fax 033 27 56 12 63
Schöner Campingplatz direkt am See, viel Schatten unter alten Bäumen, Sandstrand.
Camping-Lido
Via Pietraperzia 13
Tel./Fax 03 32 56 02 50

Lido di Maccagno
Via Berti 33
Tel. 03 32 56 04 98
Günstig-moderat
Gutes, aber kein aufregendes Essen, dafür sitzt man herrlich auf der Terrasse und kann über den See blicken

Museo Parisi-Valle Maccagno
Via Leopoldo Giampaolo 1,
Geöffnet Juli–Sept. Di–So 10–12 und 15–20, Okt.–Juni Mi, Sa, So 10–12 und 14–18 Uhr

Käserei
am **Lago d'Elio**

Züge mehrmals tgl nach Colmegna und Luino sowie ins Gambarogno bis nach Bellinzona; Bahnhof Piazza Stazione 1, Tel. 03 32 56 10 10.
Schiffsverbindungen mit allen größeren Uferorten; Anleger Via XXV. Aprile, Tel. 03 32 56 11 41.

Malcesine (Lago di Garda)

Lage: Q 5
PLZ: 37018
Beschreibung: S. 231ff.

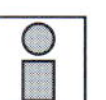

APT
Via Capitanato 6/8
Tel. 04 57 40 00 44

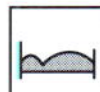

Luna Rossa
Via Paino 6
Tel. 04 57 40 00 51
Moderat
Sympathisches Hotel, klein, in ruhiger Lage.
Excelsior Bay
Via Lungolago
Tel. 04 57 40 03 80, Fax 04 57 40 16 75
Moderat
Hotelanlage mit Swimmingpool, direkt an der Strandpromenade.
Hotel Reporter
Lungolago
Tel. 04 57 40 05 50, Fax 04 56 57 01 14
Moderat
Liberty-Villa in schönen Garten direkt am See, gutes Restaurant.

Taverna dei Capitani
Corso Garibaldi 2
Tel. 04 57 40 00 05
Moderat

Schönes Gewölberestaurant, mittelalterliches Ambiente.
Pizzeria Gondolfiere
Piazza Matteotti 6
Tel. 04 57 40 00 46
Günstig
Pizza auf der Terrasse.

Museo del Baldo/del Garda in der Skaliger-Burg
Geöffnet im Sommer tgl. 9.30–19 Uhr, 1. Nov.–31 März Sa, So 10–16 Uhr
Museo di Goethe
im Palazzo dei Capitani
Geöffnet im Sommer tgl. 9.30–12 und 15.30–19 Uhr

Seilbahn auf den **Monte Baldo**
Talstation Tel. 04 57 40 02 06
Ab 8 Uhr mehrmals tgl. Verbindungen, Preise hin un zurück 19 000 Itl., einfach 13 000 Itl.

Linienbusverbindungen am Ostufer und nach Verona; Abfahrt Via Gardesana, Tel. 04 56 57 04 57.
Schiffsverbindungen zu allen größeren Uferorten.

Menaggio (Lago di Como)

Lage: G 8
PLZ: 22017
Beschreibung: S. 159

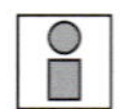

IAT
Piazza Garibaldi 8
Tel. 03 44 3 29 24

Bellavista
Via IV. Novembre
Tel. 034 43 21 36, Fax 034 43 17 93
Moderat
Direkt neben dem Jachthafen gelegenes Hotel mit vielen, aber gut ausgestatteten Zimmern, die meisten haben Seeblick. Das Essen im Restaurant wird auf der Terrasse serviert.
Corona
Piazza Garibaldi
Tel. 034 43 20 06, Fax 034 43 05 64
Günstig–moderat
Modernes Hotel mit zeitgemäß eingerichteten Zimmern, die auch ein wenig Komfort bieten. Fast alle Räume haben Balkon und Seeblick. Gutes Restaurant.

Ristorante Meneghet
Via C. da Castello
Tel. 034 43 21 33
Moderat
Traditionelle Küche in einem betagten, aber durchaus charmanten Speiseraum.

Abends ist die **Bar del pess** an der Uferpromenade ein beliebter Treffpunkt, nicht zuletzt, weil es hier Bier vom Fass gibt.

Busse nach Como, Gravedona, Porlezza-Lugano; Piazza Garibaldi.
Autofähre nach Varenna, **Schiffsverbindungen** zu allen größeren Uferorten, Rundfahrten; Anleger Piazza Imbarcadero.

Mendrisiotto/Mendrisio (Lago di Lugano)

Lage: E 6
PLZ: 6850
Beschreibung: S. 138ff.
Adressen auch zu Bissone, Capolago, Riva San Vitale, Campione d'Italia, Muggio

Ente turistico Mendrisiotto e Basso Ceresio
Via Angelo Maspoli 15
Tel. 091/646 57 61, Fax 091/646 33 48

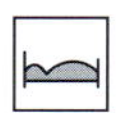

La Palma
Piazza Borromini/Bissone
Tel. 091/649 84 06, Fax 091/649 67 69
Günstig
Einfaches Familienhotel in einer stattlichen Villa.

Morgana
Via C. Maderno 12, Mendrisio
Tel. 091/646 23 55, Fax 091/646 42 64
Günstig
Zentral gelegenes Hotel am Rande der Altstadt, familiäre Atmosphäre.

Svizzero
Via Scacchil/Capolago
Tel. 091/648 19 75, Fax 091/648 17 53
Günstig
Einfaches, unspektakuläres Haus, saubere Zimmer, freundlicher Service.

Hotel/Ristorante Ticino
Piazza Borromini 2/Bissone
Tel. 091/649 51 50
Moderat
Das Restaurant hat das Haus bezogen, in dem der berühmte Architekt Francesco Borromini geboren wurde. Gute Küche, hausgemachte Pasta.

Grotto Ticino
Viale alle Cantine 20, Mendrisio
Tel. 091/646 77 97
Günstig–moderat
Beliebter Grotto, in dem man einfache Gerichte bekommt, offener Wein aus der Gegend.

Battisterio San Giovanni
Riva San Vitale
Geöffnet tgl. 8–18 Uhr

Madonna dei Ghirli
Campione d'Italia
Geöffnet tgl. 8–17 Uhr

San Carpoforo
Bissone, südlicher Ortsausgang Geöffnet tgl. 8–17 Uhr

San Giovanni Battista
Mendrisio
Vormittags und nachmittags geöffnet

San Lorenzo
Muggio
Unregelmäßig geöffnet

Santa Croce
Riva San Vitale
Geöffnet tgl. 8–18 Uhr

Museo d'Arte
Piazza San Giovanni/Mendrisio
Geöffnet Di–So 10–12 und 14–18 Uhr

Berühmte **Osterprozessionen** s. auch S. 139f.;
Palio di Mendrisio, Eselsrennen im Frühsommer;
Martini-Markt in Mendrisio am 11. Nov.

Molina di Ledro (Lago di Ledro)

Lage: Q 6
Beschreibung: S. 239

San Carlo
Molina di Ledro
Tel. 04 64 50 81 15
Moderat
Hotel direkt am Seeufer.

Camping al Sole
Bei Molina di Ledro

Museo di Palafitte
Molina di Ledro
Geöffnet Juli, August tgl. 9–12 und 15–19 Uhr, sonst Mo geschlossen

Monte Isola (Lago d'Iseo)

Lage: M 5
PLZ: 25049
Beschreibung: S. 195

La Foresta
Via Sensole 174/Peschiera
Günstig–moderat
Nette Unterkunft im Südosten der Insel, direkt am See gelegen.

Bellavista
Via Roma 88/Siviano
Tel. 03 09 88 61 06
Günstig
Kleines Hotel mit Garten und Restaurant - das romantische Übernachten auf der Insel entschädigt für vielleicht etwas fehlenden Komfort.
In Carzano gibt es auf der Monte Isola auch einen einfachen **Campingplatz,** Via Croce 144, Tel. 03 09 82 52 21

Auf der Monte Isola wird traditionell Fisch an der Sonne getrocknet und in Öl eingelegt. Nach mehreren Wochen ist er genussfertig und wird mit Polenta serviert.

Restaurant La Spiaggetta
Peschiera
Moderat
Eine gute Adresse für diese etwas herbe Inselspezialität. Hier sitzt man herrlich unter einer Pergola am See.

Madonna della Ceriola
Monte Isola
Unregelmäßig geöffnet

Die kürzeste Verbindung besteht vom Ostufer; ab Sulzano pendelt eine **Fähre** alle 15 Min. nach Peschiera Maraglio. Darüber hinaus gibt es Verbindungen von Sale Marasino nach Carzano sowie von Tavernola nach Sensole und Siviano (etwa stündlich). Auch die Fähren steuern die Insel an, etwa von Iseo und den anderen größeren Küstenorten.
Auf der Insel besteht eine **Busverbindung** von Peschiera – Sensole – Menzino – Siviano – Carzano.
Im Sommer darf man keine **Fahrräder** auf die Insel mitführen, wer die Insel mit dem Rad erkunden will, muss sich vor Ort eins ausleihen.

Montagnola-Halbinsel (Lago Lugano)

Lage: E 7
Beschreibung: S. 129
Adressen auch zu Melide, Montagnola, Morcote, Agra, Gentilino, Carona

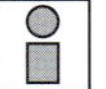

Ente Turistico Ceresio
Via Pocobelli 14/Melide
Tel. 091/649 63 83, Fax 091/649 56 13

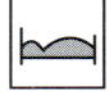

Carina Carlton
Via Cantonale/Morcote
Tel. 091/996 11 31, Fax 091/996 19 29
Moderat
Elegantes Hotel direkt am See, Garten, Schwimmbad und gutes Restaurant.

Bellevue-Bellavista
Montagnola
Tel. 091/994 65 41, Fax 091/985 89 09
Günstig–moderat
Ruhige schöne Zimmer, von denen man eine herrliche Aussicht genießt.

Ai Platani
Piazza Adamini/Agra
Tel. 091/994 30 50
Moderat
Nettes Gartenrestaurant mit hervorragender Tessiner Küche.

Madonna d'Ongero
im Süden von Carona

Nur So geöffnet, Schlüssel im Pfarrhaus oder bei D. Solari, Tel. 091/649 98 76

Parco Scherrer
Morcote
Geöffnet März–Okt. Mo–Fr 9–17 Uhr

San Giorgio
Piazza San Giorgio, Carona
meist vormittags geöffnet

Sant'Abbondio
Gentilino
Unregelmäßige Öffnungszeiten, meist vormittags geöffnet. Der Friedhof ist bis Sonnenuntergang geöffnet.

Sant'Antonio Abate
Piazza Sant'Antonio, Morcote
Geöffnet Mo–Sa 10–12 und 15–18 Uhr

Santa Maria del Sasso
Morcote
Geöffnet tgl. 8-18 Uhr

Santi Fedele e Simone
Piazza Santi Fedele e Simone, Vico Morcote
Unregelmäßige Öffnungszeiten, Glück hat man meist vormittags

Swiss Miniatur
Melide
Geöffnet tgl. 8.30–18, Juli und August 8.30–22 Uhr

Museo di Hermann Hesse
Torre Camuzzi/Montagnola
Tel. 091/993 37 70
Di–So 10–12.30 und 14–18.30 Uhr

Lago d'Orta

Lage: B 5/6
PLZ: 28016 (Orta San Giulio)
Beschreibung: S. 86ff.
Adressen zu Orta San Giulio, Madonna del Sasso, Isola di San Giulio, Vacciago, Pella, Crusinallo, San Maurizio d'Opaglio, Gozzano

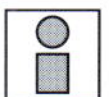

APT
Via Olina 9/Orta San Giulio
Tel. 03 22 91 19 37, Fax 03 22 90 56 78

IAT
Via Panoramica 24
Tel. 03 22 90 56 14
Geöffnet nur im Sommer

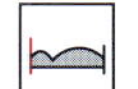

San Rocco
Via Grippini 11/Orta San Giulio
Tel. 03 22 91 19 77, Fax 03 22 91 19 64
Teuer
Luxushotel am Seeufer mit großem Pool und Terrassengarten.

Villa Crespi
Via Fava 8/10/Orta San Giulio
Tel 03 22 91 19 02, Fax 03 22 91 19 19
Teuer
Ob Suite oder einfaches Zimmer, die Villa Crespi bietet allen Komfort in gediegener, nobler Atmosphäre. Auch das Essen ist ein Erlebnis im Hotel-Restaurant mit einem Michelin-Stern.

Hotel Orta
Piazza Motta 1/Orta San Giulio
Tel. 03 22 9 02 53, Fax 03 22 90 56 46
Moderat
Traditionshotel an der zentralen Piazza, Zimmer mit See- und Inselblick. Alles etwas in die Jahre gekommen, aber viel Charme und sehr freundlicher Service.

Olina
Via Olina 40, Orta San Giulio
Tel 03 22 90 56 56, Fax 03 22 90 56 45
Günstig
Kleines Hotel in der schmalen Hauptstraße der Altstadt, modern ausgestattete Zimmer, gutes Preis-Leistungsverhältnis.

Antico Agnello
Via Olina 18/Orta San Giulio
Tel. 032 29 02 59
Moderat
Glyzinienüberwachsenes Haus mit alten Holzbalken, in dem man sich auf

die traditionelle Küche spezialisiert hat, zu der natürlich vor allem Fischgerichte gehören. Gut und fantasievoll zubereitet sind aber auch die Vorspeisen. Besonders romantisch sitzt man auf dem Balkon, an einem Tisch für zwei, den man unbedingt vorher reservieren muss.

Hermitage
Via Santuario 27, Madonna del Sasso
Tel. 03 22 98 11 09
Moderat
Feinster getrüffelter Risotto, Champagnerrisotto, Cappellacci oder in Rosmarin geschmortes Lamm – hier versteht man sich auf die piemontesische Kochkunst.

Basilica di San Giuliano
Piazza San Giuliano, Gozzano
Geöffnet tgl. 10–12 Uhr
Basilica di San Giulio
Isola di San Giulio
Geöffnet 8–12 und 14–19 Uhr
Fondazione Calderara
Via Bardelli 9, Vacciago
Nach telefonischer Anmeldung unter Tel. 03 22 99 81 92
Madonna del Sasso
Piazza della Madonna del Sasso, Pella
Unregelmäßige Öffnungszeiten
Madonna di Luzzarna
Oberes Westufer
Unregelmäßige Öffnungszeiten

Museum
in San Maurizio d'Opaglio
Geöffnet 1. Juli–30. Sept. 10–12 und 15–18 Uhr

Rovera
Largo dei Gregori,
Orta San Giulio
Die Brüder Rovera bieten alle Köstlichkeiten der piemontesischen Küche, von luftgetrockneten Schicken und Salami über Grappa bis hin zu Maronenmarmelade.

Alessi/Fabrikverkauf
Via Privata Alessi/Crusinallo,
Tel. 03 23 86 86 11
Geöffnet tgl. außer Mo vormittags

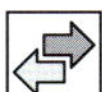

Busse verkehren zwischen Orta und Omegna; Abfahrt in Orta an der Piazzale Prarondo, Infos unter Tel. 03 22 84 48 62.
Vom **Schiffsanleger** an der Piazza Motta in Orta San Giulio fahren regelmäßig **Motorboote** zur Isola di San Giulio sowie nach Pettenasco, Omegna, Ronco, Pella, Lagna und Buccione. Während der Hochsaison im Sommer gibt es auch **nächtlichen Fährverkehr** zwischen Orta, der Isola di San Giulio sowie Pella und Pettenasco.

Porlezza (Lago di Lugano)

Lage: F 8
PLZ: 22018
Beschreibung: S. 137

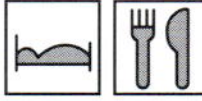

Hotel/Restaurant Regina
Lungolago Matteotti 11
Tel. 034 46 16 84, Fax 034 46 12 28
Moderat
Einfache, jedoch gepflegte Zimmer mit Seeblick; im Restaurant kann man gut essen, bei schönem Wetter auf der Terrasse.

Am 16. August findet die **Festa di San Rocco** statt, ein fröhliches Volksfest mit einem feierlichen Umzug und anschließender Schmauserei und Tanz.

Busse nach Menaggio, Lugano, Abfahrt am Lungolago Matteotti.

Schiffsverbindungen zu allen größeren Uferorten, Schiffsanleger Lungolago Matteotti.

Pisogne/Valcamonica

Lage: M 6
PLZ: 25055
Beschreibung: S. 195ff.

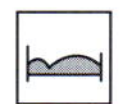

Hotel Tre Stelle
Via Zanardelli 11
Tel./Fax 03 64 88 03 88
Moderat
Nette Unterkunft in einem rosaroten Traditionshotel im Zentrum.

Trani
Via Ortagli
Tel. 036 48 74 74
Moderat
Kamin, hohe Gewölbedecken sowie steingefasste Fenster geben dieser alten Osteria ihren Charme und die Brüder Ferdinando und Gianmario Spagnoli verwöhnen ihre Gäste mit einer regional akzentuierten, vorzüglichen Küche.

Riva del Garda

Lage: Q 6
PLZ: 38066
Beschreibung: S. 236f.

APT
Giardini di Porta Orientale 8
Tel. 04 64 55 44 44, Fax 04 64 52 03 08

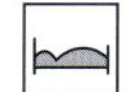

Grand Hotel Liberty
Viale Carducci
Tel. 04 64 55 35 81
Fax 04 64 55 11 44
Moderat
Jugendstilhotel, das ein gepflegter mediterraner Garten umgibt.

Parc Hotel Flora
Viale Rovereto 54
Tel. 04 64 55 32 21
Fax 04 64 55 44 34
Moderat
Stattliches Hotel mit schöner Gartenanlage und Pool.

Ancora
Viale Dante
Tel. 04 64 52 21 31
Moderat
Internationale Küche, Pizza, schöner Blick.

Pizzeria alla Torre
Via Maffei 10
Tel. 04 64 55 34 53
günstig
Einfache, aber günstige Küche im Hof eines alten Palazzo.

Assunzione della Beata Vergine
Geöffnet Di–Fr 10–12, Sa, So 9–12 Uhr

Chiesa dell'Inviolata
Viale Madruzzo
Geöffnet Mo–Sa 10–12 und 15–18 Uhr

Stadtmuseum in der Rocca
Piazza Garibaldi
Geöffnet 9.30–18.30, im Winter bis 16.30 Uhr

Busse zum West- und Ostufer; Abfahrt Viale Trento, Tel. 04 64 55 23 23.

Schiffsverbindungen mit allen größeren Uferorten; Anleger San Nicolò, Tel. 04 64 55 26 25.

Salò (Lago di Garda)

Lage: P 4
PLZ: 25087
Beschreibung: S. 252f.

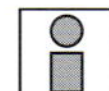

APT
Lungolago Zanardelli 39
Tel. 036 52 14 23

Duomo
Lungolago Zanardelli 91
Tel. 036 52 10 26
Moderat
Komfortables Mittelklassehotel mit modernen Zimmern, von denen die meisten Seeblick haben.

Romantik Hotel Laurin
Viale Landi 9
Tel. 036 52 20 22, Fax 036 52 23 82
Teuer
Jugendstil-Hotel mit wechselvoller Geschichte, in dem es sich herrlich am Stadtrand von Salò wohnen lässt.

Hotel Lepanto
Lungolago Zanardelli 67
Tel./Fax 036 52 04 28
Moderat–teuer
An der Uferpromenade gelegenes Hotel, außen alt, innen neu, mit gutem Restaurant und nettem Ambiente.

La Campagnola
Via Brunati 11
Tel. 036 52 21 53
Teuer
Eines der Gourmet-Restaurants am See, in dem Essen zum Erlebnis wird. Köstliche Fischgerichte und Pasta in allen Variationen, vornehmes Ambiente. Die hervorragende Küche hat ihren Preis, aber durchaus einen angemessenen. Unbedingt reservieren.

Osteria dell'Orologio
Via Butturini 26
Tel. 03 65 29 01 58
Moderat
Rustikale Osteria, in der man bodenständig, aber sehr gut isst.

Antica Trattoria alle Rose
Via Gasparo da Salò 33
Tel. 036 54 32 20
Moderat
Die Küche richtete sich nach den Jahreszeiten, gekocht wird mit viel Raffinesse und Fantasie. Lockeres, sehr ansprechendes Ambiente.

Cantina Santa Giustina
Via Brunati
Tel. 03 65 52 03 20
Nur abends geöffnet
Günstig
Die Cantina ist eine Institution in Salò – bis fünf Uhr morgens kann man hier Wein trinken, dazu gibt's Häppchen.

Pasticceria Vassalli
Lungolago 14

Santa Maria Annunziata
Lungolago
Meist vormittags von 10–12.30 Uhr geöffnet, nachmittags nur in den Sommermonaten

Museo Civico Archeologico
Im Rathaus am Lungolago
Geöffnet Di–So 10–12 und 17–19, Okt.–März nur Sa, So 10–12 und 16–18 Uhr

Enoteca Berealto
Via Europa 2
Eine gute Auswahl an erlesenen Weinen.
Jeden Samstag **Markt.**

Linienbusse zu den Orten am Westufer; Busbahnhof in der Via Brunati, Tel. 036 54 13 61.
Schiffsverbindungen mit allen größeren Uferorten; Anleger am Lungolago Zanardelli.

San Felice del Benaco/ Valténesi (Lago di Garda)

Lage: P 4
PLZ: 25010
Beschreibung: S. 254

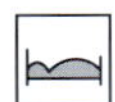

Campingplatz Fornella
Via Fornella
Tel. 036 56 22 94
Fax 03 65 65 94 18
Sauberer, sehr schön angelegter Campingplatz am See.
Eden
Porto Portese
Tel. 036 56 20 93
Fax 03 65 55 93 11
Netter Campingplatz in schöner Lage und mit viel Schatten.

Madonna del Carmine
Via Carmine, San Felice del Benaco
Unregelmäßig geöffnet

Sesto Calende

Lage: C 5
PLZ: 21018
Beschreibung: S. 96f.

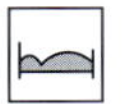

Albergo Agnello
Via Garibaldi 22, Taino (außerhalb)
Tel./Fax 03 31 95 65 02
Moderat
Das kleine Hotel liegt im Zentrum des Örtchens Taino, man schläft in angenehmen, modern ausgestatteten Zimmern und frühstückt unter alten Bäumen im Garten.
Tre Re
Piazza Garibaldi 25
Tel. 03 31 92 42 29, Fax 03 31 91 39 39
Moderat
Zentral gelegenes Domizil und die stilvollste Unterkunft in Sesto.

Ristorante da Mosé
Via Ponzello 14/Ortsteil Lianza
Tel. 03 31 97 72 10
Unbedingt vorbestellen und beachten: Mo, Di geschl., Sa, So auch mittags, ansonsten nur abends geöffnet
Teuer
Seit Jahren der Klassiker der guten Küche. Man speist in einer kleinen Villa im Grünen, in erlesenem Ambiente und hat die Qual der Wahl. Aber jedes Gericht ist ein Gaumengenuss – und hat seinen Preis.
Wine Bar Holly Drink
Via F. Zutti 3
Tel. 03 31 92 06 10
günstig
Der Name klingt amerikanisch, dabei ist die Wine Bar eine Institution in der Altstadt und eine typisch italienische Enoteca, in der man zwischen 350 verschiedenen Weinen wählen kann. Dazu gibt es Kleinigkeiten wie gebratenes Gemüse oder belegte Brötchen. Sattsehen kann man sich hingegen am Jugendstil-Ambiente.

San Donato
Piazza San Donato
Unregelmäßige Öffnungszeiten
San Vincenzo
Unregelmäßige Öffnungszeiten

Museo Civico Archeologico
Piazza Mazzini
Geöffnet Mo–Do 9–12 und 14.30–16.30, So 15–18 Uhr, Sa, So vormittag und feiertags auf Anfrage unter
Tel. 03 31 92 24 89

Jeden Mittwoch ist **Markt** und an jedem dritten Samstag im Monat (außer im August) findet an der

Uferpromenade ein **Floh- und Antiquitätenmarkt** statt.

Parco Regionale della Valle del Ticino

Info unter Tel. 032 19 30 28
info@parcodelticino.pmn.it
Fahrradverleih am Viale Europa 81, Golasecco, Tel. 03 31 95 86 28
Hier gibt es auch Informationen.

Busse nach Mailand, Arona, Intra und Varese
Abfahrt Piazzale della Stazione.
Züge nach Luino, Mailand, Novara und Domodossola, Bahnhof an der Piazzale della Stazione, Tel. 03 31 92 44 67.

Sirmione (Lago di Garda)

Lage: P 3
PLZ: 25019
Beschreibung: S. 214ff.
Adressen auch zu Lugana di Sirmione, Borghetto di Valeggio sul Mincio

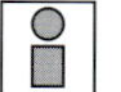

APT
Via Morconi 2
Tel. 030 91 61 14, Fax 030 91 62 22

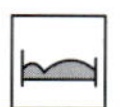

Villa Cortine Palace
Via Grotte 12
Tel. 03 09 90 58 90, Fax 030 91 63 90
Teuer
Das beste Haus am Platz auf dem Cortine-Hügel. Die prachtvolle Villa, in der illustre Gäste wie Maria Callas ihr Haupt betteten, umgibt ein prachtvoller Park mit kräftigem Vogelgezwitscher. Eigener Badestrand und Grill-Bar am See.
Catullo
Piazza Flaminia 7
Tel. 03 09 90 58 11, Fax 030 91 64 44
Moderat
Eines der ältesten Hotels, das noch einen Hauch von *grandezza* durchweht. Die Zimmer haben Seeblick und auf die Gäste wartet ein schöner Privatstrand.
Ideal
Via Catullo 31
Tel./Fax 03 09 90 42 45
Moderat
Familienhotel in der Nähe der Grotten, in dem man angenehm wohnen kann, die Zimmer haben Seeblick, schöner Garten.
Grifone
Via Bocchio 4
Tel. 030 91 60 14, Fax 030 91 65 48
Günstig–moderat
Kleines Hotel mit angenehmer Atmosphäre, gleich neben dem Castello gelegen, Strandzugang und herrlicher Seeblick.

Trattoria Vecchia Lugana
Piazzale Vecchia Lugana 1/ Lugana di Sirmione,
Tel. 030 91 90 12
Teuer
Man sitzt auf einer malerischen Terrasse während einem die feiste lombardische Küche auf der Zunge zergeht.
Dogana
Via Verona 149/Lugana di Sirmione
Tel. 030 91 90 26
Moderat
Das vor allem auf Fisch spezialisierte Restaurant hat seinen Sitz in dem ehemaligen österreichischen Grenzposten.
Piccolo Castello
Via Dante 7
Tel. 030 91 91 87
Moderat
Trotz der von Pizza und *panini* geprägten Umgebung nahe des Castello bleibt der Wirt der Fischküche des Gardasees treu.

Antiquarium
Am Eingang der Grotten des Catull
Geöffnet Di–Sa 8.30–19, So 9–18 Uhr
Castello Scaligero
Geöffnet Ende März–Ende Sept. Di–Sa 9–18, im Winter So und Mo 9–13 Uhr
Grotte di Catullo
Geöffnet März–Sept. Di–Sa 8.30–19, So 9–18, Okt.–Feb. Di–Sa 9–16.30, So 9–16.30 Uhr
Parco Giardino Sigurtà
Borghetto di Valeggio sul Mincio
Tel. 04 56 37 10 33
Geöffnet März–Nov. tgl. 9–19 Uhr
San Pietro in Mavino
Via San Pietro
Geöffnet tgl. 10–12.30 und 15–18 Uhr
Santa Maria Maggiore
Via Dante
Unregelmäßig geöffnet
Thermen
– Stabilimento Catullo
Piazza D. A. Piatti
Tel. 030 91 60 44
– Stabilimento Virgilio
Via Alfieri
Tel. 03 09 90 69 61

Haupteinkaufsmeile ist die **Via Vittorio Emanuele.** Hier hat man sich hinsichtlich Sortiment und Preisniveau auf Tourismus eingestellt! Freitags ist auf dem Piazzale Montebaldo **Markt,** in Colombare kann man dann Montags alles auf dem Markt besorgen, was man freitags nicht geschafft hat (Piazza Mercato).
Cantina Ca' dei Frari
Via Frati 22/Colombare,
Tel. 030 91 94 68
Guter Wein aus der Lugana.

Die **Via Vittorio Emanuele** ist mit einer Fülle von Bars auch Magnet für Nachtschwärmer. Darüber hinaus findet man in der **Via Verona** einige Piano Bars (Divina, Liviana) sowie den Mean River Night Club, Tel. 030 91 94 01 zum Tanzen.

Busse nach Desenzano, Abfahrt in der Viale Marconi; **Schiffsverbindungen** zu allen größeren Uferorten; Anleger Piazza Carducci. **Fahrradverleih** in der Bar Chocolat, Via Colombare, Tel. 03 09 90 52 97.

Stresa/Baveno (Lago Maggiore)

Lage: B/C 6/7
PLZ: 28838
Beschreibung: S. 80 und 84ff.

APT
Via P. Tomaso 70/72
Tel. 032 33 04 16, Fax 03 23 93 43 35
IAT
Via Canonica 3
Tel. 032 33 01 50, Fax 032 33 13 08

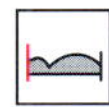

Grand Hotel des Îles Borromées
Corso Umberto I. 67
Tel. 03 23 93 89 38, Fax 03 23 3 24 05
Teuer
Eines der prächtigsten Fünf-Sterne-Hotels am Lago Maggiore, mit allem was das Leben veredelt. Hier übernachten die Schönen und Reichen dieser Welt und wer dabei sein will, dem hilft manchmal auch schon ein Drink in der Bar.
Am **Corso Umberto** liegen eine ganze Reihe von Luxushotels, die sich alle nicht viel voneinander unterscheiden. Man hat die Wahl zwischen dem Astoria mit schönem Außenschwimmbad, dem Bristol, dem La Palma und dem Regina Palace.

Lidi La Perla Nera
Viale Lido 15
Tel. 032 33 36 11, Fax 03 23 93 37 85
Moderat
Ruhige Unterkunft mit Garten, die meisten freundlichen Zimmer haben Seeblick und baden kann man im Swimmingpool.

Primavera Meuble
Via Cavour 39
Tel. 032 33 12 86, Fax 032 33 34 58
Günstig–moderat
Zentral gelegenes Mittelklassehotel mit moderaten Preisen aber recht komfortablen Zimmern.

L'Emiliano
Corso Italia 25
Tel. 032 33 13 96
Moderat
Kleines, aber feines Restaurant; ein Menü sollte man mit sehr delikatem piemontesischen Käse abschließen.

Piemontese
Via Mazzini 25
Tel. 032 33 02 35
Moderat
Feine piemontesische Küche in einem traditionsreichen Restaurant in der Stadt. Köstlich ist vor allem der *risotto con funghi,* der hier im Herbst serviert wird.

Café Bar Gigi
Corso Italia 30
Traditionsreiches Café an der Seepromenade, das sich auf die Fertigung von *margheritine* spezialisiert hat, feinstes Buttergebäck, das Stresa zu Ehren der Savoyer-Königin Margherita im 19. Jh. erfunden hat.

Palazzo Ducale
Strada Sud Sempione
Geöffnet tgl. 9–12 und 15–18 Uhr

Parco Alpinia
Alpino
Geöffnet April–Okt. Di–So 9.30–18 Uhr

SS. Gervasio e Protasio
Piazza SS. Gervasio e Protasio, Baveno
Geöffnet tgl. 10–12 und 16–18 Uhr

Villa Pallavicino
Strada Sud Sempione
Geöffnet März–Okt. tgl. 9–18 Uhr

Museo dell'Ombrello e del Parasole
Via Panorama Golf 2/Gignese
Tel. 03 23 20 80 64
Geöffnet April–Okt. Di–So 10–12 und 15–18 Uhr

Auf der Piazza Capucci ist jeden Freitag von 8–13 Uhr **Markt.**

Der Sommer steht in Stresa im Zeichen der Musik. Bei den **Settimane Musicali** ab Ende August gastieren am Borromäischen Golf weltberühmte Orchester und Solisten und tragen die Klassiker der klassischen Musik vor. Veranstaltungsort ist der Palazzo dei Congressi, Via Martini 23.

Busse nach Intra, Domodossola, Novara und Orta; Abfahrt Corso Italia.
Züge nach Mailand und Domodossola; Bahnhof Via Giosuè Carducci 1, Tel. 032 33 04 72.
Schiffsverbindung zu den Borromäischen Inseln und allen größeren Orten am Lago Maggiore, Anlegestelle an der Piazza Marconi, Tel. 032 33 03 93.

Tenno/Lago di Tenno

Lage: Q 7
PLZ: 38060
Beschreibung: S. 239

Trattoria di Pié di Castello
Via Diaz 55, Tenno

Tel. 04 64 52 10 65
Günstig
Neben der *carne salada* gibt es hier eine Reihe köstlicher Spezialitäten u. a. hausgemachte Desserts.

Ausgrabungen von Fiavè
Valle di Tenno
Geöffnet Di–So 10–12 und 15–18 Uhr
San Lorenzo
Piazza San Lorenzo, Tenno
Unregelmäßig geöffnet

Torbole (Lago di Garda)

Lage: R 6
PLZ: 38069
Beschreibung: S. 234f.

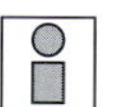
APT
Via Lungolago Verona 19
Tel. 04 64 50 51 77

Lido Blu
Via Foci del Sarca
Tel. 04 64 50 51 80, Fax 04 64 50 59 31
Teuer
Modernes Viersternehotel, das direkt am See liegt und daher bei Surfern recht beliebt ist, die hier vor dem Frühstück noch schnell einen steifen Nordwind abreiten können.
La Vela
Via Strada Grande 2
Tel. 04 64 50 59 40
Moderat
Wenn mal Windstille herrscht, kann man in den Swimmingpool hüpfen oder in der Sauna schwitzen – im Sporthotel hat man sich ganz auf die Körperpflege eingestellt. Zur Anlage gehören auch Ferienwohnungen.
Villa Gloria
Via Marocche 1
Tel. 04 64 50 57 12, Fax 04 64 50 62 47
Günstig–moderat
Hier fällt man nicht auf, wenn man nicht surft. Sympathische, einfache Unterkunft oberhalb der Stadt.

La Terrazza
Via Benaco 14
Tel. 04 64 50 60 83
Moderat
Von der Terrasse kann man den Surfern zuschauen und wer vom Essen keine höchsten Genüsse erwartet, der wird zufrieden sein, etwa mit einer Garda-Forelle.

Die Surferszene trifft sich am Abend auf der **Piazza Veneto,** meist auf der Terrasse des Hotel Centrale.

Im Juli findet ein dreitägiges **Jazz-Festival** unter freiem Himmel statt; das Programm erhält man beim Fremdenverkehrsamt oder im Internet unter trentino.com/TórboleJazz.

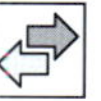
Linienbusse zum Ost- und Westufer; Abfahrt Via Matteotti. **Schiffsverbindungen** zu allen größeren Uferorten; der Hafen liegt am südöstlichen Ende des Lungolago Verona.

Torno (Lago di Como)

Lage: F 6
PLZ: 20025
Beschreibung: S. 180f.

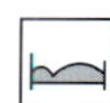
Hotel Villa Flora
Via Torrazza 11
Tel. 031 41 92 22, Fax 031 41 83 18
Moderat
Charmantes, direkt am See gelegenes Hotel, in dem man angenehm logieren kann, wozu auch die gute Küche des

Restaurants beiträgt. Fast alle Zimmer mit Seeblick und Balkon, im Garten gibt's einen kleinen Swimmingpool.

Ristorante Vapore
Via Plinio 20
Tel. 031 41 93 11
Moderat
Vorzügliches Essen, viel Fantasie bei der Zubereitung von Fischgerichten, manchmal gibt es auch die Köstlichkeit eines Risotto mit Flussbarsch *(risotto con pesce persico)*. Gastliches Ambiente, in das man gerne zurückkehrt.

Grotto Monte Piatta
Monte Piatto
Tel. 031 41 93 30
Günstig
Den etwa 40-minütigen Aufstieg von der Piazza Caronti in Torno auf den Monte Piatto belohnt eine herrliche Aussicht sowie ein deftiges Essen in dieser rustikalen Osteria.

San Giovanni
Piazza San Giovanni
Unregelmäßig geöffnet

Villa Pliniana
Wegen Umbau zur Zeit geschlossen

Torri del Benaco (Lago di Garda)

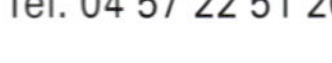

Lage: P/Q 4
PLZ: 37010
Beschreibung: S. 229f.

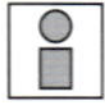

IAT
Via Gardesana 10
Tel. 04 57 22 51 20

Hotel Gardesana
Piazza Calderini 20
Tel. 04 57 22 54 11, Fax 04 57 22 57 71
Teuer
Wohnen wie einst die venezianischen Statthalter im Palazzo del Capitano direkt am Hafen. Das gefiel schon André Gide und vielen anderen illustren Gästen. Das Restaurant ist auch gleich das beste am Platze.

Hotel Europa
Via D'Annunzio 15
Tel. 04 57 22 50 86, Fax 04 56 29 66 32
Moderat
Stimmungsvolles Hotel in einer alten Villa, die ein schöner Park umgibt. Mit Schwimmbad.

Al Caval
Via Gardesana 186
Tel. 04 57 22 56 66
Moderat
Fantasievolle Küche, die Bezug auf die Traditionen des Gardasees nimmt, daher bestimmt vor allem Fisch die Speisekarte.

Pizzeria le Tavernette
Via Corrubbio 12/Loc. Albisano
Tel. 04 57 22 58 32
Günstig
Gute Pizza in ungezwungener Atmosphäre.

Castello Scaligieri
Geöffnet März–Okt. tgl. 9.30–13 Uhr und 16.30–20, Nov.–Feb. So und an Feiertagen 14.30–17.30 Uhr

Santissima Trinità
Piazza Calderini
Geöffnet 9–11.30 und 15.30–19 Uhr

Linienbus am Ostufer des Sees; Abfahrt an der Gardesana; **Schiffsverbindungen** zu allen größeren Uferorten, zwischen Torri del Benaco und Maderno, am gegenüberliegenden Ufer verkehrt darüber hinaus etwa stündlich eine **Autofähre;** Anleger Via Gardesana.

Toscolano-Maderno (Lago di Garda)

Lage: P 4
PLZ: 25088
Beschreibung: S. 244ff.

APT
Lungolago 18
Tel./Fax 03 65 64 13 30

Grandhotel Maderno
Gardesana
Tel. 03 65 64 42 77, Fax 03 65 64 42 77
Teuer
Etwas in die Jahre gekommenes Grandhotel, in dem man in großen Zimmern logiert. Alles etwas angestaubt, aber durchaus charmant.
Adria
Piazza Caduti 4/Toscolano
Tel. 03 65 54 11 71, Fax 03 65 54 04 19
Günstig
Schlichte, aber zentral gelegene Unterkunft in der Altstadt.

San Marco
Maderno, Piazza San Marco
Tel. 03 65 54 05 92
Moderat-teuer
Das Restaurant gehört der Slow-Food-Bewegung an, die Küche setzt auf regionale Tradition, viel Fisch und Wein aus der Umgebung.
Ohsawa
Via Figli Bianchi/Maderno
Tel. 03 65 54 08 60
Moderat-teuer
Asiatisch inspiriertes Ambiente, in dem vegetarische und makrobiotische Gerichte serviert werden.

Sant'Andrea Apostolo
Maderno
Geöffnet tgl. 8–11.30 und 15.30–19 Uhr

Santi Pietro e Paolo
Piazza Santi Pietro e Paolo, Toscolano
Geöffnet tgl. 9–12 und 15–18 Uhr

Wein, vor allem Rosso und Chiaretto, sowie Öl kann bei man folgenden Adressen kaufen:
Frantoio Olive Morani
Via Trento 64
Tel. 03 65 64 11 04
Frantoio Bonaspetti
Via Bellini 69
Tel. 03 65 64 10 60
Aiani
Via Porto 1
Gute Auswahl an Designermöbeln und Lampen.

Das Ende Juni stattfindende Fest des beiden **hll. Peter und Paul** feiert man in Toscolano besonders ausgiebig und über drei Tage.

Linienbusverbindungen zu den Orten am Westufer; Abfahrt Via Gardesana
Schiffsverbindungen zu allen größeren Uferorten ab dem Hafen in Maderno; zwischen Maderno und Torri del Benaco verkehrt darüber hinaus stündlich eine **Autofähre;** Anleger Lungolago Zanardelli.

Tremezzo/Cadenabbia (Lago di Como)

Lage: G 7
PLZ: 22019
Beschreibung: S. 158f.

IAT
Via Regina 3
Tel. 034 44 04 93

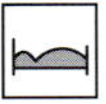

Grand Hotel Tremezzo Palace
Via Regina
Tel. 034 44 04 46, Fax 034 44 02 01
Teuer
Fürstliche Unterkunft mit allem Komfort in einem Traditionshaus, in dem sich vor allem während der Sommermonate viel Prominenz tummelt.

Rusall
Ortsteil Rogaro
Tel. 034 44 04 08, Fax 034 44 04 47
Günstig–moderat
Nettes Hotel hoch über Tremezzo, von dem man einen herrlichen Blick auf den Lago di Como hat. Die Zimmer bieten keinen großen Komfort, jedoch alles, was man braucht. Das Ristorante verköstigt seine Gäste mit vorzüglich zubereiteten und immer wechselnden Gerichten.

Azalea
Via Portici Sampietro 1
Tel./Fax 034 44 04 24
Günstig
Einfache, nette, familiär geführte Unterkunft.

Trattoria Fagurida
Via Rogaro 17
Tel. 034 44 06 76
Moderat
Pesce verde sowie hausgemachte Pasta mit Fischragout sind nur zwei von einer Fülle verführerischen Posten auf der Speisekarte, die mit einem Michelin-Stern ausgezeichnet ist.

Villa Carlotta
Via Regina 2
Geöffnet März–Nov. tgl. 9–18 Uhr

Juli–Sept. *Stagione Concertistica,* **Konzertabende** in der Villa Carlotta, Infos unter Tel. 034 44 04 93.

Enoteca l'Uva Golosa
Via Portici Sampietro 4 b
Regionale Weine und Delikatessen aus ganz Oberitalien.

Busse nach Como und Menaggio; Abfahrt Via Regina.
Schiffsverbindungen zu allen größeren Uferorten, Autofähren nach Cadenabbia-Bellagio/Varenna, Rundfahrten; Anleger Via Regina.

Tremosine (Lago di Garda)

Lage: Q 6
PLZ: 25010
Beschreibung: S. 241f.

San Giovanni Battista
Ortsteil Pieve
Meist vormittags geöffnet

Madonna di Monte Castello
Ortsteil Tignale
Geöffnet Mo–Fr 10–12, Sa, So 9–13 Uhr

Val Verzasca

Lage: D/E 9/10
Beschreibung: S. 54ff.
Adressen zu Tenero, Vorgorno San Bartolomeo, Lavertezzo, Brione Verzasca, Corippo

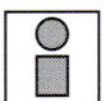

Ente Turistico di Tenero e Val Verzasca
Via Campagne, Tenero
Tel. 091/745 16 61

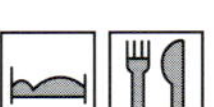

Ai Piee
Via Cantonale, Brione Verzasca
Tel. 091/746 15 44
Moderat
Frische Forellen aus der Verzasca,

frische Steinpilze im Herbst und gute Polenta sind die Gaumenschmeichler aus der Küche. Am Abend stehen für den Gast auch Zimmer zur Verfügung.

Alle Posse
Via Cantonale, Lavertezzo
Tel. 091/746 17 96
Moderat
Restaurant mit Übernachtungsmöglichkeiten direkt an der alten Brücke.

Osteria Verzasca
Via Cantonale, Vorgorno
San Bartolomeo
Tel. 091/745 15 97
Moderat
Feine Auswahl an kleinen, einfach zubereiteten Köstlichkeiten in sehr gastlicher Atmosphäre.

Castello Marcacci
Brione Verzasca
Frei zugänglich

San Bartolomeo
Vogorno
Unregelmäßige Öffnungszeiten

Santa Maria Assunta
Brione Verzasca
In den Sommermonaten meist vormittags geöffnet.

Santa Maria del Carmine
Corippo
In den Sommermonaten meist durchgehend geöffnet – sonst kann mar in der Bar nach dem Schlüssel fragen.

Santa Maria degli Angeli
Lavertezzo
In den Sommermonaten meist durchgehend geöffnet

Museo di Val Verzasca
Sonogno
Geöffnet Mai–Sept. tgl. 11.30–16.30 Uhr

Käserei/Bäckerei
in Sonogno

Bungee-Jumping
Vogorno
Infos über Tel. 091/950 33 88

Der **Postbus** verbindet mehrmals täglich die Orte im Val Verzasca; Abfahrt ab Tenero vor der Post an der Via Cantonale.

Valle Maggia und Nebentäler

Lage: C/D 9/10
Beschreibung: S. 58ff.
Adressen zu Maggia, Bosco Gurin, Fusio, Cevio, Mogno

Ente Turistico Valle Maggia
Centro Commerciale/Maggia
Tel. 091/753 18 85

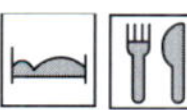

Antica Osteria Dazio
Fusio
Tel. 091/755 16 16
Günstig
Deftige, sehr gut zubereitete Gerichte.

Basodino
Bosco Gurin
Tel. 091/754 11 01
Günstig
Einfache Unterkunft im Walser-Dorf.

Pineta
Via Vallemaggia/Fusio
Tel. 091/755 16 16
Günstig
Einfaches Familienhotel.

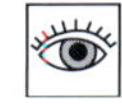

Santa Maria delle Grazie in Campagna
zwischen Gordevio und Maggia
Geöffnet Mai–Okt. Di–Sa 14–16 Uhr

San Maurizio
Maggia
Unregelmäßige Öffnungszeiten

Santa Maria Assunta e San Giovanni

Cevio
Geöffnet tgl. 10–12 Uhr
San Giovanni Battista
Mogno, Val Lavizzara
Geöffnet Di–So 10–12 Uhr

Museo di Valmaggia
Palazzo Franzoni/Cevio
Geöffnet April–Okt. Di–Sa 10–12 und 14–18 Uhr
Casa Walser Museo Etnostorico
Bosco Gurin
Geöffnet April–Okt. Di–Sa 10–11.30 und 13.30–17 Uhr, So 13.30–17 Uhr

Zwischen den einzelnen Tälern verkehren mehrmals täglich **Postbusse;** Abfahrt ist jeweils vor den Postämtern der Dörfer.

Varese und das Varesotto

Lage: C/D 5/6
Stadtplan: S. 115
PLZ: 21100
Beschreibung: S. 112ff.
Adressen auch zu Monate, Voltorre, Castiglione Olona, Castelseprio

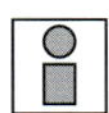
APT
– Viale Ippodromo 9
Tel. 0332/ 28 46 24, Fax 03 32 23 80 93
– Via Carobbio
Tel. 03 32 28 36 04

Palace-Hotel
Via Manara 11/Varese
Tel. 03 32 31 26 00, Fax 03 32 31 28 70
Teuer
Zentral gelegenes Vier-Sterne-Hotel, angenehme Atmosphäre.
Acquario
Via Giusti 7/Varese
Tel. 03 32 81 16 00, Fax 03 32 81 17 80
Moderat
Gepflegte, nette Unterkunft mit Restaurant, in dem man gut essen kann.

Lago Maggiore
Via Carobbio 19, Varese
Tel. 03 32 23 11 83
Teuer
Das feinste Restaurant am Platz, die Küche ist berühmt, hat aber auch ihren Preis.
Vecchia Trattoria della Pesa
Via Cattaneo 14, Varese
Tel. 03 32 28 70 70
Moderat
Vielgerühmte Osteria, in der die traditionelle lombardische Küche serviert wird.

Basilica di San Vittore
Piazza San Vittore, Varese
Geöffnet tgl. 9–11.30 und 15–18 Uhr
Battistero di Castiglione Olona
Unreglmäßig geöffnet
Monastero di Voltorre
Voltorre
Unregelmäßige Öffnungszeiten, meist vormittags geöffnet
Pfarrkirche in Monate
Geöffnet meist nur So vormittags
Santa Maria foris portas
Castelseprio
Vormittags geöffnet, nachmittags unregelmäßig
Villa Panza
Piazza Litta 1, Varese
Nur nach telefonischer Voranmeldung bei der in Mailand ansässigen Verwaltung unter Tel. 024 81 55 56 und 024 67 61 51

Museo Civico
Villa Mirabello, Giardini Estensi
Geöffnet Di–So 9.30–12.30 und 14–17.30 Uhr, So nur vormittags
Museo Palafitto
Isola Virginia/Lago di Varese
Geöffnet Di–So 10–12 und 15–18 Uhr

Museo Pogliaghi
Via Beata Giuliana 3, Varese
Geöffnet April–Sept. 10–12 und 14.30–17.30 Uhr

Am ersten Sonntag im Monat findet der *Mercato Bosino* statt, ein wunderschöner **Antiquitätenmarkt,** auf dem man immer etwas für Haus und Heim findet.
Fiera del Cardinale – Antiquitätenmarkt in Castiglione Olona jeden ersten Sonntag im Monat.

Bar Orchidea
Via Albuzzi 19/21, Varese
Tel. 03 32 28 25 07
Nette Bar, auch abends Treffpunkt.
Excalibur
Viale Valganna 261, Varese
Tel. 03 32 49 11 19
Traditionelle Dico-Musik, an manchen Abenden auch House oder Techno.

Busse zum Lago di Varese, Luino, Ponte Tresa, Sacro Monte; Abfahrt Piazzale Trieste
Züge nach Mailand, Porto Ceresio und Umgebung, Bahnhof an der Piazzale Trieste, Tel. 03 32 28 67 05, und Piazzale Trento, Tel. 03 32 28 41 74.

Varenna (Lago di Como)

Lage: G 7
PLZ: 23829
Beschreibung: S. 167ff.

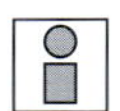
IAT
Piazza San Giorgo
Tel. 03 41 83 03 67

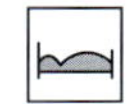
Milano
Via XX. Settembre 29
Tel./ Fax 03 41 83 02 98
Moderat
Freundliches Familienhotel, in dem es sich angenehm wohnen lässt.
Villa Cipressi
Via IV. Novembre 18
Tel. 03 41 83 01 13, Fax 03 41 83 04 01
Moderat
Großzügig bemessene Zimmer, von denen aus man einen schönen Ausblick auf den See genießt.

Victoria Grill
Piazza San Giorgio
Moderat-teuer
Elegantes Restaurant im gleichnamigen Hotel, gute Pizza – als Alternative zu Fisch und hervorragender Pasta.
Ristorante Cavallino
Direkt am Bootsanleger
Moderat
Man sitzt unter wildem Wein auf der Terrasse; die Küche orientiert sich an Traditionen, sehr gute Pasta und köstlich zubereiteter Fisch.

San Giorgio
Piazza San Giorgio
Geöffnet in den Sommermonaten 9–12 und 15.30–19 Uhr
Villa Monastero
Via IV. Novembre
Geöffnet April–Okt. 9.30–12 und 14.30–18 Uhr

Busse nach Esino Lario. Mehrmals täglich **Zugverbindungen** nach Lecco und Colico.
Autofähre nach Bellagio, Menaggio, Como; **Schiffsverbindungen** zu allen größeren Uferorten, Rundfahrten; Anleger Piazza Partigiani.

Verbania/Intra/Pallanza (Lago Maggiore)

Lage: C 7
PLZ: 28922
Beschreibung: S. 75ff.
Adressen auch zu Mergozzo, Valle d'Ossola

IAT
Corso Zanitello 6–8, Pallanza
Tel. und Fax 03 23 50 32 49
oder 03 23 55 66 69
Internet-Cafés:
Mail Boxes, Via Terassi 5, Intra
Tel. 03 23 40 84 36
Punto Linea, Piazza Giovanni XXIII
Intra, Tel. 03 23 50 35 73

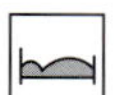

Majestic
Via Vittorio Veneto 32, Pallanza
Tel. 03 23 50 43 05, Fax 03 23 55 63 79
Teuer
Luxusherberge, am See gelegen und von einem schönen Park umgeben.
Albergo Belvedere
Viale Magnolie 6, Pallanza
Tel. 03 23 50 32 02, Fax 03 23 50 44 66
Moderat
Fin-de-siècle-Hotel mit betagter *grandezza,* direkt am See, Zimmer mit Aussicht, die dem Namen alle Ehre macht.
Il Chiostro
Via Fratelli Cervi14, Intra
Tel. 03 23 40 40 77, Fax 03 23 40 12 31
Moderat
Hotel mit allem Komfort in einem ehemaligen Kloster, schöner Kreuzgang, etwas abseits vom See gelegen, dafür kann man in den Zimmern zum Hof sehr ruhige Nächte verbringen.
Centro Pastorale San Francesco
Via alle Fabbriche 8, Intra
Tel. 03 23 51 95 68, Fax 03 23 40 85 42
Günstig
Bett und Tisch in den Mönchszellen eines aufgelösten Klosters, meist junges Publikum.

Camping Isolino
Etwas außerhalb in Fondotoce
Tel. 03 23 49 60 80, Fax 03 23 49 64 14
Idyllisch auf einer kleinen Landzunge gelegen, viele Bäume, sehr sauber.

Milano
Corso Zanitello 2, Pallanza
Tel. 03 23 55 68 16
Teuer
Es gibt hausgemachte Pasta und Fischspezialitäten. Man sitzt in einem altehrwürdigen Salon einer Villa oder auf der Veranda. Ansprechende Atmosphäre.
Osteria del Castello
Piazza Castello 9, Intra
Tel. 03 23 51 65 79
Moderat
Regale mit Weinflaschen und alte Ansichten von Pallanza und Intra schmücken die Wände dieser Osteria, in der man regionale Spezialitäten sowie sehr guten piemontesischen Käse essen kann. Das Ambiente ist ungezwungen und meist verläßt man das Lokal nach einem anregenden Gespräch – auch mit Händen und Füßen – mit den Nachbarn. Im Sommer kann man draußen sitzen, an urigen Steintischen.
Piccolo Lago
Via Turati 87, Lago di Mergozzo
Tel. 03 23 49 60 45
Moderat
Hotel und Restaurant am Lago di Mergozzo, in dem man gut übernachten und Fisch essen kann.
Osteria dell'Angolo
Via Garibaldi 35, Pallanza
Tel. 03 23 55 63 62
Günstig-moderat

Deftige Küche des Piemont. Man sitzt im Sommer auf einer kleinen Terrasse neben der Kirche und kann marinierte Fische aus dem See genießen. Die Süßspeisen sind hausgemacht, ein ganz besonderer Genuss ist der Crangenstrudel.

Gelateria d'altri Tempi
Via San Fabiano 38, Intra
Beste Eisdiele der Gegend, die hausgemachtes Eis in allen Geschmacksrichtungen anbietet.

Botanischer Garten der Villa Taranto
Via Vittorio Veneto 111, Pallanza
Tel. 03 23 55 66 67
Geöffnet 1. April–31.Okt. tgl. 8.30–18.30 Uhr

Kapelle der hl. Marta
Mergozzo
Unregelmäßig geöffnet

Madonna di Campagna
Viale Azari 113, Pallanza
Meist vormittags geöffnet sowie nachmittags ab 16.30 Uhr

San Giovanni Battista
Mont'Orfano
Unregelmäßig geöffnet, das größte Glück hat man sonntags zur Messe.

Santa Maria Assunta
Mergozzo
Unregelmäßig geöffnet

Santo Stefano
Piazza Rosario 9, Pallanza
Geöffnet Sa und So vormittags

Villa San Remigo
Salita San Remigo, Pallanza
Geöffnet Mai/Juni Fr, Sa und Juli–Sept Fr, Sa, So. Besichtigung der Parkanlagen und der Kirche nur mit Führung, Information im IAT s. o.

Antiquarium
Mergozzo
Unregelmäßig geöffnet

Museo storico-artistico del Verbano/
im Palazzo Viani-Dugnani
Via Ruga 1
Geöffnet 1. April–31. Okt., Di–So 10–12 und 15–18 Uhr

Corso Fiorito: Am ersten Sonntag im September verwandelt sich Verbania in ein Blütenmeer, wenn blumengeschmückte Wagen mit Figuren aus Blumen durch die Stadt ziehen und den Zuschauern Blüten zuwerfen – Blumen im Überfluss und farbenfrohes Spektakel.

Samstag ist **Markttag** in Verbania (Intra), auf dem man alles findet, manches auch in guter Qualität zu einem günstigen Preis.
Die Einkaufsstraße von Verbania ist die **Via San Vittore** (Intra), an der sich Geschäfte aller Art aneinanderreihen. Auch Kaufhäuser laden zum Bummel ein.

Premiata Compagnia del Formaggio
Piazza San Vittore 25
Der sehr gut sortierte Käseladen wird von den Bauern der Täler im Hinterland beliefert, daher findet man hier noch unverfälschten, traditionell hergestellten Käse des Piemont.

Busse nach Cannobio und Locarno sowie nach Stresa, Premeno, Intragna und Miazzina. Der Bus von Intra nach Domodossola hält am Lago di Mergozzo.
Autofähre: Intra–Laveno, im 20-Minuten-Takt, Piazzale Flaim, Tel. 03 23 40 23 21.
Schiffsverbindung zu allen größeren Uferorten und zu den Borromäischen Inseln; es gibt häufige Verbindung nach Stresa.

Verona

Lage: R/S 2/3
Stadtplan: S.256/57
PLZ: 37100
Beschreibung: S. 255ff.

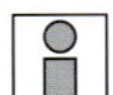

APT
Via degli Alpini 9
Tel. 04 58 06 86 80, Fax 04 58 00 08 61
und
Piazza Erbe 38
Tel. 04 58 00 00 65
Internet-Cafés:
Diesis, Via Gottoviva 15
Internet Fast, Via Oberdan 16
Tel. 04 58 03 32 12
Internet Train, Via Roma 19
Tel. 045 81 33 94

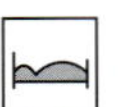

Due Torri Hotel Baglioni
Piazza Santa Anastasia
Tel. 045 59 50 44, Fax 04 58 00 41 30
Teuer
Luxuriösestes Haus am Platze, dessen Einrichtung im Stil des 19. Jh. viel Ambiente bietet.
Colomba d'Oro
Via C. Cattaneo 10
Tel. 045 59 53 00, Fax 045 59 49 74
Moderat–teuer
Sehr sympathisches Hotel in der Nähe der Piazza Brà. Gutes Preis-Leistungs-verhältnis.
Hotel Accademia
Via Scala 10-12
Tel./Fax 045 59 62 22
Moderat
Modernes Wohnen im Zentrum, angenehme Atmosphäre.
Torcolo
Vicolo Listone 3
Tel. 04 58 00 75 12, Fax 04 58 00 40 58
Günstig
Zentral gelegenes kleines Hotel für den kleineren Geldbeutel.

Al Calmiere
Piazza San Zeno 10
Tel. 04 58 03 07 65
Moderat
Im Sommer kann man vor der romanischen Kirchenfassade essen, allein das ist ein Vergnügen. Die Teigwaren sind hausgemacht, Fleisch und Gemüse werden gegrillt.
Locanda di Castelvecchio
Corso Cavour 49
Tel. 04 58 03 00 97
Moderat
Das angenehme Ambiente speist sich aus dem freundlichen Service und der geschmackvollen Einrichtung. Gutbürgerliche Küche mit einfachen Zutaten, die aber raffiniert gemischt werden.
Brigliardoro
Via San Michele alla Porta 4
Tel. 04 58 00 45 14
Günstig-moderat
Bar und Treffpunkt der Jugend, eine erlesene Weinkarte sowie eine vorzügliche Auswahl an Käse und Wurst ziehen bis 2 Uhr nachts Publikum an. Donnerstags gibt es auch Live-Musik.
La Bottega del Vino
Via Scudo di Francia 3
Tel. 04 58 00 45 35
Günstig
Die älteste Weinschenke der Stadt, die sich als Auftakt einer Goten-Tour anbietet.
Mondo d'Oro
Via Mondo d'Oro 4
Tel. 04 58 03 26 79
Günstig
In der Osteria gibt es nicht nur vorzügliche Weine, sondern auch kleine, fein zubereitete Gerichte.
Caffè Dante
Piazza dei Signori

Arena
Piazza Brà

Geöffnet tgl. 8–18.30 Uhr, bei abendlichen Aufführungen bis 13 Uhr

Casa di Giulietta
Via Cappello 23
Geöffnet Di–So 8–18.30 Uhr.

Sant'Anastasia
Piazza Sant'Anastasia
Geöffnet Mo–Sa 9–18, So 13–18 Uhr

Santa Maria Antica
Cimitero Scaligeri
Geöffnet tgl. 9–19 Uhr

Santa Maria Matricolare
Piazza Duomo
Geöffnet Mo–Sa 9–18, So 13–18 Uhr

San Zeno Maggiore
Piazza San Zeno
Geöffnet Mo–Sa 9–18, So 13–18 Uhr

Teatro Romano
Via Regarte Redentore 2
Geöffnet Di–So 9–19 Uhr

Museo Civico d'Arte
Castelvecchio
Geöffnet Di–So 9–18.30 Uhr

Museo Archeologico
Geöffnet Okt.–März Di–So 9–13, April–Sept. 9–12.30 und 14.30–18.30 Uhr

Veronas Geschäftsstraße, die **Via Mazzini,** bietet zahlreiche Schuh- und Modeläden.

Wer nach **Antiquitäten** sucht, kann sich in der Gegend rund um die Kirche Sant'Anastasia umschauen.

Markt findet jeden Tag auf der Piazza Erbe statt.

Anfang Juli–Anfang Sept. finden in Verona **Opernfestspiele** statt. Auskünfte über Termine, Preise und Vorbestellungen erteilt der Servizio Biglietteria, Via Dietro Anfiteatro 6/b, Tel. 04 58 00 51 51, Fax 04 58 01 32 87.

Busse zum Gardasee, nach Brescia und Bergamo; Abfahrt Stazione Porta Nuova.

Zugverbindungen in alle Himmelsrichtungen ab Porta Nuova. Information Tel. 147- 88 80 88

Internationaler Flughafen Catullo in Villafranca (10 km vom Stadtzentrum) Zubringer vom Hauptbahnhof Porta Nuova.

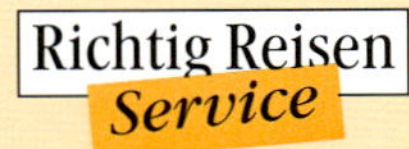

Reiseinformationen von A bis Z

Ein Nachschlagewerk – von A wie Anreise über N wie Notfälle bis Z wie Zeitungen – mit vielen nützlichen Hinweisen, Tipps und Antworten auf Fragen, die sich vor oder während der Rreise stellen. Ein Ratgeber für die verschiedensten Reisesituationen.

Anreise

Mit dem Auto

Den Lago Maggiore, den Luganer See sowie den Lago di Como erreicht man am schnellsten durch die Schweiz über den St. Gotthard oder den St. Bernardino. Zum Gardasee führt die wichtigste Route durch Österreich und über den Brenner-Pass.

Die österreichischen und Schweizer Autobahnen sind mautpflichtig; Vignetten bekommt man an den Grenzstationen sowie an den Tankstellen im Grenzbereich (besser zu Hause besorgen, an der Grenze ist es teuerer!).

Die Autobahngebühren in Italien werden nach Teilstücken berechnet. Die Maut ist beim Verlassen der Autobahn zu bezahlen. Mit der Viacard, die man in Deutschland beim ADAC erhält und in Italien an Kiosken, Banken sowie Sparkassen, wird man auf zusätzlich eingerichteten Fahrspuren bargeldlos abgefertigt.

Für die Einreise sind Fahrzeugschein, nationaler Führerschein, Warndreieck sowie die grüne Versicherungskarte erforderlich, die in Italien bei Unfällen vorgezeigt werden muss.

Benzin ist in der Schweiz und in Österreich billiger als in Italien. Viele Tankstellen sind über Mittag geschlossen, daher empfiehlt es sich, 20- und 50-Euro-Scheine mit sich zu führen bzw. eine Kreditkarte, damit man am Automaten tanken kann.

Mit der Bahn

Die schnellste Bahnverbindung zwischen Deutschland und der Lombardei ist die Gotthard-Linie. Will man ins Tessin oder in den Norden des Lago Maggiore fährt man bis Bellinzona/Schweiz. Den Süden des Lago Maggiore erreicht man einfacher von Mailand aus. An den Gardasee fährt man über den Brenner; von Verona hat man Anschluss nach Peschiera und Desenzano – beide Orte liegen an der Hauptstrecke Milano–Venezia.

In den Sommermonaten fahren darüber hinaus Autoreisezüge von Hamburg und Frankfurt über München nach Verona.

Mit dem Flugzeug

Der Flughafen Lugano-Agno ist von München aus täglich (außer So) nonstop zu erreichen, von anderen deutschen Städten mit Zwischenstopp in Basel oder Zürich. Zu den Flughäfen Milano-Linate bzw. Milano Malpensa bestehen mehrmals täglich Flugverbindungen. Der Flughafen Catullo in Villafranca/Verona wird von Maschinen der Lufthansa und Air Dolomiti angeflogen.

Auskünfte

In den deutschsprachigen Ländern

Allgemeine Informationen geben Automobilclubs und Reisebüros, vor allem aber das **Staatliche Italienische Fremdenverkehrsamt ENIT:**

Deutschland
– Karl Liebknecht-Str. 34
10178 Berlin
Tel. 030/2478397-8
Fax 030/2478399
– Kaiserstr. 65
60329 Frankfurt/Main
Tel. 069/259126 oder 23 74 30
Fax 069/232894
– Goethestr. 20
80336 München
Tel. 089/530360-9 oder 53 13 17
Fax 089/53 45 27

Österreich
Kärtner Ring 4
1010 Wien
Tel. 01/505 43 74 oder 0900/970228
Fax 01/505 02 48

Schweiz
Uraniastr. 32
8001 Zürich
Tel. 01/211 79 17 oder 2113031
Fax 01/211 38 85

Im **Internet** erhält man Informationen der italienischen Fremdenverkehrsämter unter www.enit.it

An den Oberitalienischen Seen

Das **Italienische Fremdenverkehrsamt (APT)** unterhält in nahezu allen größeren Städten an den Oberitalienischen Seen Auskunftsbüros (s. auch unter Orts-Infos von A–Z). Man kann hier unterschiedlichstes Material erhalten, vom Stadtplan bis zu Hotelverzeichnissen und Routenvorschläge in Weinanbaugebiete oder Naturparks. Auch liegt in den meisten Büros Info-Material zu aktuellen Terminen wie Konzerten, Ausstellungen etc. aus.

Diplomatische Vertretungen

In der Schweiz

Deutsches Konsulat
Via Soave 9
6900 Lugano
Tel. 091/922 78 82

Österreichisches Konsulat
Via Pretorio 7
6900 Lugano
Tel. 091/923 56 81

In Italien

Deutsches Konsulat
Via Solferino 40
20121 Milano
Tel. 026 55 44 34

Österreichisches Konsulat
Via Tranquillo Cremona 27
20145 Milano
Tel. 024 81 20 66

Konsulat der Schweizerischen Eidgenossenschaft
Via Palestro 2
20121 Milano
Tel. 02 76 00 92 84

Verkehrsmittel an den Seen

Mit dem Auto

Das Auto ist an den Oberitalienischen Seen das schnellste und komfortabelste Verkehrsmittel. Die Uferstraßen sind im allgemeinen recht gut ausgebaut, es gibt jedoch auch einige tückische, schmale und sehr kurvenreiche Strecken, die alle Aufmerksamkeit des Fahrers erfordern. Darüber hinaus ist vor allem auf den unübersichtlichen Uferstraßen eine äußerst defensive Fahrweise angebracht, vor allen Dingen wenn Italiener ungeduldig an der Stoßstange drängeln und auch an uneinsehbaren Stellen sowie in Tunnels überholen.

Allgemeine Verkehrsvorschriften:
Die Höchstgeschwindigkeit in geschlossenen Ortschaften beträgt in der **Schweiz** 50 km/h, auf Landstraßen 80 km/h und auf den Autobahnen 120 km/h. Auf den mitunter engen Bergstraßen hat stets der bergseitig fahrende Vorrang. Von dieser Regelung ausgenommen sind Postbusse, die immer Vorfahrt haben.

In **Italien** gilt in Ortschaften Tempo 50 km/h, auf Landstraßen 90 km/h und auf Autobahnen darf höchstens 130 km/h gefahren werden. Man sollte sich an die Geschwindigkeitsbegrenzungen halten, denn die Polizei ahndet Raserei mit drakonischen Strafen. Auch in den Städten gilt: Falschparker werden rigoros abgeschleppt oder aber mit einer Radkralle blockiert.

Sowohl in der Schweiz als auch in Italien ist das Telefonieren während der Fahrt verboten.

Hinweis:
Autofahrer sollten in Italien keine Wertsachen sowie Gepäck im Wagen liegen lassen, was zum Diebstahl verführt. Die Autoknacker sind gewieft und können binnen weniger Minuten den Pkw öffnen. Jeden Diebstahl sollte man der Polizei melden, da das Protokoll bei den Versicherungen verlangt wird. Der Abschluss einer Reisegepäckversicherung ist ratsam.

Mit dem Schiff

Neben dem Auto ist das Schiff ein sehr geeignetes Verkehsmittel für die Seen. Es hat gegenüber dem Auto vor allem in den Sommermonaten den Vorzug, dass man lästige Staus vermeiden kann. Auf allen Seen verkehren Linienschiffe, die jeden größeren Ort ansteuern.

Da viele Orte ihre Schaufassade dem Wasser zuwenden, ist der Seeweg eigentlich auch die angemessenste Art, an den Oberitalienischen Seen zu reisen. Von April bis Oktober findet man mehrmals täglich Verbindungen, in den Wintermonaten verkehren die Schiffe hingegen nur sehr sporadisch. Informationen erhält man meist am Schiffsanleger selbst bzw. auch in den Informationsbüros.

Mit dem Bus

Der Bus ist an den Seen ein eher umständliches Verkehrsmittel, vor allem in den Sommermonaten, wenn es infolge des hohen Verkehrsaufkommens immer wieder zu Staus kommt. Auch sind kleinere, nicht an der Uferstraße gelegene Orte nur schwer mit dem Bus zu erreichen.

Ärztliche Versorgung

Für Mitglieder gesetzlicher Krankenkassen ist die ambulante Behandlung in Italien kostenlos. Bei kleineren Verletzungen kann man die **Erste-Hilfe-Station** *(Pronto Soccorso)* im Krankenhaus aufsuchen. Für umfangreichere Leistungen braucht man den Auslandskrankenschein E 111, der zunächst bei der italienischen Krankenkasse (USL) gegen einen italienischen Krankenschein eingetauscht werden muss, bevor man sich zur Behandlung bei den meist überbelasteten Vertragsärzten aufmachen kann.

Alle anderen Ärzte bestehen auf Barbezahlung, daher empfiehlt es sich, eine detaillierte Rechnung aufstellen zu lassen, die man beispielsweise bei einer zuvor privat abgeschlossenen Auslandskrankenversicherung geltend machen kann.

Behinderte

Behindertenfreundliche Einrichtungen findet man am Gardasee sowie am Lago Maggiore in den größeren Städten. Viele Hotels haben mittlerweile behindertengerecht ausgestattete Zimmer; ein Verzeichnis oder Empfehlungen kann man bei den jeweiligen Fremdenverkehrsämtern vor Ort bekommen.

Einreise

Deutschland, Österreich und Italien sind EU-Vollmitglieder. Nach dem Schengener-Abkommen gibt es zwischen diesen Ländern keine Grenzkontrollen mehr. Trotzdem ist die Mitnahme des Reisepasses oder eines gültigen Personalausweises Pflicht.

In der Schweiz finden nach wie vor Grenzkontrollen statt. Kinder bis 16 Jahre müssen im Pass der Eltern eingetragen sein oder einen Kinderausweis bei sich führen.

Elektrizität

Die Netzspannung beträgt 220–230 Volt. Falls deutsche Stecker nicht passen, gibt es Adapter *(spina di adattamento)* im Elektrohandel.

Feiertage (gesetzlich)

1. Januar (Neujahr)
6. Januar (Heilige Drei Könige)
Ostermontag
25. April (Tag der Befreiung; Ende des Zweiten Weltkriegs)
1. Mai (Tag der Arbeit)
2. Juni (Nationalfeiertag)
15. August (Mariä Himmelfahrt, Ferragosto)
1. November (Allerheiligen)
8. Dezember (Mariä Empfängnis)
25./26. Dezember (Weihnachten)

Die kirchlichen Feiertage Christi Himmelfahrt, Fronleichnam und Pfingstmontag sind in Italien normale Arbeitstage.

Informationen zu den einzelnen Festen findet man unter der jeweiligen Ortsbeschreibung im Reiseteil und unter Orte von A–Z im Reiseteil.

Geld und Devisen

Seit Beginn des Jahres 2002 ist auch in Italien der Euro die offizielle Währungseinheit. Für die Schweiz gilt nach wie vor der Schweizer Franken (CHF). Umrechnungskurs: 1 € entspricht etwa 1,48 CHF, 1 CHF entspricht rund 0,68 €.

Kreditkarten werden in den meisten Hotels und in vielen Restaurants und Geschäften akzeptiert. **Reiseschecks** kann man in Banken einlösen. **Bargeldautomaten** findet man an zahlreichen Banken. An fast allen Bankomaten kann man mit der EC-Karte, der Visa- oder Eurocard nach Eingeben der Geheimnummer Geld abheben. Von **Postsparbüchern** kann man bis zu 500 € gegen Vorlage des Personalausweises abheben.

Literatur

Zur Einstimmung auf die Oberitalienischen Seen empfehlen sich folgende Bücher:

Braunfels, Wolfgang: Kleine italienische Kunstgeschichte. Köln 1984
Clifford, Derek : Gartenkunst. Prestel Verlag, München 1966
Chierici, Sandro: La Lombardia. Italia Romanica. Milano 1991
Colombo, Silvano: Guida ai Luoghi d'Arte della Provincia di Varese. Varese 1985
Ferrari, Mario u.a.: Das Ledrotal und seine Pfahlbauten, Calliano 1973
Goethe, Johann Wolfgang von: Italienische Reise. Suhrkamp Verlag, Frankfurt a. M. 1977
Merian Tessin, Juni 1996
Merian Verona und Gardasee, März 1991
Dewiel, Lydia L.: Lombardei und Oberitalienische Seen. Kunst und Landschaft zwischen Alpen und Poebene. DuMont, Köln 1999
Mühsam, Erich : Ascona. Verlag Klaus Guhl, Berlin 1982
Heißerer, Dirk: Meeresbrausen, Sonnenglanz. Poeten am Gardasee. Diederichs, Kreuzlingen München 1999
Hesse, Hermann: Italien. Suhrkamp Verlag, Frankfurt a. M. 1983
– ders.: Klingsors letzter Sommer. Suhrkamp Verlag, Fankfurt a. M. 1985
Lawrence, D. H.: Italienische Dämmerung. Diogenes Verlag, Zürich 1985
Lenotti, Tullio: Giuletta e Romeo nella Storia, nella Legenda, nell'Arte. Verona 1983
Manzoni, Alessandro: Die Verlobten. Dtv-Klassik, München 1977
Merisio, Pepi: Lombardische Städte. Atlantis Verlag, 1977
Obermeier, Siegfried: Lago Maggiore, Luganer See, Comer See. Prestel Verlag, München 1972
Pescamona, Daniele: Alto Lario Occidentale. Guida della Provincia di Como. Como 1992
Pippke, Walter; **Leinberger,** Ida: Gardasee, Verona, Trentino. DuMont, Köln 1998
Procacci, Giuliano: Geschichte Italiens und der Italiener. C. H. Beck, München 1983
Riedl, Franz Hieronymus: Das Buch vom Gardasee, Wien 1955
Salomè, Lou Andreas: Lebensrückblick. Insel-Verlag, Frankfurt a. M. 1974
Scheidegger, Esther: Tessin – Ein Lesebuch. Arche Verlag, Zürich 1991
Wagenbach, Klaus: Franz Kafka: Bilder in Selbstzeugnissen und Bilddokumenten. Rowohlt Verlag, Reinbek 1973

Notruf

In Italien

Polizeinotruf, Unfallrettung: 113
Polizei (Carabinieri): 112
Ärztlicher Notruf: 118
Feuerwehr: 115
Pannendienst des ACI: 116

Bei Autopannen leistet der **ACI-Pannendienst** *(Soccorso Stradale)* rund um die Uhr Hilfe. Man beachte die gelben Notrufsäulen auf den Autobahnen (ca. alle 2 km).
ADAC-Notrufstation für Italien in Mailand Tel. 02 66 10 11 06

In der Schweiz/Tessin

Polizei: 117
Feuerwehr: 118
Ärztlicher Notruf: 144
Pannendienst: 140

Post

Die **Postämter** sind von Mo–Fr 8–13 bzw. 14, Sa 8–11.30 Uhr geöffnet. **Briefmarken** *(francobolli)* gibt es in den Tabakläden *(tabacchi)*.

Presse

In jeder Stadt gibt es Kioske oder Geschäfte, an denen man ausländische Zeitungen erhält.

Sport

Die Oberitalienischen Seen sind ein Paradies für Aktivurlauber. Die Seen bieten vielfältigste Möglichkeiten für Wassersport.

Angeln

Nur ein staatlicher Angelschein erlaubt das Auswerfen der Rute. Die Fremdenverkehrsämter erteilen Auskunft, wo die nächste Dependance der **FIPS** (Federazione Italiana della Pesca Sportiva) liegt.

Baden

Badefreunde finden am Lago Maggiore schöne Strände, im Norden des Comer Sees sowie am Gardasee. Neben den frei zugänglichen Badeplätzen gibt es an allen Seen zahlreiche hoteleigene Bäder.

Golf

Golfer finden zahlreiche schöne Plätze etwa in Ascona, Lugano, in der Provinz Como in Carimate und Grandola e Uniti, in Lanzo d'Intelvi oder in Stresa. Auskunft erhält man in den örtlichen APT- oder IAT-Büros, bei ENIT sowie beim Assessorato Provinciale Sport/Turismo/Tempo Libero, Via Vivaio 1, Tel. 027 74 01.

Rad fahren/Biking

Das Hinterland der Seen bietet Bikern ein abwechslungsreiches Terrain. Von gemächlichen Flusstälern bis zu steil ansteigenden Bergstrecken ist hier alles zu haben. Am Wochenende sind auch an den Uferstraßen zahlreiche *girini* unterwegs, was jedoch angesichts des Fahrstils vieler Italiener nicht ganz ungefährlich ist. Außerdem fährt man nicht selten durch eine Dunstglocke aus Abgasen.

Surfen

Surfer zieht es vor allem in den Norden des Gardasees, wo sich Torbole schon seit einigen Jahren zu einer wahren Surferbastion mit entsprechend vielen Surfhotels und -schulen entwickelt hat. Gute Winde bietet aber auch der Lago Maggiore – hier findet man am Ostufer kurz nach der italienischen Grenze eine große Surfschule.

Wandern und Klettern

Wanderer kommen vor allem am Comer See sowie am Lago Maggiore auf ihre Kosten. Neben zahlreichen ausgeschilderten Wanderwegen gibt es auch ›wilde‹ Wege wie etwa durch die Val Grande, die sich allerdings nur für fortgeschrittene Wanderer empfehlen. Karten und Routenvorschläge erhält man bei den Fremdenverkehrsämtern. Kletterer finden ein weites Terrain im Norden des Gardasees sowie am Ostufer des Comer Sees, vor allem die Grigne nördlich von Lecco.

Wintersport

Skifahren kann man am Alpensüdrand um Locarno (Cimetta), bei Stresa (Mottarone), bei Lecco (Piani di Resinelli, Piani d'Erna) und in der Valassina (Piani di Bobbio und Pian di Betulle). ... Aprés-Ski kann man dann wieder unter Palmen haben.

Telefon

Außer in Telefonzellen kann man auch in Bars telefonieren. Telefonkarten *(scheda telefonica)* gibt es in Tabakläden *(tabacchi)* oder an Zeitungskiosken.

In Italien muss man **grundsätzlich die Vorwahlnummer** wählen – auch innerhalb des Stadtgebiets.

■ **Vorwahlen**
... für Deutschland: 0049
... für die Schweiz: 0041
... für Österreich: 0043
... nach Italien: 0039

Billigtarif 22–8 Uhr und an Wochenenden. Mobiltelefone dürfen mitgeführt werden. Ihre Benutzung ist jedoch nur im D1- und D2-Netz möglich und erlaubt.

Unterkunft

An **Hotels** mangelt es nicht an den Oberitalienischen Seen. Da sie in den Sommermonaten aber auch gut besucht sind, empfiehlt es sich, mindestens ein Monat vor Reiseantritt zu reservieren. Außerhalb der Hochsaison wird man keine Probleme bei der Zimmersuche haben. In den Wintermonaten sind viele kleine Hotels geschlossen.

Neben Hotels gibt es an den Oberitalienischen Seen auch ein großes Angebot an **Ferienwohnungen.** Vor allem für Familien sind Urlaubsapartments eine kostengünstige Alternative zum Hotelaufenthalt. Informationsbroschüren gibt es bei den Fremdenverkehrsämtern. Zahlreiche Ferienhausangebote findet man darüber hinaus auch im Internet.

Im Hinterland der Seen gibt es zahlreiche **Agriturismo-**Gelegenheiten. Das können Ferien auf dem Bauernhof sein, manchmal wohnt man jedoch auch nur in einer alten *fattoria.* Die Angebote sind meist günstiger als Hotels, zudem kann man auf den Höfen sehr oft auch gut essen. Broschüren erhält man ebenfalls im Fremdenverkehrsverein vor Ort.

Zollbestimmungen

Bei Reisen innerhalb der EU gelten für die Einfuhr von Waren für den privaten Verbrauch keine Beschränkungen. Es gibt allerdings Richtwerte von 800 Zigaretten, 10 l Spirituosen, 90 l Wein, 22 l Alkoholika bis 22 %.

Bei Reisen durch die Schweiz gibt es nach wie vor Höchstgrenzen: 200 Zigaretten, 100 Zigarillos, 1l Spirituosen über 22 %, 2 l Wein, 50 g Parfum, 250 ml Eau de Toilette, 500 g Kaffee, 100 g Tee.

Sprachführer

Das Italienisch, das an den Oberitalienischen Seen gesprochen wird, ist stark von der lombardischen Mundart geprägt. Mit Ausnahme des Gardasee-Ostufers, wo man venetische Dialekte findet, haben sich im Seengebiet über Jahrhunderte lombardische Einflüsse erhalten – wenngleich nicht in so starker dialektaler Ausprägung wie das für den neapoletanischen oder sizilianischen Dialekt gilt.

Noch im 19. Jh. gab es das Lombardische auch als eigene Schriftsprache, die jedoch mit der Dominanz des toscanischen Italienisch immer mehr verloren ging. Als gesprochene Sprache wird man dem Lombardischen hingegen an den Oberitalienischen Seen häufig begegnen, vor allem in kleinen Bergdörfern unterhalten sich die Bewohner gern in ihrer Mundart. Das Lombardische erkennt man leicht an den ›Französismen‹, darunter zahlreiche ü- und ö-Laute, die das Italienische ja nicht kennt. (lombardisch *kör*, franz. *coeur*, italienisch *cuore*).

Zahlen

0	zero
1	uno
2	due
3	tre
4	quattro
5	cinque
6	sei
7	sette
8	otto
9	nove
10	dieci
11	undici
12	dodici
13	tredici
14	quattordici
15	quindici
16	sedici
17	diciasette
18	diciotto
19	diciannove
20	venti
30	trenta
40	quaranta
50	cinquanta
60	sessanta
70	settanta
80	ottanta
90	novanta
100	cento
200	duecento
500	cinquecento
1000	mille
2000	duemila
5000	cinquemila
100 000	centomila
1 Mio.	un millione
2 Mio.	due millioni

Zeit

Montag	lunedi
Dienstag	martedi
Mittwoch	mercoledi
Donnerstag	giovedi
Freitag	venerdi
Samstag	sabato
Sonntag	domenica
Feiertag	giorno festivo
heute	oggi
morgen	domani
gestern	ieri

vorgestern	l'altro ieri
übermorgen	dopodomani
Tag	giorno
Woche	settimana
Monat	mese
Jahr	anno
Stunde	ora
Minute	minuto
Morgen	mattina
heute morgen	stamattina
Mittag	mezzogiorno
Nachmittag	pomeriggio
Abend	sera
heute abend	stasera
Nacht	notte
früh	presto
spät	tardi

Allgemeines

Guten Tag	Buongiorno
Guten Abend	Buonasera
Auf Wiedersehen	Arrivederci
Sprechen Sie Deutsch?	Parla tedesco?
Wie bitte?	Come?
Ich verstehe nicht	Non capisco
Sagen Sie es bitte nochmals	Lo può ripetere, per favore
danke	grazie
bitte	prego/ per favore
was/wer/welcher	che/ chi/ quale
wo/wohin	dove
wie/wieviel/come	quanto
wann/wie lange	quando/quanto tempo
Wie heißt das?	Come si chiama?
Wo ist...?	Dov'è ...?
links	a sinistra
rechts	a destra
geraudeaus	diritto
Entschuldigen Sie	Scusi

Sightseeing

Museum	museo
Ausstellung	mostra
Kirche	chiesa
See	lago
Berg	montagna
Wegen Restaurierung geschlossen	in restauro
geöffnet	aperto
geschlossen	chiuso
Wann ist geöffnet?	A che ora è aperto?
Wo liegt der Strand?	Dove si trova la spiaggia?
Kann man hier baden?	Si può fare bagno qui?

Unterkunft und Restaurant

Ich suche ein gutes Hotel	Cerco un buon albergo
Ich habe ein Zimmer reserviert	Ho riservato una camera
Ein Doppelzimmer	una camera doppia
mit/ohne Bad	con/ senza bagno
Mit Frühstück?	Con colazione?
Mit Balkon/ Blick auf den See	con balcone/ vista sul lago
Schlüssel	chiave
Pass	passaporto
Personalausweis	carta d'identità
Rechnung	fattura/conto
Kann ich mit Kreditkarte bezahlen?	Posso pagare con carta credito?
Wo kann ich parken?	Dove posso mettere la macchina?
Gepäck	bagagli
Handtücher	asciugamani
ich brauche/ wir brauchen	ho bisogno di/ abbiamo bisogno di
wecken	svegliare
Kann ich bitte bestellen?	Posso ordinare per favore?
Ich möchte einen Tisch für...Personen reservieren	Vorrei riservare una tavola per...persone.
Ich möchte bezahlen	il conto, per favore

Notfälle

Apotheke	farmacia

Arzt	medico
Ich brauche einen Arzt/Zahnarzt	ho bisogno di un medico/dentista
Rufen Sie bitte einen Krankenwagen	Chiami un'ambulanza, per favore
Entzündung	infezione
Fieber	febbre
Schmerzen	dolori
Wunde	ferita
Versicherung	assicurazione
Grüne Versicherungskarte	carta verde
Unfall	incidente
Rufen Sie bitte die Polizei	Chiami la polizia, per favore
Ich bin bestohlen worden	Mi hanno derubato
Mein Auto ist aufgebrochen worden	Hanno forzato la mia macchina

Post

Brief	lettera
Briefkasten	buca delle lettere
Briefmarke	francobollo
Postamt	ufficio postale
Postkarte	cartolina
Telefon	telefono
Telefonbuch	elenco telefonico
Telefonkarte	scheda telefonica

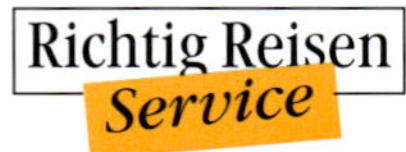

Abbildungsnachweis

Alle **Abbildungen** inklusive **Titelbild** wurden, sofern nicht im Folgenden aufgelistet, von **Hedda Eid/laif,** Köln eigens für diesen Band fotografiert.

Archiv für Kunst und Geschichte,
Berlin S. 36, 66, 91

Karten und Pläne:
Berndtson & Berndtson Productions GmbH, Fürstenfeldbruck

Danksagung:
Die Fotografin Hedda Eid dankt allen Personen und Institutionen ganz herzlich für die Hilfsbereitschaft, die maßgeblich zur Realisation der Fotos beigetragen hat. Insbesonderer Dank gilt Herrn Dr. Pier Giorgio Biletta und Frau Irene Dompé-Legrottaglie, München; Ticino Turismo, CH-Bellinzona; Ente Turistico Lago Maggiore, CH-Locarno; APT Lago Maggiore, Stresa; APT Bergamo; APT Verona; Azienda di Promozione Turistica del Varesotto, Varese; APT Brescia; APT 12, Riviera degli Olivi, Garda; und dem Grand Hotel Villa Serbelloni, Bellaggio.

Bitte schreiben Sie uns, wenn sich etwas geändert hat!
Alle in diesem Buch enthaltenen Angaben wurden von der Autorin nach bestem Wissen erstellt und von ihr und dem Verlag mit größtmöglicher Sorgfalt überprüft. Gleichwohl sind – wie wir im Sinne des Produkthaftungsrechts betonen müssen – inhaltliche Fehler nicht vollständig auszuschließen. Daher erfolgen die Angaben ohne jegliche Verpflichtung oder Garantie des Verlages oder der Autorin. Beide übernehmen keinerlei Verantwortung und Haftung für etwaige inhaltliche Unstimmigkeiten. Wir bitten daher um Verständnis und werden Korrekturhinweise gerne aufgreifen:

DuMont Reiseverlag, Postfach 10 10 45, 50450 Köln
E-Mail: info@dumontreise.de

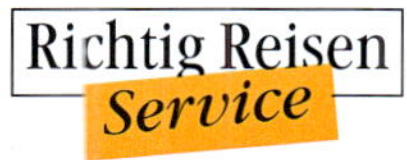

Register

Personen und Sachen

Orte

Titelbild: Gardasee, bei Malcesine
Umschlaginnenklappe: Comer See, Restaurant in Bellaggio
Umschlagrückseite: Lago d'Iseo, Umgebung von Sislano
S. 8: Varese, Jugendstilvilla am Sacro Monte
S. 42: Gardasee, Punta San Vigilio
S. 44/45: Lago Maggiore, Borromäische Inseln
S. 120/21: Luganer See bei Lugano, Kunstwerk von Borromini
S. 182/83: Bergamo, Ansicht der *città alta*
S. 206/07: Gardasee, Hafen von Bardolino
S. 264: Iseosee: Isola Loreta

Meinen Eltern gewidmet

Über die Autorin: Christine Hamel, geb. 1964, studierte in Florenz, London und München Italienische Philologie, Germanistik und Politologie. Seit 1991 veröffentlichte sie zahlreiche Beiträge in Rundfunk und Print-Medien über Italien und Rußland. Christine Hamel lebt als freiberufliche Journalistin und Reisebuchautorin in München. Im DuMont Reiseverlag publizierte sie bereits den Kunst-Reiseführer Russland.

Danksagung: Für ihre Unterstützung bei der Arbeit an diesem Buch sei vom DuMont Reiseverlag Anna-Maria Hälker gedankt, der Cooptur Lago d'Iseo sowie Elma Hamel, Sonia Pastrello, Gabriele Sossella, Tanja Leikina und vor allem Aleksej Kremliov.

2., aktualisierte Auflage 2002

Satz und Druck: Rasch, Bramsche
Buchbinderische Verarbeitung: Bramscher Buchbinder Betriebe

Printed in Germany ISBN 3-7701-5053-8